“十三五”普通高等教育应用型规划教材

金融系列

期货与期权
理论、实务、案例
（第二版）

主　编　邓小朱　周云洁

中国人民大学出版社
·北京·

出版说明

随着金融成为现代经济运行的核心，社会对金融教育和人才培养提出了更高的要求：分层培养人才，既要着力于培养研究型人才，又要着力于培养大批应用型人才，这已是共识。许多非研究型院校师生反映，市场上现有的金融学教材大多重理论轻实践，重国际化轻中国化。根据这些院校的特点和培养目标，他们认为在教材内容上不仅要包含本领域的基本理论问题，让学生对于基本概念、基本原理有完整的掌握，同时还要包含本领域的基本实践问题，让学生掌握一定的实务操作方法，以应对未来工作的挑战。本着这一要求，由李小牧教授和李嘉珊教授牵头，中国人民大学出版社组织中国人民大学、西安交通大学、北京第二外国语学院、北京外国语大学、首都经贸大学、对外经济贸易大学、北京工商大学等若干所学校以及国家外汇管理局、保险公司、证券公司、商业银行等的专家，设计和推出了这套"'十三五'普通高等教育应用型规划教材·金融系列"。该套教材突出了以下三点：

第一，所列课程完全根据教育部"高等教育面向21世纪教学内容和课程体系改革计划"编写。

第二，根据应用型人才培养目标，强化了各项业务的操作规程和实践做法，通过对案例的分析和点评让学生对实务操作有一个真切的体验。

第三，压缩篇幅，将学习资料、练习题等相关内容放在网上（学生可以通过网络获取），减轻学生负担。

这里需要说明的是，出于对应用型人才培养探索的要求，出版社并没有对教材编写提出过分严格的要求，只是在教材的定位、篇幅、编写体例上提出了一些原则性建议，具体编写工作则实行主编负责制，由各位主编和作者全权处理各教材的编写工作，并对各自的内容负责。

教材的出版凝结了所有参编专家、教授的辛劳和智慧，在此一并表示感谢。

真诚地期待广大教师、学生和其他读者的批评和意见。

中国人民大学出版社

第二版前言

本教材自 2017 年 3 月由中国人民大学出版社出版以来，受到高校用书单位师生的广泛欢迎和好评。出版至今已有 3 年了，期货与期权市场有了新变化、新要求、新情况，修订的目的是补充、完善、更新原书中的一些案例，替换内容过时的法律法规，更新相关数据。

2020 年海外疫情快速扩散，全球避险情绪提升，金融市场出现大幅波动，各主要大宗商品价格均出现大幅回调。政策基调以及企业盈利的修复均存在较大的不确定性，如市场风险偏好、流动性和盈利情况。随着美联储降息，多国也进入降息周期，国内货币政策的空间进一步打开。海外环境不确定性因素依然存在且有所增加，稳增长政策及逆周期调控举措将会确保经济增速保持在合理区间内，而当外部因素缓和后，结构性改革、去杠杆则将成为工作重心。稳增长、去杠杆、改革相辅相成，投资者对期货期权的品种进行套期保值操作更显得重要，这些新变化在新修订的《期货与期权：理论、实务、案例》教材中也要有所体现。

期货与期权品种的创新成效显著，为推动高质量发展发挥了不可替代的重要作用。此外，高校“期货与期权”教育改革的理论研究、理念举措和实践探索也有了新的发展。这些新变化需要在教材中及时得到反映。

本教材自 2017 年 3 月出版以来，收到了不少任课老师的意见和建议，在教学过程中也收到了不少同学的意见和建议，因此第二版主要进行了以下方面的修订与完善：

（1）增加了一些期货与期权方面的最新知识；

（2）增加了创新标的及最新法律法规的内容；

（3）修订了个别表述不够准确和清晰的地方；

（4）对实务与案例进行了动态更新。

此次修订工作由邓小朱负责对全书进行修改定稿，徐龙博士对书稿进行学术统筹把

关，华东交通大学经济管理学院金融学专业的研究生王明宇、杨丽琪、胡燕华、胡雨凤、董博强、胡雷同学做了大量细致的工作。本次修订得到了中国人民大学出版社韩兆丹编辑的指导和帮助，在此一并表示感谢！

受时间和水平所限，书中难免存在不足之处，恳请各位专家和读者朋友批评指正！

邓小朱

第一版前言

在进行本科生、研究生的期货与期权的教学中，我们发现现有的教材过分强调理论，毕业后学生在实际工作中分析问题和解决问题能力较差。为了满足应用型本科及研究生经济管理类各专业教学需要，我校金融学专业主要教师共同编写了这本《期货与期权：理论、实务、案例》。

本书广泛吸收了专家、学者对期货与期权市场的研究成果，以一些经典案例为线索，突出实务性，并站在证券投资者的角度，全面阐述期货与期权市场投资的基本理论、基本知识和基本方法。

本书的特色包括：(1) 以投资为主线，以投资者为主体，按照投资者行为顺序设计全书的内容。(2) 体现实用性的特点。每章后都有“练习题”，实务操作性比较突出。操作性内容讲解细致，与实际业务保持一致。(3) 将最新的研究成果收入本书，如2016年期货主要品种的分析逻辑，在本书中就有阐述。(4) 贯穿辩证法的思想。期货市场本身充满了辩证法，所以在本书内容上也充分体现了唯物辩证法的思想。(5) 国内与国外分析相结合。除对国内的期货交易制度进行了详细分析外，关于国外一些重要的制度和风险防范措施，本书也有针对性地进行了阐述。(6) 资料性强。本书详细分析了一些期货与期权的最新操作案例，并提供了学生课后巩固知识与技能的相关习题及解析。

本书由华东交通大学经济管理学院金融专业的五位教师编写。具体分工如下：第一章，熊春红；第二章，左莉莎；第三、四章，周云洁；第五、六章，邓小朱、杨淑英。本书由邓小朱负责全书内容与大纲的设计并和周云洁对全书进行修改定稿。

在本书编写过程中，我们参考了大量国内外学者的著作和文章，还使用了中国证券监督管理委员会、中国期货业协会、上海期货交易所、大连商品交易所、郑州商品交易所、中国金融期货交易所的资料。在此，对以上资料提供者深表感谢。

在本书即将出版之际，要特别感谢中国人民大学出版社崔惠玲编审，华东交通大学韩士专教授、徐龙博士，感谢他们的帮助和支持，同时还要感谢在本书的校对过程中付出辛苦劳动的金融专业研究生李翠、刘文斌、赖树明和本科生欧阳梅、陈楚。

由于编者水平所限，书中难免有疏漏之处，恳请专家、学者及读者批评指正。

邓小朱

目 录

第一篇

理论篇

第 1 章 期货与期权交易基础知识

学习目标：

本章是对期货与期权交易基础知识的总体介绍。通过本章的学习，学生应了解期货交易的起源与发展、基本概念和原理、不同的期货品种，以及期权的定义、特点和类型，理解并掌握期货市场的功能、交易流程及主要交易制度和目前我国期货交易的发展状况。

第一节　期货交易的起源与发展

一、期货交易的起源

期货交易最早是在欧洲萌芽、在美国逐渐发展产生的。早在古希腊和古罗马时期，就已经出现了中央交易所、大宗易货交易和带有期货性质的交易活动。在古代，由商人先向农民预购农产品，等到收获季节，农民再将农产品交付商人，这是世界上最早的较为原始的先买卖后交割的“远期交易”。13 世纪，比利时商人更进一步，在普遍采用即期交货的现货合同基础上，开始出现根据样品的质量签订远期交货合同的做法，并于 14—15 世纪发展成为有组织的市场。1570 年，在英国伦敦成立了“英国皇家交易所”，这是世界上第一个商品交易所，也是期货交易所的雏形。其后，在荷兰的阿姆斯特丹和比利时的安特卫普分别开设了粮谷交易所和咖啡期货市场。1697 年，日本也开始进行稻谷的期货交易。虽然这些早期的商品交易市场和交易所的交易条例及商品合约内容与现代的商品期货交易所有不少相似的地方，但与现代严格意义上的期货市场相比，仍有很大的不同和本质上的区别。

一般认为，现代意义上的期货交易始于美国。19 世纪 30—40 年代，随着美国中西部大规模的开发，芝加哥因毗邻中西部产粮区和密歇根湖，从一个名不见经传的小村落发展成为重要的粮食集散地，中西部的谷物汇集于此，再从这里运往东部消费区。由于粮食生产特有的季节性，加之当时仓库不足、交通不便，粮食供求矛盾异常突出。每年谷物收获季节，农场主们用车船将谷物运到芝加哥，因谷物在短期内集中上市，供给量大大超过当地市场需求，价格一跌再跌。可是，到来年春季，因粮食短缺，价格飞涨，消费者又深受其害，加工企业也因缺乏原料而困难重重。在供求矛盾的反复冲击下，粮食商开始在交通要道旁边设立仓库，收获季节从农场主手中收购粮食，来年再发往外地，缓解了粮食供求的季节性矛盾。但是，粮食商因此承担了很大的价格风险。一旦来年粮价下跌，利润就会减少，甚至亏本。为此，他们在购入谷物后立即到芝加哥与当地的粮食加工商、销售商签订第二年春季的供货合同，以事先确定销售价格，确保利润。因此，芝加哥的粮食商在长期的经营活动中摸索出了一套远期交易方式。

1848 年，芝加哥的 82 位商人发起组建了芝加哥期货交易所（CBOT）。其实当初的芝加哥期货交易所并非一个市场，只是一家为促进芝加哥工商业发展而自然形成的商会组织。芝加哥期货交易所发展初期主要是改进运输和储存条件，同时为会员提供价格信息等服务，促成买卖双方达成交易。直到 1851 年，芝加哥期货交易所才引进了远期合同。当时，粮食运输很不可靠，轮船航班也不定期，从美国东部和欧洲传来的供求消息很长时间才能传到芝加哥，价格波动相当大。在这种情况下，农场主即可利用远期合同保护他们的利益，避免运粮到芝加哥时因价格下跌或需求不足等原因而造成损失。加工商和出口商也可利用远期合同减少因各种原因而引起的加工费用上涨的风险。但是这种远期交易方式在随后的交易过程中遇到了一系列困难，如商品品质、等级、价格、交货时间、交货地点等都是根据双方具体情况达成的，若双方情况或市场价格发生变化，需要转让已签订的合同，则非常困难。另外，远期交易最终能否履约主要依赖对方的信誉，而对对方信誉状况做全面细致的调查，费时费力、成本较高、难以进行，使交易中的风险增大。

针对上述情况，芝加哥期货交易所于 1865 年推出了标准化合约，同时实行了保证金制度，向签约双方收取不超过合约价值 10%的保证金，作为履约保证。这是具有历史意义的制度创新，促成了真正意义上的期货交易的诞生。随后，1882 年，交易所允许以对冲方式免除履约责任，这促进了投机者的加入，期货市场流动性加大。1883 年，成立了结算协会，向芝加哥期货交易所的会员提供对冲工具。结算协会当时还算不上规范严密的组织，直到 1925 年芝加哥期货交易所结算公司（BOTCC）成立以后，芝加哥期货交易所所有交易都要进入结算公司结算，现代意义上的结算机构初具雏形。标准化合约、保证金制度、对冲机制和统一结算的实施等具有历史意义的制度创新，标志着现代期货市场的确立。

芝加哥期货交易所成立后，期货市场逐渐发展起来，新的品种也逐渐引入。1874 年 5 月，芝加哥商业交易所（CME）成立，并于 1969 年发展成为世界上最大的肉类和畜类期货交易中心。2007 年，芝加哥期货交易所和芝加哥商业交易所合并成为芝加哥商业交易所集团（CME Group）。该集团成为目前全球最大的期货交易场所。1876 年 12 月，伦敦金属交易所（LME）成立。现在，伦敦金属交易所是世界上最大的有色金属期货交易中心。

就像一百多年前因转移商品价格风险的要求促成了芝加哥期货交易所的创立一样，在 20 世纪 70 年代，在《布雷顿森林协议》达成取消固定汇率的共识以后，美元开始自由浮动，导致金融市场的价格剧烈波动。为转移金融市场的风险，在商品期货市场的基础上，金融期货市场应运而生，并且发展迅速。

二、期货交易的发展

（一）期货交易品种的扩大化

期货交易的品种确定是受一定条件制约的，并非所有商品都可以进行期货交易。回顾期货市场的发展历程可以发现，现代期货市场上的交易品种有扩大化的特点和趋势。期货品种的范围和数量不断变化，大体上可以划分为三个阶段：

第一个阶段，20 世纪 70 年代以前，上溯到期货交易的起点，期货品种主要是农产品和工矿产品，称为商品期货，如金、银、铜、粮食、油料作物等。这一阶段是期货交易和期货市场产生并逐渐完善的阶段。

第二个阶段，始于 20 世纪 70 年代以后，一些价值商品先后进入期货交易领域，主要是金融期货，包括外汇、利率、股票指数等，标志着期货品种突破了物质商品的框架，引入了金融商品，大大丰富了期货市场的交易内容，而且金融期货品种交易量增长迅速，成为主要的交易品种。

第三个阶段，20 世纪 80 年代以后，期货合约作为重要的金融衍生工具，与期权合约、远期合约和互换合约一起成为金融工程创新的组合工具。根据风险管理的需求，设计金融衍生品成为时代潮流。期货期权和股票期货都是在这一阶段产生的新品种。金融工程的兴起使期货品种进一步扩大化了。

（二）目前期货市场的发展现状和格局

进入 21 世纪，特别是经过 2008 年全球性金融危机，全球金融市场格局在跌宕起伏的行情中重新洗牌，金融衍生品市场的新秩序也在重新构建。从全球各地区期货和期权交易量来看，全球期货市场已经形成北美、亚太和欧洲三足鼎立的格局。据美国期货业协会（FIA）对全球 78 家衍生品交易所的最新统计，2019 年上半年全球期货和期权成交量达到 165.52 亿手，较 2018 年同期增长 11%，其中期货成交量达到 92.88 亿手，较去年同期增长 9.4%，期权成交量为 72.64 亿手，较去年同期增长 13.4%。最主要的原因之一就是亚太地区和拉丁美洲地区期货和期权的交易量强劲增长。这与亚洲地区特别是中国内地交易所在农产品、金属以及能源等其他品种方面的良好表现有关。其中大连商品交易所豆粕期货连续 8 年名列全球农产品成交量排名首位。上海期货交易所螺纹钢期货成交量位居首位，但较上年同期下降 9.3%。在能源等其他方面，我国的燃料油、石油沥青、焦炭和焦煤期货，精对苯二甲酸（PTA）、甲醇、聚丙烯、乙二醇、线型低密度聚乙烯、聚氯乙烯、纤维板等期货表现突出，均位于全球期货市场交易前列。

从地域看，2013 年和 2014 年，北美地区交易所期货和期权的交易量增长最快，但这个格局在 2015 年之后发生了变化，2019 年上半年亚太地区交易所期货和期权的交易量总额占全球场内衍生品总成交量的 40.8%，达到 67.61 亿手。拉丁美洲成交量增长迅速，2019 年上半年同比增幅为 36%，总成交量达到 19 亿手。然而，欧洲和北美地区交易所期货和期权的交易量较 2018 年上半年出现下滑，分别减少 7.5%和 5.3%。

全球衍生品交易所期货和期权的成交量在地域上的变化，意味着全球衍生品市场交易份额的改变——亚太地区交易所的市场份额已经领先于北美。亚太地区交易所占全球期货和期权市场的份额为 40.8%，其次是北美和欧洲，占比分别为 30.8%和 15.2%（见图 1－1）。

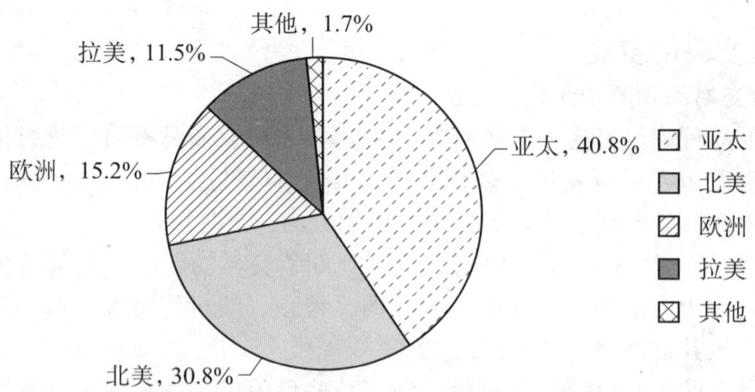

图 1-1　2019 年上半年各区域交易所在全球期货和期权市场的份额

2010 年，欧美主要交易所尚未从金融危机中恢复，亚洲地区交易所股指和商品期货的繁荣帮助亚太地区一度登上全球衍生品市场交易份额排名之首。2012 年随着北美再度发展，这一趋势开始逆转，北美地区衍生品交易份额在 2013 年重归领先。

在按期货与期权合约交易量排名的全球 20 大交易所中，2018 年交易量排在前 5 位的分别是芝加哥商业交易所集团、印度国家证券交易所（交易量一半以上源自以 CNX Nifty50 指数为基础的期权）、巴西证券期货交易所、洲际交易所和芝加哥期权交易所集团，位居前 5 的衍生品交易所较上年均实现了中高速增长，其中印度国家证券交易所交易量增幅达 53.74%。巴西证券期货交易所交易量上升 42.26%，排名由 2017 年的第 5 位升至第 3 位。郑州商品交易所、中国金融期货交易所、香港交易及结算所和台湾期货交易所 4 家衍生品交易所的交易量均保持两位数增长，而上海期货交易所与大连商品交易所交易量略有下降。上海期货交易所（以下简称“上期所”）、大连商品交易所（以下简称“大商所”）、郑州商品交易所（以下简称“郑商所”）、香港交易及结算所（以下简称“港交所”）、台湾期货交易所（以下简称“台湾期交所”）和中国金融期货交易所（以下简称“中金所”）分列第 10、12、13、14、17 和 31 位。与 2017 年相比，中国大陆期交所交易排名总体稳定，上期所与大商所略有下滑，郑商所的排名前进 1 位（见表 1-1）。

表 1-1　2018 年全球衍生品交易所（场内期货和期权）交易量前 20 位

名次	交易所名称	2018 年（手）	同比增减幅（%）
1	芝加哥商业交易所集团	4 844 856 880	18.48
2	印度国家证券交易所	3 790 090 142	53.74
3	巴西证券期货交易所	2 574 073 178	42.26
4	洲际交易所	2 474 223 217	16.41
5	芝加哥期权交易所集团	2 050 884 142	13.30
6	欧洲期货交易所	1 951 763 081	16.46
7	纳斯达克集团	1 894 713 045	13.01
8	莫斯科交易所	1 500 375 257	−5.32
9	韩国证券期货交易所	1 408 257 756	38.70
10	上海期货交易所	1 201 898 093	−11.90
11	孟买证券交易所	1 032 693 325	69.51
12	大连商品交易所	981 927 369	−10.84

续前表

名次	交易所名称	2018年（手）	同比增减幅（%）
13	郑州商品交易所	817 969 982	39.57
14	香港交易及结算所	480 966 627	29.23
15	迈阿密国际期货交易所	421 320 501	81.43
16	日本交易所集团	388 302 535	20.44
17	台湾期货交易所	308 083 576	15.95
18	澳大利亚证券交易所	248 003 922	−0.18
19	伊斯坦布尔交易所	236 393 421	61.78
20	印度多种商品交易所	230 339 630	15.97

从期货合约类别看，2018年全球衍生品交易所的股指、外汇和商品这三类合约的交易量增速最大。股指期货、期权的总交易量增长32.8%至99.8亿手，创历史新高。增长原因部分在于市场中合约规模较小，但由机构投资者主导的批发市场交易量也在增长。同时，韩国KOSPI 200股指期权曾一度成为全球成交量最大的期权品种，至今仍是最活跃的股指期权，带动了亚洲其他国家股指期权市场的迅猛发展。如今亚洲股指期权市场的市场份额占全球成交总量接近五成，成为全球股指期权交易的最大阵地。北美市场增长速度平稳，2018年占据了42.68%的市场份额。而欧洲市场发展整体落后于全球市场发展速度，2018年仅占据了7.79%的市场份额。

另外，外汇合约交易量跳涨31.7%至39.3亿手，与2017年3%的小幅下跌形成鲜明对比。很大一部分增长都归功于印度、巴西、阿根廷等地区交易所推出的相对小型的合约，而且大多数情况下，这些合约是追踪当地货币兑美元的汇率。同时，批发市场的交易量也录得增长，如在芝加哥商业交易所挂牌的Euro Fx期货合约成交量以7.6亿手持续位列交易榜首。

商品合约包括基于能源、农产品、贵金属、非贵金属的期货和期权合约，交易量同比上升2.2%至55亿手。目前，这四大类别的期货和期权合约已占全球总量的近20%，而且商品交易的增长并不仅限于任何一个板块。其中，农产品交易量同比上涨13.9%至14.9亿手，能源交易量同比增长3.1%至22亿手，非贵金属交易量同比增长4.3%至29亿手，均达到了历史最高水平。

三、中国期货市场的建立与发展

(一) 我国期货市场发展历程

1. 起步探索阶段（1988—1992年）

我国期货市场的起步探索阶段可以追溯到20世纪80年代。1988年3月，第七届全国人民代表大会第一次会议上的《政府工作报告》提出“加快商业体制改革，积极发展各类批发市场贸易，探索期货交易”，确定了在我国开展期货市场研究的课题。同年，国务院发展研究中心、国家经济体制改革委员会、商业部等部门根据中央领导的指示，组织力量开始进行期货市场研究，并成立了期货市场研究小组，系统地研究了国外期货市场的历史和现状，并组织人员进行了考察，积累了大量有关期货市场的理论知识，为中国建立期货市场做了前期的理论准备和充足的可行性研究。

1990年10月，郑州粮食批发市场经国务院批准正式成立，标志着中国商品期货市场的诞生。郑州粮食批发市场以现货交易为基础，同时引入期货交易机制。1992 年 9 月，我国第一家期货经纪公司——广东万通期货经纪公司成立。到 1993 年，由于认识上的偏差和利益的驱动，在缺乏统一管理的情况下，全国各地各部门纷纷创办期货交易所。至 1993 年下半年，全国各类期货交易所达 50 多家，期货经纪机构近千家。

我国期货市场的盲目无序扩张为后续发展埋下了隐患：一方面，重复建设造成期货交易所数量过多，上市品种重复设置，导致交易分散，期货市场价格发现的功能难以发挥；另一方面，过度投机、操纵市场、交易欺诈等行为扰乱了市场秩序，恶性事件频发，多次酿成系统风险。针对这一情况，从 1993 年开始，政府有关部门对期货市场进行了全面的治理整顿。

2. 治理整顿阶段（1993—1999 年）

针对期货市场盲目发展的局面，1993 年 11 月，国务院发布《关于坚决制止期货市场盲目发展的通知》，提出了"规范起步、加强立法、一切经过试验和从严控制"的原则，拉开了第一轮治理整顿的序幕。在本次治理整顿中，清理前存在的 50 多家交易所中只有 15 家作为试点被保留下来，并根据要求进行会员制改造。1998 年 8 月，国务院发布《关于进一步整顿和规范期货市场的通知》，开始了第二轮治理整顿。1999 年，我国期货交易所再次精减合并为 3 家，即郑商所、大商所和上期所，期货品种亦由 35 个降至 12 个。与此同时，期货代理机构也得到了清理整顿。1995 年底，330 家期货经纪公司经重新审核获发"期货经纪业务许可证"，混乱无序的市场局面得以显著改善。1999 年，期货经纪公司的准入门槛提高，最低注册资本要求不得低于 3 000 万元人民币。

此后，为了规范期货市场行为，国务院及有关政府部门先后颁布了一系列法律法规。1999 年 6 月，国务院颁布《期货交易管理暂行条例》，配套的《期货交易所管理办法》《期货经纪公司管理办法》、《期货经纪公司高级管理人员任职资格管理办法》和《期货从业人员资格管理办法》相继颁布实施，期货市场监管力度不断加强。2000 年 12 月，中国期货业协会正式成立，标志着中国期货行业自律组织的诞生，将新的自律机制引入了我国期货行业的监管体系。至此，规范发展成为中国期货市场的主题。

3. 规范发展阶段（2000 年至今）

进入 21 世纪，中国期货市场正式步入平稳较快的规范发展阶段。在这一阶段，期货市场的规范化程度逐步提升，创新能力不断增强，新的期货品种陆续推出，期货交易量实现恢复性增长后连创新高，期货市场服务产业和国民经济的经验也逐步积累。

同时，中国期货市场逐步走向法制化和规范化，构建了期货市场法律法规制度框架和风险防范化解机制，监管体制和法律法规体系不断完善。由中国证监会的行政监督管理、中国期货业协会的行业自律管理和期货交易所的自律管理构成的三级监管体制，对于形成和维护良好的期货市场秩序起到了积极作用。一系列法律法规的相继出台夯实了我国期货市场的制度基础，为期货市场的健康发展提供了制度保障。

2006 年 5 月，中国期货保证金监控中心成立，并于 2015 年 4 月更名为中国期货市场监控中心。作为期货保证金的安全存管机构，中国期货市场监控中心为有效降低保证金挪用风险、保证期货交易资金安全以及维护期货投资者利益发挥了重要作用。2006 年 9 月，中国金融期货交易所在上海挂牌成立，并于 2010 年 4 月推出了沪深 300 指数期货。中国金融期货交易所的成立和股票指数期货的推出，对于丰富金融产品、完善资本市场体系、开辟更多投资渠道，以及深化金融体制改革具有重要意义，同时也标志着我国期货市场进入了商品期货与金融期货共同发展的新时期。

（二）我国期货市场发展现状

经过30多年的探索发展，我国期货市场由无序走向成熟，逐步步入了健康稳定发展、经济功能日益显现的良性轨道，市场交易量迅速增长，交易规模日益扩大。相关数据表明，我国期货市场成交额从1993年的5 521.99亿元增长到2018年的210.82万亿元，增长了380.78倍；期货成交量从1993年的890.69万手增长到2018年的3 028.87百万手，增长了339.06倍。同时，我国期货市场的国际影响力显著增强，逐渐成长为全球最大的商品期货交易市场和第一大农产品期货交易市场，并在螺纹钢、白银、铜、黄金、动力煤、股指期货以及众多农产品等品种上保持较高的国际影响力。

目前，中国大陆的期货交易所共有4家，分别是上海期货交易所、大连商品交易所、郑州商品交易所和中国金融期货交易所。各交易所上市期货品种见表1-2。

表1-2　　我国4家交易所上市期货品种

交易所	上市品种
上海期货交易所	铜、铝、锌、铅、镍、锡、黄金、白银、螺纹钢、线材、热轧卷板、不锈钢、原油、燃料油、石油沥青、天然橡胶、20号胶、纸浆
大连商品交易所	玉米、玉米淀粉、黄大豆1号、黄大豆2号、豆粕、豆油、棕榈油、鸡蛋、纤维板、胶合板、粳米、线型低密度聚乙烯、聚氯乙烯、聚丙烯、焦炭、焦煤、铁矿石、乙二醇、苯乙烯、液化石油气
郑州商品交易所	普通小麦、优质强筋小麦、早籼稻、晚籼稻、粳稻、棉花、棉纱、油菜籽、菜籽油、菜籽粕、白糖、苹果、红枣、动力煤、甲醇、精对苯二甲酸(PTA)、玻璃、硅铁、锰硅、尿素和纯碱
中国金融期货交易所	沪深300指数期货、上证50指数期货、中证500指数期货、2年期国债期货、5年期国债期货、10年期国债期货

1. 中国金融期货交易所

中国金融期货交易所（China Financial Futures Exchange，CFFE，以下简称“中金所”）是经国务院同意，中国证监会批准设立的，专门从事金融期货、期权等金融衍生品交易与结算的公司制交易所。中金所注册资本为5亿元人民币，由上海期货交易所、郑州商品交易所、大连商品交易所、上海证券交易所和深圳证券交易所共同发起，并分别出资1亿元人民币，于2006年9月8日在上海正式挂牌成立。成立中金所，发展金融期货，对于深化金融市场改革、完善金融市场体系、发挥金融市场功能、适应经济新常态，具有重要的战略意义。目前中金所上市品种有沪深300指数期货、上证50指数期货、中证500指数期货、2年期国债期货、5年期国债期货、10年期国债期货。

沪深300指数是从上海和深圳证券市场中选取300只A股作为样本编制而成的成份股指数。沪深300指数样本覆盖了沪深市场六成左右的市值，具有良好的市场代表性。沪深300指数是沪深证券交易所第一次联合发布的反映A股市场整体走势的指数。它的推出丰富了市场现有的指数体系，增加了一项用于观察市场走势的指标，有利于投资者全面把握市场运行状况，也进一步为指数投资产品的创新和发展提供了基础条件。

上证50指数是根据科学客观的方法，挑选上海证券市场规模大、流动性好的最具代表性的50只股票组成样本股，以综合反映上海证券市场最具市场影响力的一批龙头企业的整体状况。上证50指数自2004年1月2日起正式发布，其目标是建立一个成交活跃、规模较大、主要作为衍生金融工具基础的投资指数。

中证500指数是根据科学客观的方法，挑选沪深证券市场具有代表性的中小市值公司组成样本股，以便综合反映沪深证券市场中小市值公司的整体状况。其样本空间内股票扣除沪深300指数样本股及最近一年日均总市值排名前300的股票，剩余股票按照最近一年（新股为上市以来）的日均成交金额由高到低排名，剔除排名后20%的股票，然后将剩余股票按照日均总市值由高到低排名，选取排名前500的股票作为中证500指数样本股。

沪深300指数期货、上证50指数期货和中证500指数期货合约如表1-3所示。

表1-3 沪深300指数期货、上证50指数期货和中证500指数期货合约

合约标的物	沪深300指数期货	上证50指数期货	中证500指数期货
合约乘数	每点300元	每点300元	每点200元
交易代码	IF	IH	IC
报价单位	指数点		
最小变动价位	0.2点		
合约月份	当月、下月及随后两个季月		
交易时间	每周一至周五（法定节假日除外） 上午：9:30—11:30，下午：13:00—15:00		
每日价格最大波动限制	上一个交易日结算价的±10%		
最低交易保证金	合约价值的8%		
最后交易日	合约到期月份的第三个周五，遇国家法定节假日顺延		
交割日期	同最后交易日		
交割方式	现金交割		

2年期国债期货、5年期国债期货和10年期国债期货合约见表1-4。

表1-4 2年期国债期货、5年期国债期货和10年期国债期货合约

合约标的物	面值为200万元人民币、票面利率为3%的名义中短期国债（2年期国债期货）	面值为100万元人民币、票面利率为3%的名义中期国债（5年期国债期货）	面值为100万元人民币、票面利率为3%的名义长期国债（10年期国债期货）
可交割国债	发行期限不高于5年、合约到期月份首日剩余期限为1.5～2.25年的记账式附息国债	发行期限不高于7年、合约到期月份首日剩余期限为4～5.25年的记账式附息国债	发行期限不高于10年、合约到期月份首日剩余期限不低于6.5年的记账式附息国债
报价方式	百元净价报价		
最小变动价位	0.005元		
合约月份	最近的三个季月（3月、6月、9月、12月中的最近三个月循环）		
交易时间	9:15—11:30，13:00—15:15		
最后交易日交易时间	9:15—11:30		
每日价格最大波动限制	上一交易日结算价的±0.5%	上一交易日结算价的±1.2%	上一交易日结算价的±2%
最低交易保证金	合约价值的0.5%	合约价值的1%	合约价值的2%
最后交易日	合约到期月份的第二个星期五		
最后交割日	最后交易日后的第三个交易日		
交割方式	实物交割		
交易代码	TS	TF	T

2. 上海期货交易所

上海期货交易所成立于1990年11月26日，上海是中国期货市场试验起步最早的地区。1995年国家进行期货市场整顿，批准上海金属交易所、上海粮油商品交易所及由石油、建材、农资、化工四家合并组建的上海商品交易所为试点期货交易所。根据国务院1998年8月关于进一步整顿规范期货市场的要求，上海三家交易所实行合并，组建上海期货交易所，受中国证监会集中统一监督管理，1999年12月正式运营。

上海期货交易所目前已上市铜、铝、锌、铅、镍、锡、黄金、白银、螺纹钢、线材、热轧卷板、原油、燃料油、石油沥青、天然橡胶 、纸浆、20号胶、不锈钢18个期货品种以及铜、天然橡胶、黄金3个期权合约，并推出了黄金、白银和有色金属的连续交易。

上海期货交易所依循“夯实基础、深化改革、推进开放、拓展功能、加强监管、促进发展”的方针，严格依照法规、政策、制度组织交易，切实履行市场一线监管职责，致力于构建安全、有序、高效的市场机制，营造公开、公平、公正和诚信、透明的市场环境。长期目标是努力建设成为规范、高效、透明，综合性、国际化的衍生品交易所。未来五年的目标是建设成为亚太时区领先、具有全球重要影响力的商品期货、期权及其他衍生品交易所。上海期货交易所现有会员198家（其中期货公司会员占近75%），在全国各地开通远程交易终端700多个。

随着行业风险控制能力的强化提高、市场交易的持续活跃和规模的稳步扩大，市场功能及其辐射影响力显著增强。铜期货价格作为世界铜市场三大定价中心权威报价之一的地位进一步巩固；天然橡胶期货价格得到国内外各方的高度关注；燃料油期货在探索能源期货发展的道路上稳健运行；镍、锡期货的上市，与铜、铝、锌、铅期货关联，初步形成了有色金属期货品种系列；黄金期货的上市，为促进黄金市场的发展、增进商品期货市场与金融市场的联系开辟了新路径；螺纹钢、线材和热轧卷板的先后上市，逐步优化了钢材价格形成机制，促进了钢铁工业健康、有序发展，进一步提高了我国钢铁工业的国际竞争力；白银期货的上市，丰富了我国贵金属期货品种，完善了国内白银市场价格体系，促进了国内白银产业可持续健康发展；石油沥青期货多种交割方式的创新，顺应了石油沥青产业发展趋势，提高了企业风险管理效率。黄金、白银和有色金属的连续交易上线运行，促进了相关品种国内外价格的及时联动，增强了我国期货市场的价格影响力，并为投资者实时进行风险管理提供了便利。

3. 郑州商品交易所

郑州商品交易所（以下简称“郑商所”）成立于1990年10月12日，是经国务院批准成立的我国首家期货市场试点单位，在现货交易成功运行两年以后，于1993年5月28日正式推出期货交易。1998年8月，它被国务院确定为全国三家期货交易所之一，隶属于中国证监会管理。

目前郑商所上市交易的期货品种有普通小麦、优质强筋小麦、早籼稻、晚籼稻、粳稻、棉花、棉纱、油菜籽、菜籽油、菜籽粕、白糖、苹果、红枣、动力煤、甲醇、精对苯二甲酸（PTA）、玻璃、硅铁、锰硅、尿素和纯碱共21个期货品种和白糖、棉花等5个期权产品，范围覆盖粮、棉、油、糖、果和能源、化工、纺织、冶金、建材等多个国民经济重要领域。其中郑商所小麦、棉花和白糖期货已纳入全球报价体系，在发现未来价格、套期保值等方面发挥积极作用。近年来，郑商所的交易规模增长迅速。截至2019年6月30

日，郑商所累计成交量 5.25 亿手，成交金额 19.42 万亿元，日均持仓量 404.97 万手。

郑商所拥有功能完善的交易、交割、结算、风险监控、信息发布和会员服务等电子化系统。会员和投资者可以通过远程交易系统进行期货交易。期货交易行情信息通过路透社、彭博资讯、世华信息等多个报价系统向国内外同步发布。

郑商所注重加强对外交流与合作。1995 年 6 月加入美国期权（期货）市场协会。2012 年 10 月加入世界交易所联合会。2019 年 3 月加入美国期货业协会（FIA）。先后与美国芝加哥期权交易所、芝加哥商业交易所、印度多种商品交易所、香港交易及结算所、墨西哥衍生品交易所、泰国农产品期货交易所、加拿大多伦多蒙特利尔交易所集团、德意志交易所等多家期货交易所签订了友好合作协议，定期交换市场信息，进一步扩大了郑商所在国际上的影响力。

4. 大连商品交易所

大连商品交易所（以下简称“大商所”）成立于 1993 年 2 月 28 日，同年 11 月 18 日正式开业，是经国务院批准并由中国证监会监督管理的四家期货交易所之一，也是中国东北地区唯一的期货交易所。经中国证监会批准，目前已上市玉米、玉米淀粉、粳米、黄大豆 1 号、黄大豆 2 号、豆粕、豆油、棕榈油、鸡蛋、纤维板、胶合板、线型低密度聚乙烯、聚氯乙烯、聚丙烯、乙二醇、苯乙烯、焦炭、焦煤、铁矿石、液化石油气共计 20 个期货品种和豆粕、玉米、铁矿石、液化石油气 4 个期权品种，并推出了棕榈油、豆粕、玉米、焦炭、焦煤和铁矿石等 16 个期货品种和 3 个期权品种的夜盘交易。

成立 20 多年以来，大商所规范运营、稳步发展，已经成为我国重要的期货交易中心。目前，拥有会员单位 163 家，指定交割库 341 个。2018 年，大商所期货年成交量和成交额分别达到 9.69 亿手（单边，下同）和 52.19 万亿元，豆粕期权全年成交量和成交额分别达到 1 252.16 万手和 92.66 亿元。根据美国期货业协会公布的全球主要衍生品交易所成交量排名，2018 年大商所在全球排名第 12 位。现已成为全球最大的农产品、塑料、煤炭、铁矿石期货市场。

经过多年发展，大商所期货品种价格已成为国内市场的权威价格，为相关各类企业的生产经营提供了“指南针”和“避风港”，并通过引入境外交易者，为全球相关产业客户提供更优质的服务。近年来，大商所推出产业大会、机构论坛、期货学院、十大期货投研团队评选、产融培育基地、高校人才培育项目等市场服务品牌，农民收入保障计划、场外期权、基差贸易等“三农”及产业服务试点项目，积极探索期货市场服务产业的新路，进一步强化市场功能发挥，促进了相关产业稳步健康发展。

第二节　期货交易概述

期货交易（futures trading）是商品经济发展到一定阶段的必然产物，它的出现是社会经济发展的客观要求，期货市场是金融市场发展的高级形态，在形成规范的交易秩序和有影响的预期价值方面显示出巨大的优越性和市场导向作用，已成为现代市场经济不可缺少的重要组成部分。

一、期货交易的含义

所谓期货交易，是指交易双方在期货交易所内以公开竞价方式买卖某种特定商品的

"标准化合约"（即"期货合约"）的交易行为。期货交易行为严格限定在规定的场所，交易遵从公开、公平、公正的原则。作为交易对象的期货合约，对商品质量、规格、交货时间和地点等都做了统一的规定，唯一的变量是商品的价格。由于参与期货交易的投资者的基本目的是规避价格风险或投机获利，所以进行实物交割的比例很小。可见，期货市场上交易的并不是商品实物，而只是以商品实物为基础的一纸标准期货合约。

期货交易中的买卖又称在期货市场上建立交易部位，其中买入期货合约的称为"买空"或"多头"，亦即建立多头部位或多头交易；卖出期货合约的称为"卖空"或"空头"，亦即建立空头部位或空头交易。开始买入或卖出期货合约的交易行为称为"开仓"或"建立交易部位"，期货交易者手中持有合约称为"持仓"，期货交易者了结手中合约进行反向交易的行为称为"平仓"或"对冲"；如果到了交割月份，交易者手中的合约仍未对冲，那么，持空头合约者就要备好实物准备提出交割，持多头合约者就要备好资金准备接受实物。一般情况下，大多数合约都在到期前以对冲方式了结，只有极少数要进行实物交割。

二、期货交易与现货交易的区别

现货交易（cash trading）是指买卖双方以即期现货合同或远期合同所确定的价格与付款方式、交割方式进行商品实物所有权转移的交易。现货交易根据交货期的不同可分为即期交易（spot contract）和远期交易（forward contract）。人们习惯上把远期合同交易也称为"期货"，由此导致许多人误将现货远期合同交易与期货交易混为一谈。虽然期货交易是从现货交易中的远期合同交易发展而来的，但它已完全脱胎换骨，形成了一种高级的市场交易形式。它们之间的区别如表1-5所示。

表1-5　现货交易与期货交易的区别

交易方式 / 区别 / 比较点	现货交易		期货交易
	即期交易	远期交易	
交易目的	获取或让渡商品实物	获取实物、转移风险或追求风险收益	转移价格风险或追求风险收益
交易对象	商品实物	商品实物或非标准合约	标准化合约
交易方式	一对一磋商，讨价还价（无特定限制）	拍卖或双方协商（无特定限制）	公开竞价，公平竞争
交易场所	无限制	无限制	期货交易所
结算方式	付款（分期或一次性）	付款（分期或一次性）	保证金交易（每日无负债结算）
结算关系	双方直接结算	双方直接结算	通过结算所结算
履约方式	实物交割	实物交割	合约对冲，少部分实物交割
交割方式	双方约定	双方约定	固定交割方式
信用风险	需要买卖双方诚信，风险较大	需要买卖双方诚信，风险较大	双方资信由交易所负责，风险小
商品范围	无限制（一切商品）	无限制（一切商品）	有限制（交易所上市品种）

三、期货交易的特征

1. 合约标准化

期货交易是通过买卖期货合约进行的，而期货合约是标准化的（见表1-6）。期货合约标准化是指除价格之外的所有条款都是预先由期货交易所统一规定好的，这给期货交易带来了很大便利。交易双方无须对交易的具体条款进行协商，节约了交易时间，减少了交易纠纷。

表1-6　一号棉花期货合约

交易品种	棉花
交易单位	5吨/手（公定重量）
报价单位	元（人民币）/吨
最小变动价位	5元/吨
每日价格最大波动限制	上一交易日结算价±4%及《郑州商品交易所期货交易风险控制管理办法》相关规定
合约交割月份	1、3、5、7、9、11月
交易时间	每周一至周五（北京时间，法定节假日除外）上午：9:00—11:30、下午：1:30—3:00及交易所规定的其他交易时间
最后交易日	合约交割月份的第10个交易日
最后交割日	合约交割月份的第12个交易日
交割品级	基准交割品：符合GB1103.1—2012“棉花 第1部分：锯齿加工细绒棉”规定的3128B级，且长度整齐度为U3档，断裂比强度为S3档，轧工质量为P2档的国产棉花。替代品详见交易所交割细则。替代品升贴水见交易所公告
交割地点	交易所指定棉花交割仓库
最低交易保证金	合约价值的5%
交易手续费	8元/手（含风险准备金）
交割方式	实物交割
交易代码	CF
上市交易所	郑州商品交易所

资料来源：郑州商品交易所。

2. 杠杆机制

期货交易实行保证金制度，也就是说，交易者在进行期货交易时只需要缴纳少量的保证金，一般为成交合约价值的5%～10%，就能完成数倍乃至数十倍的合约交易，具有以少量资金进行较大价值额投资的特点，被形象地称为“杠杆机制”。期货交易的杠杆机制使期货交易具有高收益和高风险的特点。例如，保证金比例为10%，不考虑手续费等因素买入期货合约后，当期货合约价格上涨10%时，交易者的投资收益率将达到100%。但是，高收益必然伴随着高风险，期货交易既能给交易者带来高收益的机会，也可能给交易者带来遭受巨大损失的风险。如果交易者对价格趋势判断错误，买入期货合约后，当期货合约价格下降10%时，交易者的投资损失将达到100%。期货合约保证金比例越低，期货交易的杠杆作用就越大，高收益和高风险的特点就越明显。

[例1-1]　2013年2月6日，橡胶1405合约最高价达到27 040元/吨，之后一路

下跌，到4月18日最低跌到18 040元/吨。

假设在2月6日以27 040元/吨的价格卖出1手橡胶1405合约（1手为10吨）开仓（按10%的保证金比例，仅需要约2.7万元资金），到4月18日以18 040元/吨买进1手橡胶1405合约平仓了结，则两个多月盈利9万元（9 000元/吨×10吨=90 000元）。

1手合约价值为27 040元/吨×10吨=270 400元。由于期货交易实行保证金制度，做1手橡胶只需投入合约价值5%的保证金，但实际上各期货公司会要求保证金高于5%。假设保证金按照10%计算，做1手橡胶实际只需投入资金约2.7万元（270 400元×10%=27 040元），资金放大了10倍。仅用约2.7万元资金，两个多月即可盈利两倍多。

期货保证金制度可以小博大，这就是杠杆原理。除此之外，还有T+0交易制度，可以使资金再次放大。

3. 双向交易及对冲机制

因为期货合约是标准化的，交易者无论是买入还是卖出合约均不需要对合约具体条款进行协商，这为交易者的双向交易提供了便利和可能。双向交易是指期货交易者既可以买入期货合约作为期货交易的开端（称为买入建仓），也可以卖出期货合约作为交易的开端（称为卖出建仓，即使投资者不拥有商品也可以卖出建仓），也就是通常所说的“买空卖空”。与双向交易的特点相联系的还有对冲机制，在期货交易中大多数交易者并不是通过合约到期时进行交割来履行合约，而是通过与建仓时的交易方向相反的交易来解除履约责任，具体说就是买入建仓之后可以通过卖出相同合约的方式解除履约责任，卖出建仓后可以通过买入相同合约的方式解除履约责任。期货交易的双向交易和对冲机制，给予了投资者双向的投资机会：在期货价格上升时，可通过低买高卖来获利；在期货价格下降时，可通过高卖低买来获利。投资者还可以通过对冲机制免除交割，从而增加了期货市场的流动性。

4. 当日无负债结算制度（逐日盯市制度）

期货交易实行当日无负债结算制度，也就是在每个交易日结束后，对交易者当天的盈亏状况进行结算，在不同交易者之间根据盈亏情况进行资金划转。如果交易者亏损严重，保证金账户的资金不足时，即当每日结算后交易者账户的保证金低于期货交易所规定的交易保证金水平时，则要求交易者必须在下一日开市前追加保证金，做到“当日无负债”，以有效防范风险，保证期货市场的正常运转。如果客户不能按时追加保证金，期货经纪公司应对该交易者的部分或全部持仓进行强行平仓，直至保证金余额能够维持其剩余头寸。

5. 交易集中化

期货交易必须在期货交易所内进行。期货交易所实行会员制，只有会员方能进场交易。处在场外的广大客户若想参与期货交易，只能委托期货经纪公司代理交易。所以，期货市场是一个高度组织化的市场，并且实行严格的管理制度，期货交易最终在期货交易所内集中完成。

四、期货市场的功能与作用

（一）期货市场的功能

1. 风险规避

风险规避功能是指期货市场的参与者通过套期保值交易来规避现货价格波动的风险。

中国金融期货交易所风险控制管理办法（2018年修订）

从事套期保值交易的期货市场参与者包括生产商、加工商和贸易商等。套期保值就是在期货市场买进或卖出与现货市场交易方向相反但交易数量相等的期货合约，以期在未来某一时间通过卖出或买进期货合约来补偿因现货市场价格不利变动带来的损失。

以大豆期货交易为例，期货市场中的套期保值者包括大豆种植户、以大豆为原料的加工商和大豆经销商。例如，3个月后大豆种植户将收获大豆并上市销售，大豆压榨企业需要在3个月后购进大豆原料，大豆经销商已与对方签订了在3个月后交货的销售合同。此时，这些生产经营者在现货市场上都面临着价格波动的风险。具体来说，3个月后如果大豆价格下跌，大豆种植户将蒙受损失；如果大豆价格上涨，大豆压榨企业和大豆经销商将加大采购成本，利润减少甚至出现亏损。

为了规避大豆价格波动的风险，这些生产经营者可以通过期货市场进行套期保值。具体来说，大豆种植户卖出3个月后到期的大豆期货合约，如果3个月后大豆价格果真下跌，那么大豆种植户在大豆现货交易中就损失了一笔，但同时他买入大豆期货合约，把手中的卖出合约平仓，结果发现期货市场上的交易使他赚了一笔，而且可能正好抵补了他在大豆现货市场上的损失。再来看大豆压榨企业和大豆经销商，它们买入3个月后到期的大豆期货合约，如果3个月后大豆价格果真上涨，那么它们在大豆现货交易中就损失了一笔，但同时它们卖出大豆期货合约，把手中的买入合约平仓，结果它们发现期货市场上的交易使它们赚了一笔，而且可能正好抵补了它们在大豆现货市场上的损失。上述交易过程就是套期保值。

套期保值之所以能够规避现货价格风险，其基本经济原理在于：

（1）价格平行性原理。同一种商品的期货价格和现货价格走势基本一致。对于同一种商品，如果现货市场和期货市场同时存在，在同一时空会受到经济因素和现货供求等共同因素的影响和制约，因而一般情况下两个市场的价格变动趋势相同。

（2）价格收敛性原理。随着期货合约到期日的临近，期货价格和现货价格呈现出趋同性。由于交割的存在，随着期货合约临近交割，现货价格与期货价格趋于一致。

应当指出的是，规避价格风险并不意味着期货交易本身无价格风险。期货交易和现货交易一样，都是存在价格风险的。期货价格上涨或下跌会使交易者或盈利或蒙受损失。就一般情况而言，生产、加工和贸易厂商作为套期保值者参与期货交易的目的，并不是单纯追求价格上的超额收益，而是为了控制成本，以利于生产、加工和贸易的稳定发展。通过套期保值，在期货市场和现货市场之间建立盈亏冲抵机制，就可利用一个市场的盈利来弥补另一市场的亏损，从而达到转移价格波动风险并锁定成本、稳定收益的目的。

此外，期货在本质上是一种风险管理工具，并不能消灭风险，现货市场价格波动的风险是一种客观存在。那么，经由期货市场规避的风险，也就是套期保值者转移出去的风险，到哪里去了呢？答案是由套期保值者的交易对手承担了。在这些交易对手当中，一部分是其他套期保值者，但主要是期货市场中的投机者。正如上述例子中所揭示的，大豆种植户卖出期货合约，而大豆压榨企业和大豆经销商买入期货合约，因此前者和后者可以成为交易对手，承担一部分风险，但大部分风险主要是由期货市场中大量存在的投机者来承担，因为投机者对期货价格是升是降各有各的判断，并不一致，所以，有人做多，有人做空。这样，投机者就会与套期保值者成为交易对手。

2. 价格发现

价格发现功能是指在市场条件下，买卖双方通过交易活动，使某一时间和地点上某一特定质量和数量的产品的交易价格接近其均衡价格的过程。期货市场能够预期未来现货价格的变动，发现未来的现货价格。期货价格可以作为未来某一时期现货价格变动趋势的“晴雨表”。价格发现功能不是期货市场所特有的，但期货市场比其他市场具有更高的价格发现效率。这是基于期货市场的特有属性实现的。

现代经济学的最新进展已经表明，信息不完全和不对称导致价格扭曲和市场失灵，而期货市场是一种接近于完全竞争市场的高度组织化和规范化的市场，拥有大量的买者和卖者，采用集中的公开竞价交易方式，各类信息高度聚集并迅速传播。因此，期货市场的价格形成机制较为成熟和完善，能够形成真实、有效地反映供求关系的期货价格。在这种机制下形成的价格具有公开性、连续性、预测性和权威性的特点。

(1) 公开性。期货价格及时向公众披露，从而能够迅速地传递到现货市场。

(2) 连续性。期货合约是标准化合约，转手极为便利，因此能不断地生成期货价格，进而连续不断地反映供求变化。

(3) 预测性。期货价格是众多的交易者对未来供求状况的预期的反映，这些交易者是生产商、加工商、贸易商或者投机者。由大量这样的交易者集中在场内公开竞价形成的期货价格，就较为客观地反映出了未来的供求关系和价格变动趋势。

(4) 权威性。基于以上三个特点，期货价格被视为一种权威价格。期货价格不仅能够指导实际生产和经营活动，还作为现货交易的定价基准。例如，大宗商品的国际贸易采取期货价格＋升贴水的定价方式，就体现了期货价格的权威性。

市场经济的现实发展已充分证明了期货市场的这一功能。当今世界成熟交易所的期货价格已成为国际和国内市场最为广泛的参考价格，著名期货交易所的交易活动成为本国乃至世界经济发展的“晴雨表”。如伦敦金属交易所公布的基本金属的官方牌价，被世界公认为金属贸易买卖双方的定价基础；芝加哥期货交易所形成的价格已成为预测国际市场农产品供求、指导各国农业生产和农产品贸易的基准价格。

期货市场价格发现的功能在很大程度上弥补了现货价格的缺陷，有助于社会价格体系的完善。从这个意义上说，期货市场投入的是信息，产出的是价格，形成公正、权威的价格就是期货市场最大的产出。价格发现是期货市场最基本和首要的功能，可以说是一种内生的功能，期货市场的许多功能和作用也由此而派生。

(二) 期货市场的作用

1. 期货市场的发展有助于现货市场的完善

现货市场和期货市场是现代市场体系的两个重要组成部分，在市场经济条件下，它们共同调节资源的合理配置。从历史上看，期货市场由现货市场衍生而来，是现货市场发展到一定阶段的产物。期货市场的产生反过来又促进了现货市场的发展。一方面，期货市场具有价格发现功能，期货价格具有示范效果，从而有助于形成合理的现货市场价格；另一方面，期货市场能够规避现货价格波动的风险，从而有助于现货市场交易规模的扩大。由于期货市场的交易对象是标准化合约，合约中规定了标的物的品质标准，在交割时不同品级的现货会有升水或贴水出现，体现了优质优价原则。这有助于现货市场中商品品质标准的确立，促进企业提高产品质量。

2. 期货市场的发展有利于企业的生产经营

从微观的角度来看，期货市场的发展对企业生产经营活动的开展发挥了积极作用。作为信号的期货价格可以有效克服市场中的信息不完全和不对称，在市场经济条件下有助于生产经营者做出科学合理的决策，避免盲目性。另外，通过期货市场进行套期保值，可以帮助生产经营者规避现货市场的价格风险，达到锁定生产成本、实现预期利润的目的，使生产经营活动免受价格波动的干扰。例如，黑龙江等大豆主产区在确定播种面积时，一般都要参考大连商品交易所的大豆期货价格；我国农垦企业、有色金属生产企业和大宗物资流通企业多年来在期货市场开展套期保值，取得了良好的效果。

3. 期货市场的发展有利于国民经济的稳定，有助于政府的宏观决策

大宗商品（以主要农产品、能源产品为代表）和金融产品价格的剧烈波动，必然引起宏观经济的不稳定甚至是大起大落。大宗商品和金融产品期货交易，不仅可以通过其风险规避功能发挥稳定生产和流通的作用，而且可以通过其价格发现功能调节市场供求。可见，期货市场的发展有助于稳定国民经济。例如，以芝加哥期货交易所为代表的农产品期货市场促进了美国农业生产结构的调整，保证了农产品价格的基本稳定；芝加哥商业交易所集团和芝加哥期权交易所为国债和股市投资者提供了避险的工具，促进了债市和股市的平稳运行。

现货市场的价格机制对经济的调节有滞后性的缺陷，而期货市场价格反映了未来一定时期价格的变化趋势，具有信号功能和超前预测的特点。因此，以期货价格为参考依据，有助于科学合理地制定和调整宏观经济政策。例如，2003 年针对天然橡胶期货价格的快速上涨，政府相关部门数次抛售库存天然橡胶，年末又宣布 2004 年取消进口配额管理，同时将国内两大垦区 8.8%的天然橡胶农林特产税改征 5%的农业税。这些措施使天然橡胶的供给增加，平抑了天然橡胶价格。

4. 期货市场的发展有助于增强一国在国际价格形成中的主导权

在经济全球化背景下，国与国之间的经济联系日益紧密，国际贸易的快速发展使国内市场演变成世界市场，国内价格随之演变成国际价格。期货价格在国际价格形成中发挥了基准价格的作用，发达的期货市场因其交易规模大、规范化和国际化而成为世界市场的定价中心。20 世纪 80 年代以来，英美等发达国家的期货交易所集中了全球绝大多数的农产品、石油和金属原材料的期货交易，由此形成的期货价格已成为世界市场的基准价格。当这种主导地位形成以后，其他国家的企业在进行贸易时，甚至在制定国内价格时也要参考它们的价格，以致在贸易中处于被动地位。而英美等发达国家在国际价格的形成中掌握着话语权和主导权，在国际贸易中处于主动和有利地位。为此，在经济全球化背景下，发展中国家应积极建立自己的期货交易所，增强国际价格形成中的话语权。

第三节　期货交易流程与基本交易制度

一、期货交易流程

期货交易的完成是通过期货交易所、结算所、经纪公司和交易者这四个组成部分的

有机联系实现的。期货交易流程主要包括开户、下单、竞价成交、结算、交割五个环节。在期货交易的实际操作中，大多数期货交易都是通过对冲平仓的方式了结履约责任，进入交割环节的比重非常小，所以交割环节并不是交易流程中的必经环节。

（一）开户

由于能够直接进入期货交易所进行交易的只能是期货交易所的会员，所以普通投资者在进入期货市场交易之前，应首先选择一个具备合法代理资格、信誉好、资金安全、运作规范和收费比较合理的期货公司。

经过对比、判断，选定期货公司之后，投资者即可向该期货公司提出委托申请，开立账户，从而确立投资者（委托人）与期货公司（代理人）之间的一种法律关系。

一般来说，各期货公司会员为客户开设账户的程序及所需的文件细节虽不尽相同，但其基本程序是相同的，包括风险提示、签署合同、申请交易编码和缴纳保证金。

1. 风险提示

期货公司在接受客户开户申请时，须向客户出具“期货交易风险说明书”，说明期货交易的风险和基本规则。自然人客户应在仔细阅读并理解后，在该“期货交易风险说明书”上签字；法人客户应在仔细阅读并理解之后，由单位法定代表人或授权他人在该“期货交易风险说明书”上签字并加盖单位公章。

2. 签署合同

期货公司在接受客户开户申请时，双方必须签署“期货经纪合同”，明确双方权利义务关系，正式形成委托关系。自然人客户应在该合同上签字，法人客户应由法定代表人或授权他人在该合同上签字并加盖公章。

自然人开户应提供本人身份证，留存印鉴或签名样卡。法人开户应提供企业法人营业执照影印件，并提供法定代表人及本单位期货交易业务执行人的姓名与联系电话、单位及法定代表人或单位负责人印鉴等内容的书面材料，以及法定代表人授权期货交易业务执行人的书面授权书。

3. 申请交易编码

期货交易所实行客户交易编码登记备案制，客户开户时应由期货公司按交易所统一的编码规则进行编号，一户一码，专码专用，不得混码交易。如期货公司需注销客户交易编码的，应当向交易所备案。

4. 缴纳保证金

客户在与期货公司签署“期货经纪合同”之后，应按规定缴纳开户保证金。期货公司向其客户收取的保证金金额都要高于期货交易所规定的最低收取标准。期货公司应将客户所缴纳的保证金存入“期货经纪合同”指定的客户账户中，供客户进行期货交易；期货公司除按规定为客户向期货交易所缴存保证金并进行交易结算外，严禁挪作他用。

（二）下单

客户在按规定足额缴纳开户保证金后，即可开始委托下单，进行期货交易。下单是指客户在进行每笔交易前向期货公司业务人员下达交易指令，交易指令的内容应包括交易的品种、交易方向、数量、合约月份、价格、日期及时间、期货交易所名称、客户名称、客户编码和账户以及期货公司和客户签名等。期货交易指令的种类很多，且各类交易指令的作用也不相同。因此，客户应先熟悉和掌握有关的交易指令，然后选择不同的期货合约进行具体交易。

1. 常用交易指令

（1）市价指令。市价指令是期货交易中常用的指令之一。它是指按当时市场价格即刻成交的指令。客户在下达这种指令时无须指明具体的价位，而是要求期货公司出市代表以当时市场上可执行的最好价格达成交易。例如，“买入 2010 年 5 月大豆合约 10 手”就属此类指令。这种指令的特点是成交速度快，一旦指令下达后便不可更改或撤销。

（2）限价指令。限价指令是指执行时必须按限定价格或更好的价格成交的指令。下达限价指令时，客户必须指明具体的价位。例如，“买入限价为 3 800 元/吨的 2010 年 5 月大豆合约 10 手”，该指令要求只有当 2010 年 5 月大豆期货价格为每吨 3 800 元或低于 3 800 元时才执行指令。它的特点是可按客户的预期价格成交，但成交速度相对较慢，有时甚至无法成交。

（3）止损指令。止损指令是指当市场价格达到客户预先设定的触发价格时，即变为市价指令予以执行的一种指令。客户利用止损指令，既可以有效地锁定利润，又可以将可能的损失降至最低限度，还可以相对较小的风险建立新的头寸。

止损指令的重要作用是保护盈利，限制损失。一般情况下，多头交易者利用空头止损指令保护盈利，限制损失。例如，某交易者认为大豆期货价格可能上升，于是以价格 2 050 元/吨买进 10 手 5 月的大豆期货合约，做多头交易。果然，一个星期以后，大豆期货价格上升到 2 155 元/吨。交易者认为大豆价格还有上升的趋势，不想立即平仓，但是又担心大豆价格突然下跌，可能会丧失既得收益。此时，交易者可发出止损指令，“卖出 10 手 5 月大豆 2 140 元/吨止损”，即以止损指令在价位 2 140 元/吨上，卖出 5 月大豆合约。因为止损指令具有逆市触价执行的特点，所以当价格趋势转向下跌时，只要价格触及指令价位 2 140 元/吨，止损指令立即转为市价指令执行。这样就可以保护交易者已有而未实现的收益，避免遭受或有损失。与发出止损指令时的期货市场价格相比，空头止损指令的价位比市价低。这就是所谓的卖低。同理，空头交易者可以利用多头止损指令来限制损失。

（4）停止限价指令。停止限价指令是指当市场价格达到客户预先设定的触发价格时，即变为限价指令予以执行的一种指令。例如，“买入停止限价为 3 000 元/吨的 2010 年 5 月大豆合约 10 手”。该指令要求只有当 2010 年 5 月大豆期货价格达到或超过每吨 3 000 元时，该指令才生效；但是经纪人必须以每吨 3 000 元或更低的价格买入期货合约。它的特点是可以将损失或利润锁定在预期的范围，但成交速度较止损指令慢，有时甚至无法成交。

（5）触价指令。触价指令是指在市场价格达到指定价位时，以市价指令予以执行的一种指令。触价指令与止损指令的区别在于：其预先设定的价位不同，例如，就卖出指令而言，卖出止损指令的止损价低于当前市场价格，而卖出触价指令的触发价格高于当前市场价格；买进指令则与此相反。此外，止损指令通常用于平仓，而触价指令一般用于开新仓。

（6）限时指令。限时指令是指要求在某一时间段内执行的指令。如果在该时间段内指令未被执行，则自动取消。例如，“上午 10 点 40 分买入 2010 年 5 月大豆期货合约 10 手”，该指令要求必须在此时间内执行，如超过此时间，则该指令自动失效。

（7）长效指令。长效指令指除非成交或由委托人取消，否则持续有效的交易指令。

（8）套利指令。套利指令是指同时买入和卖出两种或两种以上期货合约的指令，其在期货投机套利交易中经常使用。要求两个指令同时执行，或一个指令执行后另一个指令也立即执行。具体形式包括跨期套利指令、跨商品套利指令和跨市套利指令等。

（9）取消指令。取消指令又称为撤单，是要求将某一指定指令取消的指令。通过执行该指令，客户以前下达的指令完全取消，并且没有新的指令取代原指令。

目前，我国各期货交易所普遍采用了市价指令、限价指令和取消指令。此外，郑州商品交易所还采用了套利指令，大连商品交易所不仅采用了套利指令，还采用了止损指令和停止限价指令。我国各交易所的指令均为当日有效。在指令成交前，投资者可以提出变更和撤销。

2. 指令下达方式

客户在正式交易前，应制订详细周密的交易计划。在此之后，客户即可按计划下达交易指令（即下单交易）。目前，我国客户的下单方式有书面下单、电话下单和网上下单三种，其中网上下单是最主要的方式。

（1）书面下单。客户亲自填写交易单，填好后签字交期货公司，再由期货公司将指令发至交易所参与交易。

（2）电话下单。客户通过电话直接将指令下达到期货公司，再由期货公司将指令发至交易所参与交易。期货公司须将客户的指令同步录音，以备查证。

（3）网上下单。客户通过互联网或局域网，使用期货公司配置的网上下单系统进行网上下单。进入下单系统后，客户需输入自己的客户号与密码，经确认后可输入指令。指令通过互联网或局域网传到期货公司后，通过专线传到交易所主机进行撮合成交。客户可以在期货公司的下单系统获得成交回报。

（三）竞价成交

1. 竞价方式

竞价方式主要有公开喊价和计算机撮合成交两种。其中，公开喊价属于传统的竞价方式。21 世纪以来，随着信息技术的发展，越来越多的交易所采用了计算机撮合成交方式，而原来采用公开喊价方式的交易所也逐步引入了电子交易系统。

（1）公开喊价方式。

公开喊价方式又可分为两种形式：连续竞价制和一节一价制。

连续竞价制是指在交易所交易池内由交易者面对面地公开喊价，表达各自买进或卖出合约的要求。按照规则，交易者在报价时既要发出声音，又要做出手势，以保证报价的准确性。这种公开喊价有利于活跃场内气氛，维护公开、公平、公正的定价原则，曾经在欧美期货市场较为流行。

一节一价制是指把每个交易日分为若干节，每节交易由主持人最先叫价，所有场内经纪人根据其叫价申报买卖数量，直至在某一价格上买卖双方的交易数量相等时为止。每一节交易中一种合约一个价格，没有连续不断的竞价。这种叫价方式曾经在日本较为流行。

（2）计算机撮合成交方式。

计算机撮合成交是根据公开喊价的原理设计而成的一种计算机自动化交易方式，是期货交易所的计算机交易系统对交易双方的交易指令进行配对的过程。这种交易方式相对公开喊价方式来说，具有准确、连续等特点，但有时会出现交易系统故障等因素造成的风险。国内期货交易所均采用计算机撮合成交方式。

计算机交易系统的运行，一般将买卖申报单以价格优先、时间优先的原则进行排序。当买入价大于等于卖出价则自动撮合成交，撮合成交价等于买入价（bp）、卖出价（sp）和前一成交价（cp）三者中居中的一个价格，即：

当 bp ≥ sp ≥ cp 时，则最新成交价＝sp；

当 bp ≥ cp ≥ sp 时，则最新成交价＝cp；

当 cp ≥ bp ≥ sp 时，则最新成交价＝bp。

例如，前一成交价为 15 000 元，如果买/卖申报价为 15 050/15 030 元，这时成交价格为 15 030 元，15 030 元比起 15 050 元更接近于前一成交价；如果买/卖申报价为 14 950/14 950 元，当然成交价就是 14 950 元；如果买/卖申报价为 14 970/14 950 元，这时成交价格为 14 970 元，同样，14 970 元要比 14 950 元更接近前一成交价 15 000 元；如果买/卖申报价为 15 030/14 980 元，那么就以前一成交价 15 000 元成交。

2. 集合竞价

一般情况下，开盘价由集合竞价产生，然而收盘价却未必由集合竞价产生。

开盘价集合竞价在某品种某月份合约每一交易日开市前 5 分钟内进行。其中，前 4 分钟为期货合约买、卖价格指令申报时间，后 1 分钟为集合竞价撮合时间，开市时产生开盘价。交易系统自动控制集合竞价申报的开始和结束，并在计算机终端上显示。比如国内商品期货在每个交易日 8:55—8:59 是集合竞价时间，8:59—9:00 进行集中撮合，9 点整给出开盘价并进入连续竞价交易。

集合竞价采用最大成交量原则，即以此价格成交能够得到最大成交量。高于集合竞价产生的价格的买入申报全部成交；低于集合竞价产生的价格的卖出申报全部成交；等于集合竞价产生的价格的买入或卖出申报，根据买入申报量和卖出申报量的多少，按少的一方的申报量成交。

集合竞价产生价格的方法是：

（1）交易系统分别对所有有效的买入申报按申报价由高到低的顺序排列，申报价相同的按照进入系统的时间先后排列；所有有效的卖出申报按申报价由低到高的顺序排列，申报价相同的按照进入系统的时间先后排列。

（2）交易系统逐步将排在前面的买入申报和卖出申报配对成交，直到不能成交为止。如最后一笔成交是全部成交的，取最后一笔成交的买入申报价和卖出申报价的算术平均价为集合竞价产生的价格，该价格按各期货合约的最小变动价位取整；如最后一笔成交是部分成交的，则以部分成交的申报价为集合竞价产生的价格。

开盘集合竞价中的未成交申报单自动参与开市后竞价交易。收盘集合竞价前的未成交申报单继续参与收盘集合竞价。

3. 成交回报与确认

当计算机显示指令成交后，客户可以立即在期货公司的下单系统获得成交回报。对于书面下单和电话下单的客户，期货公司应按约定方式即时予以回报。

客户对交易结算单记载事项有异议的，应当在下一交易日开市前向期货公司提出书

面异议；客户对交易结算单记载事项无异议的，应当在交易结算单上签字确认或者按照期货经纪合同约定的方式确认。客户既未对交易结算单记载事项进行确认，也未提出异议的，视为对交易结算单的确认。对于客户有异议的，期货公司应当根据原始指令记录和交易记录予以核实。

（四）结算

1. 结算程序

结算是指根据期货交易所公布的结算价格对交易账户的交易盈亏状况进行的资金清算和划转。期货交易的结算由期货交易所统一组织进行。但交易所并不直接负责对客户的账户结算、客户保证金的收取和追收，而由期货公司承担该工作。期货交易所应当在当日及时将结算结果通知会员。期货公司根据期货交易所的结算结果对客户进行结算，并应当将结算结果按照与客户约定的方式及时通知客户。

目前，大连商品交易所、郑州商品交易所和上海期货交易所实行会员结算制度，交易所对所有会员的账户进行结算，收取和追收保证金。中国金融期货交易所实行会员分级结算制度，其会员由结算会员和非结算会员组成，期货交易所只对结算会员结算，向结算会员收取和追收保证金；由结算会员对非结算会员进行结算、收取和追收保证金。

下面以郑州商品交易所、大连商品交易所和上海期货交易所的结算制度为例，对具体的结算程序进行介绍。

第一步，交易所对会员的结算。

（1）每一交易日交易结束后，交易所对每一会员的盈亏、交易手续费、交易保证金等款项进行结算。结算完成后，交易所采用发放结算单据或电子传输等方式向会员提供当日结算数据，包括：会员当日平仓盈亏表、会员当日成交合约表、会员当日持仓表和会员资金结算表，会员期货公司以此作为对客户结算的依据。

（2）会员每天应及时获取交易所提供的结算数据，做好核对工作，并妥善保存。该数据应至少保存两年，但对有关期货交易有争议的，应当保存至该争议消除时为止。

（3）会员如对结算结果有异议，应在下一交易日开市前30分钟内以书面形式通知交易所。如遇特殊情况，会员可在下一交易日开市后2小时内以书面形式通知交易所。如在规定时间内会员没有对结算数据提出异议，则视作会员已认可结算数据的准确性。

（4）交易所在交易结算完成后，将会员资金的划转数据传递给有关结算银行。结算银行应及时将划账结果反馈给交易所。

（5）会员资金按当日盈亏进行划转，当日盈利划入会员结算准备金，当日亏损从会员结算准备金中扣划。当日结算时的交易保证金超过昨日结算时的交易保证金部分从会员结算准备金中扣划，当日结算时的交易保证金低于昨日结算时的交易保证金部分划入会员结算准备金。手续费、税金等各项费用从会员的结算准备金中直接扣划。

（6）每日结算完毕后，会员的结算准备金低于最低余额时，该结算结果即视为交易所向会员发出的追加保证金通知。会员必须在下一交易日开市前补足至交易所规定的结算准备金最低余额。

第二步，期货公司对客户的结算。

（1）期货公司对客户的结算与交易所的方法一样，即每一交易日交易结束后对每一客户的盈亏、交易手续费、交易保证金等款项进行结算。其中，会员期货公司向客户收取的交易保证金不得低于交易所向会员收取的交易保证金。

(2) 期货公司在每日结算后向客户发出交易结算单。交易结算单一般载明下列事项：账号及户名、成交日期、成交品种、合约月份、成交数量及价格、买入或者卖出、开仓或者平仓、当日结算价、保证金占用额和保证金余额、交易手续费及其他费用。

(3) 当每日结算后客户保证金低于期货公司规定的交易保证金水平时，期货公司按照期货经纪合同约定的方式通知客户追加保证金。

2. 结算公式与应用

(1) 结算公式。

结算价是当天交易结束后，对未平仓合约进行当日交易保证金及当日盈亏结算的基准价。郑州商品交易所、大连商品交易所和上海期货交易所规定，当日结算价取某一期货合约当日成交价格按照成交量计算的加权平均价；当日无成交价格的，以上一交易日的结算价作为当日结算价。中国金融期货交易所规定，当日结算价是指某一期货合约最后一小时成交价格按照成交量计算的加权平均价。结算公式如下：

①结算准备金余额的计算公式：

$$\text{当日结算准备金余额}=\text{上一交易日结算准备金余额}+\text{上一交易日交易保证金}-\text{当日交易保证金}+\text{当日盈亏}+\text{入金}-\text{出金}-\text{手续费（等）}$$

②当日盈亏的计算公式：

$$\text{当日盈亏}=\sum[(\text{卖出成交价}-\text{当日结算价})\times\text{卖出量}]+\sum[(\text{当日结算价}-\text{买入成交价})\times\text{买入量}]+[(\text{上一交易日结算价}-\text{当日结算价})\times(\text{上一交易日卖出持仓量}-\text{上一交易日买入持仓量})]$$

③当日交易保证金的计算公式：

$$\text{当日交易保证金}=\text{当日结算价}\times\text{当日交易结束后的持仓总量}\times\text{交易保证金比例}$$

(2) 结算公式的应用。

[例 1-2] 某会员在 4 月 1 日开仓买入大豆期货合约 40 手（每手 10 吨），成交价为 4 000 元/吨，同一天该会员平仓卖出 20 手大豆合约，成交价为 4 030 元/吨，当日结算价为 4 040 元/吨，交易保证金比例为 5%。该会员上一交易日结算准备金余额为 1 100 000 元，且未持有任何期货合约。则客户的当日盈亏（不含手续费、税金等费用）情况为：

当日盈亏＝(4 030－4 040)×20×10＋(4 040－4 000)×40×10＝14 000（元）

当日结算准备金余额＝1 100 000－4 040×20×10×5%＋14 000＝1 073 600（元）

[例 1-3] 4 月 2 日，该会员再买入 8 手大豆合约，成交价为 4 030 元/吨，当日结算价为 4 060 元/吨，则其账户情况为：

当日盈亏＝(4 060－4 030)×8×10＋(4 040－4 060)×(20－40)×10＝6 400（元）

当日结算准备金余额＝1 073 600＋4 040×20×10×5%－4 060×28×10×5%＋6 400
＝1 063 560（元）

[例 1-4] 4 月 3 日，该会员将 28 手大豆合约全部平仓，成交价为 4 070 元/吨，当日结算价为 4 050 元/吨，则其账户情况为：

当日盈亏＝(4 070－4 050)×28×10＋(4 060－4 050)×(0－28)×10
＝2 800（元）

当日结算准备金余额＝1 063 560＋4 060×28×10×5%＋2 800＝1 123 200（元）

（五）交割

1. 交割的概念

大连商品交易所交割细则（2018 年 12 月 14 日修订）

交割是指期货合约到期时，按照期货交易所的规则和程序，交易双方通过该合约所载标的物所有权的转移，或者按照结算价进行现金差价结算，了结到期未平仓合约的过程。其中，以标的物所有权转移方式进行的交割为实物交割；按结算价进行现金差价结算的交割方式为现金交割。一般来说，商品期货以实物交割方式为主；股票指数期货、短期利率期货多采用现金交割方式。

2. 交割的作用

交割是联系期货与现货的纽带。尽管期货市场的交割量占总成交量的很小比例，但交割环节对期货市场的整体运行却起着十分重要的作用。

期货交割是促使期货价格和现货价格趋向一致的制度保证。当市场过分投机，期货价格严重偏离现货价格时，交易者就会在期货、现货两个市场间进行套利交易。当期货价格过高而现货价格过低时，交易者在期货市场上卖出期货合约，在现货市场上买进商品，这样，现货需求增多，现货价格上升，期货合约价格下降，期现价差缩小；当期货价格过低而现货价格过高时，交易者在期货市场上买进期货合约，在现货市场卖出商品，这样，期货价格上升，现货供给增多，现货价格下降，使期现价差趋于正常。通过交割，期货、现货两个市场得以实现联动，期货价格最终与现货价格趋于一致，使期货市场真正发挥价格晴雨表的作用。

3. 交割方式

（1）实物交割。

实物交割是指交易双方在交割日将期货合约所载标的物的所有权按规定进行转移，了结未平仓合约的过程，即用实物交收的方式来履行期货交易的责任。

实物交割方式包括集中交割和滚动交割两种。

①集中交割。集中交割也叫一次性交割，是指所有到期合约在交割月份最后交易日过后一次性集中交割的交割方式。

②滚动交割。滚动交割是指在合约进入交割月以后，在交割月第一个交易日至交割月最后交易日前一交易日之间进行交割的交割方式。滚动交割使交易者在交易时间的选择上更为灵活，可减少储存时间，降低交割成本。

目前，我国上海期货交易所采用集中交割方式；郑州商品交易所采用滚动交割方式；大连商品交易所对黄大豆 1 号、黄大豆 2 号、豆粕、豆油、玉米合约采用滚动交割方式，对棕榈油、线型低密度聚乙烯和聚氯乙烯合约采用集中交割方式。

在实物交割的具体实施中，买卖双方并不是直接进行实物商品的交收，而是交收代表商品所有权的标准仓单。标准仓单指由交易所统一制定的，交易所指定交割仓库在完成入库商品验收、确认合格后签发给货主的实物提货凭证。标准仓单经交易所注册后生效，可用于交割、转让、提货、质押等。在实践中，可以有不同形式的标准仓单，其中主要的形式是仓库标准仓单和厂库标准仓单。

在我国大连商品交易所，豆粕、豆油、棕榈油期货除了可以采用仓库标准仓单外，还可用厂库标准仓单。上海期货交易所的螺纹钢、线材期货合约也允许采用厂库标准仓单交割。郑州商品交易所的标准仓单分为通用标准仓单和非通用标准仓单。通用标准仓单是指标准仓单持有人按照交易所的规定和程序可以到仓单载明品种所在的交易所任一交割仓库选择提货的财产凭证；非通用标准仓单是指仓单持有人按照交易所的规定和程序只能到仓单载明的交割仓库提取所对应货物的财产凭证。

(2) 现金交割。

现金交割是指交易双方在交割日对合约盈亏以现金方式进行结算的过程。

在期货市场中，商品期货通常都采用实物交割方式，金融期货中有的品种采用实物交割方式，有的品种则采用现金交割方式。现金交割由于不进行实物交收，只是以交割时的现货价格作为交易盈亏和资金划拨的依据，因此，实行现金交割的品种，其现货标的物价格应具有可确定性特点，而且是标准的、唯一的。农产品的地域差价十分明显，不具有现金交割的条件；而股指期货的交易标的物是股票指数，具有虚拟性和唯一确定性，适合采用现金交割方式。如中国金融期货交易所的股指期货合约就采用现金交割方式，规定股指期货合约最后交易日收市后，交易所以交割结算价为基准，划付持仓双方的盈亏，了结所有未平仓合约。其中，股指期货交割结算价为最后交易日标的物指数最后 2 小时的算术平均价。

二、期货基本交易制度

期货市场作为发达的信用经济运行方式之一，必须具备一整套规范制度。这是期货交易正常运转的前提条件。制定期货交易制度是为了维持正常交易秩序，保护平等竞争，惩罚违约、垄断、操纵市场等不正当的交易行为。期货交易制度主要包括保证金制度、当日无负债结算制度、涨跌停板制度、持仓限额及大户报告制度、强行平仓制度和信息披露制度等。

（一）保证金制度

1. 保证金制度的内涵及特点

保证金制度是指在期货交易中，任何交易者必须按照其所买卖期货合约价值的一定比率（通常为5%～10%）缴纳保证金，并在持仓期间使其维持在交易所规定的最低水平，作为履行期货合约的财力担保和结算资金。

保证金分为结算准备金和交易保证金。结算准备金是指会员为了交易结算，在交易所专用结算账户预先准备的资金，是未被合约占用的保证金。交易保证金是指会员在交易所专用结算账户中确保合约履行的资金，是已被合约占用的保证金。

在国际期货市场上，保证金制度的实施一般有如下特点：

第一，对交易者的保证金要求与其面临的风险相对应。一般来说，交易者面临的风险越大，对其要求的保证金也越多。比如，在美国期货市场，对投机者要求的保证金要大于对套期保值者和套利者要求的保证金。

第二，交易所根据合约特点设定最低保证金标准，并可根据市场风险状况等调节保证金水平。比如，价格波动越大的合约，其投资者交易面临的风险也越大，设定的最低保证金标准也越高；当投机过度时，交易所可提高保证金，增大交易者入市成本，抑制投机行为，控制市场风险。

第三，保证金的收取是分级进行的。一般而言，交易所或结算机构只向其会员收取保证金，会员期货公司则向其客户收取保证金，两者分别称为会员保证金和客户保证金。保证金的分级收取与管理，对于期货市场的风险分层次分担与管理具有重要意义。

2. 我国期货交易保证金制度的实施

我国期货交易保证金制度除了采用国际通行的一些做法外，在施行中，还形成了自身的特点。当出现如下情况时，交易所可以调整交易保证金比率：

(1) 对期货合约上市运行的不同阶段规定不同的交易保证金比率。一般来说，距交割月份越近，交易者面临到期交割的可能性就越大，为了防止实物交割中可能出现的违约风险，促使不愿进行实物交割的交易者尽快平仓了结，交易保证金比率随着交割临近而提高。

(2) 随着合约持仓量的增大，交易所将逐步提高该合约的交易保证金比率。一般来说，随着合约持仓量增加，尤其是持仓合约所代表的期货商品的数量远远超过相关商品现货数量时，往往表明期货市场投机交易过多，蕴含较大的风险。因此，随着合约持仓量的增大，交易所将逐步提高该合约的交易保证金比率，以控制市场风险。

(3) 当某期货合约出现连续涨跌停板的情况时，交易保证金比率相应提高。

(4) 当某品种某月份合约按结算价计算的价格变化，连续若干个交易日的累积涨跌幅达到一定程度时，交易所有权根据市场情况，采取对部分或全部会员的单边或双边、同比例或不同比例提高交易保证金，限制部分会员或全部会员出金，暂停部分会员或全部会员开新仓，调整涨跌停板幅度，限期平仓，强行平仓等一种或多种措施，以控制风险。

(5) 当某期货合约交易出现异常情况时，交易所可按规定的程序调整交易保证金的比例。

(6) 对同时满足有关调整交易保证金规定的合约，其交易保证金按照现定交易保证金数值中的较大数值收取。

(二) 当日无负债结算制度

当日无负债结算制度，又称“逐日盯市”制度，是指在每个交易日结束后，由期货结算机构对期货交易保证金账户当天的盈亏状况进行结算，并根据结算结果进行资金划转。当交易发生亏损，进而导致保证金账户资金不足时，则要求必须在结算机构规定的时间内向账户中追加保证金，以做到“当日无负债”。当日无负债结算制度的实施为及时调整账户资金、控制风险提供了依据，对于控制期货市场风险、维护期货市场的正常运行具有重要作用。当日无负债结算制度的实施呈现如下特点：

第一，对所有账户的交易及头寸按不同品种、不同月份的合约分别进行结算，在此基础上汇总，使每一交易账户的盈亏都能得到及时、具体、真实的反映。

第二，在对交易盈亏进行结算时，不仅对平仓头寸的盈亏进行结算，而且对未平仓合约产生的浮动盈亏进行结算。

第三，对交易头寸所占用的保证金进行逐日结算。

第四，当日无负债结算制度是通过期货交易分级结算体系实施的。由交易所（结算所）对会员进行结算，期货公司根据期货交易所（结算所）的结算结果对客户进行结算。期货交易所会员（客户）的保证金不足时，会被要求及时追加保证金或者自行平仓；否则，其合约将会被强行平仓。

（三）涨跌停板制度

1. 涨跌停板制度的内涵

涨跌停板制度，又称每日价格最大波动限制制度，即指期货合约在一个交易日中的交易价格波动不得高于或者低于规定的涨跌幅度，超过该涨跌幅度的报价将被视为无效报价，不能成交。

涨跌停板制度的实施能够有效地减缓、抑制一些突发性事件和过度投机行为冲击期货价格造成的狂涨暴跌，减小交易当日的价格波动幅度，会员和客户的当日损失也被控制在相对较小的范围内。涨跌停板制度能够锁定会员和客户每一交易日所持有合约的最大盈亏，为保证金制度和当日无负债结算制度的实施创造了有利条件，因为向会员和客户收取的保证金数额只要大于在涨跌幅度内可能发生的亏损金额，就能够保证当日期货价格波动达到涨停板或跌停板时也不会出现透支情况。

2. 我国期货涨跌停板制度的特点

我国期货市场的每日价格最大波动限制设为合约上一交易日结算价的一定百分比。一般而言，对期货价格波动幅度较大的品种及合约，设定的涨跌停板幅度也相应大一些。

交易所可以根据市场风险状况对涨跌停板进行调整，具体如下：

第一，新上市的品种和新上市的期货合约，其涨跌停板幅度一般为合约规定涨跌停板幅度的2倍或3倍。如合约有成交，则于下一交易日恢复到合约规定的涨跌停板幅度；如合约无成交，则下一交易日继续执行前一交易日涨跌停板幅度。

第二，某一期货合约交易过程中，当合约价格同方向连续涨跌停板、遇国家法定长假，或交易所认为市场风险明显变化时，交易所可以根据市场风险调整其涨跌停板幅度。

第三，对同时适用交易所规定的两种或两种以上涨跌停板情形的，其涨跌停板按照规定涨跌停板中的最高值确定。

在出现涨跌停板情形时，交易所一般将采取如下措施控制风险：

第一，当某期货合约以涨跌停板价格成交时，成交撮合实行平仓优先和时间优先的原则，但当日新开仓位不适用平仓优先的原则。

第二，在某合约连续出现涨（跌）停板单边无连续报价时，实行强制减仓。当合约出现连续涨（跌）停板的情形时，空头（多头）交易者会因为无法平仓而出现大规模、大面积亏损，并可能因此引发整个市场的风险，实行强制减仓正是为了避免此类现象的发生。实行强制减仓时，交易所将当日以涨跌停板价格申报的未成交平仓报单，以当日涨跌停板价格与该合约净持仓盈利客户按照持仓比例自动撮合成交。其目的在于迅速、有效化解市场风险，防止会员大量违约。

（四）持仓限额及大户报告制度

1. 持仓限额及大户报告制度的内涵及特点

持仓限额制度是指交易所规定会员或客户可以持有的、按单边计算的某一合约投机头寸的最大数额。大户报告制度是指当交易所会员或客户某品种某合约持仓达到交易所规定的持仓报告标准时，会员或客户应向交易所报告。

通过实施持仓限额及大户报告制度，可以使交易所对持仓量较大的会员或客户进行重点监控，了解其持仓动向、意图，有效防范操纵市场价格的行为；同时，也可以防范期货市场风险过度集中于少数投资者。

在国际期货市场上，持仓限额及大户报告制度的实施呈现出如下特点：

第一，交易所可以根据不同期货品种及合约的具体情况和市场风险状况制定和调整持仓限额与持仓报告标准。

第二，通常来说，一般月份合约的持仓限额及持仓报告标准高；临近交割时，持仓限额及持仓报告标准低。

第三，持仓限额通常只针对一般投机头寸，套期保值头寸、风险管理头寸及套利头寸可以向交易所申请豁免。

2. 我国期货持仓限额及大户报告制度的特点

我国大连商品交易所、郑州商品交易所和上海期货交易所对持仓限额及大户报告标准的设定一般有如下规定：

第一，交易所可以根据不同期货品种的具体情况，分别确定每一品种每一月份的限仓数额及大户报告标准。

第二，当会员或客户某品种持仓合约的投机头寸达到交易所对其规定的投机头寸持仓限量80%以上（含本数）时，会员或客户应向交易所报告其资金和头寸情况等，客户须通过会员期货公司报告。

第三，市场总持仓量不同，适用的持仓限额及持仓报告标准不同。当某合约市场总持仓量大时，持仓限额及持仓报告标准设置得高一些；反之，当某合约市场总持仓量小时，持仓限额及持仓报告标准也低一些。

第四，一般按照各合约在交易全过程中所处的不同时期，分别确定不同的限仓数额。比如，一般月份合约的持仓限额及持仓报告标准设置得高；临近交割时，持仓限额及持仓报告标准设置得低。

第五，会员期货公司、非会员期货公司、一般客户分别适用不同的持仓限额及持仓报告标准。

在具体实施中，我国还有如下规定：采用限制会员持仓和限制客户持仓相结合的办法，控制市场风险；各交易所对套期保值交易头寸实行审批制，其持仓不受限制，而在中国金融期货交易所，套期保值和套利交易的持仓均不受限制；同一客户在不同会员期货公司处开仓交易，其在某一合约的持仓合计不得超出该客户的持仓限额；会员、客户持仓达到或者超过持仓限额的，不得同方向开仓交易。

（五）强行平仓制度

1. 强行平仓制度的内涵

强行平仓是指按照有关规定对会员或客户的持仓实行平仓的一种强制措施，其目的是控制期货交易风险。强行平仓分为两种情况：一是交易所对会员持仓实行的强行平仓；二是期货公司对其客户持仓实行的强行平仓。

强行平仓制度适用的情形一般包括：

第一，因账户交易保证金不足而实行强行平仓。当价格发生不利变动，当日结算后出现保证金账户资金不足以维持现有头寸的情况，而会员（客户）又未能按照期货交易所（期货公司）的通知及时追加保证金或者主动减仓，且市场行情仍朝对其持仓不利的方向发展时，期货交易所（期货公司）强行平掉会员（客户）部分或者全部头寸，将所得资金用于填补保证金缺口。强行平仓制度的实施，有利于避免账户损失扩大。通过控制个别账户的风险有力地防止风险扩散是一种行之有效的风险控制措施。

第二，因会员（客户）违反持仓限额制度而实行强行平仓，即超过了规定的持仓限额，且并未在期货交易所（期货公司）规定的期限自行减仓，其超出持仓限额的部分头寸将会被强制平仓。强行平仓成为持仓限额制度的有力补充。

2. 我国期货强行平仓制度的规定

我国期货交易所规定，当会员、客户出现下列情形之一时，交易所有权对其持仓进行强行平仓：（1）会员结算准备金余额小于零，并未能在规定时限内补足的。（2）客户、从事自营业务的交易所会员持仓量超出其限仓规定。（3）因违规受到交易所强行平仓处罚的。（4）根据交易所的紧急措施应予强行平仓的。（5）其他应予强行平仓的。

3. 强行平仓的执行过程

第一，通知。交易所会以“强行平仓通知书”（以下简称“通知书”）的形式向有关会员下达强行平仓要求。

第二，执行及确认。（1）开市后，有关会员必须首先自行平仓，直至达到平仓要求，执行结果由交易所审核。（2）超过会员自行平仓时限而未执行完毕的，剩余部分由交易所直接执行强行平仓。（3）强行平仓执行完毕后，由交易所记录执行结果并存档。（4）发送强行平仓结果。

在我国，期货公司有专门的风险控制人员实时监督客户的持仓风险。当客户除保证金外的可用资金为负值时，期货公司会通知客户追加保证金或自行平仓。如果客户没有自己处理，而价格又朝不利于持仓的方向继续变化，各个期货公司会根据具体的强行平仓标准对客户进行强行平仓。

（六）信息披露制度

信息披露制度是指期货交易所按有关规定公布期货交易有关信息的制度。

我国《期货交易管理条例》规定，期货交易所应当及时公布上市品种合约的成交量、成交价、持仓量、最高价与最低价、开盘价与收盘价和其他应当公布的即时行情，并保证即时行情的真实、准确。期货交易所不得发布价格预测信息。未经期货交易所许可，任何单位和个人不得发布期货交易即时行情。

《期货交易所管理办法》规定，期货交易所应当以适当方式发布下列信息：（1）即时行情。（2）持仓量、成交量排名情况。（3）期货交易所交易规则及其实施细则规定的其他信息。期货交易涉及商品实物交割的，期货交易所还应当发布标准仓单数量和可用库容情况。期货交易所应当编制交易情况周报表、月报表和年报表，并及时公布。期货交易所对期货交易、结算、交割资料的保存期限应当不少于20年。

第四节 期货种类

期货品种按其标的物的不同，主要可以分为商品期货、金融期货和其他期货品种。

一、商品期货

商品期货是期货交易的起源种类。国际商品期货交易的品种随着期货交易的发展而不断变化，交易品种不断增加。从传统的农产品期货发展到畜产品、金属和能源等大宗初级产品。

（一）农产品期货

农产品期货是产生最早的期货品种，也是目前全球商品期货市场的重要组成部分。芝加哥期货交易所（CBOT）是全球最大的农产品期货交易所，交易玉米、大豆、小麦、豆粕、豆油等多种农产品期货合约。芝加哥期货交易所的农产品期货交易十分活跃，成为世界各地粮商进行套期保值的重要场所。随着农产品期货市场的发展，林产品、经济作物类产品也陆续开出了期货交易，如芝加哥商业交易所（CME）的木材期货，纽约期货交易所（NYBOT）的食糖、棉花、可可、咖啡期货也都是十分活跃的期货品种。

（二）畜产品期货

畜产品期货的产生时间要远远晚于农产品期货，这主要和人们对期货品种特点的认识有关。长期以来，人们一直认为可作为期货交易标的物的商品必须是可储存的，即能保存较长的时间而品质不变，期货商品的可储存性是顺利实现期货交割的重要保障。到了20世纪60年代，芝加哥商业交易所推出生猪和活牛等活牲畜的期货合约，向传统观念发起了冲击。活牲畜一般认为是不可储存的，不适宜作为期货商品，但芝加哥商业交易所却成功地运行这些品种，并且30余年长盛不衰，成为国际商品期货市场上的重要品种。

（三）金属期货

金属期货以有色金属期货为主。有色金属期货是在20世纪60—70年代由多家交易所陆续推出的。有色金属是指除黑色金属（铁、铬、锰）以外的所有金属，其中金、银、铂、钯因其价值高又称为贵金属。有色金属质量、等级和规格容易划分，交易量大，价格易波动，耐储藏，很适宜作为期货交易品种。目前，世界上的有色金属期货交易主要集中在伦敦金属交易所（LME）、纽约商业交易所（COMEX）和东京工业品交易所（TOCOM）。

小专栏

期货交易品种的选择

期货市场交易的商品是一种有代表性的商品，并非任何商品都可以上市交易。可在期货市场上市交易的商品一般要满足如下几个条件：

第一，可储藏性，能够保存一定时间。由于期货合约的交割期限为 3 个月到 1 年以上，甚至 2 年，所以其商品必须是可以较长时间保存、不会变质的。

第二，品质可划分性，即有划分和评价标准的商品。由于期货合约是标准化的，所以商品品质必须具有明确的评价和划分标准。

第三，交易大宗性，即可以大量进行交易的商品。在期货市场上，只有大宗交易的商品才值得进行交易。

第四，价格波动频繁性。如果某种商品的价格没有波动，生产者和经营者就不会有规避价格风险的要求，投资者也就不会进行投资套利。这是期货交易最重要的一个条件。

这里有必要研究一下期货品种的选择问题，其中，非耐储藏和划分标准不明确的商品能不能作为期货品种？实践表明，在一定情况下是可以的。例如，美国的期货品种中包括鸡蛋、生猪和活牛等，而这些就很难划分为耐储藏商品。英国、中国曾开展过钢材期货交易，日本也在研究进行钢材期货交易的可行性，而钢材也很难划分到标准明确商品之列。这些商品为什么能够作为期货品种进行交易呢？照搬上述一般性期货品种的条件去解释这个问题很难得到正确答案。例如，美国农业生产很发达，集约化程度很高，甚至连畜牧业中的饲料都有严格的标准，这就决定了生猪、活牛、家禽的生长和育肥都标准化了，因而可以作为期货品种。钢材作为期货品种之所以在英国没有成功，根本原因是英国的钢材供求基本平衡，价格波幅不大；而在中国，钢材期货交易却一度取得了成功，关键在于中国钢材的供求不平衡，价格波幅较大。因此，选择期货品种，既要坚持一般性条件，又不可完全照搬，要善于在一般当中发现特殊。

（四）能源期货

能源期货始于 1978 年，产生较晚，但发展很快。能源期货包括原油、取暖油、燃料油、汽油、天然气等多个品种，其中原油期货合约最活跃。原油的生产主要集中在中东地区，沙特、科威特、伊朗、伊拉克都是主要的石油生产国，而美国、日本和欧洲各国都是石油的主要消费国。多年来，国际市场上的石油价格波动一直比较剧烈，巨大的价格风险不时地给许多进出口石油的国家带来了损失，从而也推动了国际石油期货市场的发展和扩大。美国纽约商业交易所（COMEX）、英国伦敦国际石油交易所（IPE）是最主要的原油期货交易所。

二、金融期货

20 世纪 70 年代，期货市场有了突破性的发展，金融期货大量出现并逐渐占据了期货市场的主导地位。金融期货的繁荣主要是由于国际金融市场的剧烈动荡，金融风险越来越受到人们的关注，许多具有创新意识的交易所纷纷尝试推出金融期货合约，以满足人们规避金融市场风险的需求。随着许多金融期货合约的相继成功，期货市场焕发生机，取得了突飞猛进的发展。金融期货主要包括外汇期货、利率期货、股指期货和股票期货。

（一）外汇期货

外汇期货是最早的金融期货品种，它主要是为了规避布雷顿森林体系崩溃后巨大的汇率波动风险而产生的。1972 年 5 月，芝加哥商业交易所（CME）的国际货币市场

(IMM) 率先推出外汇期货合约，揭开了期货市场创新发展的序幕。从世界范围来看，外汇期货的主要市场在美国，芝加哥商业交易所的外汇期货期权品种最多、交易规模最大。其外汇期货合约的内容与规格见表 1-7。该交易所发挥出来的经济功能很快引起世界各金融中心的仿效，英国伦敦国际金融期货交易所（LIFFE)、新加坡国际金融交易所（SIMEX）等也相继推出外汇期货。

表 1-7　　芝加哥商业交易所外汇期货合约的内容与规格

品种	合约单位	最小价位	每日限价
欧元（EU）	12.5 万欧元	0.000 1 美元/欧元 每份合约 12.5 美元	200 点 每份合约 2 500 美元
英镑（BP）	6.25 万英镑	0.000 2 美元/英镑 每份合约 12.5 美元	400 点 每份合约 2 500 美元
加拿大元（CD）	10 万加拿大元	0.000 1 美元/加拿大元 每份合约 10 美元	100 点 每份合约 1 000 美元
日元（JY）	1 250 万日元	0.000 001 美元/日元 每份合约 12.5 美元	150 点 每份合约 1 875 美元
澳元（AD）	10 万澳元	0.000 1 美元/澳元 每份合约 10 美元	150 点 每份合约 1 500 美元
瑞士法郎（SF）	12.5 万瑞士法郎	0.000 1 美元/瑞士法郎 每份合约 12.5 美元	150 点 每份合约 1 875 美元

（二）利率期货

利率期货是指以货币市场和资本市场的各种利率工具为标的物的期货合约，它可以用来规避利率波动所引起的风险。世界上最早的利率期货是由芝加哥期货交易所于 1975 年 10 月 20 日推出的美国国民抵押贷款协会的抵押凭证期货，其是为了适应利率频繁波动的风险而产生的。

利率期货合约按其标的物产品的期限与特点不同，可分为短期利率期货合约、中长期利率期货合约以及利率指数期货合约三大类。短期利率期货是指期货合约标的物的期限在一年以内的各种利率期货，包括各种期限的商业票据期货、国库券期货及欧洲美元定期存款期货等。目前，在世界短期利率期货品种中，交易最活跃的是芝加哥商业交易所的 3 个月期欧洲美元利率期货合约和泛欧交易所（Euronext）的 3 个月期欧洲银行间欧元利率（EURIBOR）期货。中长期利率期货则是期货合约标的物的期限在一年以上的各种利率期货，主要包括各种期限的中长期国债期货。在中长期利率期货中，最活跃的交易品种有：芝加哥期货交易所（CBOT）的 5 年期、10 年期和 30 年期美国国库券期货；欧洲期货交易所（EUREX）的 Euro-SCHATZ 债券期货，剩余期限为 $1\frac{3}{4}\sim 2\frac{1}{4}$ 年的德国政府债券或德国政府担保的债券，Euro-BOBL 债券期货，剩余期限为 $4\frac{1}{2}\sim 5\frac{1}{2}$ 年的德国政府债券或德国政府担保的债券，Euro-BUND 债券期货，剩余期限为 $8\frac{1}{2}\sim 10\frac{1}{2}$ 年的德国政府债券或德国政府担保的债券。利率指数期货合约是利率期货中的新产品，目前主要包括国债指数期货合约，其标的物往往可用来衡量一系列政府债券的总收益。

表1-8列出了美国主要国债期货合约。

表1-8　　美国主要国债期货合约

<table>
<tr><td>项目</td><td>90天国库券 T-BILL</td><td>中期国库券国债（10YR）T-NOTE（TY）</td><td>长期国库券国债（15YR）T-BOND（US）</td><td>市政债券 MB</td></tr>
<tr><td>交易单位</td><td>100万美元</td><td>10万美元</td><td>10万美元</td><td>1 000美元</td></tr>
<tr><td>交易所</td><td>芝加哥商业交易所（国际货币市场分部）</td><td>芝加哥期货交易所</td><td>芝加哥期货交易所</td><td>芝加哥期货交易所</td></tr>
<tr><td>报价</td><td colspan="4">用100减去贴现率，以点（1 000美元）和1/32点报价</td></tr>
<tr><td>最小价位</td><td colspan="4">1点＝25美元，1/32点＝31.25美元</td></tr>
<tr><td>停板额</td><td colspan="4">50点、－100点、±3点或3 000美元</td></tr>
<tr><td>交割月份</td><td colspan="4">3月、6月、9月、12月</td></tr>
<tr><td>最后交易日</td><td colspan="2">交割月最后营业日回数第七个营业日</td><td colspan="2">交割月最后营业日回数第八个营业日</td></tr>
<tr><td>交割方式</td><td colspan="4">联邦储备银行计算机过户财务系统</td></tr>
</table>

（三）股指期货

股指期货合约是以股票价格指数作为标的物的期货合约。股票价格指数反映的是一揽子股票组合的平均价格水平，其变动可以衡量股市行情。股指期货是1982年2月由美国堪萨斯期货交易所率先推出的。随着西方国家股市的发展和股票价格波动日益剧烈，投资者规避股市风险的愿望格外强烈，各国交易所开始尝试推出股指期货。股指期货自20世纪90年代以来发展格外迅速，交易量成倍增长。目前，芝加哥商业交易所的标准普尔500（S&P500）指数期货合约（见表1-9）是全世界交易量最大的股指期货合约之一。其他的如日经指数、法国CAC40指数、纽约NYSE指数期货合约的交易也比较活跃。

表1-9　　S&P500指数期货合约

交易所名称	芝加哥商业交易所（CME）
交易单位	250美元×S&P500股价指数
最小变动价位	0.50个指数点
每日价格最大波动限制及交易中止	与证券市场挂牌的相关股票的交易中止相协调。有关此规定的细节，由芝加哥商业交易所研究部负责解释
开盘价格限制	在开盘期间，成交价格不得高于或低于前一交易日结算价5个指数点，若期货合约价格在开市后10分钟时达到此停板额，交易将暂停2分钟，然后按新的开盘价范围恢复交易
合约月份	3月、6月、9月、12月
交易时间	8:30—15:15（芝加哥时间）
最后交易日	最终结算价格确定日的前一个工作日
交割方式	按最终结算价以现金结算，此最终结算价由合约月份的第三个星期五的S&P500股价指数构成的股票市场开盘价决定

（四）股票期货

股票期货是以单只股票或窄基股票指数作为标的物的期货合约。目前，全球绝大多数股票期货都是单只股票期货。股票期货产生较晚，于20世纪80年代后期才开始出现，之所以如此，主要与美国历史上一度禁止股票期货交易有关。1981年，美国商品期货交易委员会达成了《约翰逊-夏德协议》，该协议禁止股票期货交易（包括窄基股票指数期货和单只股票期货）。受其影响，西欧、日本等主流金融市场在2001年以前基本没有股票期货交易。从20世纪80年代末起，美国以外的其他国家和地区有不少交易所相继推出了股票期货合约，包括澳大利亚悉尼期货交易所（SFE）、中国香港期货交易所（HKFE）、瑞典期货交易所（OM）、加拿大蒙特利尔交易所（ME）、南非期货交易所（SAFEX）、西班牙衍生品交易所（MEFFRV）、芬兰赫尔辛基（股票）交易所（OM-HEX）、匈牙利布达佩斯证券交易所（BSE）、墨西哥衍生品交易所（MDE）、莫斯科银行间货币交易所（MICEX）、新加坡交易所（SGX）等。

进入21世纪后，股票期货作为一个相对较新的产品越来越受到人们的关注。英国的伦敦国际金融期货交易所（LIFFE）于2001年1月29日首次推出以英国、欧洲大陆和美国的蓝筹股为标的物的股票期货交易，交易量增长迅速。在竞争压力下，美国国会于2000年12月15日通过了《2000年美国商品期货现代化法案》，取消了对股票期货交易的禁止性规定。2002年11月8日，美国最大的三家交易所——芝加哥期权交易所、芝加哥期货交易所、芝加哥商业交易所组建了一个新的以交易股票期货为目的的交易所——One Chicago。目前，One Chicago交易的品种不仅包括180多种单只股票期货，还包括许多窄基股票指数期货、ETF期货。其标的物股票不仅包括美国国内的一些蓝筹股，也涉及美国之外许多流通市值大的股票。

小专栏

窄基股票指数和宽基股票指数的划分

美国证券期货监管机构把股票指数分为两类：窄基和宽基。第一，如果股票指数期货合约的标的物满足以下两个条件之一，该指数被认为是宽基指数。条件A：“含10只或更多只股票；单只成份股权重不超过30%；权重最大的5只股票累计权重不超过指数的60%；平均日交易额处于最后1/4的成份股累计的平均日交易额超过5 000万美元，如果指数至少有15只股票，则超过3 000万美元。”条件B：“含9只或更多只股票；单只成份股权重不超过30%；每只成份股均为大盘股（按照市值和平均日交易量都排入前500家的股票）。”第二，不满足上述两个条件的指数被认为是窄基指数。窄基指数和单只股票期货被定义为股票期货，接受美国商品期货交易委员会（CFTC）和美国证券交易委员会（SEC）的联合监管。

三、其他期货品种

随着期货市场的不断发展，期货品种也不断创新，一些与传统的商品期货和金融期货有所不同的新的期货品种也应运而生，主要包括：

（一）保险期货

它是通过使用金融衍生工具来规避保险巨灾的风险。早在1985年，芝加哥贸易学院就推出了世界上第一种巨灾风险期货。这种期货产品由国家保险服务局将全国各地有代表性的灾难风险保单汇集起来，通过分析其损失赔付率的波动情况从而定期发布一种动态指数作为买卖的对象。保险公司可以根据自身承保的风险规模，通过将保费收入在这一期货产品上进行买入卖出的操作，从而在一定限度内达到套期保值的效果。1992 年，芝加哥期货交易所推出保险期货品种，如东部灾难保险、中西部灾难保险、全国灾难保险和西部灾难保险，以使保险公司可以对保险风险进行套期保值，投资者可从保险风险中获利。这标志着新一代保险衍生品的诞生。

（二）经济发展指标期货

在经济发达国家，由于经济已发展到一定程度，各项经济发展指标体系健全，且其对经济生活的影响越来越大。特别是在资本市场上，这些经济发展指标的变化影响着投资者的投资活动，成为其重要的参考指标。由此，在股指期货运作成功的基础上，出现了一批以经济发展指标为上市合约的期货新品种，被称为指数期货的新浪潮。例如，在商品指数期货方面，1986 年纽约期货交易所开发出 CRB 合约，新合约使用户无须购买一种或多种商品即可更加全面地把握商品市场。CRB 合约在随后的交易中曾经是一种非常成功的合约，带来了一个交易的全盛时期。后来由于各成份商品的权数固定不变并且各成份商品的权数相等，没有考虑到各成份商品的价格和市场价值的变化，久而久之，它失去了与现货市场的相关性。之后，芝加哥商业交易所推出了 GOLDMAN-SACHS 商品指数，芝加哥期货交易所推出了道琼斯 AIG 商品指数（DJAIG），纽约期货交易所推出了 S&P 商品指数（SPCI）。芝加哥期货交易所是推出经济发展指标期货最多的期货交易所，目前其上市交易的合约有农业指数期货、作物产量期货、全球商品指数期货、建筑用面板指数期货、通胀指数期货、船运价格期货等。

（三）信用指数期货

自 20 世纪 90 年代产生以来，信用衍生品，尤其是信用风险互换成为场外（OTC）衍生品市场发展最快的产品。随着信用衍生品市场的发展，美国主要期货交易所也相继推出了信用指数期货。信用指数并非传统意义上的“指数”，实际上是与一连串公司信用相联系的衍生品。如芝加哥期货交易所的信用违约指数（CDI）期货合约的标的物是 CDI，CDI 反映了美国柜台交易市场还有 5 年到期的信用互换合约的价格，是利率信用违约价差的算术加权平均。而芝加哥期货交易所的 CDR 流动性 50NAIG 指数期货的标的物为 CDR 流动性 50 北美投资级指数，该指数采用北美信用违约互换市场最活跃的 50 个投资级公司的 5 年期信用违约互换价差报价的平均数。芝加哥商业交易所于 2007 年推出的信用指数事件期货（Credit Index Event Contracts），其标的物是芝加哥商业交易所北美投资级公司高波动性指数系列 1，该指数包含 32 家在信用评级中达 BBB 级的北美投资级实体，以其发生的信用事件（指破产或无法偿还债务）为基础编制。

信用指数期货合约的推出为投资者规避公司信用风险提供了有效工具。

（四）利率互换期货

利率互换是 20 世纪 80 年代出现并迅猛发展起来的一种金融衍生工具。目前，利率互换市场已发展成为全球最大的金融市场之一，其参与者相当广泛，包括商业银行、投资银行、保险公司、担保公司、信托投资公司、政府机构等。由于利率互换市场的巨大规模与良好流动性，互换利率目前已成为欧洲市场和美国市场的基准利率之一。

美国芝加哥商业交易所于1989年首次推出利率互换期货。目前芝加哥商业交易所交易2年期、5年期和10年期利率互换期货；泛欧交易所交易2年期、5年期和10年期美元利率互换和欧元利率互换期货；芝加哥期货交易所交易5年期、10年期和30年期利率互换期货。利率互换期货为投资者的利率互换或公司债务提供了最小基差风险的保值机会，投资者也可以通过买卖互换期货来增加或减少利率互换的持续期间，还可以进行套利交易。

（五）天气期货

天气期货是根据气温的变化设计出的期货品种。天气的变化（反常的气温、降水和风力等）往往会给能源、农业、保险业和旅游业等带来巨大的影响，这种影响反映在对相关企业产品的需求量上。为规避这种需求量变化所导致的风险，芝加哥商业交易所率先推出了交易所交易的天气指数期货和期权，包括制热日指数期货（HDD）、制冷日指数期货（CDD）、制热季节指数期货（SHDD）和制冷季节指数期货（SCDD）。泛欧交易所市场也交易伦敦、巴黎和柏林地区的月度指数和冬季指数合约。由于天气变化的影响面广、市场基础好，而天气期货的杠杆机制及现金结算方式大大提高了风险管理的效率，因而自推出以来，成交量不断扩大。

例如，农作物的生长与温度关系密切，如温度对玉米的授粉和灌浆有很大影响。在授粉和灌浆期，超过32℃的高温就会对玉米产量产生不利影响，如果超过35℃，每增加1天，玉米就会减产6.35公斤/亩。通过天气期货，农业企业可以有效规避玉米授粉及灌浆期的高温风险。

［例1-5］ 某农业企业种植玉米10万亩，为规避授粉及灌浆期高温风险，在56.20的点位买入天气指数期货合约400手。结果，2010年在玉米授粉及灌浆期果然出现了高温天气，该企业种植的玉米每亩减产3.5公斤，玉米价格为1.3元/公斤，共损失455 000元。在期货市场上，天气指数也有所上涨，该企业于57.30的点位将持有的多头期货合约平仓，共获利440 000元（天气指数期货合约乘数为1 000），基本上可以弥补玉米现货的损失。

又如，夏季电力消耗量与温度有密切关系。若夏季温度低，居民及企业通过空调降温的需求就会明显下降，电力消耗量也会相应减少。电力企业可以通过天气期货规避凉夏带来的销售量降低风险。

［例1-6］ 某电力企业每年8月份平均电力销售量约为2 000万千瓦时，由于2011年夏季气温低于正常水平，其8月份电力销售量比平均水平降低了10%，按照0.25元/千瓦时的出厂价计算，约损失50万元。该电力企业提前在期货市场上以51.50的点位卖出天气指数期货合约500手，由于实际温度低于平均水平，因此天气指数期货也呈下跌走势，电力企业于50.40的点位平仓，共获利55万元（天气指数期货合约乘数为1 000），完全弥补了现货市场的亏损并获利。

另外，国际期货市场目前品种创新的触角也伸向公用自然资源期货，一些交易所已上市交易天气、污染指数、自然灾害等没有基础现货市场的衍生品。

当前，境外主要期货品种及上市交易所见表1-10。

表 1-10 境外主要期货品种及上市交易所

交易类型	类别	品种	主要上市交易所
商品期货	农产品	玉米、大豆、小麦、豆粕、豆油、燕麦	芝加哥期货交易所集团
	林产品	木材	芝加哥商业交易所集团
	经济作物	棉花、糖、咖啡、可可、天然胶	纽约期货交易所
	畜产品	生猪、活牛	芝加哥商业交易所集团
	有色金属	黄金、白银、钯	纽约商业交易所
		铜、铝、铅、锌、镍、锡、铝合金	伦敦金属交易所
	能源	石油、天然气	纽约商业交易所
金融期货	外汇	澳大利亚元/美元、英镑/美元、加拿大元/美元、欧元/美元、日元/美元和瑞士法郎/美元、美元/欧元	芝加哥商业交易所集团
	利率	3个月期欧洲美元利率、3个月期欧洲银行间欧元利率（EURIBOR）	芝加哥商业交易所集团、泛欧交易所
		美国5年期、10年期和30年期国库券，Euro-SCHATZ、Euro-BOBL、Euro-BUND债券	芝加哥期货交易所集团、欧洲期货交易所
	股票指数	标准普尔500指数、道琼斯欧洲Stoxx50指数、德国DAX指数、NASDAQ 100指数、日经225指数、英国《金融时报》指数、法国CAC40指数、韩国KOPSI 200指数、中国香港恒生指数	芝加哥商业交易所集团、欧洲期货交易所、泛欧交易所、香港期货交易所、韩国证券交易所、大阪证券交易所、新加坡交易所

第五节 期权合约概述

一、期权的定义和特点

（一）定义

期权（option）亦称选择权，是指合约的买方在支付给卖方一定费用后，拥有在规定期限内按双方商定的价格购买或者出售一定数量的标的物资产的权利的合约。从期权的定义中可以看出：

（1）期权交易的对象是一种买进或卖出某种商品或期货合约的权利。

（2）期权买卖双方在享有的权利或承担的义务上存在着明显的不对称性。

（3）由于期权交易双方在享有的权利和承担的义务方面的不同，导致了期权交易在履约保证方面的独特之处。期权合约赋予了买方选择权，买方须事先支付一笔期权费作为拥有这种选择权的代价；而合约赋予卖方的是履约的义务，因此必须交纳保证金。

（4）期权交易中，由于期权的买方有权选择是否履行合约，因此，买方的盈利无限而亏损有限（限于期权费）；而当市场出现于己不利的情况时，卖方仍必须按买方提出的履约要求履行合约，因此，卖方的盈利有限而亏损无限。

（5）期权交易的实质是一种选择权交易，因此期权的价格就是为拥有这种权利支付的费用，亦即期权费。

(二)期权合约的要素

(1)期权的买方:又称多头方,是支付费用的一方,具有履行或不履行期权合约的权利。

(2)期权的卖方:又称空头方,是获得费用的一方,具有履行期权合约的义务。

(3)协议价格(敲定价格、执行价格):指期权合约中规定的买卖标的物资产的价格。

(4)期权费:指期权合约买方为获得权利向卖方支付的费用。

(5)通知日:买方通知卖方准备交货的日期。

(6)到期日:履行交货的日期。

下面为一份场内标准期权合约的报价行情:

合约份数	标的物名称	期权到期日	协议价格	买卖权	期权费
3	IBM	NOV.	400	Call	premium15

含义:3份IBM公司协议价格为400,11月份到期的买权股票期权,期权费为15。

(三)特点

1. 期权合约是标准化的合约

每份期权合约具有统一、标准的规格,按照国际惯例进行设计,如交易单位、最小变动价位、每日价格波动限制、合约月份、交易时间等都是固定的,以便对其进行估价和转让。

表1-11为芝加哥期权交易所(CBOE)主要期权合约的基本交易规格。

表1-11　　CBOE主要期权合约的基本交易规格

	股票期权	S&P500指数	S&P100指数	NASDAQ100指数
标的物资产	标的物股票或ADRs	500只指数成份股的市场价值加权	100只指数成份股的市场价值加权	100只指数成份股的市场价值加权
乘数	100股	100美元	100美元	100美元
执行类型	美式	欧式	美式	欧式
执行价格级距	2.5、5或10个基点	5个基点	5个基点	5个基点
结算方式	标的物资产交割	现金	现金	现金

2. 期权交易规范化

(1)建立了期权交易所,设立了期权交易组织。

(2)采用了由计算机网络组成的交易系统、信息管理系统、结算系统、审计监测跟踪系统等,处理日常交易业务。

(3)期权交易走向法制化阶段。

3. 期权交易范围和品种扩大化

(1)从范围看,由美国扩展到英国、法国、澳大利亚等国。

(2)从品种看,由金融证券发展到农产品、金融产品、能源化工产品。

二、期权的分类

(一)根据期权交易买进和卖出的性质划分

根据期权合约赋予持有者买入或卖出基础资产行为的不同可分为看涨期权、看跌期权和双向期权。

1. 看涨期权（call option）

指赋予期权买方在预先规定的时间以执行价格从期权卖方手中买入一定数量金融工具的选择权的合约。

[例 1-7] 某交易商对 6 月到期的瑞士法郎期货行情看涨，于是买进一份 6 月到期的瑞士法郎期货期权，面值为 125 000 瑞士法郎，协议价格为 1 美元＝2.5 瑞士法郎，期权费为 5 000 美元，有效期为一个月。一个月后，6 月到期的瑞士法郎期货合约的价格果真上涨，市场价格为 1 美元＝2.0 瑞士法郎，期权持有人执行期权，以 1 美元＝2.5 瑞士法郎的协议价格买进这份瑞士法郎期货合约，付出 50 000 美元，同时将期货合约按市场价格卖出，收回 62 500 美元，扣除期权费后，净获利 7 500 美元。

2. 看跌期权（put option）

指赋予期权买方在预先规定的时间以执行价格向期权卖方卖出一定数量金融工具的选择权的合约。

[例 1-8] 1 月初，某交易商认为瑞士法郎的汇率将下降，且下降的损失足以超过期权费，另一交易商认为瑞士法郎的汇率将上升，且上升的程度足以使期权持有人放弃执行期权，于是双方达成一份面值为 125 000 瑞士法郎、3 月到期的期货期权协议，其协议价格为 1 美元＝2.3 瑞士法郎，期权费为 3 000 美元，有效期为 3 个月。3 个月后，3 月到期的瑞士法郎期货合约价格果真下跌，市场价格为 1 美元＝2.5 瑞士法郎，期权持有人执行期权，以 1 美元＝2.3 瑞士法郎的协议价格卖出瑞士法郎期货合约，收进 54 347.8 美元，获利 1 347.8 美元。如果瑞士法郎的汇率不降反升，期权持有人损失 3 000 美元期权费。

3. 双向期权（双重期权）

指期权的买方从期权卖方手中既买入某种期货合约的看涨期权，又买入这种期货合约的看跌期权。

（二）按协议价格与标的物市场价格的关系划分

1. 实值期权

指如果期权立即执行，买方具有正的现金流的期权。

2. 平值期权

指如果期权立即执行，买方的现金流为零的期权。

3. 虚值期权

指如果期权立即执行，买方具有负现金流的期权。

假设某标的物的市场价格为 S，协议价格为 X，则看涨期权和看跌期权与实值期权、平值期权及虚值期权具有如下关系：

	实值期权	平值期权	虚值期权
看涨期权	$S>X$	$S=X$	$S<X$
看跌期权	$S<X$	$S=X$	$S>X$

（三）按期权履约时间的不同规定来划分

在期权交易中，根据对履约时间的不同规定，期权可分为以下几种：

1. 美式期权

指期权持有者可以在到期日以前的任何交易日内行使期权。

2. 欧式期权

指期权持有者只能在到期时行使期权。

3. 百慕大期权

指期权持有者可以在到期日之前的某一段时间而不是任何交易日内行使期权。

4. 亚式期权

指期权持有者按到期日之前的平均价格进行清算的期权。

（四）根据交易场所是否集中以及期权合约是否标准化来划分

根据交易场所是否为集中性的以及期权合约是否标准化，期权可分为场内期权和场外期权。场内期权即交易所交易期权，是一种标准化的期权，它有正式规定的数量，在交易所大厅中以正规的方式进行交易。场外期权是指期权的卖方为满足某一买方的特定需求而在交易大厅之外进行交易的期权。两者的主要区别有：

（1）从市场种类看：场内交易在交易大厅公开喊价；场外交易自行联系。

（2）从合约的规定看：场内交易的成交额由管理机构预先规定；场外交易由双方自行决定。

（3）从执行价格看：场内交易由管理机构预先规定；场外交易由双方自行决定。

（4）从期权期限看：场内交易到期日通常为3、6、9、12月的中旬；场外交易由双方自行决定。

（5）从交易地点看：场内交易有特定地点；场外交易无具体地点。

（6）从期权合约的履行担保看：场内交易有清算所担保；场外交易无担保。

（7）从期权费的支付时间看：场内交易在成交后的第二个营业日支付；场外交易在成交后的两个营业日内支付。

（8）从是否缴纳保证金看：场内交易短期的要缴纳保证金，有时长期的也要缴纳；场外交易不需要缴纳。

（9）从二级市场看：场内交易中期权买方可以卖出期权；场外交易一般是由一家银行提出一个价格将被卖掉的期权收购，或者期权持有者卖给第三方一个相似的期权。

（五）根据标的物的性质划分

1. 现货期权

指以各种金融工具本身作为期权合约标的物的期权，如股票期权、外汇期权、股票指数期权。

2. 期货期权

指以各种金融期货合约作为期权合约标的物的期权，如外汇期货期权、股票指数期货期权、利率期货期权。大部分期货期权是美式期权，被执行时需要交割一份标的物期货合约。

如果执行一份期货看涨期权，持有者将获得该期货合约的多头头寸，外加一笔数额等于最近的期货结算价格减去执行价格的现金。

如果执行一份期货看跌期权，持有者将获得该期货合约的空头头寸，外加一笔数额等于最近的执行价格减去期货结算价格的现金。

[**例 1-9**]　假设投资者在 8 月 15 日拥有一份执行价格为每磅 70 美分的黄铜 9 月份期货看涨期权。一份黄铜期货合约规模为 25 000 磅。假设 9 月份交割的黄铜期货价格当前为 81 美分，而且 8 月 14 日（最近的结算日）的收盘价为 80 美分。如果执行该期权，投资者将收入 25 000×(80－70) 美分＝2 500 美元，再加上一个 9 月份购买 25 000 磅黄铜期货合约的多头头寸。如果投资者愿意，可以立即冲销期货头寸。后者可以使投资者最终获得 2 500 美元的现金再加上 25 000×（81－80）美分＝250 美元。后者反映了自上一次结算以来期货价格的变化。若 8 月 15 日执行期权，则总收益为 2 750 美元，即 25 000×(F－K)。

（六）根据期权合约的基础资产来划分

按照这一标准，期权可划分为外汇期权、利率期权、股票期权、股指期权等。

三、期权的功能

（一）期权交易的保值功能

投资者在利用期权保值时，如果标的物的市场价格发生不利变化，投资者可以通过执行期权来避免损失；如果标的物的市场价格发生有利变化，投资者又可以通过放弃期权来保护利益。

[**例 1-10**]　美国某公司从英国进口机器设备，6 个月后向英国出口商支付 1.25 万英镑。为了避免 6 个月后实际支付时汇率变动可能造成的损失，需要将进口成本固定下来。为此美国公司提前购入 1 份英镑看涨期权，期权费为每英镑 0.01 美元，1 份英镑看涨期权需要支付 125 美元。协议汇率为 1 英镑＝1.6 美元。如果 6 个月后出现以下情况：(1) 1 英镑＝1.65 美元；(2) 1 英镑＝1.55 美元；(3) 1 英镑＝1.6 美元，简要分析每种情况下的保值结果。

解：(1) 英镑升值，执行期权节省 12 500×(1.65－1.6)－125＝500 美元。

(2) 英镑贬值，放弃期权，最大损失为期权费 125 美元。

(3) 汇率不变，既可执行期权，也可不执行期权，最大损失为期权费 125 美元。

（二）期权交易的投机功能

投机者无论是卖出看涨期权还是卖出看跌期权，其目的都是赚取期权费。当预期期权合约的标的物的价格未来会下降时，投机者将卖出看涨期权；当预期期权合约的标的物的价格未来会上升时，投机者将卖出看跌期权。

[**例 1-11**]　某商人预期 3 个月后瑞士法郎对美元的汇率将上升，于是按协议汇率 1 美元＝1.56 瑞士法郎购买两份瑞士法郎看涨期权（金额总共为 12.5 万瑞士法郎），期权价格为每瑞士法郎 0.01 美元。若两个月后瑞士法郎对美元的汇率上升为 1 美元＝1.52 瑞士法郎，该商人获利多少？

解：按协议汇率 1 美元＝1.56 瑞士法郎买入瑞士法郎，支付

125 000÷1.56＝80 128（美元）

按即期汇率 1 美元＝1.52 瑞士法郎卖出瑞士法郎，收入

125 000÷1.52＝82 237（美元）

获利＝82 237－80 128－1 250＝859（美元）

3个月后，如果瑞士法郎对美元的汇率不变或下跌，则该商人放弃执行期权，损失全部期权费1 250美元。

四、期权交易与期货交易的联系与区别

（一）期权交易和期货交易的联系

（1）场内交易都在有组织的场所，即期权交易所和期货交易所内进行。

（2）场内交易都采用标准化合约。交易所统一规定合约规模、合约月份、最小变动价位和涨跌停板等。

（3）场内交易都由统一的清算机构负责清算。清算机构对交易起担保作用，清算所都实行会员制。

（4）都有杠杆作用。交易时投资者只需要交纳相当于合约总金额很小比例的资金（保证金和权利金），能使投资者以小博大，因而成为投机和风险管理的有效工具。

［例1-12］ 若A公司的股票当前价格为每股20元，投资者有8 000元用于投资，可买进400股。6个月后，如果每股上涨到25元，出售股票可得10 000元，忽略手续费，收益为2 000元，收益率为25%。

假设该公司股票价格的权利金为每股2元，那么可购买4 000股，执行价格是20元。6个月后，投资者可以20元的价格买入，再以25元的价格卖出，忽略手续费的收益为20 000元，收益率达到了150%。若6个月后股价低于每股20元，则投资者损失8 000元。

（二）期权交易和期货交易的区别

期权交易与期货交易在合约确定的买卖双方的权利和义务、标准化程度、盈亏风险、保证金、保值特点等方面有所区别，见表1-12。

表1-12　期权交易和期货交易的区别

	期货交易	期权交易
权利和义务	买卖双方被赋予权利和义务	买方有权利无义务， 卖方有义务无权利
标准化程度	期货合约都是标准化的	场外交易的现货期权是非标准化的；交易所的现货期权和所有期货期权都是标准化的
盈亏风险	买卖双方盈亏风险无限	卖方（看涨期权）亏损，风险无限 卖方（看跌期权）亏损，风险有限 卖方盈利，风险有限（以期权费为限） 买方（看涨期权）盈利，风险无限 买方（看跌期权）盈利，风险有限 买方亏损，风险有限（以期权费为限）
保证金	期货合约买卖双方须交纳保证金	期权买方不必交纳保证金，交易所交易的期权卖方须交纳保证金，场外期权交易的卖方是否交纳保证金取决于当事人
买卖匹配	在到期日，期货合约的买方必须买入标的物资产，卖方必须卖出标的物资产	在到期日，期权合约的买方有买入或卖出标的物资产的权利，卖方有卖出或买入标的物资产的义务
套期保值	不利风险和有利风险同时转移出去	不利风险转移出去，有利风险保留

本章小结

1. 期货交易起源于现货交易。随着现货交易的广泛发展，出现了大宗现货批发交易。贸易商人与商品生产者签订远期合约，经过演变和发展，形成了远期合约交易，再发展成现代期货交易。期货交易最早萌芽于欧洲。19 世纪中期，美国芝加哥出现了现代意义上的期货交易所。芝加哥期货交易所成立后，期货市场逐渐发展，交易品种也呈扩大化趋势。2008 年金融危机后全球期货市场已形成北美、亚太和欧洲三足鼎立的格局。

2. 我国期货市场的发展经历了起步探索、治理整顿、规范发展三个阶段。目前我国大陆有四家期货交易所，分别是中国金融期货交易所、上海期货交易所、郑州商品交易所、大连商品交易所。中国金融期货交易所的成立和股指期货的推出，标志着我国期货市场进入了商品期货与金融期货共同发展的新时期。

3. 期货交易是交易双方在期货交易所内以公开竞价方式买卖期货合约的行为。它不同于现货交易（包括即期交易和远期交易），主要体现在交易目的、交易对象、交易方式、交易场所、结算方式、结算关系、履约方式、交割方式、信用风险和商品范围上。期货交易具有合约标准化、杠杆机制、双向交易及对冲机制、当日无负债结算制度和交易集中化的特征。期货市场具有风险规避和价格发现功能，可从宏观和微观两个层面发挥作用。

4. 期货投资需要掌握期货交易流程和期货市场的基本交易制度。期货交易流程主要包括开户、下单、竞价成交、结算和交割五个环节。为了保证期货交易的正常运转，需要制定期货交易制度，诸如保证金制度、逐日盯市制度、涨跌停板制度、持仓限额及大户报告制度、强行平仓制度和信息披露制度等。

5. 期货品种按标的物不同，主要分为商品期货和金融期货两大类。商品期货主要有农产品期货、畜产品期货、金属期货和能源期货，金融期货主要包括外汇期货、利率期货、股指期货和股票期货。20 世纪 90 年代以来，还出现了新的期货品种，如保险期货、经济发展指标期货、公用自然资源期货等。此外，还有一些没有基础现货市场的衍生品种，如天气、污染指标和自然灾害等。

6. 在了解期权的基本概念的基础上，逐步理解期权定价及期权交易策略，了解全球各种期权品种的交易情况。

练习题

一、单选题

1. 从期货交易的起源来看，期货市场最早萌芽于（　　）。

A. 欧洲　　B. 亚洲　　C. 澳洲　　D. 美洲

2. 标志着新中国期货市场诞生的是（　　）。

A. 中国国际期货经纪公司成立　　B. 深圳有色金属交易所成立

C. 上海金属交易所成立　　D. 郑州粮食批发市场成立

3. 金融期货产生的顺序是（　　）。

A. 外汇期货、股指期货、利率期货　　B. 外汇期货、利率期货、股指期货

C. 利率期货、外汇期货、股指期货　　D. 股指期货、利率期货、外汇期货

4. 1874 年 5 月（　　）成立，1969 年成为世界最大的肉类和畜类期货交易中心。

A. 芝加哥期货交易所　　B. 伦敦金属交易所

C. 芝加哥商业交易所　　D. 纽约商品交易所

5. 在我国，大豆期货连续竞价时段，某合约最高买入申报价为 4 530 元/吨，前一成交价为 4 527 元/吨，若投资者卖出申报价为 4 526 元/吨，则其成交价为（　　）元/吨。

A. 4 530　　B. 4 526　　C. 4 527　　D. 4 528

6. 沪深 300 指数期货合约到期时，只能进行（　　）。

A. 现金交割　　B. 实物交割　　C. 现金或实物交割　　D. 强行减仓

7. 目前，我国金融期货合约在（　　）交易。

A. 上海期货交易所　　B. 中国金融期货交易所

C. 郑州商品交易所　　D. 大连商品交易所

8. 下列关于期货合约标准化作用的说法，不正确的是（　　）。

A. 便利了期货合约的连续买卖　　B. 使期货合约具有很强的市场流动性

C. 增加了交易成本　　D. 简化了交易过程

9. 套期保值是通过建立（　　）机制，以规避价格风险的一种交易方式。

A. 期货市场替代现货市场　　B. 期货市场与现货市场之间盈亏冲抵

C. 以小博大的杠杆　　D. 买空卖空的双向交易

10. 某玉米种植者 6 月份播种，预计 10 月份收获，预期玉米产量为 300 吨。玉米价格可能在收获期下跌，给种植者造成损失，则该种植者为规避此风险，下列方法中最好的是（　　）。

A. 6 月份与另一交易者签订 11 月交割的 300 吨玉米远期合约，持空头

B. 6 月份与另一交易者签订 11 月交割的 300 吨玉米远期合约，持多头

C. 6 月份卖出 11 月交割的 300 吨玉米期货合约，若 10 月份玉米价格下跌，则将此合约对冲平仓

D. 6 月份买入 11 月交割的 300 吨玉米期货合约，若 10 月份玉米价格下跌，则将此合约对冲平仓

11. 某投资者在 4 月 1 日买入燃料油期货合约 40 手建仓，成交价为 4 790 元/吨。当日结算价为 4 770 元/吨，当日该投资者卖出 20 手燃料油合约平仓，成交价为 4 780 元/吨，交易保证金比例为 8%，则该投资者当日交易保证金为（　　）元。

A. 76 320　　B. 76 480　　C. 152 640　　D. 152 960

12. 在我国，（　　）期货的当日结算价是该合约最后一小时成交价格按照成交量计算的加权平均价。

A. 沪深 300 股指　　B. 小麦　　C. 大豆　　D. 黄金

13. 在我国期货交易所，（　　）是由集合竞价产生的。

A. 最高价　　B. 开盘价　　C. 收盘价　　D. 最低价

14. 关于期货交易与现货交易的区别，下列描述错误的是（　　）。

A. 现货市场上商流与物流在时空上基本是统一的

B. 并不是所有的商品都能成为期货交易的品种

C. 期货交易不受交易对象、交易空间限制

D. 期货交易的目的一般不是获得实物商品

15. 以尽快成交为首要目的，尽可能以市场最优价格成交的交易指令为（　　）。

A. 限价指令　　B. 市价指令　　C. 止损指令　　D. 双向指令

16. 标准仓单是由（　　）统一制定的，交易所指定交割仓库在完成入库商品验收、确认合格后签发给货物卖方的实物提货凭证。

A. 指定交割仓库　　B. 中国证监会　　C. 中国期货业协会　　D. 期货交易所

17. 我国某自营会员上一交易日未持有期货头寸，且结算准备金余额为 100 000 元，当日开仓买入豆粕期货合约 40 手（每手 10 吨），成交价为 2 160 元/吨，当日收盘价为 2 136 元/吨，结算价为 2 134 元/吨（豆粕合约交易保证金比例为 5%），则该会员当日的结算准备金余额为（　　）元。（不计手续费、税金等费用。）

A. 46 900　　B. 57 320　　C. 47 300　　D. 46 920

18. CBOT 是（　　）的简称。

A. 芝加哥期货交易所　　B. 伦敦金属交易所

C. 纽约商业交易所　　D. 芝加哥商业交易所

19. 期货市场规避风险的功能是通过（　　）实现的。

A. 跨市套利　　B. 套期保值　　C. 跨期套利　　D. 投机交易

20. 当会员或客户持仓的投机头寸达到交易所规定的投机头寸持仓量的（　　）时，应该执行大户报告制度。

A. 60%　　B. 70%　　C. 80%　　D. 90%

21.《期货交易管理条例》规定，期货交易所应以适当方式向社会公布信息，这些信息不包括（　　）。

A. 即时行情

B. 持仓量、成交量排名情况

C. 期货交易所研究的价格预测信息

D. 期货交易所交易规则及其实施细则规定的其他信息

22. 下列不符合期货交易制度的是（　　）。

A. 交易者按照其买卖期货合约价值缴纳一定比例的保证金

B. 交易所每周结算所有合约的盈亏

C. 会员结算准备金余额小于零，并且未能在规定时限内补足的，应被强行平仓

D. 会员持有的按单边计算的某一合约投机头寸存在限额

二、判断题

1. 期货交割是促进期货价格和现货价格趋向一致的制度保证。

2. 期货合约保证金比例越高，期货交易的杠杆作用就越大。

3. 期货交易尽管在一定程度上也能起到调节供求关系、减少价格波动的作用，但由于缺乏流动性，所以其价格的权威性和分散风险的作用大打折扣。

4. 绝大多数期货合约都是通过对冲平仓的方式了结的。

5. 大宗商品和金融产品期货交易，不仅可以通过其风险规避功能发挥稳定生产和流通的作用，而且可以通过其价格发现功能调节市场供求。

6. 世界上第一份利率期货合约是美国长期国债期货。

7. 实行持仓限额制度的目的在于防止交割量和市场流动性过大。

8.《上海期货交易所风险控制管理办法》规定，交易所认为市场风险明显减小时，可根据市场风险调整交易保证金的水平。

9. 跌停板的确定，主要取决于该种商品现货市场价格波动的频繁程度和波幅大小。

10. 交易所实行当日无负债结算制度，应当在当日及时将结算结果通知会员。

第2章 期货与期权交易策略

学习目标：

本章是对期货与期权交易策略的总体介绍，通过本章的学习，学生应全面了解传统套期保值的概念、基本原理与操作方法；把握基差及基差风险的特性，了解国外现货商进行基差交易、叫价交易的操作方法；理解期货套利的作用和方法，明确期货亦可以在现货市场中发挥巨大的作用。

案例导读

1981年1月，上海一家造船厂与德国某航运公司签订了一项出口货轮的合同，规定的计价货币是德国马克。当时，我方报价程序是：先用人民币算出货轮估价，再换算成美元，最后根据当时国际市场美元对德国马克的汇率（1美元合2德国马克）折算为德国马克定价。1982年该上海造船厂交货并收款。正逢美元升值，德国马克贬值，折合1美元2.5德国马克。我方收到德国马克再兑换为美元时，比原来少了1 000万美元，相当于白白送掉一艘万吨巨轮。如果1981年签订合同时，我方先将与货款相同的德国马克买成美元期货，到1982年交货时，在期货市场赚到的钱就可冲抵这1 000万美元损失。

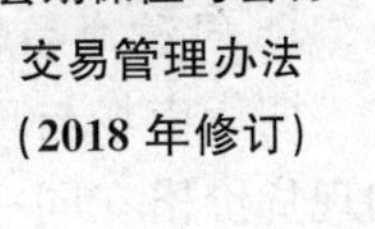

中国金融期货交易所套期保值与套利交易管理办法（2018年修订）

第一节 套期保值业务

在市场经济条件下，由于存在着供求关系和竞争因素，商品

的价格必然会产生波动。特别是一些受气候因素影响较大的农产品和受天然资源的稀缺性及整个经济环境影响很大的基础工业品，价格经常大起大落，使相关的生产、加工、流通企业的经营面临着极大的价格风险。如何有效地规避价格波动的风险，是生产经营者必须考虑的问题。正是在规避价格风险的内在要求推动下，期货市场得以产生和发展，从这个意义上讲，套期保值是期货市场的基石。

一、套期保值的概念与功能

（一）套期保值的含义

套期保值（hedging）是以规避现货价格风险为目的的期货交易行为，它来自商品交易的实践。在市场经济中，商品价格的波动会给相关交易者带来风险，即价格风险。套期保值是交易者为了防范在现货市场中的风险，在期货市场上做一笔和现货市场上数量相同但方向相反的交易来冲销现货市场上资产价格的变动，从而转嫁风险的一种交易方式。

套期保值交易方式很早就出现了。在CBOT成立之初，粮食加工商就认识到自然灾害会使粮食减产而导致粮价上涨，想通过预先以较低价格收购未来的粮食，即与生产者签订粮食的远期合约，以规避价格风险。标准期货合约产生后，这种将现货与期货交易结合的技术日益盛行，不仅农业、制造业的商品，而且金融行业的商品，只要有商品价格风险，都可以将现货与期货套做交易。可以说，套期保值是期货市场发展最初的原动力和原因所在。期货市场的基本功能就是为交易者提供套期保值的场所。

套期保值的业务做法是：在现货市场和期货市场同时进行品种相同、数量相当但方向相反的两笔交易，即在买进或卖出现货商品的同时，在期货市场上卖出或买进相同数量的同种（或同类）商品的期货合约，目的是选择头寸，以使风险尽量呈中性。

［例2-1］ 未来3个月，如果某一商品价格上涨1元，某家公司将获利10 000元；如果商品价格下跌1元，公司将损失10 000元。为了对冲风险，公司主管应进入期货合约的空头来抵消风险。对于1元的商品价格上涨，期货应触发10 000元的损失；对于1元的商品价格下跌，期货应带来10 000元的收益。如果商品价格下跌，期货合约的收益会抵消公司其他业务的损失；如果商品价格上涨，期货合约的损失被其他业务的收益抵消。因此，做套期保值的基本目的是期望价格波动的风险减少到最小限度，而不是进行实际现货的交割。

一种商品在生产、加工、储存和消费的过程中，价格不断波动，而且价格变动趋势难以预测。因此，商品流通过程中的每一个阶段都会出现价格风险。套期保值正是要防止或减小价格变动的风险。通常情况下，商品交易所是套期保值的最好场所，许多银行也支持做这种交易的客户，如贷款给予优惠等。

（二）套期保值的经济原理

套期保值交易可以帮助交易者规避价格风险，是因为期货市场上存在一些可遵循的基本经济规律。

1. 同种商品的期货价格与现货价格走势一致

期货市场与现货市场虽然是两个相对独立的市场，但由于某一特定商品的期货价格和现货价格在同一时空内（或在同一个经济系统内）会受到相同因素的影响，从而在一般情况下两种价格在运动方向上具有趋同性，保持大体一致的变动趋势。套期保值者在期货市场与现货市场采取方向相反的操作，这样在一个市场亏损的同时，另一个市场必然盈利，盈亏相抵的结果是使套期保值者遭受到的价格风险减小或消失。

2. 随着期货合约到期日的临近，期货价格与现货价格趋向一致

期货交易规定，持有至到期的未平仓合约必须进行实物交割。合约临近交割时，如果期货价格和现货价格不相同，例如期货价格低于现货价格，就会导致套利交易，交易者可以买入期货合约，通过期货市场交割现货之后，再到现货市场上抛售，赚取无风险的盈利。而这种套利交易大量发生，最终会使期货价格上升、现货价格下降。期货交易的交割制度，保证了现货市场价格与期货市场价格随期货合约到期日的临近而逐渐接近，最终合二为一。

正是上述经济原理的作用，使得套期保值能够起到为商品生产经营者最大限度地降低价格风险的作用，保障生产经营活动的稳定进行。

(三) 套期保值的作用

从国内外期货市场的运行与发展来看，任何一个期货品种成功与否都取决于它是否具有良好的套期保值功能。有关管理机构在审批期货品种时，首先考虑的也是它是否有套期保值的社会需要。总结起来，套期保值有以下作用：

1. 规避现货价格波动带来的风险

对于套期保值者来说，期货市场最重要的功能就是能够实现价格风险的转移。交易者通过将风险转移给期货市场上的投机者，保护自己在现货市场上的基本经营利润，可见套期保值者的基本目的不是盈利，而是保值。虽然在期货市场中实现的保值并不是指盈利和亏损完全相等，两个市场上的盈亏总是存在一定差异的，但是按照期货市场保值的基本方法，就能够抵消现货市场上的大部分价格风险。

2. 套期保值有利于期货市场的价格发现

众多的现货生产经营者对相关品种的市场情况往往有较为理性的预测。套期保值者在期货市场上的报价包含着对市场的理性分析因素，他们只有在价格变动对自己不利时，才能够做出规避风险的决策，这有助于增强市场价格发现的功能，并制约投机活动，使之理性化。

3. 套期保值有利于企业的稳定和灵活经营

生产获利是企业经营的根本目的，但是现货市场上的价格风险使得经营者的经营利润难以得到完全保障。企业在期货市场上进行套期保值能够锁定生产和经营成本，这样能够保证生产经营的基本利润，企业也能够达到稳定收入的目的，从而放心地进行生产经营活动。

(1) 有效控制生产和经营成本。例如，某大豆加工商预计在3个月后购进一批大豆，而3个月后，若大豆价格上涨，则他的原料成本就会增加。为了规避价格上涨的风险，他就在期货市场上买进3个月后交货的大豆期货合约。如果届时大豆价格果然上涨，他就可以卖出手中的期货合约，并从中盈利，因为这时期货市场上的价格也上涨了。这样，虽然在现货市场上他因进价较高而遭受了损失，但是这个损失可以用期货市场上的盈利加以弥补。结果，大豆的成本费用就被控制住了。当然，大豆加工商可以预先就买进所需的大豆，但这需要有仓储设施，还要因此增加资金占用和利息支付。

（2）保障生产经营者获得正常的商业利润。例如，上述大豆加工商在购进大豆后，要加工成豆油在6个月后出售，但他担心6个月后豆油价格可能下跌，从而使利润减少。这样，他可以先在期货市场上卖出6个月后的豆油期货合约。届时，若豆油价格果真下跌，则期货价格也随之下跌。因此，他就可以买进先前卖出的期货合约进行平仓，并从中获利，从而弥补他在豆油现货市场上因豆油价格下跌所遭受的损失，从而保障原定的销售利润。

（3）方便现货交易。在期货市场上进行套期保值之后，经营者可以根据市场信息，灵活地安排生产、运输、储存等等。期货市场上所实现的对商品价格的保证和是否实现实物交割的自由选择性，使得期货市场上的保值者可以根据实际情况安排产品的购买和销售，使生产经营具有更大的灵活性。例如，某制造商要购买铝，3个月后交货，若估计铝的价格3个月后会下跌，而卖家又坚持以现价签约，这时该制造商就可以在签约的同时，预先在期货市场上卖出合约，待价格下跌后买回合约平仓获利，从而弥补合同价格偏高所受到的损失。有时预计铝价会上涨，而卖家又坚持以交货时伦敦金属交易所月平均价计算，这样，制造商就可以在期货市场上预先买入铝合约，将价格锁住，然后待交易时再卖出合约了结获利，从而避免损失。可见，利用期货市场的套期保值，有利于买卖双方现货交易的达成。

4. 套期保值有利于经营者灵活管理资金

期货市场的一个特点是具有强大的杠杆作用，交易者可用少量的保证金进入市场，操纵大量的资产。这样经营者就能够在期货市场上用少量资金对购买或者销售实现事先控制，将大量的资金用于生产和经营。这既可以保证生产和经营的顺利进行，同时又能保证产品的购买和销售，合理地安排购买和销售时间，减少库存，加快资金的周转。

5. 套期保值有利于提高经营者的信用程度

期货工具是一种信用工具，交易者在期货交易所中所存有的保证金就是其信用凭证。由于经营者在期货市场上对其产品进行了套期保值，也就是对其经营做出了一定程度的保险，所以经营者的信用程度将会更高。

二、套期保值的类型

套期保值按其操作技术、交易性质及交易目的的不同有多种分类方法。

按操作技术的不同，可分为多头（买进）套期保值和空头（卖出）套期保值。期货市场套期保值的操作可分为两步：第一步，交易者根据现货交易情况，通过买进或卖出期货合约建立第一个期货部位；第二步，在期货合约到期前通过建立另一个相反的部位将先前合约平仓。如果交易者的第一步是买进期货合约，则称为多头（买进）套期保值，反之，则称为空头（卖出）套期保值。多头套期保值的目的是防止现货价格上涨带来的不利影响，一般未来需要购买商品的交易者，要对货物进行多头套期保值。空头保值的目的是防止现货价格下跌带来的不利影响，一般未来需要出售商品的交易者，要对货物进行空头套期保值。下面以商品期货为例说明这两种套期保值方式。

1. 多头套期保值

［例2-2］ 加工商计划将来购进一批生产资料，但又担心价格上涨会使现货市场的购货成本增加，可以在期货市场上做多头套期保值。多头套期保值是指交易者首次在现

货市场上卖出商品（这笔交易有时可以不做），同时在期货市场上买进同样数量、同种商品的期货合约，期货合约交割之前在现货市场上买进同样的商品，并在期货市场上卖出同种期货合约平仓的保值操作。如表 2-1 所示。

表 2-1　　购买价格上涨的多头套期保值

现货市场	期货市场
6 月 10 日，铜现货价格为 1.95 万元/吨	6 月 10 日，该加工商买进 50 吨 12 月份铜期货合约，价格为 1.98 万元/吨
11 月 20 日，买进 50 吨铜，价格为 2 万元/吨	11 月 20 日，卖出 50 吨 12 月份铜期货合约，价格为 2.03 万元/吨
购买成本增加 0.05×50=2.5 万元	盈利 0.05×50=2.5 万元

该加工商 11 月以 2 万元/吨的价格购进铜，比 6 月份买进多支付了 2.5 万元。但由于多头套期保值操作在期货交易中盈利了 2.5 万元（交易成本忽略不计，下同），恰好弥补了现货市场购进时多付出的成本，其实际购铜价格仍是 1.95 万元/吨，期货市场上买空所获盈利正好完全抵消了现货市场的成本增加，实现了完全保值。

假如 11 月份铜的价格不涨反跌，则该加工商的交易过程如表 2-2 所示。

表 2-2　　购买价格下跌的多头套期保值

现货市场	期货市场
6 月 10 日，铜现货价格为 1.95 万元/吨	6 月 10 日，该加工商买进 50 吨 12 月份铜期货合约，价格为 1.98 万元/吨
11 月 20 日，买进 50 吨铜，价格为 1.9 万元/吨	11 月 20 日，卖出 50 吨 12 月份铜期货合约，价格为 1.93 万元/吨
购买成本节约 0.05×50=2.5 万元	亏损 0.05×50=2.5 万元

该加工商 11 月份买入比 6 月份买入少支付了 2.5 万元，但由于多头套期保值操作在期货市场亏损 2.5 万元，实际进货成本仍为 1.95 万元/吨，现货市场上少支付的 2.5 万元弥补了期货市场上亏损的 2.5 万元。

因此，无论未来现货价格上涨还是下跌，加工商通过多头套期保值都能使进货成本维持在 6 月份的 1.95 万元/吨。不过，在成功规避价格上涨风险的同时，加工商也因此放弃了价格下跌时获取更低购买成本的机会。

2. 空头套期保值

[例 2-3]　某贸易商打算经销小麦现货，先买进后卖出，担心在买卖过程中现货价格降低而带来亏损，因此，在期货市场上承做空头（即卖空）套期保值，见表 2-3。

表 2-3　　空头套期保值效果

现货市场	期货市场
6 月 10 日，某贸易商买进小麦 100 吨，价格为 1 050 元/吨	6 月 10 日，该贸易商卖出 10 手 12 月份到期的小麦期货合约，价格为 1 080 元/吨
11 月 8 日，该贸易商卖出小麦 100 吨，价格为 1 000 元/吨	11 月 8 日，该贸易商买进 10 手 12 月份到期的小麦期货合约，价格为 1 030 元/吨
亏损 50×100=5 000 元	盈利 50×100=5 000 元

可见，该贸易商经受了价格下降给现货买卖带来的风险，但因为他在期货市场上盈利，盈亏完全相抵，实现了完全保值。

尽管上面是以商品期货为例阐述多头套期保值和空头套期保值的操作原理，但其原理同样适用于金融期货，金融期货作为套期保值工具在规避外汇投资的汇率风险、国债投资的利率风险和股票投资的价格波动风险方面应用更广。详细内容请参见第 3、4 章。

三、基差与套期保值

（一）基差的含义

基差（basis）是套期保值中一个相当重要的概念，它是指某种商品在某一特定地点的现货价格与在期货市场上的价格之间的差额。如果没有特别说明，基差是当时现货价格与离交割期最近一个月份的期货合约价格之间的差额。公式如下：

基差＝现货价格－期货价格

由于现货价格与期货价格变动不完全同步，变动幅度也可能不同，基差会不断变动。假定 9 月 10 日现货市场上电解铜的价格为 18 000 元/吨，当日 10 月份到期的期货价格为 18 200 元/吨，则此时基差值为－200 元/吨。值得注意的是，在伦敦金属交易市场上，基差一般是指现货价格与 3 个月的期货价格之间的差额。对于套期保值者，基差是指现货价格与套期保值的期货合约价格的差额。若现货价格低于期货价格，基差为负值，此为正常市况；若现货价格高于期货价格，基差为正值，此为逆市况；若现货价格等于期货价格，基差为零。

基差反映的是现货价格与期货价格之间的关系，随着现货价格和期货价格的变化，基差值也会发生变化。影响基差变化的因素很多，凡是影响现货价格与期货价格的因素最终都会影响基差变动。具体包括：该商品的一般供给与需求情况、替代商品的供需情况及相对价格、运销情况和运输问题及运输价格的构成、商品本身的品质因素、交割的期限、政府政策、经济周期波动和经济变动情况、投机的心理影响等。总的来说，不同交易品种的基差变化规律要具体问题具体分析。例如，分析我国小麦、绿豆等品种的基差，主要考虑国内的供求状况、仓储、运输条件、季节性价格波动等，而对于胶合板、铜等需大量进口的商品来说，还要考虑国际市场情况、国外产量与需求、国家进口政策等。对国内生产、主要用于出口的品种如红小豆来说，则要考虑进口国需求状况、进口配额等因素。原油、有色金属和农产品等商品由于供需之间不平衡及存储商品的困难，可能导致基差的大范围变化，而黄金、白银、外汇、股指等投资资产，基差变动范围较小。虽然现货价格和期货价格受共同因素的影响，两者多为同涨同跌，但两者的涨幅或跌幅通常不完全一致。一般地，基差的波动幅度要小于现货价格或期货价格的波动幅度。

（二）基差变动对套期保值的影响

在进行套期保值时，基差可按下述公式计算：

基差＝计划套期保值资产的现货价格－所使用合约的期货价格

若被保值资产与期货合约标的物资产一致，基差在合约到期日应为 0。若被保值资产与期货合约标的物资产有差异，理论上基差在到期日不为 0。在套期保值过程中，由于基差的变化，保值者有可能因期货账户亏损要追加保证金，也可能在账户上有大量盈余，因而保值的效果与基差的变化有很大关系。

为便于讨论，前述分析都忽略了保证金、手续费、佣金等费用对期货盈利的影响。实际上，套期保值也要支付期货手续费，若通过经纪商保值还要支付佣金。另外，还要占用保证金，特别是在保值期间期货价格朝不利方向变动时，要追加保证金。实际承做套期保值决策时，必须将这些都考虑进去。

在套期保值过程中，由于基差的变化，保值效果分三种情况：盈利性保值、亏损性保值和完全保值。

1. 盈利性保值

盈利性保值是指交易者在结束套期保值业务时，现货市场上的盈利或亏损与其在期货市场上的亏损或盈利相抵后，还获得盈利，即一个市场的盈利在弥补另一个市场的损失后还有盈余，交易者获得了基差变动的利润。

（1）多头套期保值的情况。

［例 2-4］ 某大豆加工厂 6 月份在大豆现货价格为 2 600 元/吨时，以 2 750 元/吨的价格买进 3 个月后到期的大豆期货合约进行保值，此时基差为－150 元/吨。假如 9 月份时，大豆价格果然上涨，但现货和期货的涨幅不同，分别为 200 元/吨和 250 元/吨，即现货价格和期货价格分别是 2 800 元/吨和 3 000 元/吨，基差为－200 元/吨，该大豆加工厂的经营情况和结果如表 2-4 所示。

表 2-4　价格上涨时基差变小的多头套期保值

	现货市场	期货市场	基差
6 月份	大豆价格为 2 600 元/吨	以 2 750 元/吨的价格买进 3 个月后到期的大豆期货合约	－150 元/吨
9 月份	大豆价格为 2 800 元/吨	以 3 000 元/吨的价格卖出（对冲）原先买进的大豆期货合约	－200 元/吨
结果	9 月份比 6 月份多付出 200 元/吨	对冲盈利 250 元/吨	基差缩小，波幅为 50 元/吨

通过多头套期保值，虽然该厂在购进现货时每吨比 3 个月前多支付了 200 元，但期货市场对冲盈利为每吨 250 元，不仅弥补了现货市场多支付的成本，而且获得了 50 元/吨的盈利，刚好等于基差变小的波幅 50 元/吨。由此可得出结论：在进行多头套期保值的过程中，如果价格上涨并且现货价格的升幅小于期货价格的升幅，即基差变小时，保值者可获得基差利润，从而实现盈利性保值。

考虑价格下跌的情况，如果 3 个月后，大豆的价格不涨反跌，现货价格跌到 2 400 元/吨，期货价格跌至 2 600 元/吨，该大豆加工厂的保值效果如表 2-5 所示。

表 2-5　价格下跌时基差变小的多头套期保值

	现货市场	期货市场	基差
6 月份	大豆价格为 2 600 元/吨	以 2 750 元/吨的价格买进 3 个月后到期的大豆期货合约	－150 元/吨
9 月份	大豆价格为 2 400 元/吨	以 2 600 元/吨的价格卖出（对冲）原先买进的大豆期货合约	－200 元/吨
结果	9 月份比 6 月份少付出成本 200 元/吨	对冲亏损 150 元/吨	基差缩小，波幅为 50 元/吨

虽然期货市场对冲亏损了150元/吨，但购进现货时每吨比3个月前少支付200元。总之，现货市场的盈利不仅弥补了期货市场的亏损，而且有50元/吨的盈利，刚好等于基差缩小的波幅50元/吨。因此，在多头套期保值的过程中，如果价格下跌且现货价格的下跌幅度大于期货价格的下跌幅度，即基差变小时，保值者可实现盈利性保值。

综上，不论将来价格涨跌，只要基差变小，多头套期保值就可获得基差变化的收益。

（2）空头套期保值的情况。

[例2-5] 某铝厂8月份要销售一批铝锭。为了规避将来价格下跌的风险，5月份现货价格为13 800元/吨时，该厂以14 000元/吨的期货价格抛出8月份到期的铝锭期货合约，此时基差为－200元/吨。若8月份价格果然下跌，该厂在现货市场上只能以13 000元/吨的价格卖出铝锭，而此时铝锭期货价格为13 100元/吨，此时基差为－100元/吨。如果以此价平仓，该铝厂的保值效果可见表2-6。

表2-6　价格下跌时基差变大的空头套期保值

	现货市场	期货市场	基差
5月份	铝锭价格为13 800元/吨	以14 000元/吨的价格卖出8月份到期的铝锭期货合约	－200元/吨
8月份	铝锭价格为13 000元/吨	以13 100元/吨的价格买进（对冲）8月份到期的铝锭期货合约	－100元/吨
结果	8月份比5月份少收入800元/吨	对冲盈利900元/吨	基差变大，波幅为100元/吨

虽然现货市场出售铝锭价格只有13 000元/吨，与5月份相比，每吨减少800元的收入，但是损失由期货市场盈利弥补后还有100元/吨的额外利润，即获得了基差变大的那部分利润。因此，在空头套期保值的过程中，如果价格下跌且期货价格的下跌幅度大于现货价格的下跌幅度，即基差变大时，保值者可获得基差利润，从而实现盈利性保值。

若铝锭价格不跌反涨，假设现货价格和期货价格分别涨至14 200元/吨和14 300元/吨，此时基差为－100元/吨，该铝厂的保值效果见表2-7。

表2-7　价格上涨时基差变大的空头套期保值

	现货市场	期货市场	基差
5月份	铝锭价格为13 800元/吨	以14 000元/吨的价格卖出8月份到期的铝锭期货合约	－200元/吨
8月份	铝锭价格为14 200元/吨	以14 300元/吨的价格买进（对冲）8月份到期的铝锭期货合约	－100元/吨
结果	8月份比5月份多收入400元/吨	对冲亏损300元/吨	基差变大，波幅为100元/吨

虽然期货市场对冲亏损300元/吨，但现货市场获得了400元/吨的利润。现货市场的盈利除弥补期货市场的亏损外，还有100元/吨的利润，刚好等于基差由弱转强的那部分波幅。因此，在空头套期保值的过程中，如果价格上涨且现货价格的涨幅大于期货价格的涨幅，即基差转强时，保值者可实现盈利性保值。

综上所述，只要基差变大，空头套期保值者就可获得基差变化的利润。

2. 亏损性保值

亏损性保值是指交易者在结束套期保值业务时，现货市场的盈利不足以抵补期货市场的亏损或期货市场的盈利不足以抵补现货市场的亏损，即一个市场的盈利不足以抵补另外一个市场的亏损，损失了基差变化的利润。

（1）多头套期保值的情况。

［例 2-6］ 6月份，某大豆加工厂在大豆现货价格为2 600元/吨时，买进了9月份到期的大豆期货合约，期货价格为2 750元/吨。临近交割时，大豆的价格上涨，现货价格上涨为2 800元/吨，期货价格也上涨至2 900元/吨，但没有现货价格上涨得多，该厂此时将期货平仓，其保值效果如表2-8所示。

表 2-8　价格上涨时基差变大的多头套期保值

	现货市场	期货市场	基差
6月份	大豆价格为2 600元/吨	以2 750元/吨的价格买进3个月后到期的大豆期货合约	−150元/吨
9月份	大豆价格为2 800元/吨	以2 900元/吨的价格卖出（对冲）原先买进的大豆期货合约	−100元/吨
结果	9月份比6月份多付出200元/吨	对冲盈利150元/吨	基差变大，波幅为50元/吨

期货市场150元/吨的盈利不足以弥补现货市场多付出的200元/吨，仍有50元/吨未能弥补，刚好等于基差变化的幅度，该厂丧失了基差变动的利润。由此可以得出结论：在多头套期保值的过程中，若价格上涨且现货价格的涨幅大于期货价格的涨幅，即基差变大时，多头套期保值将丧失基差变动的利润，成为亏损性保值。

若3个月后大豆的价格不涨反跌，现货价格跌到2 400元/吨，期货价格跌至2 500元/吨，该大豆加工厂的保值效果可见表2-9。

表 2-9　价格下跌时基差变大的多头套期保值

	现货市场	期货市场	基差
6月份	大豆价格为2 600元/吨	以2 750元/吨的价格买进3个月后到期的大豆期货合约	−150元/吨
9月份	大豆价格为2 400元/吨	以2 500元/吨的价格卖出（对冲）原先买进的大豆期货合约	−100元/吨
结果	9月份比6月份少付出200元/吨	对冲亏损250元/吨	基差变大，波幅为50元/吨

该大豆加工厂现货市场的盈利尚不能弥补期货市场的损失，还有50元/吨未抵补，刚好等于基差变化的幅度，即损失了基差变大的那部分收益，成为亏损性保值。因此，在多头套期保值的过程中，如果价格下跌且期货价格下跌幅度大于现货价格下跌幅度，即基差变大时，保值将成为亏损性保值。

综上所述，当基差变大时，多头套期保值将损失基差变化的利润。

（2）空头套期保值的情况。

［例 2-7］ 某铝厂8月份将销售一批铝锭。为了规避将来价格下跌的风险，5月份

现货价为 13 800 元/吨时，该厂以 14 000 元/吨的期货价格抛出 8 月份到期的铝锭期货合约。若 8 月份价格果然下跌，该厂在现货市场上只能以 13 000 元/吨的价格卖出铝锭，而此时铝锭的期货价格为 13 300 元/吨。如果以此价平仓，则保值效果如表 2－10 所示。

表 2－10　价格下跌时基差变小的空头套期保值

	现货市场	期货市场	基差
5 月份	铝锭价格为 13 800 元/吨	以 14 000 元/吨的价格卖出 8 月份到期的铝锭期货合约	－200 元/吨
8 月份	铝锭价格为 13 000 元/吨	以 13 300 元/吨的价格买进（对冲）8 月份到期的铝锭期货合约	－300 元/吨
结果	8 月份比 5 月份少收入 800 元/吨	对冲盈利 700 元/吨	基差变小，波幅为 100 元/吨

期货市场 700 元/吨的盈利尚不能弥补现货市场的损失，还有 100 元/吨的损失未能弥补，刚好等于基差变化的幅度，即损失了基差变动的利润。由此可以得出结论：在空头套期保值的过程中，如果价格下跌且现货价格下跌幅度大于期货价格下跌幅度，即基差缩小时，保值将成为亏损性保值。

如果 8 月份铝锭的价格不跌反涨，该铝厂以 14 200 元/吨的价格出售铝锭，而此时期货价格涨至 14 500 元/吨，该铝厂的保值结果可见表 2－11。

表 2－11　价格上涨时基差变小的空头套期保值

	现货市场	期货市场	基差
5 月份	铝锭价格为 13 800 元/吨	以 14 000 元/吨的价格卖出 8 月份到期的铝锭期货合约	－200 元/吨
8 月份	铝锭价格为 14 200 元/吨	以 14 500 元/吨的价格买进（对冲）8 月份到期的铝锭期货合约	－300 元/吨
结果	8 月份比 5 月份多收入 400 元/吨	对冲亏损 500 元/吨	基差变小，波幅为 100 元/吨

现货市场的盈利 400 元/吨不能完全抵消期货市场的亏损 500 元/吨，未能弥补的 100 元/吨亏损刚好等于基差变小的那部分波幅，即损失了基差变化的利润。因此，在空头套期保值过程中，如果价格上涨，且现货价格上涨幅度小于期货价格上涨幅度（基差缩小时），保值将成为亏损性保值。即当基差变小时，空头套期保值将损失基差变化的利润。

3. 完全保值

完全保值常在基差不变的情况下得以实现，一个市场的盈利正好弥补另一个市场的亏损。为了进一步讨论基差变化对套期保值的影响程度，假设套期保值情形的有关参数和变量符号如表 2－12 所示。

表 2－12　套期保值情形的有关参数和变量符号

时间	现货市场价格	期货市场价格	基差
t_1（入市开仓）	S_1	F_1	b_1
t_2（平仓出市）	S_2	F_2	b_2

保值者在时间 t_1 入市开仓建立第一个期货头寸，此时现货价格、期货价格分别为

S_1、F_1；保值者在 t_2 时平仓，此时现货价格、期货价格分别为 S_2、F_2；t_1、t_2 时刻的基差分别为 b_1、b_2。

对于空头套期保值者，避险程度为：

$$F_1 - F_2 + S_2 - S_1 = (S_2 - F_2) - (S_1 - F_1) = b_2 - b_1$$

若 $b_2 - b_1 = 0$，是完全保值；若 $b_2 - b_1 > 0$，为盈利性保值；若 $b_2 - b_1 < 0$，为亏损性保值。

对于多头套期保值者，避险程度为：

$$F_2 - F_1 + S_1 - S_2 = (S_1 - F_1) - (S_2 - F_2) = b_1 - b_2$$

若 $b_1 - b_2 = 0$，是完全保值；若 $b_1 - b_2 > 0$，为盈利性保值；若 $b_1 - b_2 < 0$，为亏损性保值。

综合上述基差变动对套期保值效果影响的分析，可以得到以下基本认识：

第一，套期保值是在现货市场和期货市场同时进行方向相反的交易，以期通过中和的方式用一个市场的盈利弥补另一个市场的损失。由于期货和现货的波动幅度不一样，即存在基差，套期保值并不能百分之百地规避价格波动的风险，完全保值在实际操作中很难实现。因此，套期保值只能把价格变动的风险尽量减少到最低限度，企业仍面临着基差波动的风险。

第二，套期保值只有在现货价格发生不利变化的条件下才能起到正面作用。若现货价格向有利的方向变化，套期保值交易将起到相反的作用，使盈利减少；若能准确预测现货价格将向有利的方向发展，则不必进行套期保值操作。

第三，套期保值者应密切关注基差的变化，以便在最有利的基差值上对冲，力争实现盈利性保值。在现货与期货数量相等的情况下，当基差变大时，对空头套期保值有利；当基差变小时，对多头套期保值有利。套期保值的避险程度等于买入期货时的基差减去卖出期货时的基差。

第二节　基差交易与叫价交易

由于基差风险的存在，套期保值交易并不能完全抵消价格波动风险。一般地，基差变动的风险比单纯价格变动的风险要小很多，但它还是会给交易者、消费者和生产者带来不利影响。基差交易与叫价交易是提高套期保值交易效果的较好方法。近年来，随着对基差研究的深入，基差交易在国外商品交易所也开始盛行。

一、基差交易

基差交易是指为了避免基差变化给套期保值交易带来不利影响，采取以一定的基差和期货价格确定现货价格的办法。具体而言，现货买卖双方均同意，以一方当事人选定的某月份的期货价格为计价基础，以高于或低于该期货价格若干的报价进行现货买卖的交易方式。其最终实际的现货交易价格并不是交易时的市场价格，而是根据以下公式确定：

交易的现货价格＝选定的期货价格＋预先商定的基差

他们对变幻不定的现货价格可能置之不理，而以能否在基差方面获利来互相订约，可见，只有熟悉基差变化，才能在基差交易中掌握主动权。一般地，基差交易的双方至少有一方进行了套期保值。

基差交易的操作可以举例说明如下：

［例 2-8］ 1月份某食品批发商以2 000元/吨的价格购入白糖若干吨，欲在5月份销售出去。在购买白糖的同时，批发商以2 100元/吨的价格做空头套期保值（当时基差为－100元/吨）。该批发商估计，对冲时基差将达到－50元/吨（基差增大，对空头套期保值者有利），可弥补仓储、保险等成本费用，并保证合理利润。估算方法如下：

空头套期保值避险程度＝买入基差－卖出基差

批发商盈利＝－50－(－100)＝50（元/吨）

考虑到基差变小会于己不利，为了避免基差变动的影响，批发商进行套期保值后可寻求基差交易。几天后，他找到一家食品厂，双方商定于5月份按当时（5月）的期货价格和－50元/吨的基差成交现货。这样无论现货、期货价格如何变动，只要符合基差为－50元/吨，该批发商都能保证50元/吨的收益。

假定5月份现货交易时的现货、期货价格分别为1 990元/吨、2 060元/吨（基差为－70元/吨）。如果批发商按此进行空头保值，其交易情形分析见表2-13。

表 2-13 食品批发商的经营情况和结果

	现货	期货	基差
1月	以2 000元/吨买入	以2 100元/吨卖出	－100元/吨
5月	以1 990元/吨卖出	以2 060元/吨买入	－70元/吨

如果不进行基差交易，则批发商最终现货交易价格为1 990元/吨，再加上期货合约对冲盈利40元/吨，则卖出现货实际收到的有效价格为2 030元/吨：

$P=F_1+b_2=2\,100-70=2\,030$（元/吨）

批发商仍然面临风险，不能达到预定的50元/吨的盈利目标。若要实现 $b_2=-50$ 的基差交易，则需按 $P=F_2+(-50)=2\,060-50=2\,010$ 元/吨的价格卖出现货，完全实现既定目标。

如何确定合理的基差是基差交易的关键，既要保证回收成本，确保合理的利润，又必须对基差的变动规律进行充分研究，才能找到合适的交易对手并确定更有利的基差。

在本例中，食品批发商愿意以“5月期货价格＋b_2”定价，而不直接以现货2 010元/吨定价，是因为该批发商通过分析认为白糖价格将下跌，5月份基差 b_2 会发生变化。如果先将价格固定下来，不一定有利。按基差定价，机动灵活且富有弹性，这样既可保证有可靠的白糖供应来源，又有可能使价格向有利于己的方向变化。

二、叫价交易

叫价交易是由基差交易衍生出来的交易方式。在基差交易中，

现货价格＝商定的基差＋期货价格

因此，基差确定后，期货价格的选择成为关键。因为即使在一天内，期货价格也会有较大变化。在叫价交易中，不事先选定期货价格，而是由交易的一方在另一方允许的时间内选定期货价格。根据确定具体时点的实际交易价格的权利归属划分，叫价交易可分为买方叫价交易和卖方叫价交易。如果确定交易时间的权利属于买方，称为买方叫价

交易，反之，若该项权利属于卖方，则为卖方叫价交易。

1. 买方叫价交易

[例 2-9] 某进口商 2013 年 5 月份以 17 000 元/吨的价格从国外进口铜，一时没有找到买主，为规避价格下跌的风险，该进口商做了期货空头套期保值，以 17 500 元/吨的价格卖出 3 个月到期的期货合约，此时基差为—500 元/吨，同时在现货市场上积极寻找买家。6 月中旬，有一铜杆厂认为铜价仍有继续下跌的趋势，不愿意当时确定价格，双方经过协商，同意以低于 8 月份到期的期货合约价格 100 元/吨的价格作为双方买卖现货的价格，并且由买方铜杆厂确定 8 月 1—15 日某金属交易所交易时间内的任何一天 8 月份到期的期货合约价格为基准期货价格。8 月 10 日，假定前述金属交易所 8 月铜期货合约的收盘价跌至 15 700 元/吨，铜杆厂认为铜价已跌得差不多了，决定以该日 8 月份铜期货收盘价为基准价计算现货买卖价。此时，该进口商现货实际售出价格为 15 700 元/吨—100 元/吨＝15 600 元/吨，同时于次日以 15 700 元/吨左右的价格平仓，结束套期保值交易。综合以上内容，进口商保值结果如表 2-14 所示。

表 2-14　进口商的经营情况和结果

	现货市场	期货市场	基差
5 月份	进口商以 17 000 元/吨的价格从国外买进一批进口电解铜	以 17 500 元/吨的价格卖出 3 个月到期的期货合约	—500 元/吨
6 月份	约定以低于 8 月份到期的某交易所期货合约结算价 100 元/吨为双方交货的价格，并由买方确定以 8 月 1—15 日其中一日的结算价为基准价，此时，已确定基差为—100 元/吨		
8 月份	进口商以 15 600 元/吨的价格售出电解铜	以 15 700 元/吨左右的价格买进 8 月份到期的期货合约	—100 元/吨
结果	亏损 1 400 元/吨	对冲盈利 1 800 元/吨左右	基差变大，波幅为 400 元/吨

第一，该进口商通过套期保值和基差交易，不仅规避了价格下跌的风险，而且得到了 400 元/吨的利润；

第二，铜杆厂通过这个交易，不仅保证了货源，还获得了选择合适价格的权利；

第三，由于进口商确定交货时基差为—100 元/吨，与购进现货时做空头套期保值的基差—500 元/吨相比，基差变大且变化为 400 元/吨，此时套期保值者可稳定地获取每吨 400 元的利润，实现盈利性保值。

假设 8 月份铜价不跌反涨，在 18 000 元/吨时，铜杆厂确定以此为基准价，则进口商在现货市场将盈利（18 000—100）元/吨—17 000 元/吨＝900 元/吨，虽然期货市场每吨将亏损 500 元，但两者抵消后，进口商仍可获得 400 元/吨的利润。通过基差交易，无论价格涨跌，该进口商均可稳定地获取 400 元/吨的利润。

买方叫价交易一般可与空头套期保值配合使用，若现货交易商已为待售商品承做空头套期保值（已确定买进时的基差），无论价格如何变化，该保值都可实现盈利性保值。

2. 卖方叫价交易

如果买方为防止日后价格上涨，事先做了多头套期保值，确定了买进期货时的基差，同时积极在现货市场上寻找货源，由双方协商以买方买进的套期保值的交割月某一天的期货结算价为基准上下浮动一定的价格，确定平仓时的基差，然后由卖方决定以哪一天的结算价为现货买卖的基准价，这就是卖方叫价交易。不论价格如何变化，该多头套期保值者均可以实现盈利性保值。卖方叫价交易的基本原理与买方叫价交易相似，不再赘述。

此外，以基差交易为基础，交易者作为中间商可同时与需求者和供应者进行买方叫价交易和卖方叫价交易，从中转手得利。这是基差交易套期保值的高层次策略，其基本原理仍是：一旦确定基差变动，不论价格如何变化，都能确保预期收益。

第三节 期货投机

在市场经济中，投机行为是通过市场调查和分析来预测商品价格变动的趋势，据此买进（或卖出）某种商品，并在将来售出（或购入）该商品获利的活动。从一定意义上说，投机行为是市场经济发展的必然产物，并非股票、期货、外汇等风险投资市场特有的经济现象。如中间商的贸易活动就是一种投机行为，贸易（投机）商利用同一商品在不同地区或不同时间上的价格差异，在承受一定风险的同时赚取应得利润。在期货市场上，因空间上的价差已经基本消失，价格仅仅随着时间的推移而变化，投机者愿意在付出一定风险代价后赚取可能的利润，因此也才有机可投。

一、期货投机的含义

投机一般是指把握时机获得利润的一种经济行为。在期货交易中，投机是指市场上以获得利润为目的的期货买卖行为。换言之，期货市场投机就是在期货市场上通过买进期货合约（买空）或卖出期货合约（卖空）赚取利润的行为。期货是一种投机性很强的金融工具，由于期货交易采取保证金的形式，交易者不需要投入买卖商品的全部金额就能够进行交易，那些不想真正地从事商品买卖，只想从价格变化中获利的投机者只需投入少量资金，就能够在期货市场上控制大额交易。如果需要结束交易，只需通过对冲机制进行了结。期货市场往往是投机盛行的市场，而期货市场也需要适度的投机来润滑市场，推动其发展，以充分发挥期货市场的风险规避和价格发现功能。

与商品贸易（投机）一样，期货投机有助于增强市场流动性，缩小期货与现货商品的价格差异，有利于期货市场套期保值、价格发现等积极功能的顺利实现。所以，投机行为是一种积极的经济活动，没有投机因素的市场是很难长期存在和发展的。与商品贸易中的投机行为不同的是，期货投机者无须且往往也不愿完成商品的储存、运输和交割等烦琐过程。期货交易可以在多头与空头间自由转换，因此比商品贸易投机更灵活。

综上所述，期货投机的全过程可以概述为：无现货背景的资金拥有者利用所掌握的市场信息，对市场价格进行预测和判断，在认为市场行情未来看涨时买入合约，或在认为市场行情未来看跌时卖出合约，然后寻求对冲获利的交易行为。

二、期货投机交易的特点

期货一向被认为是投机意识十足的投资工具。投机交易与套期保值交易相比，具有以下特点：

（1）以获利为目的。投机者在期货市场上试图通过低价买进、高价卖出或高价卖出、低价买进来赚钱，其根本目的是获利，这是投机者与套期保值者的根本区别。

（2）不需实物交割而买空卖空。投机者并没有商品需要保值，只关注期货合约的买卖价差，频繁买进卖出合约以赚取价差，并不关心实物交割。

（3）承担风险，有盈也有亏。期货市场中的风险是客观存在的，套期保值者需要转移价格风险，投机者成为这种风险的承担者。投机者大量介入，增加了期货市场的流动性，也使套期保值成为可能。买空卖空的风险是很大的，因而投机交易有盈有亏。

（4）经常利用合约对冲技术。期货投机的操作条件在于期货合约的对冲性。投机者在发现价格变化有利时，可以方便地对冲已有头寸，以获取价差带来的盈利。在价格发生不利变化时，投机者也可以方便地对冲已有头寸，迅速退出市场，避免更大损失。另外，对冲技术的应用可使投机者加快交易频率，加速资金周转，从交易量的增加中获得更多的收益。

（5）交易量一般较大，交易比较频繁。投机为市场提供了大量交易资金，同时降低了市场的交易成本，可吸引新的投机者加入，从而增加市场交易量。频繁的交易可使市场具有更大的流动性。

（6）交易方式多种多样。由于买空和卖空的风险太大，投机交易发展了各种交易方式，企图将交易风险控制在一定程度内。

此外，投机交易还有交易时间短、信息量大、覆盖面广等特点。投机者的参与不仅使套期保值者更容易找到交易对手，也活跃了市场交易，投机交易的高风险、高收益特征吸引了众多交易者参与期货市场，为期货市场的进一步发展创造了条件。

三、期货投机交易的一般方法

期货投机交易的方式多种多样，其做法也比套期保值交易复杂得多，但最基本的原则还是低买高卖。这种头寸投机又称价差投机，就是利用单一的期货合约，通过投机者对合约价格变化的预测，在价格低的时候买进，在价格高的时候卖出，从而获得价格差异的一种投机方法。价差投机是最常见的投机方法，在同一个期货市场内，投机者利用对市场价格趋势的预测，看涨时买进期货或看跌时抛出期货，然后等待有利时机再进行对冲。按交易方式不同，这种投机可分为买空和卖空两类，获利多少完全取决于投机者对市场价格趋势的分析和预测是否准确。

（一）多头投机交易

多头投机交易也叫买空投机，即先买进期货合约，然后等待时机卖出对冲。当确认市场处于牛市中，预计期货价格有进一步上涨空间时，往往采取该种交易方法。

（二）空头投机交易

空头投机交易也叫卖空投机，即先卖出期货合约，然后等待时机买进对冲。当确认市场处于熊市中，预计期货价格有进一步下跌空间时，往往采取该种交易方法。

投机者在期货市场中进行买空卖空交易时，最重要的是对市场价格的变化趋势进行准确的分析和预测，只有建立在正确预测基础上的交易，才有可能获得目标利润，相应的风险才能降到最低水平。影响期货市场价格的因素很多，而且期货市场的价格变动也十分敏感，所以投机者做出正确预测的难度很大，在单纯的价差投机中面临着较大风险。不过，投机者如能正确预测价格的走势和波动幅度，采取正确的下单和止损技巧，就能获得丰厚的利润；如果预测失误，又不能果断止损，就有可能损失惨重。因此，投机者应对投机风险的来源有正确的认识，巧妙管理资金、控制风险。

第四节　期货套利

一、期货套利的定义

套利是指期货市场参与者利用不同月份、不同市场、不同商品之间的差价，同时买入和卖出两份不同类的期货合约，从中获取风险利润的交易行为。它是期货投机的特殊方式，它丰富和发展了期货投机的内容，并使期货投机不仅仅局限于期货合约绝对价格的水平变化，而是更多地转向期货合约相对价格水平的变化。

大连商品交易所套利交易管理办法（2018年12月修订）

上海期货交易所套利交易管理办法（2018年11月修订）

在进行套利操作时，交易者关注的重点不是期货合约的绝对价格水平，而是合约之间的相互价格关系——价差关系。具体表现为同一商品不同交割月份的期货合约价格之差，不同交易所的同种商品期货合约价格之差，相互关联的不同商品的期货合约价格之差，或是同一商品的现货与期货不断变动的价格之差。交易者正是利用价格差通过买卖合约获利的。套利成功与否的关键在于正确预测不同头寸之间的合理价差，即不同地区合理的价差、同一商品不同季节合理的价差或不同商品之间的合理比价，如果预测错误，蒙受的损失可能不比单向交易小。

套利与价格差投机交易相比较有其自身的特点：

（1）套利者利用不同合约的价差来获取利润。价格差投机交易是从单一的期货合约中利用价格的上下波动赚取利润，而套利交易则是从不同的期货合约彼此间的相对价格差异中套取利润。价格差投机者关心和研究的是单一合约价格的涨跌，而套利者关心和研究的则是不同合约之间的相对价差。

（2）套利者同时扮演多头和空头双重角色。价格差投机者在一段时间内只持有单向多头或单向空头头寸，而套利者则在同一时间内既持有多头头寸又持有空头头寸，即在买入某种合约的同时卖出另一种合约，不同头寸之间的组合是其基本的交易方法。

（3）套利风险较小。由于套利者同时持有相反头寸，可以规避一些始料未及的价格异常波动风险，一般情况下，交易风险小于单向投机交易。不过，许多情况下并非如此，如当套利者对合约之间的价差关系估计错误时，损失往往会超过单向交易。

（4）套利交易成本较低，利润较为稳定。一般情况下，套利交易资金成本比较低，但在实践中，因要付出双向买卖的保证金，套利的资金成本往往并不比单向投机成本低，反而经常高于单向投机交易。但在成熟的期货市场上，由于对套利交易保证金的收取比例较单向交易大幅降低，因此其杠杆作用更加明显，套利者可以更少的资金控制更大规模的合约总值，为套利者的资金融通提供了更大的灵活性。

二、期货套利的主要形式

期货套利主要有三种形式，即跨期套利、跨商品套利和跨市套利。

（一）跨期套利

跨期套利又称同类商品套利交易、跨交割月份套利，是指在同一市场同时买入或卖出同一种商品在不同交割月份的期货合约，以期在有利时机同时将这两份不同交割月份的合约对冲平仓而获利。

跨期套利是利用同一商品的不同交割月份合约之间的正常价差出现异常变化来对冲获利的，其现实基础是许多商品价格变动具有季节性周期，如农产品价格普遍随季节变化，大多数热带作物的供求变化也跟季节密切相关，甚至一些工业品的供求也受季节影响。因此，跨期套利在期货交易中的应用相当普遍。美国的商品期货交易时间可长达21个月之久，我国商品期货的交易时间也可长达1年，小麦、大豆、玉米等生产周期明显的商品，在收获期前后价格变动较大，为跨期套利交易提供了良好的条件。铜、铝等工业品的生产具有连续性，不同月份价格之间也因仓储成本、资金利息等具有合理价差；同时，一些交易品种不同月份因升贴水关系存在合理价差，当实际价差远远偏离合理价差时，就为套利者提供了较为安全的市场机会，但这种无风险的套利机会在一年的交易中并不是随时可遇的。跨期套利围绕同一商品不同交割月份合约的价差而展开，影响套利成功与否的关键是持仓费用。

[例2-10] 以郑商所上市的小麦合约为例，2014年4月10日，1409合约（9月到期）价格为1 600元/吨，1411合约（11月到期）价格为1 610元/吨，两个月的持仓费用在50元/吨左右。考虑到小麦市场是牛市市场，处于长期上涨格局，1411合约与1409合约的正常价差应高于持仓费用，而现在两份合约的价差为10元/吨（＝1 610－1 600），所以，某投资者决定进行跨期套利操作。4月10日，该投资者以1 600元/吨抛出1409合约100吨，同时以1 610元/吨买入1411合约100吨，5月10日，1409合约期货价格涨至1 650元/吨，1411合约期货价格涨至1 710元/吨，两个合约间价差回到正常水平，达到60元/吨（＝1710－1 650）。投资者5月10日以1 650元买入100吨1409合约平仓，实现盈利（1 600－1 650）×100＝－5 000元；同时以1 710元/吨抛出1411合约100吨平仓，盈利（1 710－1 610）×100＝10 000元。至此，跨期套利交易完成，最终利润为5 000元。

根据交易者在市场中所建立交易头寸的不同，跨期套利主要有牛市套利和熊市套利两种，此外还有蝶式套利等跨期套利方式。

1. 牛市套利

牛市套利，又称买近卖远套利或多头套利，是指在牛市中，商品或金融资产价格不断上扬，交易者买进近月期货合约，同时卖出远月期货合约，希望在看涨的市场气氛中，由于商品短缺，近月合约价格上涨幅度会大于远月合约价格上涨幅度；反之，若市场不涨反跌，则希望近月合约价格下跌幅度会小于远月合约价格下跌幅度。即利用近月合约在牛市中起领涨作用和抗跌性强的特点，增大其组合头寸获利的可能性。

[例2-11] 3月份，某投机者认为7月份大豆期货与新豆上市后的11月份大豆期

货的价差存在异常。当时，现货大豆价格看涨，估计会带动期货价格上涨，且7月期货价格将比11月期货价格上涨得快。于是，该投机者决定进行牛市套利，下达指令“买7月大豆期货，同时卖11月大豆期货各10手，价差0.6美元/蒲式耳”。经纪人分别以5.5美元/蒲式耳、4.9美元/蒲式耳成交。两个月后，7月大豆期货价格升至5.74美元/蒲式耳，11月大豆期货价格升至5.02美元/蒲式耳。该套利者将7月、11月期货全部平仓，可赚6 000美元（CBOT大豆合约规模为5 000蒲式耳/手）。具体交易分析见表2-15。

表2-15　牛市跨期套利组合

7月合约	11月合约	价差
3月1日买进10手，价格为5.5美元/蒲式耳	卖出10手，价格为4.9美元/蒲式耳	0.6美元/蒲式耳
5月1日卖出10手，价格为5.74美元/蒲式耳	买进10手，价格为5.02美元/蒲式耳	0.72美元/蒲式耳
0.24美元/蒲式耳	−0.12美元/蒲式耳	
套利结果：(0.24−0.12)×5 000×10=6 000（美元）		

为什么要卖出11月份合约以致遭受损失，最后盈利减少呢？原因在于降低投机风险的需要。如果只买入7月份大豆合约，预测正确可以获得厚利；但一旦预测失败，损失也是非常大的。牛市套利中同时买入、卖出同种商品不同交割月份的合约，由于合约价格间有同升同降的规律，加上交易行为相反，若预测失误，7月份合约交易中的亏损可由11月份合约交易中的盈利部分抵消。因此，与单边的多头或空头投机交易相比，跨期套利的吸引力在于反向操作会使投机风险下降。一般地，由于存在储存商品的仓储费、资金占用的利息、交易手续费等开支，远月合约价格要高于近月合约。当入市者判断价差出现扭曲时，即不同月份合约之间的价差有缩小趋势时，为最佳入市点。

2. 熊市套利

熊市套利，又称卖近买远套利或空头套利，是指在熊市中，商品或金融资产价格不断下跌，交易者卖出近月期货合约，同时买进远月期货合约，希望在看跌的市场中，由于商品过剩，近月合约价格下跌幅度会大于远月合约价格下跌幅度；反之，如果市场不跌反涨，则希望近月合约价格上涨幅度会小于远月合约价格上涨幅度。即利用近月合约在熊市中起领跌作用和反弹力度弱的特点，使其组合头寸获利的可能性增加。

[例2-12]　1997年由于厄尔尼诺现象影响全球气候，媒体普遍认为，全国大豆将减产近一成，大连商品交易所大豆合约价格高涨。某公司在黑龙江产地了解到大豆将有好收成，判断未来大豆价格将下降，且近月期货合约价格下跌将比远月期货合约更快，于是做了熊市套利。交易情况分析如表2-16所示。

表2-16　熊市跨期套利组合

5月合约	7月合约	价差
卖出价格为3 100元/吨	买进价格为3 150元/吨	−50元/吨
买进价格为2 700元/吨	卖出价格为2 800元/吨	−100元/吨
400元/吨	−350元/吨	
最终盈利50元/吨		

以上两种跨期套利交易方法的共同点是持有不同月份的等量相反头寸，利用远月合约与近月合约的价差变动获利。一般对冲后，某一方向的头寸盈利，而另一方向的头寸亏损，套利成功的关键是正确判断价差变化趋势，制定入市交易策略。如果远月合约与近月合约的价差没有变化，交易者将无法获利，考虑交易成本后还会亏损；若价差与预计的变化相反，交易者将面临损失。

3. 蝶式套利

蝶式套利是由两个共享居中交割月份的买近套利和卖近套利组成，如“买7月铜5手/卖8月铜10手/买9月铜5手”就是一种典型的蝶式套利，它依次由买近套利“买7月铜5手/卖8月铜5手”和卖近套利“卖8月铜5手/买9月铜5手”组成。蝶式套利的另一种典型形式是“卖3月绿豆5手/买5月绿豆10手/卖7月绿豆5手”，它依次由一个卖近套利和一个买近套利组成。蝶式套利的盈亏分析如下：

设入市时蝶式套利近月合约与居中月份合约价差为 B_1，居中月份合约与远月合约价差为 B_2；相应的出市时价差分别为 B'_1、B'_2。

对于先买近后卖近组成的蝶式套利，套利者的实际收益为：

$$套利收益=买空套利收益+卖空套利收益=(B'_1-B_1)+(B_2-B'_2)$$

获得盈利的条件是前一个价差变强，后一个价差变弱，即前一个价差呈上升趋势，后一个价差呈下降趋势。

对于先卖近后买近组成的蝶式套利，套利者的实际收益为：

$$套利收益=卖空套利收益+买空套利收益=(B_1-B'_1)+(B'_2-B_2)$$

获得盈利的条件是前一个价差变弱，后一个价差变强，若表现在价差图上，是前一个价差呈下降趋势，后一个价差呈上升趋势。

(二) 跨商品套利

跨商品套利通常是在买入某一交割月份的某种期货合约的同时卖出另一份相同交割月份、相互关联商品的期货合约，然后伺机对冲。交易要求不同种类的商品或金融期货合约的交割月份相同，两种商品互为替代品或互补品且价格具有相关性，比如大豆和豆油、长期国债和短期国债等。由于所交易的商品价格有关联性，两种商品价格会受同类因素影响，但程度不同，套利者可利用价格变动的差额获利。跨商品套利的实质是利用种类不同但相互关联的商品之间期货合约价格的差异进行套利。

[例2-13] 以上海期货交易所的铜与铝期货合约为例：2014年3月2日，铜1410合约（10月到期）报价30 000元/吨，铝1410合约（10月到期）报价18 500元/吨，差价为11 500元/吨（=30 000−18 500），在正常情况下，铜、铝合约价差为5 000元/吨左右，某投资者决定进行跨商品套利交易。3月2日，投资者以30 000元/吨的价格在铜1410合约上抛出100吨，同时，以18 500元/吨的价格在铝1410合约上买入100吨；5月18日，铜1410合约价格跌至23 000元/吨，铝1410合约价格跌至15 500元/吨，价差缩小至7 500元/吨（=23 000−15 500）。投资者在5月18日以23 000元/吨的价格买入100吨铜1410合约平仓，实现盈利（30 000−23 000）×100=700 000元；同时以15 500元/吨抛出铝1410合约平仓，实现盈利（15 500−18 500）×100=−300 000元。至此，跨商品套利结束，投资者最终盈利400 000元。

（三）跨市套利

跨市套利是指在一个期货交易所买入（或卖出）某交割月份期货合约的同时，在另一个期货交易所卖出（或买入）同一交割月份的同一种期货合约，然后寻机分别在两个交易所对冲合约，从中获利的交易方法。

同一商品期货合约可能同时在两个或更多的交易所内进行交易，由于区域间的地理环境不同、局部供求关系不同或者合约设计差别等原因，各交易所中同一合约间往往存在一定的合理价差关系，当这种价差关系受某些因素影响发生变化时，就为交易者提供了跨市套利的机会，从而在客观上缩小了商品在不同地区间的不合理价差，促进了物流的合理分配。例如，在我国期货交易所合并（1998 年）前，大豆在大连商品交易所和上海粮油交易所、绿豆在郑州商品交易所和北京商品交易所、铜铝在深圳有色金属交易所（SME）和上海金属交易所（SHME）及许多品种在两家或更多的交易所都曾经上市过。由于各种各样的原因，同一商品在不同交易所存在价差是非常普遍的现象，投资者经常可以在买进一家交易所的商品合约时，卖出另一家交易所同一交割月份的同一商品合约，当其价差从不合理变为合理时，赚取一定的利润。通过这种跨市套利，一般能起到缩小价差的作用。

［例 2-14］ 11 月初，受利空因素影响，苏黎世市场黄金 1 月期货价格为 395 美元/盎司，同时伦敦市场黄金 1 月期货价格为 400 美元/盎司。某投资基金注意到了这一反常价差状况，并判断不久后价格还将下降，于是果断入市进行套利操作。一周后，两个市场的价格均降为 394 美元/盎司，其盈亏结果如表 2-17 所示。

表 2-17　**跨市套利盈亏分析**

伦敦市场	苏黎世市场	价差
11 月初某日，卖出黄金合约，价格为 400 美元/盎司	买入黄金期货合约，价格为 395 美元/盎司	5 美元/盎司
一周后，平仓价格为 394 美元/盎司	平仓，价格为 394 美元/盎司	0 美元/盎司
6 美元/盎司	−1 美元/盎司	
最终盈利 5 美元/盎司		

跨市套利的主要特点是：

（1）跨市套利的风险及操作难度比跨期套利更大，因为它涉及不同的交易所，交易者必须同时考虑两个市场的情况和影响因素。虽然是同一品种合约，但各交易所的交易规则、交割等级、最后交易日、交割期的规定会有差异；期货市场的流动性也不同，不同国家的跨市套利还要考虑汇率变动的影响。必须全面考虑各种因素，套利才能取得成功。国外一般是大型投资基金、投资银行才进行跨市套利交易。

（2）同一品种合约在不同交易所存在价差，主要是地理空间因素造成的，也有品质规格不同的因素。在正常情况下，市场应有合理的价差。一般来说，比价不正常的持续时间较短，套利者必须抓住时机入市。在不同交易所都有场内经纪人的投资机构最善于把握时机，交易量往往也很大，几分钟之内便可获得巨额收益。

在我国期货市场上，同一品种在几个交易所交易的情况过去并不罕见，如京—郑绿豆、深—沪—津金属、苏—沪夹板、琼—沪橡胶、苏—粤豆粕、连—沪大豆等。市场上真正的跨市套利者却比较少，主要是因为期货市场不成熟、欠规范，套利者即使发现了机会也会望而却步。缺少大量的套利者也使扭曲的价格关系难以迅速扭转，影响期货市场功能的发挥。

三、套利交易的条件

（一）套利合约或品种之间存在正相关性或关联度

套利交易关注的是不同合约之间的相对价值变动，而非价格的绝对变动幅度。它要求合约之间存在涨跌的联动性，这样才能利用价格变动幅度的差异或变动时间先后的差异，取得价差收益。此外，这种相关性必须是正向的，负相关性会使合约间逆向波动，套利的基础也就不能成立。在缺乏相关性的品种或合约上套利，无异于投机。

观察相关性的直观方式是参考走势叠加图。将若干相关品种的走势叠加在同一个图上，观察其大致的走势是否具有联动性。由于各品种的价格差异较大，可以在制图时利用相应的平均价差系数进行处理。

从历史走势看，基本金属之间存在比较好的联动性和相关性，这是金属合约适合作为套利交易对象的主要优势。由于基本金属同属基本工业原料，具有比较相似的功能和属性，一些有色金属矿还具有共生性或伴生性，在长期交易过程中，各基本金属之间建立了比较密切的比价效应。尽管其各自的供求基本面存在一定的差异，但总体上在一定时间范围内的同涨同跌特点却很明显，整体走势趋向一致。

（二）相关性必须达到一定的程度（指标的物量化标准）

相关性可用相关系数来表示和计算，一般正相关系数在 0～1 之间波动。相关系数在 0～0.3 之间为无相关性，在 0.3～0.5 之间为低相关性，在 0.5～0.8 之间为中等相关性，而在 0.8～1 之间则为高相关性。实践发现，金属期货套利交易的相关系数应该达到 0.8 以上的高相关性才有成功的把握。

沪铜与伦敦金属交易所（LME）的铜价走势存在较强的相关性。根据 1995—2001 年的数据统计测算，两市铜价的相关系数达到 0.96 以上，属于高度正相关，因而具有较好的跨市套利条件。这种高相关性从两者的走势叠加图上也得到了很直观的反映。

（三）相关性的时间分布应具有均衡性

如果某些品种或合约之间的总体相关性符合要求，但具体的时间周期和分布却具有不均衡性，有的时期相关性不大，甚至严重脱节，则在该时间段进行套利交易不仅难以取得预期效果，而且如果不均衡性持续时间过长、其间相关性过低，甚至会出现损失。理论上来看，时间分布的不均衡必然降低相关系数，加大套利风险；不均衡性持续时间的长短和离散程度，直接影响套利的成败、效果及资金使用效率。

套利实践说明，价格走势波动如果在相对长的时间内缺乏相关性，则在此期限内，套利者实际面临和投机者同样的风险。由于价格变动在一段时期内严重不同步，导致价差不断偏离，甚至出现逆向波动，将造成套利头寸被深度套牢，最后因无法承受巨额浮亏而被迫止损出局。2002 年上半年国内一些交易商参与的大连与 CBOT 之间的大豆跨市套利交易之所以失败，有的还招致严重亏损，就在于该时期两市的走势缺乏涨跌联动性，据测算，相关系数大约只有 0.47，CBOT 大豆疯涨，但大连大豆不为所动或只是小幅跟涨。结果是抛空 CBOT 和在大连买进，实际上和纯粹的投机没有多大区别。几个月下来，不少交易商在外盘亏损累累甚至爆仓，但内盘则所获无几。相反，沪铜与LME铜之间不仅具有良好的相关性，而且在时间分布上也比较均衡，出现走势脱节或背离的时间一般都很短，并能迅速得到矫正。因此，只要套利方案设计得当，国内外铜市之间的套利交易失败的概率就很小。

（四）相关性的时间概念

相关性的程度与时间成反比，即单位时间内的走势联动性越强，整体相关性就越高。相关性的时间长短不仅决定了价差回归的时间，也决定了套利的时间成本。如果品种间的相关性在若干个月后才体现出来，则无疑会增加时间成本。投资周期决定衡量相关性的时间跨度、波动周期（日线、周线、月线的取值），以及回归周期。

一般来说，时间跨度的选取应当在投资周期以内，如以月计投资周期，应以日线或周线来进行套利图表分析和取值，如以年为单位进行长期投资，则用月线等长期图表。

四、影响套利效果的主要因素

在套利交易中，有些因素会直接影响到套利的实际效果，主要包括以下两方面。

（一）汇价差

在跨市套利中，涉及两种计价货币：外盘用美元，国内则用人民币。如前所述，国内外铜的正常比价关系维持在1∶10的比率，若LME铜价涨跌10美元，沪铜相应涨跌100元人民币。但实际上，目前美元与人民币的汇价是1∶6.57左右，两者之间存在约3.43的差额，可称为汇价差。汇价差对跨市套利会造成什么影响呢？

在抛沪铜买国际铜的正套交易中，当LME铜价下跌100美元时，假设比价关系维持不变，沪铜应相应地跟跌1 000元人民币。套利头寸在外盘亏损的100美元折合人民币约657元，但在沪铜盈利1 000元。即便比价关系未发生有利的变化，仅汇价差就使套利头寸净获利343元。在反套交易中，效果完全相反（见表2-18）。

表2-18　　正套和反套操作

套利方向	价格运行趋势	对套利效果的影响
正套	跌势	盈利或增加盈利
正套	涨势	亏损或减少盈利
反套	跌势	亏损或减少盈利
反套	涨势	盈利或增加盈利

因此，在设计套利方案时，必须考虑汇价差在不同的套利方向和价格趋势下对套利效果产生的影响。比较可行的方法是：根据套利方向和铜价的趋势，区别不同情况对内外盘套利头寸的数量进行差别处理，达到消除汇价差影响的目的。例如，在涨势中做正套，外盘仓量应比国内多出17%左右，方能抵消汇价差带来的损失；若为反套，则可维持对等数量，以取得汇价差带来的额外收益。

（二）升贴水

贴水，即期货溢价，一般指在正常的供求关系下，现货价格相对低于期货价格，近月合约价格低于远月合约价格。由于近低远高的合约间基差关系反映了正常的持仓费状况，因此被称为正向市场。

升水，即现货溢价，一般因现货供应短缺，导致现货和近月合约价格高于远月合约。

由于现货相对期货价格上涨幅度超过正常的持仓费，导致期现价格倒挂，因此也被称为逆转市场或倒挂市场。

任何一个期货市场或期货品种都存在不同程度的升贴水状况，因而升贴水的差异及其变化对套利效果所产生的影响也比较复杂。

在跨期套利、跨市套利和跨品种套利中，也涉及升贴水的问题，它对套利结果会产生不同程度的影响。在跨期套利中，合约间升贴水或基差的变动不仅会对套利效果产生影响，而且是直接关系套利能否成功的决定性因素。在此，只探讨在后两种套利形式下，升贴水差异对套利结果的影响。影响大致有如下几种情形：

1. 不同市场或品种间的升贴水结构完全不一致

在期货升水的正向市场中，合约间的基差分布是由近及远价格逐步抬高；在期货贴水的逆转市场中，情形则相反。随着远月合约向交割月份靠近，两者原来的基差呈逆向运行。如果套利交易是在正向市场卖出，而在逆转市场买进，则随着时间的推移，两个套利头寸的基差都会朝有利方向变动；反之，则可能两边都出现基差损失。此外，持有套利头寸期限越长，因升贴水结构不一致或背离而造成的可能的损失就越大。

2. 升贴水幅度的差异

不同市场和品种间尽管升贴水结构相同，但升贴水的幅度可能存在差异，这种差异性会对套利效果产生影响。例如，国内外铜市近几年都是维持正向市场的现货贴水结构，但两者的幅度不一致。在大多数情况下，LME 铜合约间的基差相对小于沪铜。假设 LME 相邻合约间基差为 5 美元，而沪铜为 100 元，在正套情况下，持有套利头寸 2 个月，则在 LME 损失贴水 10 美元（82.7 元人民币），但在国内则可因换月取得 200 元收益，套利头寸可额外盈利 117.3 元。但在反套的情形下，效果则相反。目前，LME 远期 8 月以后合约相对 3 月期合约呈贴水结构，但沪铜远月兑近月合约每月约有 100 点的升水，两市的合约间基差结构相反。如果进行正向套利，买进 LME 远月合约，而在沪铜远期抛空，并不断向后迁仓，因此所获得的升贴水收益就很可观，而且在 LME 还省去了掉期费用。基差的不一致也是促使套利商乐于做正向跨市套利的原因之一。在跨品种套利中，升贴水幅度的差异也会对套利结果造成影响。

3. 升贴水结构分布的不平衡

有的品种因为某个或某几个合约存在挤仓或技术性紧张等异常现象，导致升贴水结构的正常分布被打乱。例如，铜市曾出现 2 月期合约因技术性紧张而导致其相对前后相邻的两份合约都呈一定的升水状态。

4. 升贴水随时会发生变化

由于套利头寸往往要持有一段时间，在此期间原来的升贴水状态可能会发生变动，因此对套利效果会产生意料之外的影响。例如，2002 年下半年沪铝近月合约在现货价格飙升的带动下，对远月合约出现大幅升水，其中当月期对第二个月份的升水竟然达到罕见的 900～1 000 点，如果持有抛沪铝、买 LME 铝的跨市套利头寸，随着时间的推移，头寸面临的风险相当大。总之，套利头寸持有时间越长，套利效果受升贴水变化的影响程度也就越大。

五、套利的风险管理

由于套利交易是由方向相反的两个头寸组成的，买进/卖出某一合约的损失基本为卖出/买进另一合约的盈利所抵消或弥补，因此，套利交易可为避免因价格剧烈波动而引起的损失提供某种保护，其风险比单一方向的纯粹投机交易要小得多，这就是套利交易的风险对冲机制。但有一些偶然性或突发性的因素会使套利头寸面临风险，尽管这种潜在的风险只是偶尔出现，套利交易者仍需未雨绸缪，随时关注市场的异常，以防万一。因此，进行套利操作的风险管理还是完全有必要的。

（一）套利的风险

1. 信用风险

由于中国境内禁止未经允许的境外期货交易，目前大多数企业只能采用各种变通形式通过注册地在中国香港或新加坡的小规模代理机构进行外盘操作，该途径存在一定的信用风险。有些企业虽与一些境外的正规代理机构签订外盘代理协议，但从法律角度看，这种协议的有效性存在疑问，外盘业务的正常开展及资金安全主要依赖境外代理机构的信誉；有些企业为了规避法律障碍，利用在境外拥有的海外关联企业名义与境外代理机构签订代理协议，进行外盘操作。因此，涉及与外盘有关的套利操作必须注意规避非交易风险。

2. 政策性风险

又称系统性风险，是指国家对有关商品进出口政策的调整、关税及其他税收政策的大幅变动等导致跨市套利的条件发生重大改变引发的风险。如国家对出口退税率的大幅调整，就使国内铝价面临重新定位，与之相关的跨市套利交易也应重新进行评估。

3. 汇率风险

跨市套利的前提条件是建立在人民币对美元汇率保持相对稳定的基础上，如果我国汇率政策出现重大改变或外汇市场出现重大变化，如人民币大幅贬值或升值，国内外商品的比价关系则必须重新定位，已经建立的跨市套利头寸也就面临巨大风险。同时，目前许多企业在进行外盘操作时，以人民币折价作为保证金或结算盈亏，若外汇政策出现重大调整，则这些资金就存在相当大的汇率风险。

4. 基差和升贴水异常变动的风险

如 1997 年因 LG 蝶式期权套期保值失败而使现货对 3 月期合约升水达到 250 美元以上的极端水平，持有与铜有关的套利头寸就面临因升贴水巨幅变动而产生的风险。

（二）造成套利风险的主要因素

1. 出现偶然性的逼仓事件

这些事件会造成市场正常价格的严重扭曲。

2. 供求基本面出现重大改变

如以前曾发生的凯撒铝厂大爆炸，大型铜矿所在地发生地震等天灾，金属消费用途的重大改变等。

（三）套利头寸的止损

由于套利交易的风险对冲机制，其价格风险相对有限，止损概念比较模糊，这与纯投机交易有明显差异。但在特定情况下，套利头寸的止损仍不可避免。主要包括：

1. 套利品种出现逼仓行情

在这种情况下，可能导致正常价差关系严重偏离或扭曲。

2. 进出口政策和税收政策的重大调整

尤其在跨市套利中，这种调整可能使套利成立的基础和条件不复存在，正常的比价关系和波动区间被完全打乱。

3. 基本面出现重大改变

这种变化会使不同品种之间的正常比价关系遭到破坏，或价差关系在一定时期严重偏离。如有时 LME 铜铝之间的价差不断扩大，超出多年来的正常波动区间。

4. 资金管理不当

当价差变化脱离正常预期范围时，期货套利会产生过大的浮亏，若无法补足保证金，也必须止损。

总的风险规避原则是：如果影响套利基础的因素是刚性的，必须考虑止损；若是具有弹性的，则可适量减仓，以降低风险；当市场出现异常波动时，应以观望为主。

（四）金属套利的资金管理

同一般的投机交易一样，正确的资金管理是规避套利操作风险的重要手段。进行套利的资金分配和管理时，应注意如下几点：

1. 套利资金的使用

套利资金的使用应遵循的原则是：在规避因价差波动造成的风险的前提下，充分发挥套利资金的使用效率。套利交易风险虽小却要占用双向保证金，有些交易商为了提高资金使用效率和投资收益率，倾向于满仓操作，这样操作的风险将会很大。一旦价差出现大的波动，可能因浮亏的增大而被迫止损出局。

其实，不同的套利组合与套利方式的风险是有差异的。金属套利因价格波动相对缓和，资金使用量可相对大一些；但对于一些价格波动比较大的品种，如大豆、天然橡胶等波动剧烈的品种，则要留有更多的余地。对于不同的套利种类，因各自的风险存在一定的差异，在资金的使用上应有所区别。此外，套利时最好事先准备一定的补仓资金，如果介入套利的价位不太理想，可在合适的价位适当补仓，尤其是当价差意外地严重偏离正常时。

2. 资金分配比例

在套利交易中，要求在国内外同时准备一定的资金。一般来说，放在国内户头的资金可相对少一些，因为国内市场是外盘的影子，一旦出现对国内套利头寸不利的大幅波动，白天可从外盘调回盈利资金，以弥补国内亏损，但却不能反向运作。国外户头资金应多放一些，一是防备因突然的大幅波动来不及追加资金而出现国外头寸的穿仓风险；二是可以兼顾外盘的跨品种套利交易。

资金的分配应考虑总体的套利方向与价格运行趋势。如跨市套利交易，在涨势中做正套，则国内可能出现比较大的浮亏，应多备资金。例如，铜价的飙升就令一些跨市套利交易商感受到了资金的压力，因为外盘的浮盈难以及时兑现和调回，以弥补沪铜空单的巨大浮亏。而在跌势中做正套则正好相反。

郑州商品交易所
期权交易管理办法
（2018 年修订）

3. 利用组合投资分散风险

多个不同套利组合的搭配和综合使用可将资金集中于某一套利组合可能带来的风险分散或摊薄。此外，也可适当调整套利头寸的比重，如在单边势中适量敞开部分套利头寸（持有适量投机头寸），以增强套利的盈利效果。

第五节　期权交易策略

一、基本交易策略

由期权交易的双方和买进、卖出的选择权可组合成四种基本期权交易策略，即买入看涨期权、卖出看涨期权、买入看跌期权、卖出看跌期权。

（一）买入看涨期权

买入看涨期权，期权买方拥有在未来某个特定时间以协议价格从期权卖方手中买入一定数量标的物资产的权利。若以 S 表示标的物资产市场价格，X 表示协议价格，C 表示看涨期权的期权费，则看涨期权买方的盈亏如表 2-19 和图 2-1 所示。

表 2-19　　买入看涨期权盈亏分析

标的物资产价格范围	看涨期权多头盈亏
$S_T \geqslant X$	$S_T - X - C$
$S_T < X$	$-C$

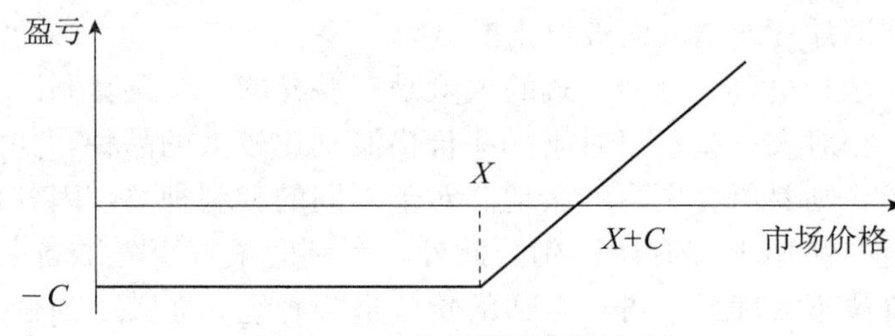

图 2-1　买入看涨期权盈亏图

从图 2-1 可以看出，买入看涨期权的获利理论上无限大。最大损失为 C 。盈亏平衡点为 $BP = X + C$ 。

（二）卖出看涨期权

卖出看涨期权，期权卖方承担在未来某个特定时间以协议价格向期权买方卖出一定数量标的物资产的义务。假设 S、X、C 的含义和买入看涨期权一致，则卖出看涨期权的盈亏如表 2-20 和图 2-2 所示。

表 2-20　　卖出看涨期权盈亏分析

标的物资产价格范围	看涨期权空头盈亏
$S_T \geqslant X$	$X - S_T + C$
$S_T < X$	C

从图 2-2 可以看出，卖出看涨期权的亏损理论上无限大。最大获利为 C 。盈亏平衡点为 $BP = X + C$ 。

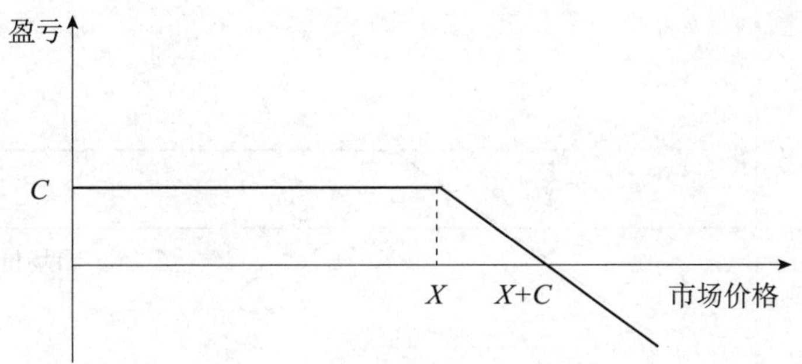

图 2-2　卖出看涨期权盈亏图

（三）买入看跌期权

买入看跌期权，期权买方拥有在未来某个特定时间以协议价格向期权卖方卖出一定数量标的物资产的权利。若以 S 表示标的物资产市场价格，X 表示协议价格，P 表示看跌期权的期权费，则看跌期权买方的盈亏如表 2-21 和图 2-3 所示。

表 2-21　　买入看跌期权盈亏分析

标的物资产价格范围	看跌期权多头盈亏
$S_T \geqslant X$	$-P$
$S_T < X$	$X-S_T-P$

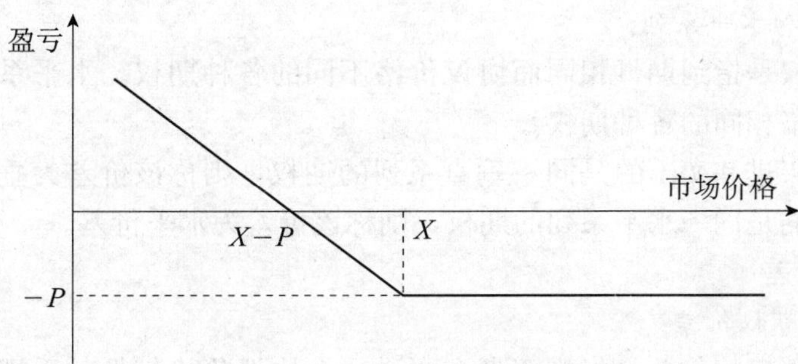

图 2-3　买入看跌期权盈亏图

从图 2-3 可以看出，买入看跌期权的获利理论上无限大。最大亏损为 P 。盈亏平衡点为 $BP = X - P$ 。

（四）卖出看跌期权

卖出看跌期权，期权卖方承担在未来某个特定时间以协议价格从期权买方手中买入一定数量标的物资产的义务。假设 S、X、P 的含义和买入看跌期权一致，则卖出看跌期权的盈亏如表 2-22 和图 2-4 所示。

表 2-22　　卖出看跌期权盈亏分析

标的物资产价格范围	看跌期权空头盈亏
$S_T \geqslant X$	P
$S_T < X$	S_T-X+P

从图 2-4 可以看出，卖出看跌期权的亏损理论上无限大。最大获利为 P 。盈亏平衡点为 $BP = X - P$ 。

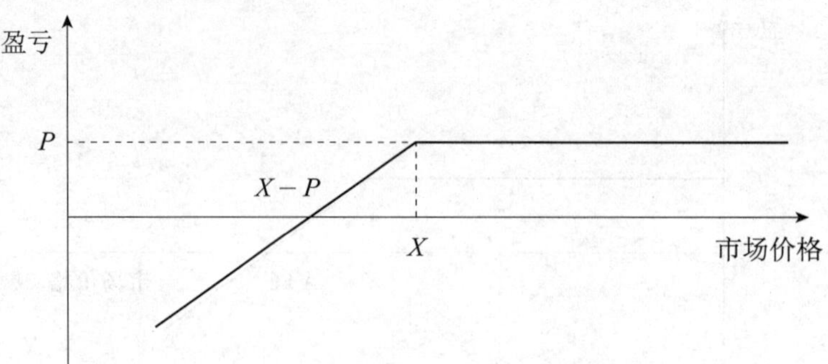

图 2－4　卖出看跌期权盈亏图

二、价差交易策略

价差交易策略是指投资于同一标的物资产的两种或两种以上期权所形成的交易策略。价差是指投资者在期权市场上同时买进一种期权而卖出另外一种期权以赚取价差收益的交易行为。

（一）价差交易策略相关术语

1. 期权系列

到期日相同或协议价格相同的各种期权均可称为一个期权系列。

2. 垂直系列和水平系列

垂直系列期权是指到期日相同而协议价格不同的各种期权。水平系列期权是指到期日不同而协议价格相同的各种期权。

如果投资者买进和卖出的是同一垂直系列的期权，则称该价差为垂直价差。如果投资者买进和卖出的是同一水平系列的期权，则称该价差为水平价差。

（二）垂直价差

1. 牛市看涨期权价差

（1）牛市看涨期权价差是指投资者在买进一个协议价格较低的看涨期权的同时再卖出一个到期日相同但协议价格较高的看涨期权。

（2）牛市看涨期权价差盈亏分析。

牛市看涨期权价差的盈亏如表 2－23 和图 2－5 所示。

表 2－23　牛市看涨期权价差盈亏分析

标的物资产价格范围	看涨期权多头的盈亏	看涨期权空头的盈亏	总盈亏
$S_T \geqslant X_2$	$S_T - X_1 - C_1$	$X_2 - S_T + C_2$	$X_2 - X_1 + C_2 - C_1$
$X_1 < S_T < X_2$	$S_T - X_1 - C_1$	C_2	$S_T - X_1 + C_2 - C_1$
$S_T \leqslant X_1$	$-C_1$	C_2	$C_2 - C_1$

从图 2－5 可以看出，在牛市看涨期权价差策略中，最大利润为

$$MP = (X_2 - X_1) - (C_1 - C_2)(S_T \geqslant X_2)$$

式中，MP 表示最大利润；X_1 表示较低的协议价格；X_2 表示较高的协议价格；C_1 表示较低协议价格的看涨期权的期权费；C_2 表示较高协议价格的看涨期权的期权费；S_T 表示期权到期日的期货市场价格。

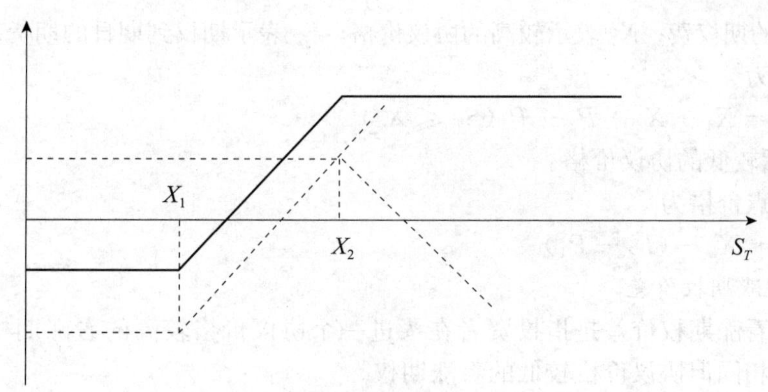

图 2-5　牛市看涨期权价差盈亏图

最大损失为

$$ML = C_2 - C_1 (S_T \leqslant X_1)$$

盈亏平衡点价格为

$$BP = X_1 + (C_1 - C_2)$$

2. 牛市看跌期权价差

(1) 牛市看跌期权价差是指投资者在买进一个协议价格较低的看跌期权的同时再卖出一个到期日相同但协议价格较高的看跌期权。

(2) 牛市看跌期权价差盈亏分析。

牛市看跌期权价差的盈亏如表 2-24 和图 2-6 所示。

表 2-24　牛市看跌期权价差盈亏分析

标的物资产价格范围	看跌期权多头的盈亏	看跌期权空头的盈亏	总盈亏
$S_T \geqslant X_2$	$-P_1$	P_2	$P_2 - P_1$
$X_1 < S_T < X_2$	$-P_1$	$S_T - X_2 + P_2$	$P_2 - P_1 + S_T - X_2$
$S_T \leqslant X_1$	$X_1 - S_T - P_1$	$S_T - X_2 + P_2$	$P_2 - P_1 + X_1 - X_2$

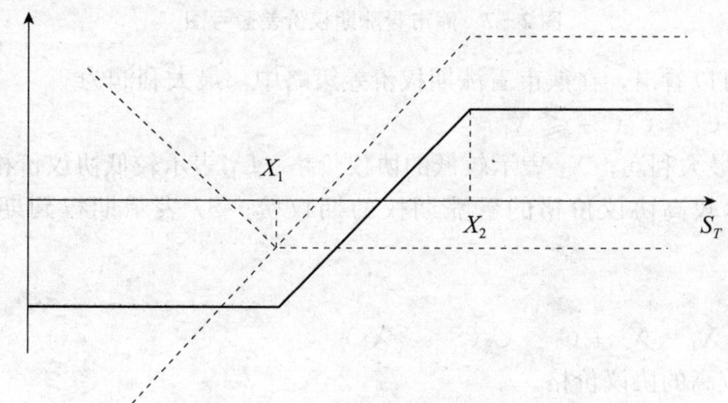

图 2-6　牛市看跌期权价差盈亏图

从图 2-6 可以看出，在牛市看跌期权价差策略中，最大利润为

$$MP = P_2 - P_1 (S_T \geqslant X_2)$$

式中，MP 表示最大利润；P_1 表示较低协议价格的看跌期权的期权费；P_2 表示较高协议价

格的看跌期权的期权费；X_2 表示较高的协议价格，S_T 表示期权到期日的期货市场价格。

最大损失为

$$ML = X_1 - X_2 + P_2 - P_1 (S_T \leqslant X_1)$$

式中，X_1 表示较低的协议价格。

盈亏平衡点价格为

$$BP = X_2 - (P_2 - P_1)$$

3. 熊市看涨期权价差

（1）熊市看涨期权价差是指投资者在买进一个协议价格较高的看涨期权的同时再卖出一个到期日相同但协议价格较低的看涨期权。

（2）熊市看涨期权价差盈亏分析。

熊市看涨期权价差的盈亏如表 2-25 和图 2-7 所示。

表 2-25　　熊市看涨期权价差盈亏分析

标的物资产价格范围	看涨期权多头的盈亏	看涨期权空头的盈亏	总盈亏
$S_T \geqslant X_2$	$S_T - X_2 - C_2$	$X_1 - S_T + C_1$	$X_1 - X_2 + C_1 - C_2$
$X_1 < S_T < X_2$	$-C_2$	$X_1 - S_T + C_1$	$X_1 - S_T + C_1 - C_2$
$S_T \leqslant X_1$	$-C_2$	C_1	$C_1 - C_2$

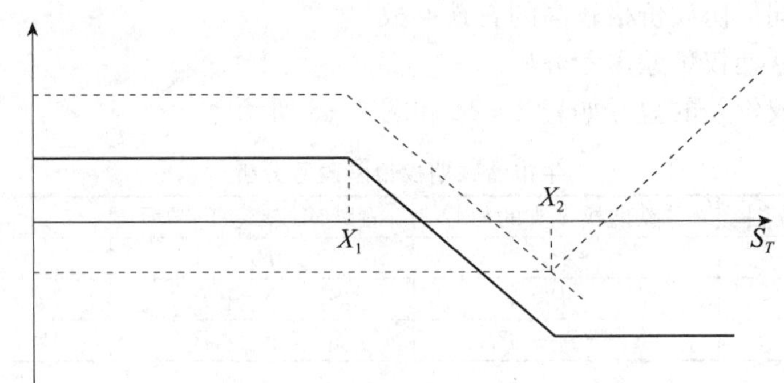

图 2-7　熊市看涨期权价差盈亏图

从图 2-7 可以看出，在熊市看涨期权价差策略中，最大利润为

$$MP = C_1 - C_2 (S_T \leqslant X_1)$$

式中，MP 表示最大利润；X_1 表示较低的协议价格；C_1 表示较低协议价格的看涨期权的期权费；C_2 表示较高协议价格的看涨期权的期权费；S_T 表示期权到期日的期货市场价格。

最大损失为

$$ML = X_1 - X_2 + C_1 - C_2 (S_T \geqslant X_2)$$

式中，X_2 表示较高的协议价格。

盈亏平衡点价格为

$$BP = X_1 + (C_1 - C_2)$$

4. 熊市看跌期权价差

（1）熊市看跌期权价差是指投资者在买进一个协议价格较高的看跌期权的同时再卖出一个到期日相同但协议价格较低的看跌期权。

(2) 熊市看跌期权价差盈亏分析。

熊市看跌期权价差的盈亏如表 2-26 和图 2-8 所示。

表 2-26 熊市看跌期权价差盈亏分析

标的物资产价格范围	看跌期权多头的盈亏	看跌期权空头的盈亏	总盈亏
$S_T \geqslant X_2$	$-P_2$	P_1	$P_1 - P_2$
$X_1 < S_T < X_2$	$X_2 - S_T - P_2$	P_1	$X_2 - S_T + P_1 - P_2$
$S_T \leqslant X_1$	$X_2 - S_T - P_2$	$S_T - X_1 + P_1$	$X_2 - X_1 + P_1 - P_2$

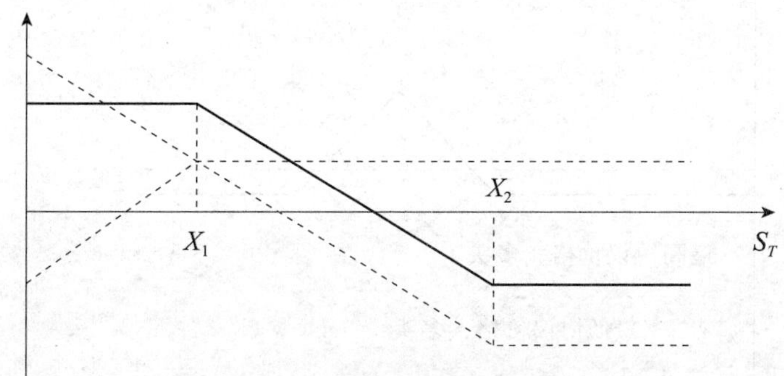

图 2-8 熊市看跌期权价差盈亏图

从图 2-8 可以看出，在熊市看跌期权价差策略中，最大利润为

$$MP = (X_2 - X_1) - (P_2 - P_1)(S_T \leqslant X_1)$$

式中，MP 表示最大利润；P_1 表示较低协议价格的看跌期权的期权费；P_2 表示较高协议价格的看跌期权的期权费；X_1 表示较低的协议价格；X_2 表示较高的协议价格；S_T 表示期权到期日的期货市场价格。

最大损失为

$$ML = P_1 - P_2(S_T \geqslant X_2)$$

盈亏平衡点价格为

$$BP = X_2 - (P_2 - P_1)$$

5. 蝶式价差组合

蝶式价差组合是指由投资者买进两个期权和卖出两个期权所组成的交易策略。这些买进和卖出的期权属于同一垂直系列。

(1) 多头蝶式价差交易。

多头蝶式价差交易是指投资者买进一份协议价格较低的看涨期权和一份协议价格较高的看涨期权，同时卖出两份协议价格介于上述两个协议价格之间的看涨期权。

多头蝶式价差交易的盈亏如表 2-27 和图 2-9、图 2-10 所示。

表 2-27 多头蝶式看涨期权价差交易盈亏分析

标的物资产价格范围	协议价格为 X_1 的看涨期权多头的盈亏	两份协议价格为 X_2 的看涨期权空头的盈亏	协议价格为 X_3 的看涨期权多头的盈亏	总盈亏
$S_T \geqslant X_3$	$S_T - X_1 - C_1$	$2(X_2 - S_T + C_2)$	$S_T - X_3 - C_3$	$2C_2 - C_1 - C_3$
$X_2 < S_T < X_3$	$S_T - X_1 - C_1$	$2(X_2 - S_T + C_2)$	$-C_3$	$X_3 - S_T + 2C_2 - C_1 - C_3$

续前表

标的物资产价格范围	协议价格为 X_1 的看涨期权多头的盈亏	两份协议价格为 X_2 的看涨期权空头的盈亏	协议价格为 X_3 的看涨期权多头的盈亏	总盈亏
$X_1 < S_T < X_2$	$S_T - X_1 - C_1$	$2C_2$	$-C_3$	$S_T - X_1 + 2C_2 - C_1 - C_3$
$S_T \leqslant X_1$	$-C_1$	$2C_2$	$-C_3$	$2C_2 - C_1 - C_3$

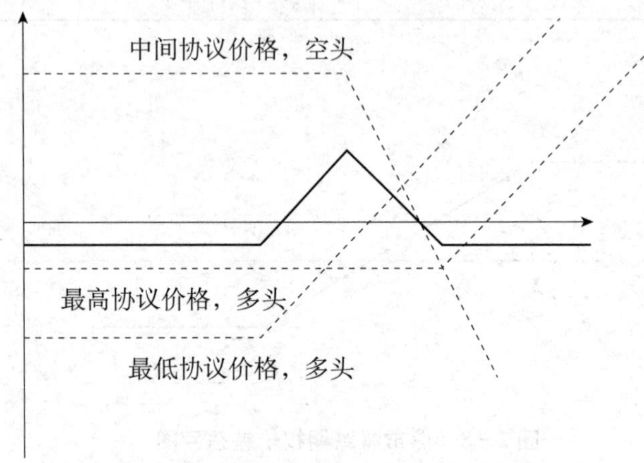

图 2-9　多头蝶式看涨期权价差交易盈亏图

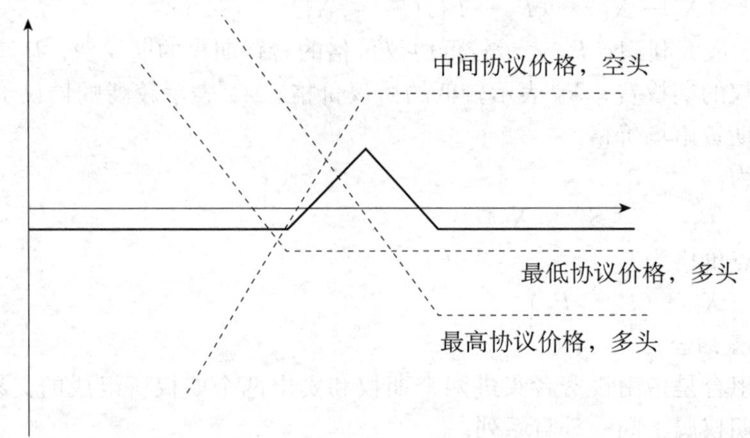

图 2-10　多头蝶式看跌期权价差交易盈亏图

从图 2-9 可以看出，在多头蝶式看涨期权价差交易中，最大利润为

$$MP = X_2 - X_1 - (C_1 + C_3 - 2C_2)(S_T = X_2)$$

式中，MP 表示最大利润；X_1、X_2 分别表示最低协议价格、中间协议价格；C_1、C_2、C_3 分别表示最低协议价格、中间协议价格和最高协议价格的看涨期权的期权费；S_T 表示期权到期日的期货市场价格。

最大损失为

$$ML = 2C_2 - C_1 - C_3(S_T \leqslant X_1 \text{ 或 } S_T \geqslant X_3)$$

式中，X_3 表示最高协议价格，且有 $X_1 < X_2 < X_3$，一般地，$X_2 = (X_1 + X_3)/2$。

盈亏平衡点价格为

$$BP_1 = X_1 + (C_1 + C_3 - 2C_2)$$
$$BP_2 = X_3 + (C_1 + C_3 - 2C_2)$$

(2) 空头蝶式价差交易。

空头蝶式价差交易是指投资者卖出一份协议价格较低的看涨期权和一份协议价格较高的看涨期权，同时买进两份协议价格介于上述两份协议价格之间的看涨期权。

空头蝶式价差交易的盈亏如表 2-28、图 2-11 和图 2-12 所示。

表 2-28　空头蝶式看涨期权价差交易盈亏分析

标的物资产价格范围	协议价格为 X_1 的看涨期权空头的盈亏	两份协议价格为 X_2 的看涨期权多头的盈亏	协议价格为 X_3 的看涨期权空头的盈亏	总盈亏
$S_T \geqslant X_3$	$X_1 - S_T + C_1$	$2(S_T - X_2 - C_2)$	$X_3 - S_T + C_3$	$C_1 - 2C_2 + C_3$
$X_2 < S_T < X_3$	$X_1 - S_T + C_1$	$2(S_T - X_2 - C_2)$	C_3	$S_T - X_3 + C_1 - 2C_2 + C_3$
$X_1 < S_T < X_2$	$X_1 - S_T + C_1$	$-2C_2$	C_3	$X_1 - S_T + C_1 - 2C_2 + C_3$
$S_T \leqslant X_1$	C_1	$-2C_2$	C_3	$C_1 - 2C_2 + C_3$

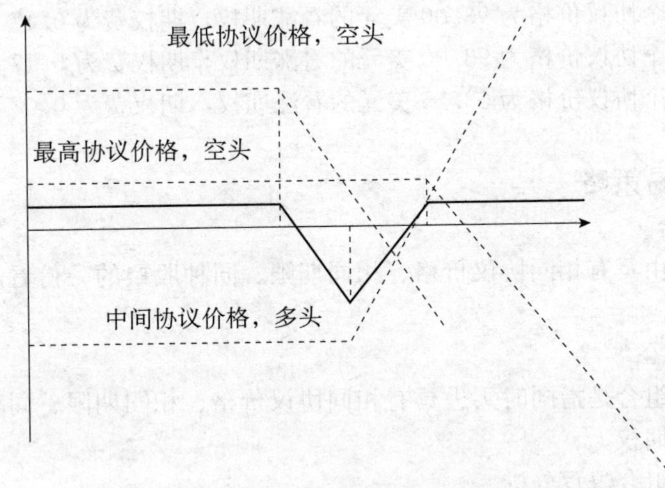

图 2-11　空头蝶式看涨期权价差交易盈亏图

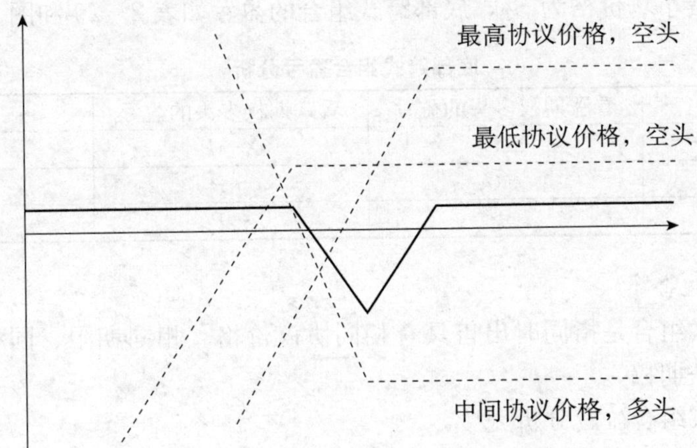

图 2-12　空头蝶式看跌期权价差交易盈亏图

从图 2－11 可以看出，在空头蝶式看涨期权价差交易中，最大利润为

$$MP = C_1 + C_3 - 2C_2 (S_T \leqslant X_1 \text{ 或 } S_T \geqslant X_3)$$

式中，MP 表示最大利润，X_1、X_3 分别表示最低协议价格、最高协议价格；C_1、C_2、C_3 分别表示最低协议价格、中间协议价格和最高协议价格的看涨期权的期权费；S_T 表示期权到期日的期货市场价格。

最大损失为

$$ML = X_1 - X_2 + C_1 + C_3 - 2C_2 \quad (S_T = X_2)$$

式中，X_2 表示中间协议价格，且 $X_1 < X_2 < X_3$，一般地，$X_2 = (X_1 + X_3)/2$。

盈亏平衡点价格为：

$$BP_1 = X_1 + (C_1 + C_3 - 2C_2)$$

$$BP_2 = X_3 - (C_1 + C_3 - 2C_2)$$

（3）蝶式价差的性质。

蝶式价差的实质是牛市价差和熊市价差的组合，可分为四个单一部位，举例如下：

第一，买进一个协议价格为 92.75 美元的看涨期权，期权费为 0.31（合 775 美元）。

第二，卖出一个协议价格为 93.00 美元的看涨期权，期权费为 0.17（合 425 美元）。

第三，卖出一个协议价格为 93.00 美元的看涨期权，期权费为 0.17（合 425 美元）。

第四，买进一个协议价格为 93.25 美元的看涨期权，期权费为 0.08（合 200 美元）。

三、组合交易策略

（一）跨式组合

跨式组合是指由具有相同协议价格、相同期限、同种股票的一份看涨期权和一份看跌期权组成的组合。

1. 底部跨式组合

（1）底部跨式组合是指同时买进具有相同协议价格、相同期限、同种股票的一份看涨期权和一份看跌期权。

（2）底部跨式组合盈亏分析。

假设金融工具的协议价格为 X，看涨期权的期权费为 C，看跌期权的期权费为 P，期权到期日的期货市场价格为 S_T，底部跨式组合的盈亏如表 2－29 和图 2－13 所示。

表 2－29　　底部跨式组合盈亏分析

S_T 的范围	看涨期权多头的盈亏	看跌期权多头的盈亏	总盈亏
$S_T < X$	$-C$	$X-P$	$X-C-P$
$S_T = X$	$-C$	$-P$	$-C-P$
$S_T \to +\infty$	$+\infty$	$-P$	$+\infty$

2. 顶部跨式组合

（1）顶部跨式组合是指同时出售具有相同协议价格、相同期限、同种股票的一份看涨期权和一份看跌期权。

（2）顶部跨式组合盈亏分析。

顶部跨式组合的盈亏情况正好与底部跨式组合的相反，这是一种高风险的策略，一

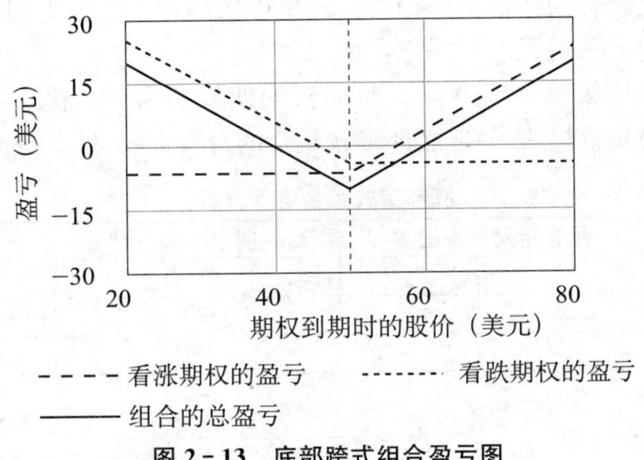

图 2-13　底部跨式组合盈亏图

旦标的物价格在任何方向上有重大的变化，其损失都是无限的。

（二）条式组合

（1）条式组合（strip）是由具有相同协议价格、相同期限的一份看涨期权和两份看跌期权组成。条式组合也分底部和顶部两种，前者由多头构成，后者由空头构成。

（2）条式组合盈亏分析。

假设金融工具的协议价格为 X，看涨期权的期权费为 C，看跌期权的期权费为 P，期权到期日的期货市场价格为 S_T，底部条式组合的盈亏如表 2-30 和图 2-14 所示。

表 2-30　底部条式组合盈亏分析

S_T 的范围	看涨期权多头的盈亏	看跌期权多头的盈亏	总盈亏
$S_T<X$	$-C$	$2X-2P$	$2X-C-2P$
$S_T=X$	$-C$	$-2P$	$-C-2P$
$S_T\to+\infty$	$+\infty$	$-2P$	$+\infty$

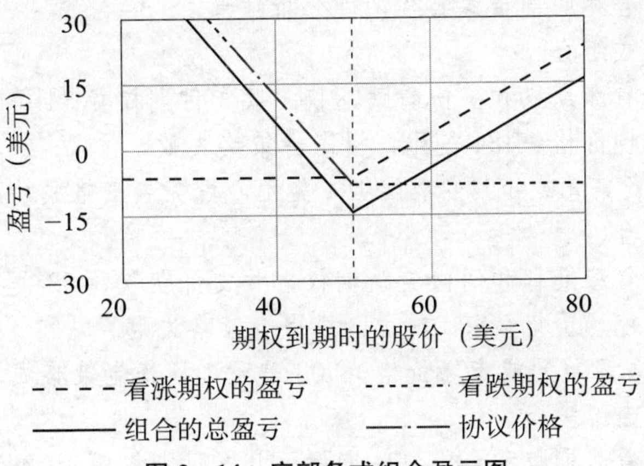

图 2-14　底部条式组合盈亏图

（三）带式组合

（1）带式组合（strap）是由具有相同协议价格、相同期限的两份看涨期权和一份看跌期权组成。带式组合也分底部和顶部两种，前者由多头构成，后者由空头构成。底部带式组合和顶部带式组合的情形正好相反，这里以底部带式组合为例说明。

（2）带式组合盈亏分析。

假设金融工具的协议价格为 X，看涨期权的期权费为 C，看跌期权的期权费为 P，期权到期日的期货市场价格为 S_T，底部带式组合的盈亏如表 2-31 和图 2-15 所示。

表 2-31 底部带式组合盈亏分析

S_T 的范围	看涨期权多头的盈亏	看跌期权多头的盈亏	总盈亏
$S_T \to 0$	$-2C$	$X-P$	$X-2C-P$
$S_T = X$	$-2C$	$-P$	$-2C-P$
$S_T \to +\infty$	$+\infty$	$-P$	$+\infty$

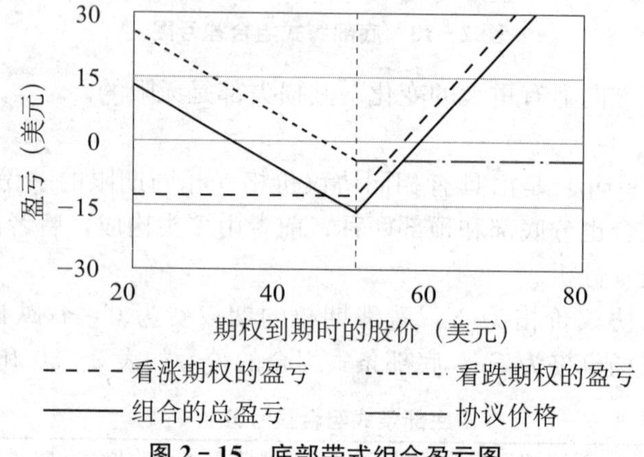

图 2-15 底部带式组合盈亏图

[例 2-15] 某投资者预测 M 公司股价在近期将有大幅变动，现有期限相同、协议价格均为 450 美元的两份看涨期权和两份看跌期权，看涨期权的期权费为每份 15 美元，看跌期权的期权费为每份 19 美元。由于预测 M 公司股价将大幅变动，可以应用底部跨式组合、底部条式组合和底部带式组合，试分析结果。

解：（1）底部跨式组合。

投资者买入一份看涨期权和一份看跌期权，共支付期权费 34 美元。

若 416 美元＜市场价格＜484 美元，投资者策略失败。

若市场价格＜416 美元或市场价格＞484 美元，投资者策略成功。

（2）底部条式组合。

投资者买入一份看涨期权和两份看跌期权，共支付期权费 53 美元。

若 423.5 美元＜市场价格＜503 美元，投资者策略失败。

若市场价格＜423.5 美元或市场价格＞503 美元，投资者策略成功。

（3）底部带式组合。

投资者买入两份看涨期权和一份看跌期权，共支付期权费 49 美元。

若 401 美元＜市场价格＜474.5 美元，投资者策略失败。

若市场价格＜401 美元或市场价格＞474.5 美元，投资者策略成功。

（四）宽跨式组合

宽跨式组合（strangle）也称底部垂直价差组合，它是由投资者购买到期日相同但协

议价格不同的一份看涨期权和一份看跌期权组成，其中看涨期权的协议价格高于看跌期权。

1. 基本期权交易的合成

(1) 合成多头看涨期权。它可以通过买入一份基础资产现货和一份看跌期权的组合来实现。

(2) 合成多头看跌期权。它可以通过卖出一份基础资产现货的同时买入一份看涨期权的方法得到。

2. 合成多头与合成空头

(1) 合成多头（synthetic long）。投资者在预测基础资产现货价格上升时，可以以相同的协议价格和到期日买进一份看涨期权又卖出一份看跌期权，从而建立一种类似于现货或期货多头的期权头寸，称为合成多头。

(2) 合成空头（synthetic short）。同样，投资者在预测基础资产价格下跌时，可以建立类似于现货或期货空头的期权头寸，即以相同的协议价格和到期日买进一份看跌期权又卖出一份看涨期权，称为合成空头。

3. 宽跨式组合盈亏分析

假设金融工具的协议价格为 X，看涨期权的期权费为 C，看跌期权的期权费为 P，期权到期日的期货市场价格为 S_T，宽跨式组合的盈亏如表 2-32 和图 2-16 所示。

表 2-32　　宽跨式组合盈亏分析

S_T 的范围	看涨期权多头的盈亏	看跌期权多头的盈亏	总盈亏
$S_T \leqslant X_1$	0	X_1-S_T	X_1-S_T
$X_1<S_1<X_2$	0	0	0
$S_T \geqslant X_2$	S_T-X_2	0	S_T-X_2

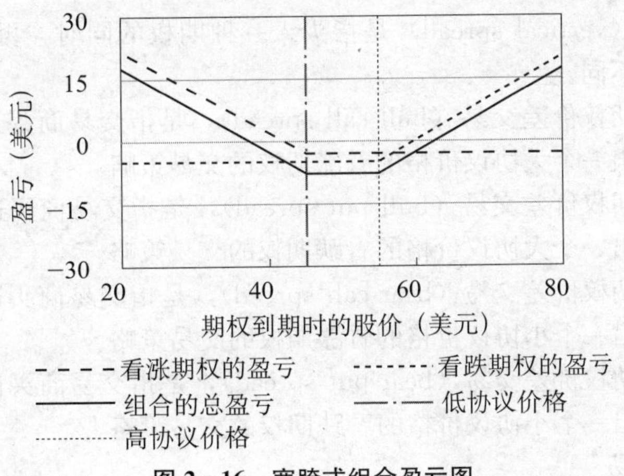

图 2-16　宽跨式组合盈亏图

(五) 对敲交易

1. 同价对敲（straddle）

同价对敲是指买入或卖出到期日和协议价格都相同的看涨期权和看跌期权。

(1) 多头同价对敲（long straddle），是指同时买入相同到期日和协议价格的看涨期权和看跌期权。

（2）空头同价对敲（short straddle），是指同时卖出相同到期日和协议价格的看涨期权和看跌期权。

2. 看涨对敲（strap）

（1）多头看涨对敲（long strap），是指交易商买入相同协议价格和到期日的看涨期权和看跌期权，并且看涨期权的数量超过看跌期权。

（2）空头看涨对敲（short strap），是指交易商卖出相同协议价格和到期日的看涨期权和看跌期权，并且看涨期权的数量超过看跌期权。

3. 看跌对敲（strip）

（1）多头看跌对敲（long strip），是指交易商买入相同协议价格和到期日的看涨期权和看跌期权，并且看跌期权的数量超过看涨期权。

（2）空头看跌对敲（short strip），是指交易商卖出相同协议价格和到期日的看涨期权和看跌期权，并且看跌期权的数量超过看涨期权。

4. 异价对敲（strangle）

（1）多头异价对敲（long strangle），是指交易商同时买入到期日相同但协议价格不同的看涨期权和看跌期权。

（2）空头异价对敲（short strangle），是指交易商同时卖出到期日相同但协议价格不同的看涨期权和看跌期权。

（六）价差交易

期权价差交易是指买入一种期权的同时卖空同类型期权，但期权的协议价格不同或到期期限不同的交易行为。价差交易也是组合交易中的一种，前面已介绍了相关交易策略，此处只简单列举价差交易类型。

1. 垂直价差交易

垂直价差交易（vertical spread）是指买入一种期权的同时，再卖出同类型的期权，但期权的协议价格不同。

（1）牛市看涨期权价差交易（bull call spread），是指交易商买进一个小协议价格的看涨期权，同时卖出一个大协议价格的看涨期权的交易策略。

（2）牛市看跌期权价差交易（bull put spread），是指交易商买进一个小协议价格的看跌期权，同时卖出一个大协议价格的看跌期权的交易策略。

（3）熊市看涨期权价差交易（bear call spread），是指交易商买进一个大协议价格的看涨期权，同时卖出一个小协议价格的看涨期权的交易策略。

（4）熊市看跌期权价差交易（bear put spread），是指交易商买进一个大协议价格的看跌期权，同时卖出一个小协议价格的看跌期权的交易策略。

2. 水平价差交易

水平价差交易是指买入一种期权的同时，再出售同类型的期权，但期权的到期期限不同。水平价差交易又被称为时间价差交易或日历价差交易。水平价差交易的情况较前述期权有所不同。

3. 对角价差交易

对角价差交易是指买入一种期权的同时，再出售同类型的期权，但期权的协议价格

和到期期限均不相同。

4. 比率价差交易和反比率价差交易

比率价差交易指的是卖出的期权数量超过买入的期权数量而构成的期权组合。反比率价差交易则是指买入的期权数量超过卖出的期权数量而构成的期权组合。根据采用的期权是看涨期权还是看跌期权，比率价差和反比率价差组合可能有四种不同的形式。

5. 蝶式价差交易

蝶式价差是看涨价差和看跌价差的组合。

(1) 多头蝶式价差。这种价差由看涨价差和看跌价差构成，交易商以较低的价格买进一份看涨期权，以中间协议价格卖出两份看涨期权，然后再以较高协议价格买进一份看涨期权。

(2) 空头蝶式价差。是指在相同条件的期权中，出售一份较低协议价格的期权，购买两份中间协议价格的期权，然后再以较高协议价格出售一份期权。

本章小结

从交易的目的和性质来看，期货交易主要分为套期保值交易、投机交易和期货套利交易。本章主要以商品期货为例阐述套期保值交易、期货投机和期货套利的概念、基本原理、操作方法及其演进，分析基差与基差风险的特征，基差交易与叫价交易的操作方法、投机交易理论与实际操作。期权交易是衍生金融工具中最富于变化的，其基本交易策略有四种：买入看涨期权、卖出看涨期权、买入看跌期权、卖出看跌期权。在此基础上，通过协议价格、期权权利性质、到期日、交易数量的不同组合可以演化出多种交易形式，如价差交易、对敲交易、跨式组合等，还可以将期权交易与期货交易组合运用，以规避风险。本章介绍的基本交易和价差策略要求熟练掌握，其他交易策略一般了解即可。

练习题

1. 什么是套期保值？试述套期保值的基本原理及操作原则。
2. 投机交易与套期保值交易的根本区别有哪些？它们各有什么交易特点？
3. 多头套期保值和空头套期保值分别适用于哪些情况？叙述各自的操作方法并进行利弊分析。
4. 分别举例说明在什么情况下做多头套期保值和空头套期保值。
5. 分别举例说明基差变化对多头套期保值和空头套期保值的影响。
6. 什么是基差？基差变化有哪些形式？举例说明对套期保值效果的影响。
7. 已在期货市场进行了多头套期保值的交易者如何寻求基差交易？
8. 什么是期货投机？投机与投资有哪些异同？期货投机有何积极功能？过度投机有何破坏力？
9. 期货投机和套期保值的关系是怎样的？
10. 期货市场有哪些基本的投机交易方法？各有何特点？
11. 分析价差变化对买近卖远套利、卖近买远套利结果的影响。
12. 套利的作用是什么？获利的关键取决于什么？有没有风险？试分析各类型套利策略的潜在风险。
13. 期权交易的基本策略有哪些？每种策略的盈亏如何？
14. 简述价差交易的基本原理及其盈亏。
15. 案例分析与计算。

（1）某有色金属冶炼厂 1 月初计划上半年陆续生产电解铜 5 万吨，计划平均出厂价为 20 000 元/吨，估计未来铜价会下降。请你用所学知识制定套期保值策略，并分析保值效果。

（2）某有色金属冶炼厂在 3 月份计划未来 5 个月生产一号电解铜 30 000 吨，预计近期出厂价为 18 000 元/吨，即期期货价格为 18 100 元/吨，估计产出月会出现下列情况：

①现货价格下降 5%，期货价格下降 10%；②现货价格下降 10%，期货价格下降 5%。

每张合约为 5 吨，每张合约的交易佣金为 50 元/单边。该厂应采取何种交易策略？并计算出各种情况下的交易盈亏情况。

（3）某出口商接到一份确定价格的出口订单，需要在 3 个月后交运 5 000 吨大豆。他接到订单时的大豆现货价格为 2 300 元/吨，但他手中无现款，如果向银行贷款，月息为 5%，另外还需要添置仓储设施和缴付 3 个月的仓储费用。此时，大豆价格还有上涨的趋势，如果该出口商决定进入市场保值，他应该怎样操作？假如两个月后，该出口商到现货市场上购买大豆时，价格已上涨至 2 500 元/吨，此时，当月期货价格与现货价格的基差为−50 元/吨，基差与两个月前相比，扩大了 50 元/吨。计算该出口商的保值盈亏结果。

（4）已知某日 COMEX 的黄金期货行情如下，请找出最有盈利潜力的牛市套利机会和熊市套利机会。

月份	4 月	6 月	8 月	10 月	12 月	2 月
行情	387.50	394.00	401.00	406.00	403.00	399.50

（5）5 月 1 日某公司得知将在 7—8 月购买铜 2 000 吨。该公司决定利用上海期货交易所的铜期货进行套期保值。铜期货每个月都有交割，合约每手为 5 吨。该公司决定用 9 月期货来套期保值，于是在 5 月 1 日，以 19 500 元/吨的价格成交，买入 9 月铜期货 400 手。7 月 28 日，公司在现货市场购入铜，价格为 20 100 元/吨；同时将期货平仓，平仓价为 20 200 元/吨。该公司实际交易的有效价格是多少？

第3章 期货与期权交易机制

学习目标：

本章是对期货与期权工具中的外汇期货与外汇期权、利率期货与利率期权、股指期货与股指期权等工具的总体介绍。通过本章的学习，学生应了解各类合约的基本概念、特点及合约概况，理解各类交易的基本原理，在此基础上，掌握各类工具的交易原理及其在套期保值和投机中的运用等技巧。

第一节　外汇期货与外汇期权

一、外汇期货交易

（一）外汇期货交易的概念与特点

外汇期货合约是约定在未来特定的时期进行外汇交割，并限定了标准币种、数量、交割月份及交割地点的标准化合约。外汇期货交易是指交易双方在期货交易所买卖外汇期货合约的交易。

外汇期货合约的主要特点：合约标的物是有形商品；合约价格代表了交易各方对汇价的预测，外汇期货的价格实质是市场预期的未来现货市场价格；合约交割是在结算公司指定的货币发行国银行；合约报价统一为每种外币折合多少美元，报价采取小数形式，小数点后一般保留四位数；合约最小变动价位通常以一定的点数来表示；每日价格波动限制也以点数表示，由于不同币种的标准交易数量不同，每种期货合约的相同点数对应的合约价值不同。

美国国际货币市场（IMM）几种外汇期货合约的主要内容如表 3-1 所示。

表 3-1　　IMM 的主要外汇期货合约

币种	交易单位	最小变动价位	每日波动限制
英镑	62 500 英镑	0.000 2（2 点） 每份合约 12.50 美元	400 点 每份合约 2 500 美元
瑞士法郎	125 000 瑞郎	0.000 1（1 点） 每份合约 12.50 美元	150 点 每份合约 1 875 美元
加拿大元	100 000 加元	0.000 1（1 点） 每份合约 10 美元	100 点 每份合约 1 000 美元
日元	12 500 000 日元	0.000 001（1 点） 每份合约 12.50 美元	150 点 每份合约 1 875 美元
欧元	125 000 欧元	0.000 1（1 点） 每份合约 12.50 美元	200 每份合约 2 500 美元
澳大利亚元	100 000 澳元	0.000 1（1 点） 每份合约 10 美元	150 点 每份合约 1 500 美元

（二）外汇期货交易保值

1. 多头套期保值

多头套期保值（long hedging）指即期外汇市场上处于空头部位（拥有外汇负债）的投资者，为防止将来偿付时外币汇率上升，而在外汇期货市场上先做一笔买进交易，再伺机平仓的保值操作。

［例 3-1］　6 月 10 日，美国进口商预计 3 个月后需付货款 2 500 万日元，目前的即期汇率是 146.70 日元/美元，该进口商为避免日元升值，便购入 2 份 9 月到期的外汇期货合约，进行多头套期保值，操作如下（见表 3-2）：

表 3-2　　多头套期保值操作

	即期市场	期货市场
6 月 10 日	即期汇率 1 美元＝146.70 日元，2 500万日元价值 170 416 美元，预计日元升值	买入 2 份日元期货合约，成交价格为 0.006 835 美元/日元，即 146.31 日元/美元，或 6 835 点
9 月 10 日	1 美元＝142.35 日元，买入 2 500 万日元，付出 175 623 美元	卖出对冲日元期货合约，成交价格为 7 030 点，即 142.25 日元/美元
保值效果	成本增加 175 623－170 416＝5 207 美元	获利 (7 030－6 835)×12.5×2＝4 875 美元

2. 空头套期保值

空头套期保值（short hedging）指即期市场上处于多头部位（持有外汇资产）的投资者，为防止外汇汇率将来下跌，而在外汇期货市场上先做一笔空头交易，再伺机平仓的保值操作。

［例 3-2］　美国投资者发现欧元利率高于美元利率，决定购买 50 万欧元以获取高息，计划投资 3 个月，但又担心其间欧元对美元贬值。为避免欧元汇价贬值风险，该投资者利用外汇期货市场进行空头套期保值，操作如下（见表 3-3）：

表 3-3　　空头套期保值操作

	即期市场	期货市场
7月17日	即期：USD 1＝EUR 1.005 5 购买50万欧元，付出497 265美元	卖出4份12月到期的欧元期货合约，成交价USD 1＝EUR 1.002 1
12月17日	即期：USD 1＝EUR 1.035 0 出售50万欧元，得到483 092美元	买入欧元期货合约，价格USD 1＝EUR 1.033 5，汇率下跌303点
保值效果	亏损483 092－497 265＝－14 173美元	获利4×303×12.5＝15 150美元

（三）外汇期货合约的定价

可用以下两个组合给外汇期货定价：

组合A：一个远期多头 f 加上 $Ke^{-r(T-t)}$ 金额的现金。

组合B：$Se^{-r_f(T-t)}$ 金额的外汇。

其中，K 为远期合约中约定的交割价格；S 为以美元表示的1单位外汇的即期价格；r_f 为外汇的无风险利率；f 为 t 时刻远期多头的价值。

$$f+Ke^{-r(T-t)}=Se^{-r_f(T-t)}$$

$$f=Se^{-r_f(T-t)}-Ke^{-r(T-t)}$$

当 $f=0$ 时，$F=K$，即

$$F=Se^{(r-r_f)(T-t)}$$

在合理近似的情况下，远期价格就是外汇期货价格。当外汇利率大于本国利率时，$F<S$，并且合约到期日 T 越大，F 值越小；当外汇利率小于本国利率时，$F>S$，并且合约到期日 T 越大，F 值越大。

二、外汇期权交易

（一）外汇期权交易的概念

外汇期权交易是在约定的期限内，以某种外币或外汇期货合约为交易对象，按商定的价格和数量买卖“购买权”或“出售权”的交易。如果合约的标的物为某种外币，则称为外汇现货期权；如果合约的标的物为某种外汇期货合约，则称为外汇期货期权。

外汇期货期权与外汇现货期权不同，其标的物不是外币本身，而是外汇期货合约。一般地，外汇期货期权的交易单位与相应的外汇期货合约相同。履约后，看涨权的买方（卖方）将成为外汇期货合约的买方（卖方）；看跌权的买方（卖方）将成为外汇期货合约的卖方（买方）。

外汇期权的买方没有必须履约的义务，并且能预知最坏的结果，其最大的损失就是支付的期权费。因此，期权是保值交易中灵活性较大的一种工具，常用于对可能发生但不一定实现的资产或收益的保值。此外，与远期交易和期货交易只能以市场上已有汇价成交相比，期权交易能提供一系列的协议价格，既可用于保值，又能投机，既可单独用于保值，也可与远期或期货交易组合实现综合保值或盈利。

（二）外汇期权合约的主要内容

1. 协议汇率的标价

为便于交易，外汇期权的汇率都以美元标价。协议汇率是指合约中规定的交易双方未来行使期权、买卖外汇的交割汇率。除日元期权价格以万分之一美元表示外，其他外汇期权均以1%表示。例如：JY 40 Call 代表每1日元看涨期权的协议价格为0.004 0美元；SF 40 Put 代表每1瑞士法郎看跌期权的协议价格为0.40美元。

2. 交易数量

场内外汇期权的交易数量是固定的，通常每一合约交易单位分别为12 500英镑、62 500瑞士法郎、6 250 000日元、50 000加拿大元等。

3. 到期月份和到期日

场内期权的到期月份是固定的，季度期权（quarterly options）的到期月份通常是3、6、9、12月，系列期权（serial options）的到期月份是1、2、4、5、7、8、10、11月。此外，还有周期权（weekly options），它的到期日是当月中除季度期权、系列期权到期日之外的某个星期五。到期日是指期权买方有权履约的最后一天。

4. 保证金

由于期权卖方承担较大的风险，为防止违约，期权卖方必须缴纳保证金，保证金通常通过清算所会员缴存于清算所的保证金账户内，随市价涨跌，在必要时追加。

5. 期权费

期权费有两种表示方法：一种是按协议价格的百分比表示；另一种是以协议价格换算的每单位某种货币的其他货币数量表示。例如，一笔协议价格为每英镑1.92美元的看涨期权，其期权费可以表示为4%或0.076 8美元/英镑。

6. 交割方式

看涨期权的买方须在交割日将美元价款通过清算所会员存入期权清算公司指定的银行账户；看涨期权的卖方须在交割日将外汇存入期权清算公司指定的银行账户。

表3-4为主要外汇期权合约内容简况。

表3-4　主要外汇期权合约内容简况

币种	英镑	瑞士法郎	日元	加拿大元
交易单位	12 500英镑	62 500瑞士法郎	6 250 000日元	50 000加拿大元
协议价格的级距	5美分	1美分	0.01美分	1美分
报价方式	每英镑多少美元	每瑞士法郎多少美元	每100日元多少美元	每加拿大元多少美元
期权费用最小单位	0.05美分	0.01美分	0.01美分	0.01美分
交易月份	3、6、9、12月			
交易限额	25 000份合约	25 000份合约	25 000份合约	25 000份合约

（三）外汇期权的应用

现汇期权与外汇期货期权都可用于保值与投机。

1. 期货式外汇期权交易

外汇行市变化无常，尤其当汇率波动加剧时，外汇期权行市也会有很大的不确定性。因此，外汇期权也可以以一种期货的形式进行交易。

期货式外汇期权交易的特点有：（1）交易双方盈亏取决于期权行市的变化方向。预测期权行市上涨，则买入看涨期权的期货，如果期权行市果真上涨，则买方获利，卖方亏损；预测期权行市下跌，则买入看跌期权的期货，如果期权行市果真下跌，则买方获利，卖方亏损。（2）合同双方都必须交纳保证金。（3）按每天期权收市价进行结算，即按每天收市的期权交易价对期权合约价的变动差额进行盈亏结算。

[例 3-3] 某交易商支付 86 000 美元期权费买进一份瑞士法郎看跌期权，当时的看跌期权行市为 SF 100＝＄0.344，在有效期内可按协议价＄0.5/SF 卖出 SF 25 000 000。若在期权失效以前，瑞士法郎下跌到协议价格以下，期权持有人可获得有利的价格差。如果期权行市继续下跌，随着有利的价格差扩大，期权行市也开始上涨，每 100 瑞士法郎的看跌期权市场价会上升到 0.344 美元以上，出现有利的期权价差。这时，期权持有人除了行使期权（在现货市场买入瑞士法郎，再行权卖出瑞士法郎，以汇率差收益抵补期权成本获净利）之外，还可以直接将瑞士法郎看跌期权出售，获得看跌期权卖出与买入的价差收益（卖出该看跌期权时期权行情看涨，期权费收入将大于 86 000 美元）。

2. 外汇期权组合保值

在进出口贸易和国际信贷活动中，为避免汇率变动可能产生的不利影响，可利用外汇期权交易防范风险。除作为理想的避险工具外，外汇期权还具有投机功能。一般地，预期外汇汇率趋涨时，可买进外汇看涨期权；预期外汇汇率趋跌时，可购买外汇看跌期权。

[例 3-4] 瑞士某公司向美国出口机器设备，3 个月后收取货款 100 万美元。为避免 3 个月后实际收取时汇率变动导致损失，出口商决定购入一份美元看跌期权，以每一美元 0.02 瑞士法郎的期权费购买一份 100 万美元的看跌期权，支付 2 万瑞士法郎期权费。协议汇率为 1 美元＝1.55 瑞士法郎。若 3 个月后出现以下三种情况：

(1) 美元贬值至 1 美元＝1.50 瑞士法郎。

若不买进看跌期权，出口商只能获得 150 万瑞士法郎。由于购买了看跌期权，出口商可要求行使期权，按协议价格 1 美元＝1.55 瑞士法郎出售美元，可比按市场汇率出售多得 5 万瑞士法郎，除去期权费 2 万瑞士法郎，净获利 3 万瑞士法郎。

(2) 美元升值至 1 美元＝1.60 瑞士法郎。

出口商可放弃执行期权，而按市场汇率卖出美元，可得 160 万瑞士法郎，比执行期权多得 5 万瑞士法郎，减去期权费 2 万瑞士法郎，总收益为 3 万瑞士法郎。

(3) 美元汇率保持不变，仍为 1 美元＝1.55 瑞士法郎。

出口商执行期权或放弃期权的效果都一样，均可按 1.55 的汇率出售美元，其最大的损失就是期权费 2 万瑞士法郎。

[例 3-5] 某进出口公司的收入以美元为主，并多以欧元对外支付。10 月初，该公司购入一批货物，价值 391 000 欧元，双方约定 12 月份付清货款。假设即期汇率为 1 欧元＝1.274 5 美元，则付款成本为 498 329.5 美元。如果不采取任何风险防范措施，假设 12 月份汇率变为 1 欧元＝1.300 0 美元，则付款成本为 508 300 美元，比购入时多支付 9 970.5 美元。考虑到汇率变动的不利影响，公司希望用外汇期权交易套期保值。

首先，在购货时，公司以执行价格 P_1 买入一份欧元看涨期权，期权费支出为 X_1；同时以执行价格 P_2 卖出一份欧元看跌期权，期权费收入为 X_2，其中，$P_1>P_2$。假设 P_1 为 1 欧元＝1.275 0 美元，P_2 为 1 欧元＝1.274 0 美元。当到期日汇率 r 分别满足 $r<P_2$，$P_2<r<P_1$，$r>P_1$ 时，公司保值效果见表 3-5。

表 3-5　　外汇期权组合保值操作

到期日汇率	1 欧元＝1.273 5 美元 $r<P_2$	1 欧元＝1.274 5 美元 $P_2<r<P_1$	1 欧元＝1.275 5 美元 $r>P_1$
期权执行情况	看跌期权执行， 看涨期权不执行	两份期权都不执行	看涨期权执行， 看跌期权不执行
公司实际汇率	1 欧元＝1.274 0 美元	1 欧元＝1.274 5 美元	1 欧元＝1.275 0 美元

沿用上例的基本条件，如果预测欧元汇率在 2 个月内：（1）会有较大波动；（2）不会有较大波动。那么该公司可分别采取空头蝶式价差交易和多头蝶式价差交易来保值。

（1）空头蝶式价差交易。

［例 3-6］　以 1 欧元＝1.273 0 美元和 1 欧元＝1.276 0 美元的协议价格卖出两份看涨期权，期权费分别为 5 600 美元和 4 600 美元，共计 10 200 美元，同时以 1 欧元＝1.274 5 美元的协议价格买入两份看涨期权，每份 4 900 美元，期权费共计 9 800 美元。

当期货市场价格≤1 欧元＝1.273 0 美元时，四份期权都不被执行，投资者获利为期权费净收入 400 美元。

当期货市场价格＞1 欧元＝1.276 0 美元时，四份期权都被执行，投资者获利为期权费净收入 400 美元。

当期货市场价格在 1 欧元＝1.273 0 美元和 1 欧元＝1.276 0 美元之间时，最大损失发生在 1 欧元＝1.274 5 美元处，此时，只有价格为 1.273 0 美元的期权被执行，该公司的最大损失为：

391 000×(1.274 5－1.273 0)－400＝186.5 美元

图 3-1 为空头蝶式价差交易策略的盈亏图。

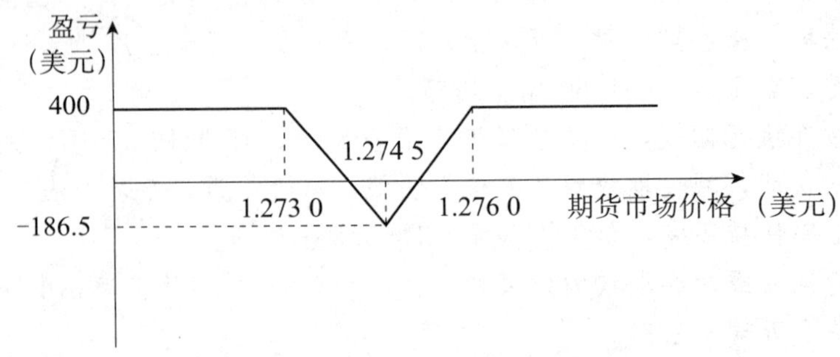

图 3-1　空头蝶式价差交易策略的盈亏图

（2）多头蝶式价差交易。

［例 3-7］　以 1 欧元＝1.273 0 美元和 1 欧元＝1.276 0 美元的协议价格买进两份看涨期权，期权费分别为 5 600 美元和 4 600 美元，共计 10 200 美元。同时以 1 欧元＝1.274 5 美元的协议价格卖出两份看涨期权，每份 4 900 美元，期权费共计 9 800 美元。

当期货价格≤1 欧元＝1.273 0 美元时，四份期权都不被执行，投资者损失 400 美元。

当期货价格＞1 欧元＝1.276 0 美元时，四份期权都被执行，投资者损失 400 美元。

当期货价格在 1 欧元＝1.273 0 美元和 1 欧元＝1.276 0 美元之间时，最大盈利发生在1欧元=1.274 5美元处，此时，只有价格为1.273 0美元的期权被执行，该公司的最大盈利为：

391 000×(1.274 5－1.273 0)－400=186.5美元

图3-2为多头蝶式价差交易策略的盈亏图。

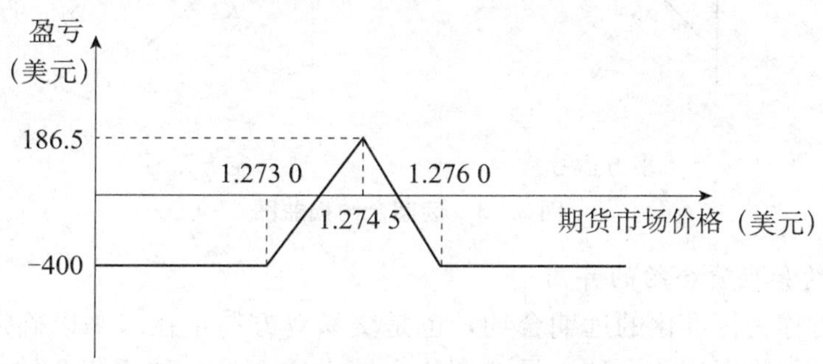

图3-2 多头蝶式价差交易策略的盈亏图

三、远期合约概述

(一) 远期合约的概念

远期合约是交易双方约定在未来某一时期按事先确定的价格（如汇率、利率或股票价格等）购买或出售标的物资产的协议。它是一种特别简单的衍生证券，不在规范的交易所内交易，通常是在两个金融机构之间或金融机构与其公司客户之间签订。

1. 远期合约要素

(1) 多头和空头：远期合约中将来买入标的物资产的一方称为远期合约的多头，将来卖出标的物资产的一方称为远期合约的空头。

(2) 交割价格（delivery price）：是指远期合约中规定的未来买卖标的物资产的价格。

(3) 远期价格：是指标的物资产到期时刻的理论价格。

(4) 远期价值：是指远期合约的价值。远期合约签订时，如果信息是对称的，而且合约双方对未来的预期相同，那么合约双方所选择的交割价格应使合约价值在签署时为零。这就意味着无须成本便可以处于远期合约多头或空头状态。随着时间的推移，标的物资产的市场价格将发生变化，但交割价格不可能改变，远期价值有可能不再为零。

(5) 到期日：远期合约在到期日交割，空方交付标的物资产给多方，多方则向空方支付等于交割资产价值的现金。

(6) 合约期限：是指合约签订至到期日的间隔时间。远期合约的期限可由签约双方根据各自的具体需要协商确定，没有统一的期限标准。一般情况下，远期合约的期限多为1个月、2个月、3个月、半年、1年甚至更长。最常见的是3个月的远期交易。

2. 远期合约损益

假定K表示交割价格，S_T为合约到期时资产的即期价格，如果到期时的即期价格S_T高于交割价格K，远期合约多头将获利S_T-K；如果到期时的即期价格S_T低于交割价格K，远期合约空头将获利$K-S_T$。双方损益分别见图3-3。

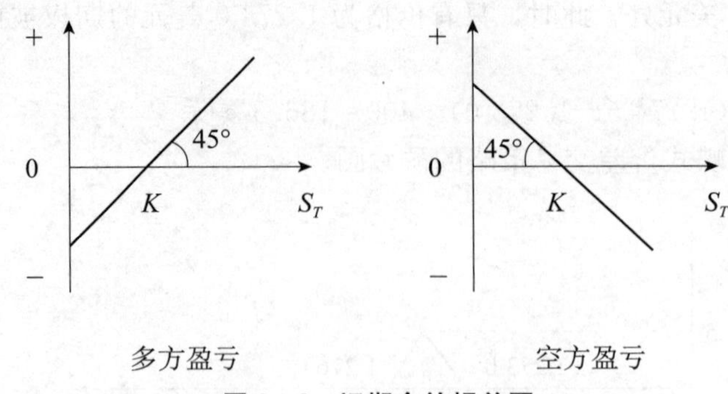

多方盈亏　　　　空方盈亏

图 3-3　远期合约损益图

3. 远期合约和期货合约的异同

期货合约可称为标准化的远期合约，也是交易双方约定在未来以确定的价格购买或出售某种数量标的物资产的合约。虽然期货合约本质上是一种远期合约，但它在交易机制、交易形式和交易方式上与远期合约有显著不同。

（二）远期合约的种类

常见的远期合约主要有远期利率协议和远期外汇合约两种。

1. 远期利率协议

远期利率协议（forward rate agreements）是指交易双方现在（t 时刻）约定从未来某一时刻（T 时刻）开始到未来另一时刻（T^* 时刻，$T^* > T$）结束的 $T^* - T$ 时期内，按照协议规定的利率借贷一笔数额确定、以具体货币表示的名义本金的协议。

2. 远期外汇合约

远期外汇合约（forward exchange contracts）是指交易双方约定在将来某一时间，按约定的远期汇率买卖一定金额的某种外汇的合约。按照远期时间的划分，远期外汇合约可以分为直接远期外汇合约和远期外汇综合协议两种。

直接远期外汇合约的远期期限直接从签约时算起，直至合约的到期日，双方在签订合约时，应该确定将来交割时的币种、金额、日期、地点以及远期汇率。

远期外汇综合协议的远期期限是从未来的某个时点开始直至合约的到期日。如 3×9 远期外汇综合协议是指从起算日之后的 3 个月（结算日）开始计算的 6 个月的远期外汇综合协议。

（三）远期合约的特征

（1）远期合约通过现代化通信方式在场外交易，由银行给出双向标价，直接在银行与银行之间、银行与客户之间进行。

（2）交易双方互相认识，而且每一笔交易都是双方直接见面完成的，交易意味着接受参加者的对应风险。

（3）交易不需要保证金，双方通过变化的远期价格差异来承担风险。

（4）大部分远期合约都会实际交割。

（5）合约的金额和到期日灵活，有时只对合约金额最小额度做出规定，期限可能长于期货合约。

（四）远期合约的优缺点

远期合约的优点主要是灵活性较大。由于它是非标准化合约，不在交易所交易，而是在金融机构之间或金融机构与客户之间达成交易。签约之前，双方可就交割地点、交割时间、交割价格、合约规模、标的物的品质等细节进行谈判，以尽量满足双方需要。

远期合约的缺点主要是流动性差。由于远期合约没有固定的、集中的交易场所，不利于信息交流、传递及形成统一的市场价格，市场效率较低。每份远期合约千差万别，因此，远期合约的流动性较差。此外，由于履约没有保证，它的违约风险较高。

第二节　利率期货与利率期权

一、利率期货

利率期货是以债券类证券为基础资产的期货合约，主要包括短期利率期货、中长期利率期货和利率指数期货。利率期货产生后，其交易量以几何级数增长，在各类期货交易中处于第一位。主要的交易市场有芝加哥期货交易所、芝加哥商业交易所、泛欧交易所、巴西商品期货交易所（BM&F）、悉尼期货交易所（SFE）、瑞典期货交易所（OM）、东京证券交易所（TSE）、新加坡交易所衍生部（SGX-DT）等。

利率期货的标的物资产是货币市场和资本市场的各种债务凭证。货币市场债务凭证的期限不超过一年，主要有短期国库券（T-bills）、商业票据、可转让定期存单（CD）以及各种欧洲货币等。资本市场债务凭证主要有各国政府发行的中长期国债，如美国的中期国债（T-notes）、长期国债（T-bonds），英国的金边债券，德国政府发行的各种中长期债券，日本政府债券等。

（一）短期利率期货

短期利率期货是以货币市场的各种债务凭证作为标的物的利率期货，主要品种有以下5种。

1. 短期国债期货合约

短期国债期货合约是指以90天期的国债为交割品的期货合约。

表3-6为IMM短期债券期货合约；表3-7为LIFFE交易的短期英镑存款合约。

表3-6　IMM短期债券期货合约

合约名称	90天国库券期货	90天CD期货	3个月欧洲美元期货
交易单位	100万美元	100万美元	100万美元
最小变动价位	0.01%（1点）	0.01%（1点）	0.01%（1点）
最小变动值	25美元 （100万×0.01%×3/12）	25美元	25美元
每日交易限价	0.60，即每份合约1 500美元	0.80，即每份合约2 000美元	无
合约月份	3、6、9、12月		
交易时间	芝加哥时间8:00—14:00	芝加哥时间7:00—14:00	芝加哥时间7:00—14:00 最后交易日交易截至9:30
最后交易日	交割日前一营业日	交割日前一营业日	交割月份第三个星期三之前的第二个伦敦银行营业日
交割日	交割月份中一年期国库券还余13周期限的第一天	交割月份15日至月底	最后交易日

表 3-7　　LIFFE 交易的短期英镑存款合约

交易单位	500 000 英镑
最小变动价位	0.01%（1 点）
最小变动值	12.50，即 500 000×(90/360)×0.01%=12.50 英镑
每日交易限价	0.60（60 点），即每份合约 1 500 美元（=25×60）
合约月份	3、6、9、12 月
交割日	最后交易日之后的首个营业日

短期国债期货的报价惯例是使用 IMM 指数报价，报价指数按下式计算：

期货报价（IMM 指数）=100－短期国债利率（贴现率）×100

每 100 美元的期货现金价格按下式计算：

$$f=100-(100-\text{期货报价})\times n/360$$

式中，n 为合约期限。

交易者买卖期货合约的现金价格可用下式计算：

$$F=100\text{万}-100\text{万}\times Y_d\times n/360$$

式中，Y_d 为票面年贴现率。

[例 3-8]　90 天短期国库券利率为 8.25%，则该期货合约的 IMM 指数报价为：

100－8.25%×100=91.75

每 100 美元的期货现金价格为：

$$f=100-(100-91.75)\times 90/360=97.9375\text{ 美元}$$

期货合约的现金价格为：

面值×97.937 5/100=1 000 000×97.937 5/100=979 375 美元

或

$$F=100\text{万}-100\text{万}\times 8.25\%\times 90/360=979\,375\text{ 美元}$$

以 IMM 指数报价是为了符合交易者的习惯，如果以协定利率报价，就会出现卖价低于买价时依然无法成交的反常现象。例如，卖方愿意提供利率为 5%的期货，而买方需要利率为 6%的期货。若用指数报价，卖价为 95，买价为 94。因此，只有卖价下降（利率上升）、买价上升（利率下降）才能成交。

2. 欧洲美元期货合约

欧洲美元是指存于美国境外银行的美元存款。欧洲美元的利率基于伦敦银行同业拆借利率（London InterBank Offer Rate，LIBOR）。最活跃的欧洲美元期货是 CME 交易的 3 个月期欧洲美元期货，它的交易量最大。

表 3-8 为 IMM 3 个月期欧洲美元期货合约。

表 3-8　　IMM 3 个月期欧洲美元期货合约

交易单位	1 000 000 美元
最小变动价位	0.01%
最小变动值	25 美元（=1 000 000×0.01%×90/360）
合约月份	3、6、9、12 月
结算方式	现金结算

各种到期未平仓的欧洲美元期货头寸必须通过最后结算价格加以结清，并采用现金

结算方式。欧洲美元期货的最后结算价格不由期货市场决定，而由现货市场决定：

最后结算价格＝100－合约最后交易日的 3 个月期 LIBOR

3. 商业票据期货

商业票据期货是一种以商业票据为交易对象的短期利率期货。

4. 港元利率期货

港元利率期货是以香港银行同业拆借利率（HIBOR）为交易对象的短期利率期货，主要有 1 个月及 3 个月港元利率期货合约两种。

5. 定期存单期货

定期存单期货是一种以定期存单为交易对象的短期利率期货。

（二）中长期国债期货合约

芝加哥期货交易所（CBOT）上市的部分中长期国债期货合约详见表 3－9。

表 3－9　CBOT 中长期国债期货合约

名称	5 年期国债期货	10 年期国债期货	长期国债期货	GNMA CDR 期货
交易单位	10 万美元面值的中期国库券	10 万美元面值的中期国库券	10 万美元面值的长期国库券	10 万美元本金，息票率为 8%
最小变动价位	一个百分点的 1/64	一个百分点的 1/32	一个百分点的 1/32	一个百分点的 1/32
最小变动值	15.625 美元	31.25 美元	31.25 美元	31.25 美元
每日交易限价	上一交易日结算价上下各 3 点，即每份合约 3 000 美元	3 点，即每份合约 3 000 美元	3 点，即每份合约 3 000 美元	3 点，即每份合约 3 000 美元
合约月份	3、6、9、12 月			
交易时间	芝加哥时间 7:20—14:00	芝加哥时间周一至周五 7:20—14:00	7:20—14:00（交易池）	芝加哥时间 7:20—14:00 最后交易日交易截至 9:30
最后交易日	日历月份的最后营业日，到期合约的交易在最后交易日下午 12:01 收市	从交割月份最后营业日往回数第七个营业日	从交割月份最后营业日往回数第七个营业日	交割月份第三个星期三之前的星期五

注：（1）5 年期国债期货的交割等级为最初到期期限不超过 5 年零 3 个月、剩余到期期限自交割月份第 1 天起不低于 4 年零 2 个月的美国中期国债。

（2）10 年期国债期货的交割等级为剩余到期期限从交割月份第 1 天起至少为 $6\frac{1}{2}$ 年，但不超过 10 年的美国中期国债。

（3）长期国债期货的交割等级为在自交割月份第 1 天起至少 15 年不可提前赎回（如果可赎回）的美国长期国债，或者剩余到期期限自交割月份第 1 天起至少为 15 年（如果不可赎回）的美国长期国债。自 2011 年 3 月到期开始，长期国债期货可交割等级为剩余到期期限自交割月份第 1 天起至少为 15 年，但少于 25 年的长期国债期货。

（4）上述 3 类国债的发票价格等于期货结算价格乘以转换系数，再加上应计利息。

中长期国债期货的报价不同于短期利率期货。中长期国债的报价采用“美元＋1/32 美元”方式，该报价是面值为 100 美元的中长期债券的价格。例如，报价 92－05，表示面值为 100 000 美元的中长期债券价格为：1 000×[（92＋5/32）]＝90 156.25 美元。需要指出的是，报价与购买价格并不相等，购买价格还要考虑已支付的利息：

购买价格＝报价＋上一付息日以来的累计利息

[例 3-9] 假设在 1990 年 3 月 5 日，购入息票率为 11%、每半年付息一次、2010 年 7 月 10 日到期的长期债券，报价为 95—16，求购买时支付的现金价格。

解：最近的一次付息日是1990 年 1 月 10 日，下一次付息日是 1990 年 7 月 10 日，每次付息都是 5.5 美元。（1990 年 1 月 10 日—1990 年 3 月 5 日共 54 天，1990 年 1 月 10 日—1990 年 7 月 10 日共 181 天。）

100 美元面值的该债券 1990 年 1 月 10 日—1990 年 3 月 5 日期间的利息为：

$$54/181\times 5.50=1.64 \text{ 美元}$$

每 100 美元面值债券的购买价格是：95.5 + 1.64 = 97.14 美元，因此 100 000 美元面值该债券的现金价格为 97 140 美元。

中长期国债期货的报价与中长期国债本身的报价方式相同。

二、利率期货交易保值

利用利率期货交易可为现货市场交易保值，保值有两种形式：多头套期保值和空头套期保值。

1. 多头套期保值

[例 3-10] 某欧洲财务公司 3 月 5 日预计将于 6 月 10 日收到 10 000 000 欧元，该公司打算到时将其投资于 3 个月的定期存款。3 月 5 日存款利率为 7.65%，该公司担心 6 月 10 日利率会下跌，决定运用利率期货进行套期保值，其过程及保值效果见表 3-10。

表 3-10 运用利率期货进行多头套期保值操作

日期	现货市场	期货市场
3 月 5 日	预期 6 月 10 日收到 1 000 万欧元，到时转换为利率为 7.65%的 3 个月期定期存款	以 92.40 点的价格买进 10 份 6 月份到期的 3 个月期欧元利率期货合约
6 月 10 日	存款利率下跌到 5.75%，收到 1 000 万欧元，以此利率存入银行	以 94.29 点的价格卖出 10 份 6 月份到期的 3 个月期欧元利率期货合约对冲
损益	10 000 000×(5.75%−7.65%)×1/4 =−47 500 欧元	(94.29−92.40)%×1 000 000×10×90/360=47 250 欧元

该公司实际存款利息为：

$$10\ 000\ 000\times 5.75\%\times 1/4=143\ 750 \text{ 欧元}$$

实际收益率为：

$$(143\ 750+47\ 250)/10\ 000\ 000\div 1/4=7.64\%$$

利率期货保值后实际收益率与预期的 7.65%较为接近。

2. 空头套期保值

[例 3-11] 假设 5 月份市场利率为 9.75%，某公司须在 8 月份借入一笔期限为 3 个月、金额为 200 万美元的款项，由于担心利率会升高，公司在 CME 以 90.30 点卖出 2 份 9 月份到期的 3 个月期国库券期货合约。8 月份因利率上涨，9 月份合约价格跌到 88.00 点，此时对冲 2 份 9 月份合约，并以 12%的利率借入 200 万美元，操作过程和效果见表 3-11。

表 3-11　　运用利率期货进行空头套期保值操作

日期	现货市场	期货市场
5月3日	借入美元，3个月的利息成本为： 2 000 000× 9.75%×1/4 ＝ 48 750 美元	卖出2份 CME 9月份到期的3个月期国库券期货合约。成交价格为 90.30 点
8月3日	借入美元，3个月的利息成本为： 2 000 000× 12%×1/4 ＝60 000 美元	买入2份合约，与5月3日抛出的合约进行对冲，成交价格为 88.00 点，净赚 2.3 点
损益	支付利息损失 48 750－60 000＝－11 250 美元	盈利 2×2.3%×1 000 000×1/4 ＝11 500 美元

市场利率上升使该公司借款利息多支付 11 250 美元，但期货保值获利 11 500 美元，其实际利息成本为 60 000－11 500＝48 500 美元，实际利率为：48 500/2 000 000÷1/4＝9.7%，保值后预期成本被成功锁定。

三、利率期货的定价

（一）长期利率期货的定价

1. 根据报价计算债券（债券期货）的现金价格

现金价格＝报价＋上一个付息日以来的累计利息

$$累计利息=每次应计利息\times\frac{上次付息日到现在实际过去的天数}{上次付息日到下次付息日的实际天数}$$

2. 交割债券与标准债券的转换因子

由于 CBOT 长期国债期货的标准债券是 20 年期、息票率为 8%的长期公债，但现货市场的债券往往不符合这一标准，所以，交易所允许空方选择任何剩余年限不少于 15 年（不可赎回）的国债来交割。如果用于交割的债券不是标准债券，就需乘以转换因子将其价格折算为标准化债券价格的倍数。转换因子是其他券种折算成标准债券的比例。一般地，在每个交割日之前，交易所会提前公布转换因子数据。息票率小于 8%的债券，转换因子小于 1；息票率大于 8%的债券，转换因子大于 1。

转换因子有三种计算方法，一般地，转换因子等于面值为 100 美元债券的现金流按年利率 8%（每半年计复利一次）贴现到交割月第一天的价值，再减去该债券累计利息后的余额。在计算转换因子时，债券的剩余期限只取 3 个月的整数倍，多余的月份舍掉。如果取整数后，债券的剩余期限为半年的整数倍，就假定下一次付息是在 6 个月后，否则就假定在 3 个月后付息，并从贴现值中扣掉累计利息，以避免重复计算。

$$\begin{array}{c}空方交割100美元面值的\\债券收到的现金\end{array}=\begin{array}{c}标准债券的\\期货报价\end{array}\times\begin{array}{c}交割债券的\\转换因子\end{array}+\begin{array}{c}交割债券的\\累计利息\end{array}$$

3. 确定最便宜可交割债券

最便宜可交割债券是指交割差距最小的债券。其中：

交割差距＝债券报价－期货报价×转换因子

购买债券的成本＝债券报价＋累计利息

［例 3-12］　假设现在期货报价为 93-16，即 93.50 美元，且可供空方选择用于交割的三种国库券的报价和转换因子见表 3-12。

表 3-12　　三种国库券的报价和转换因子

国库券	报价（美元）	转换因子
1	144.50	1.518 6
2	120.00	1.261 4
3	99.80	1.038 0

问哪一种国库券是最便宜可交割债券？

解：每种国库券的交割差距为：

国库券 1：144.50－93.50×1.518 6＝2.510 9 美元

国库券 2：120.00－93.50×1.261 4＝2.059 1 美元

国库券 3：99.80－93.50×1.038 0＝2.747 0 美元

所以，最便宜可交割债券为国库券 2。

4. 确定长期国库券期货价格

长期国库券期货价格计算公式为：

$$F=(S-I)e^{r(T-t)}$$

式中，I 为期货合约有效期内的息票利息现值；T 为期货合约的到期时刻；t 为现在的时刻；S 为 t 时刻期货合约标的物债券的价格；F 为长期国库券期货价格。

［例 3-13］　假定某长期国库券期货合约，已知最便宜可交割债券是息票率为 14%、转换因子为 1.365 0 的国库券，其现货报价为 118 美元，该国库券期货的交割日为 270 天之后。该交割债券上一次付息是在 60 天前，下一次付息是在 122 天后，再下一次付息是在 305 天后，市场任何期限的无风险年利率均为 10%（连续复利）。求国债期货的理论价格。

解：(1) 求出交割债券的现金价格为：

$$118+\frac{60}{60+122}\times 7=120.31(\text{美元})$$

(2) 求期货有效期内交割债券支付利息的现值。由于期货有效期内只有一次付息，是在 122 天（0.334 2 年）后支付 7 美元的利息，所以，利息的现值为：

$$7\times e^{-0.3342\times 0.1}=6.770(\text{美元})$$

(3) 求交割债券期货理论上的现金价格。

由于该期货合约有效期还有 270 天（0.739 7 年），交割债券期货理论现金价格为：

$$(120.31-6.770)\times e^{0.7397\times 0.1}=122.257(\text{美元})$$

(4) 求交割债券的理论报价。

由于交割时，交割债券还有 148 天的累计利息，而该次付息期总天数为 183 天（＝305－122），所以，交割债券的理论报价为：

$$122.257-7\times\frac{148}{183}=116.596(\text{美元})$$

(5) 求出标准债券的期货报价。

$$\frac{116.596}{1.3650}=85.418(\text{美元})$$

（二）短期利率期货的定价

1. 即期利率与远期利率

即期利率是指从当前时间开始计算并持续 n 年的一项投资的利率。远期利率是指由当前即期利率隐含的将来时刻的一定期限的利率。

设 r 为 T 年期的即期利率，r^* 是 T^* 年期的即期利率，且 $T^*>T$，$\hat{r}$ 是 T 至 T^* 期间的远期利率，则有：

$$e^{rT}\cdot e^{\hat{r}(T^*-T)}=e^{r^*}\cdot T^*$$

$$rT+\hat{r}(T^*-T)=r^*\cdot T^*$$

$$\hat{r}=\frac{r^*\cdot T^*\cdot rT}{T^*-T}$$

2. 期货合约的现金价格

期货合约的现金价格是合约多头方在合约到期时购买 100 美元面值的国库券所必须支付的价格。假设全标的物资产的贴现债券的面值为 100 美元，S 是其在 t 时刻的价格，F 是其在 t 时刻的期货价格，则：

$$S=100e^{-r^*(T^*-t)}$$

$$F=S\cdot e^{-r(T-t)}=100e^{r^*(T^*-t)}\cdot e^{-r(T-t)}=100e^{r^*(T^*-t)-r(T-t)}$$

$$=100e^{-r(T^*-t)}$$

3. 短期国库券期货合约的报价

$$F=100-(100-\text{报价})\times\frac{T^*-T}{360}$$

[例 3-14] 假设 140 天期即期利率是 8%，230 天期即期利率是 8.25%，连续复利计息。求面值为 100 美元的 140 天后交割的 90 天期短期国库券期货的报价。

解：自第 140 天起至 230 天止的远期利率为：

$$\hat{r}=\frac{0.082\,5\times230-0.08\times140}{90}=0.086\,4$$

90 天=0.246 6 年，则 140 天后交割的 90 天期短期国库券的期货价格为：

$$F=100e^{-0.086\,4\times0.246\,6}=97.89\text{ 美元}$$

期货的报价为：

$$100-\frac{360}{90}\times(100-97.89)=91.56\text{ 美元}$$

四、利率期权

利率期权同样是一种权利而不是一项义务，是指以各种利率相关产品（指各种债务凭证）或利率期货合约作为标的物的期权。利率期权的交易品种非常多。从大类上看，在利率期权中，既有场内期权，也有场外期权；既有现货期权，也有期货期权；既有短期利率期权，也有长期利率期权。20 世纪 80 年代后期以来，随着欧洲和亚太金融期权市场的建立，利率期权的交易品种更是层出不穷。

（一）利率期权合约

1. 期权合约的交易单位是固定的

例如：每份欧洲美元存款利率期货期权合约的金额为 100 万美元，每份美国中长期国债期权合约的金额为 10 万美元。

2. 协议价格以点的整数倍标出

例如：美国芝加哥期货交易所长期国债期权的协议价格是按 2 点（2 000 美元）的整

数倍计算，如期货合约为66点，期权协议价格可能是60、62、64、66、68、70等。

3. 最小变动价位和最大价格波动限制

例如：如美国的抵押证券期权的最小变动价位为1/64（15.625美元），最大价格波动限制为3点（3 000美元）。

4. 合同月份或交割月份为3、6、9、12月

表3-13列出了美国的主要场内利率期权。

表3-13 美国的主要场内利率期权

种类	标的物	交易所	交易单位	最小变动价位
现货期权	欧洲美元	CBOT	面值1 000 000美元	0.01点（25美元）
	美国90天期国库券	AMEX	面值1 000 000美元	0.01点（25美元）
	美国30年期长期债券	CBOE	面值100 000美元	1/3点（31.25美元）
	美国10年期长期债券	AMEX	面值100 000美元	1/3点（31.25美元）
	美国5年期长期债券	CBOE	面值100 000美元	1/3点（31.25美元）
期货期权	欧洲美元定期存款期货合约	IOM	1 000 000美元	0.01点（25美元）
	美国国库券期货合约	IOM	1 000 000美元	0.01点（25美元）
	美国长期国债期货合约	CBOT	100 000美元	1/64点（15.625美元）
	美国中期国债期货合约	CBOT	100 000美元	1/64点（15.625美元）

（二）利率现货期权

利率现货期权，简称利率期权，是指在约定的期限内，以利率为交易对象，以约定的价格和数量进行“购买权”或“出售权”的买卖交易。期权买方向期权卖方支付期权费，在约定的期限内，当市场利率变化有利于自身利益时，买方可不行使期权；当市场利率变化对自己不利时，期权买方有权按协议价格行使期权，以确保预期收益，由利率行情变化而产生的风险和损失，则由期权卖方承担。

［**例3-15**］ 某企业拟在3个月后筹集一笔美元资金，目前利率水平为4.5%，预测3个月后美元利率将上升，因此，公司决定购买利率期权以固定筹资成本，避免利率风险。经协商，公司从期权市场上以5%的协议价格和0.1%的期权费购入3个月后到期的利率期权。3个月后，美元贷款利率可能出现两种情况：等于或低于协议价格；高于协议价格。

当市场利率≤协议利率时，公司放弃期权，以市价筹集所需的美元资金，最大损失为期权费。当市场利率＞协议利率时（如10%），该公司行使期权。交易程序是该公司以10%的利率筹集美元资金，通过行使期权，由期权卖方承担协议利率之上的利息支出（=10%－5%）。

（三）利率期货期权

利率期货期权是以利率期货为交易对象的期权交易。

利率期货期权的主要优点是：（1）期权买方一旦执行期权，会与期权卖方构成利率期货买卖关系，期权交易的行权演变成期货交易。（2）在资金效益方面，利率期货期权比利率现货期权更具优势。（3）在市场上，利率期货期权交易商品已经标准化、统一化，具有较高的流动性。（4）交易通常在交易所进行，从交易程序来看，交易对方就是交易所的清算机构，因此交易中的信用风险比较小。

利率期货期权的缺点主要有：(1) 交易的杠杆特点明显，双方可以少量资金签订大额合同，若收益率向不利方向转化，可能蒙受较大的损失。(2) 交易所上市的利率期货品种有限，且交易价格、交易期限等交易条件受制于合约标准，不能自由商定。

利率现货期权的协议价格以利率本身表示，如 9.25%；利率期货期权的协议价格以 (100－现货利率) 表示，如 90.75＝100－9.25。

[例 3-16] 9 月份，某交易商考虑于 12 月借入 100 万美元，虽然 9 月份的短期利率为 8%，但交易商预测未来 3 个月的利率将上涨至 9%左右。为了在利率上升时锁定筹资成本，同时在利率下降时能获得收益，交易商购入一份利率期货看跌期权，协议价格为 92.00，期权费为 0.10，即 10 点 (每点 25 美元)。3 个月后，若：(1) 利率上涨至 9%；(2) 利率下跌至 7%，交易商的实际筹资成本是多少？

解：(1) 若利率上涨至 9%，行使期权。

期权费＝1×10×25＝250 (美元)

3 个月期借款筹资成本＝1 000 000×9%×90/360＝22 500 (美元)

利率期货交易收益＝(92－91)%×1 000 000× 1×90/360＝2 500 (美元)

借款实际成本＝250＋22 500－2 500＝20 250 (美元)

折合年利率＝20 250/1 000 000×360/90×100%＝8.1%

利率上涨时，公司筹资成本仅上涨 0.1%，这是期权费成本。

(2) 若利率下跌至 7%，放弃行权。

期权费＝1×10×25＝250 (美元)

3 个月期借款筹资成本＝1 000 000×7%×90/360＝17 500 (美元)

借款实际成本＝250＋17 500＝17 750 (美元)

折合年利率＝17 750/1 000 000×360/90×100%＝7.1%

利率下跌时公司筹资成本只比市场利率高 0.1%，该公司把握住了利率下跌的机会降低成本。

(四) 几种重要的利率期权

1. 封顶式利率期权 (利率上限)

封顶式利率期权是在期权有效期内的各利率调整日，当基准利率超过上限利率时，由期权卖方向期权买方支付期权利息差额的利率期权。其中，利率调整日是指更换基准利率的期限，也是将基准利率与上限利率比较，由此确定利息差额的日期。基准利率是实际执行的浮动利率。上限利率是由买卖双方确定的固定利率。

利率上限期权合约的期限一般为 2～5 年；利率通常每 3 个月、6 个月或 1 年调整一次；通常以 LIBOR 作为基准利率；期权费的支付一般在签约时一次预付或分期支付。

在每一个利率调整日计算利息差额：

当基准利率＞上限利率时，由卖方向买方支付利息差额；当基准利率＜上限利率时，没有利息差额，无收付业务。

$$利息差额＝合同金额×(基准利率－上限利率)×\frac{至下次调整}{日止的天数}/360\ (或\ 365)$$

当利率上升时，封顶式期权是资金需求方最理想的金融工具，可锁定筹资成本，交易时注意上限利率和利率水平是对应变化的，交易条件必须与贷款条件相符。

2. 保底式利率期权（利率下限）

保底式利率期权是在期权有效期内的各利率调整日，当基准利率低于下限利率时，由期权卖方向期权买方支付期权利息差额的利率期权。

在每一个利率调整日计算利息差额：

当基准利率＜下限利率时，由卖方向买方支付利息差额。

$$\text{利息差额}=\text{合同金额}\times(\text{下限利率}-\text{基准利率})\times\frac{\text{至下次调整}}{\text{日止的天数}}/360\text{（或 365）}$$

当利率下降时，保底式期权是资金运用方最理想的金融工具，可锁定最低收益率，交易时注意下限利率和利率水平是对应变化的，交易条件必须与投资条件相符。

[例 3-17] 大华公司拟以浮动利率方式运用资金，为避免利率下降造成收益减少，决定同时购买一笔保底式期权，形成附带保底式交易条款的存款方式。

公司存款条件：金额 10 000 000 美元，期限 3 年，利率 6 个月 LIBOR－0.5%。

公司购入的保底式期权条件：金额 10 000 000 美元，期限 3 年，基准利率 6 个月 LIBOR，下限利率 8.0%，费用 0.3%，每年分两次支付。

假设 3 年内 6 个月 LIBOR（%）分别为 6.0、7.0、8.0、9.0、10.0、11.0，试分析公司存款收益情况。

解：公司实际存款收益见表 3-14。

表 3-14 大华公司实际存款收益（%）

6 个月 LIBOR	浮动利率存款收益 6 个月 LIBOR－0.5%	保底式交易		实际存款收益
		支付费用	收取利息差额	
6.0	5.5	0.3	2.0	7.2
7.0	6.5	0.3	1.0	7.2
8.0	7.5	0.3	0	7.2
9.0	8.5	0.3	0	8.2
10.0	9.5	0.3	0	9.2
11.0	10.5	0.3	0	10.2

3. 封顶保底式利率期权（利率上下限）

封顶保底式利率期权是指买方购入封顶式利率期权的同时出售保底式利率期权。封顶保底式交易适用于借款人预测利率上升，决定对利率风险进行套期保值，同时希望降低套期保值成本的场合。

[例 3-18] A 公司拟以浮动利率方式筹集资金，为避免利率上升的风险，同时尽可能地固定套期保值成本而购入封顶保底式利率期权。

A 公司借款条件：金额 10 000 000 美元，期限 3.5 年，利率 6 个月 LIBOR＋0.5%。

A 公司购入的封顶保底式期权交易条件：金额 10 000 000 美元，期限 3.5 年，基准利率 6 个月 LIBOR，上限利率 10.0%，下限利率 8.0%，费用 0.2%，分期支付，其中，封顶费用 0.5%，保底费用 0.3%。

假设 3.5 年内 6 个月 LIBOR（%）分别为 6.0、7.0、8.0、9.0、10.0、11.0、12.0，试分析公司的实际筹资成本。

解：公司的实际筹资成本见表 3-15。

表 3-15　A 公司封顶保底式交易的实际筹资成本（%）

6 个月 LIBOR	浮动利率筹资成本 6 个月 LIBOR+0.5%	封顶保底式交易		实际筹资成本
		支付费用	支付利息差额	
6.0	6.5	0.2	2.0	8.7
7.0	7.5	0.2	1.0	8.7
8.0	8.5	0.2	0	8.7
9.0	9.5	0.2	0	9.7
10.0	10.5	0.2	0	10.7
11.0	11.5	0.2	−1.0	10.7
12.0	12.5	0.2	−2.0	10.7

4. 零成本封顶保底式利率期权

这类期权将购买封顶式期权与出售保底式期权结合起来，使交易成本相互抵消，同时避免利率上升风险。一般封顶保底式利率期权是通过调整上下限利率水平来减少期权费支出，零成本封顶保底式期权则是通过调整期权交易金额使期权费用抵消为零。

[例 3-19]　A 公司在一项借款业务中运用了零成本封顶保底式交易。

A 公司借款条件：金额 10 亿日元，期限 3.5 年，利率 6 个月 LIBOR+0.5%。

封顶式期权：金额 10 亿日元，期限 3.5 年，利率 7.5%，期权费 1.3%（1 300 万日元）。

保底式期权：金额 6.5 亿日元（封顶金额的 65%），期限 3.5 年，利率 7.5%，期权费 2%（1 300 万日元）。

假设 3.5 年内 6 个月 LIBOR（%）分别为 5.5、6.0、6.5、7.0、7.5、8.0、8.5，试分析公司的实际筹资成本。

解：公司的实际筹资成本见表 3-16。

表 3-16　A 公司零成本封顶保底式交易的筹资成本（%）

6 个月 LIBOR	浮动利率筹资成本	支付利息差额	收取利息差额	最终筹资成本
(1)	(2)=(1)+0.5%	(3)=[7.5−(1)]	(4)=(3)×35%	(5)=(2)+(3)−(4)
5.5	6.0	2	0.7	7.3
6.0	6.5	1.5	0.525	7.475
6.5	7.0	1.0	0.35	7.65
7.0	7.5	0.5	0.175	7.825
7.5	8.0	0	0	8.0
8.0	8.5	−0.5	−0.175	8.175
8.5	9.0	−1	−0.35	8.35

五、远期利率协议

（一）远期利率的计算公式

远期利率是指从未来某一时刻 T 开始，到未来另一时刻 T^*（$T < T^*$）结束的利率。先用一个实例来说明如何计算远期利率。

[例 3-20]　某客户向银行借款 100 万英镑，期限 6 个月，借款从 6 个月后开始，

银行对6月期贷款和12月期贷款的年利率标价分别为：6月期贷款利率9.5%，12月期贷款利率9.875%（这种利率标价表示贷款是从现在开始执行），那么银行如何确定这笔贷款的远期价格（远期利率）？

解：这是一笔典型的远期贷款，贷款的支取和偿还都在将来某一时间。

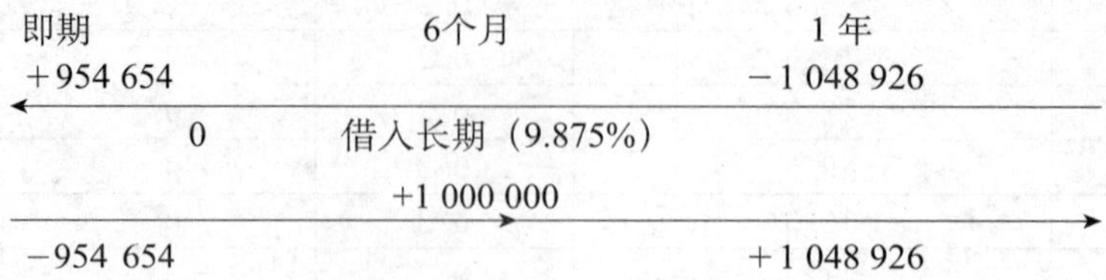

贷出短期（9.5%）：−1 000 000。

R_s：期限较短的贷款利率（6个月）。

R_l：期限较长的贷款利率（12个月）。

R_f：远期贷款利率。

P：贷款本金。

$$P\times(1+R_l)=P\times(1+R_s/2)\times(1+R_f/2)$$

$$(1+R_l)=(1+R_s/2)\times(1+R_f/2)$$

$$(1+9.875\%)=(1+9.5\%/2)\times(1+R_f/2)$$

$$R_f=9.785\%$$

用t表示签订合约的时刻，r和r^*分别表示T、T^*（$t<T<T^*$）时刻到期的即期利率，则T至T^*期间的远期利率计算公式为：

$$r_f=\frac{r^*(T^*-t)-r(T-t)}{T^*-T}$$

证明如下：假定一笔数额为A的本金，以利率r从t时刻开始投资，到T时刻结束，到期后将本利和以利率r_f在T时刻开始投资，到T^*时刻结束，其终值为$Ae^{r(T-t)}e^{r_f(T^*-T)}$；而一笔数额为$A$的本金，以利率$r^*$从$t$时刻开始投资，到$T^*$时刻结束，其终值为$Ae^{r^*(T^*-t)}$。

这两种投资方式的终值应该相等，否则就会有套利行为。因此有：

$$Ae^{r(T-t)}e^{r_f(T^*-T)}=Ae^{r^*(T^*-t)}$$

整理得

$$r_f=\frac{r^*(T^*-t)-r(T-t)}{T^*-T}$$

$$r_f=\frac{r_l\times N_l-r_s\times N_s}{(N_l-N_s)\times(1+r_s\times N_s/B)}$$

（二）远期利率协议的基本概念

远期利率协议（forward rate agreements，FRAs）最早出现于1983年的伦敦，是由银行推出的一种远期合约，1984年开始形成远期利率协议市场，参加交易的主要是英国的商业银行。

远期利率协议是指交易双方约定从未来某一时刻开始到另一时刻结束的时期内，按照协议规定的利率借贷一笔金额确定、以特定货币表示的名义本金的协议。合同双方在名义本金的基础上按协议利率与参考利率的差额支付。协议利率是双方在合同中同意的固定利率，参考利率为合同结算日的市场利率（通常是 LIBOR)。远期利率协议的卖方（名义贷款人）是在交割日形式上支出交易本金的一方，远期利率协议的买方（名义借款人）是在交割日形式上收入交易本金的一方。

1. 远期利率协议的重要术语

远期利率协议文本遵循《英国银行家协会远期利率协议》（简称 FRABBA）规范。该协议制定于 1985 年，标准化文件中除确定远期利率协议交易的合法范畴之外，还规定了一系列重要的术语。

合约金额（contract amount)：名义上借款的本金总额。

合约货币（contract currency)：表示合约金额的货币币种。

交易日（dealing date)：远期利率协议成交的日期。

结算日（settlement date)：名义贷款开始的日期。

确定日（fixing date)：参考利率确定的日期。

到期日（maturity date)：名义贷款到期的日期。

合约期（contract period)：结算日至到期日之间的天数。

合约利率（contract rate)：远期利率协议中商定的固定利率。

参考利率（reference rate)：在确定日用以确定结算金额的以市场为基础的利率，通常为伦敦银行同业拆借利率（LIBOR)。伦敦银行同业拆借利率是伦敦金融市场上银行间相互拆借英镑、欧洲美元及其他欧洲货币的利率，由报价银行在每个营业日上午 11 时对外报出，分为存款利率和贷款利率两种报价。

结算金（settlement sum)：在结算日，根据合同利率和参考利率之间的差额，由交易一方付给另一方的金额。

2. FRA 的表示方法

(1)“3×6”表示 3 个月后开始的 3 月期 FRA 合约，这笔交易叫作 3 个月对 6 个月的远期利率协议。其相关日期如图 3-4 所示。

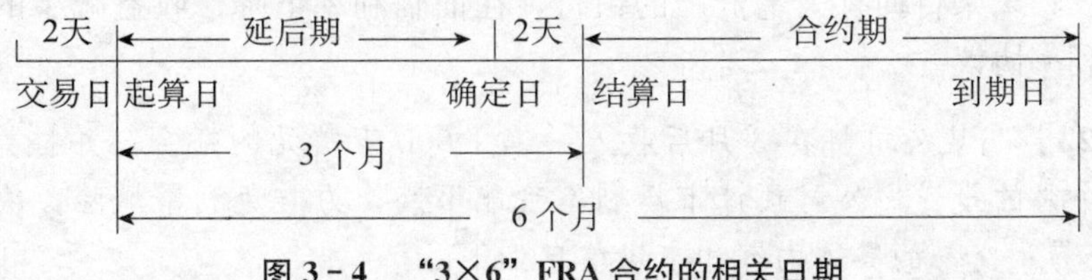

图 3-4 “3×6”FRA 合约的相关日期

(2)“4×7 over 20th”是指从当月 20 日开始的、4 个月以后起算的 3 月期 FRA。

[例 3-21] 假定 2012 年 7 月 9 日（星期一)，双方同意成交一份 1×4 名义金额为 100 万美元、合约利率为 4.75%的远期利率协议，请指出 1×4 的含义和五个重要日期。

解：1×4 表示起算日至结算日为 1 个月，起算日至到期日为 4 个月，借款期限为 3 个月。重要日期如下所示，合约期共 92 天。

交易日：2012 年 7 月 9 日，星期一。

起算日：2012 年 7 月 11 日，星期三。

结算日：2012 年 8 月 13 日，星期一（8 月 11 日、12 日是非营业日)。

确定日：2012 年 8 月 10 日，星期五。

到期日：2012 年 11 月 13 日，星期二。

3. 远期利率协议的结算金

FRA 进行结算时，交易双方应该收取或支付的现金流称为结算金，用 S 表示。

如果结算金在到期日支付，金额为：

$$S=(i_r-i_c)\times A\times D/360$$

在 FRA 市场上，习惯在结算日支付结算金。这样支付的优点是可以提前结算账户，有利于减小由于期限较长产生的信用风险。若在结算日支付结算金，可用下式计算，其中，分母为从到期日到结算日的贴现因子。

$$S=\frac{(i_r-i_c)\times A\times D/B}{1+i_r\times D/B}$$

式中，i_r 为参考利率；i_c 为合约利率；A 为合约金额；D 为合约期；B 为天数计算惯例，其中，英镑、澳元为 365 天，美元为 360 天。

若 $S>0$，即 $i_r>i_c$，则 FRA 的卖方向买方支付结算金；若 $S<0$，即 $i_r<i_c$，则 FRA 的买方向卖方支付结算金。

[例 3-22] 某公司 3 个月后要借入 1 000 万美元，担心利率上涨，买入一份 3×6 FRA，合约金额 1 000 万美元，合约利率 10.5%，结算日市场参考利率为 12.25%。计算 FRA 的结算金。

$$解：S=\frac{(i_r-i_c)\times A\times D/B}{1+i_r\times D/B}=\frac{(12.25\%-10.5\%)\times 1\,000\text{ 万}\times 90/360}{1+12.25\%\times 90/360}$$

$$=42\,449.97\text{ 美元}$$

$S>0$，因此，合约卖方向该公司支付这笔结算金。

4. FRA 的应用

未来将持有大量负债的银行，在面临利率上升、负债成本增加的风险时，可以买进远期利率协议；未来将拥有大笔资产的银行，在面临利率下降、收益减少的风险时，可以卖出远期利率协议。

[例 3-23] 某公司将在 3 月后收入一笔 1 000 万美元的资金，并打算将这笔资金进行为期 3 个月的投资。公司预计市场利率可能下跌，为避免利率风险，决定做一笔卖出 FRA 的交易。交易的具体内容和市场信息如下：

买方：银行	交易日：3 月 3 日
卖方：公司	结算日：6 月 5 日
交易品种：3×6	到期日：9 月 5 日
合约利率：5.00%	合约期：92 天
参考利率：4.5%	合约金额：1 000 万美元

问：公司是获利还是亏损？如果投资利率为 4.375%，公司实际收益率是多少？

$$解：S=\frac{(i_r-i_c)\times A\times D/B}{1+i_r\times D/B}=\frac{(0.045-0.05)\times 10\,000\,000\times 92/360}{1+0.045\times 92/360}$$

$$=-12\,632.50\text{ 美元}<0$$

故买方（银行）向公司支付结算金。6月5日，公司收到10 012 632.50（=10 000 000+12 632.50）美元，若投资利率为4.375%，则投资到期时本利和为：

$$(10\ 000\ 000+12\ 632.50)\times[1+(4.375\%\times 92/360)]=10\ 124\ 579.29\text{ 美元}$$

此时，公司的实际收益率为：

$$\frac{10\ 124\ 579.29-10\ 000\ 000}{10\ 000\ 000}\times\frac{360}{92}=4.874\ 8\%$$

[例3-24] 假设乙银行3个月后会收回一笔2 000万美元的贷款，并计划将这笔贷款再做3个月的短期投资。当前利率为7.5%，但因预测短期内利率会下降影响投资收益，乙银行决定通过远期利率协议交易将其未来收益固定下来。

乙银行的操作是：按7.5%的即期利率卖出2 000万美元的远期利率协议，交易期限为3个月对6个月。3个月后利率下降为7%，乙银行做了以下交易来固定其收益。

(1) 按3个月后远期利率协议交割日当天的LIBOR，买进3个月期远期利率协议。由于利率下降，乙银行取得利差，计算结果是（负号代表买方向卖方支付利差）：

$$\text{结算金}=\frac{(7\%-7.5\%)\times 2\ 000\text{ 万}\times\frac{90}{360}}{1+7\%\times\frac{90}{360}}=-24\ 570\text{ 美元}$$

(2) 以远期利率协议交割日的LIBOR贷放3个月期20 024 570美元（=20 000 000+24 570）。由于远期利率协议的利差收益在开始日已支付，可加入本金计复利。

$$\text{乙银行放款利息收益}=(20\ 000\ 000+24\ 570)\times 7\%\times 90/360=350\ 430\text{ 美元}$$

远期利率协议所得：24 570美元；

最终收益：375 000美元；

折合年利率：375 000×4÷20 024 570=7.5%。

第三节 股指期货与股指期权

一、股票指数期货

股票指数期货（简称“股指期货”）是指期货交易所同期货交易双方签订的、约定在将来某个特定时期，买卖双方向交易所结算公司收付等于股价指数若干倍金额的合约。

股指期货交易的特点是：采用现金结算而非实物交割；具有高杠杆作用；交易成本较低；市场的流动性较高。

(一) 股票指数期货的种类

股票指数期货合约的种类较多，都以合约标的物指数的点数报价，合约的价格通常是由这个点数与一个固定金额相乘而得。

合约价格=股票指数水平×乘数

例如，对恒生指数及其分类指数期货，固定金额为50港元。假如现时恒生指数是5 000点，则一份恒生指数期货合约的价格就是25万港元（=50港元×5 000点）。

表3-17列出了主要的股票指数期货合约乘数。

表 3-17　　主要的股票指数期货合约乘数

股指期货合约	乘数	最小价格变动	最小变动价值
标准普尔 500 指数期货	250 美元	0.10	25 美元
NYSE 综合指数期货	500 美元	0.05	25 美元
价值线指数期货	500 美元	0.05	25 美元
主要市场指数期货	250 美元	0.05	12.5 美元
《金融时报》指数期货	25 英镑	0.50	12.5 英镑
日经 225 指数期货	1 000 日元	10	10 000 日元
香港恒生指数期货	50 港元	1	50 港元
沪深 300 指数期货	300 元	0.2	60 元

1. 标准普尔 500 指数期货

标准普尔 500 指数从 1923 年开始编制，采用加权平均法计算，1957 年该指数包括 500 种股票，从 1982 年开始在芝加哥商业交易所进行期货交易。当时该指数为 117，该指数的基期为 1941—1943 年间股票的平均价格，并将其定为 10。如果该指数为 256，则意味着当前 500 种股票的平均价格为 1941—1943 年间的 25.6 倍（见表 3-18）。

表 3-18　　标准普尔 500 指数期货合约（S&P500 指数期货）

交易所名称	芝加哥商业交易所（CME）
交易单位	250 美元×S&P500 股价指数
开盘价格限制	在开盘期间，成交价格不得高于或低于前一交易日结算价格 5 个指数点，若在交易的最初 10 分钟结束时，主要期货合约的买入价或卖出价仍受到 5 个指数点的限制，则交易将停止，2 分钟后以新的开盘价重新开盘
最小变动价位	0.10 指数点（每份合约 25 美元）
合约月份	3、6、9、12 月
交易时间	上午 10:00—下午 4:15（美国东部时间）
最后交易日	每个合约交易月份的第三个星期四
交割方式	以最后的结算价格实行现金结算，此最后的结算价格系根据合约月份第三个星期五特别报出的 S&P500 股价指数之成份股的开盘价格确定

2. 纽约证券交易所（NYSE）综合指数期货

NYSE 综合指数从 1965 年开始编制，采用加权平均法计算，基期指数定为 50，由在纽约证券交易所上市的大约 1 500 种股票构成（见表 3-19）。

表 3-19　　纽约证券交易所综合指数期货合约（NYSE 综合指数期货）

交易所名称	纽约证券交易所（NYSE）
交易单位	500 美元×NYSE 综合指数点
最小变动价位	0.05 指数点（每份合约 25 美元）
合约月份	3、6、9、12 月
交易时间	上午 10:00—下午 4:15（美国东部时间）
最后交易日	每个合约交易月份的第三个星期五
交割方式	合约到期时以现金结算，最后结算价格系根据构成 NYSE 综合指数的所有上市股票在合约月份的第三个星期五的开盘价格，经特别计算求得

3. 价值线指数期货

价值线指数从1961年6月30开始编制，采用几何平均法计算，基期指数定为100。由大约1 700种股票构成，约占美国股市总量的96%，反映了美国股市整体价格水平。1982年2月，堪萨斯期货交易所推出全球最早的股指期货——价值线指数期货（见表3-20）。

表3-20　　价值线指数期货合约

交易所名称	堪萨斯期货交易所（KCBT）
交易单位	500美元×价值线指数点
最小变动价位	0.05指数点（每份合约25美元）
合约月份	3、6、9、12月
交易时间	上午10:00—下午4:15（美国东部时间）
最后交易日	每个合约交易月份的第三个星期五
交割方式	根据合约月份最后交易日收盘时实际价值线算术平均指数计算

4. 主要市场指数（IMM）期货

主要市场指数从1983年开始编制，采用算术平均法计算，基期指数定为5，由在纽约证券交易所上市的20种蓝筹股股票构成，其中17种成份股为道琼斯工业指数列名公司的股票。期权交易始于1983年；期货交易始于1984年。

5.《金融时报》指数期货（FTSE）

《金融时报》指数从1935年开始编制，采用几何平均法计算，基期指数定为1 000，其资本额占伦敦股市的70%左右。有30种股票、100种股票、500种股票三种形式，FTSE100指数为主要形式。

6. 日经225指数期货（Nikkei 225）

日经225指数期货从1950年9月开始编制，采用修正的道琼斯股价指数计算方法，基期指数以1950年算出的平均股价176.21为基数。由在东京证券交易所第一市场上市的225种股票构成。新加坡国际金融交易所首先于1986年推出日经225指数期货，两年后在日本才由大阪证券交易所（OSE）推出这一期货，1990年美国CME也推出了该种期货。

7. 东京证券交易所股价指数期货（TOPIX）

东京证券交易所股价指数从1969年7月1日开始编制，1968年1月4日作为基期，基期指数定为100，包括在东京证券交易所上市的250种较活跃的股票。1988年9月开始推出指数期货交易。

8. 香港恒生指数期货

香港恒生指数从1969年11月开始编制，采用加权平均法计算，1964年7月31日作为基期，基期指数定为100，由香港恒生银行与财经人士共同选出的33种股票构成，约占香港上市股票的市场总值的70%。1986年5月推出恒指期货。

（二）股票指数期货的应用

1. 股票指数期货套期保值

股票指数期货可用于为涉及股票的筹资与投资活动进行套期保值，其原理与商品期货交易保值相同。

[例3-25]　某公司拟5月3日发行股票融资500万美元，计划发行20万股，每股

发行价25美元，实际发行日为5月10日，由于市场价格下跌，只能以每股24.25美元发行20万股，为避免股价下跌导致筹资金额减少，公司决定采用标准普尔500指数期货套期保值。已知5月3日标准普尔指数为456，该指数期货价格为458美元，5月10日标准普尔指数为442，该指数期货价格为443美元。公司的具体操作和保值效果分析见表3-21。

表3-21　　某公司利用股票指数期货套期保值的操作和效果

	现货市场	期货市场
5月3日	标准普尔500指数为456，计划发行股票20万股，每股25美元，计划收入500万美元	卖出44份6月份到期的标准普尔500指数合约，价格为458美元，合约总值为503.8万美元
5月10日	标准普尔500指数为442，计划发行股票20万股，每股24.25美元，实际筹得资本485万美元	买进44份6月份到期的标准普尔500指数合约，价格为443美元，合约总值为487.3万美元
保值效果	少收入：15万美元 (24.25－25)×20万	盈利：16.5万美元 (458－443)× 250×44

2. 股票指数期货投机

[例3-26]　3月1日，某交易者预测将出现多头股票市场，而且主要市场指数的上涨会大于NYSE综合指数，于是运用跨市套利策略，在382.75点水平上买进2份主要市场指数期货合约，并在102.00点水平上卖出1份NYSE综合指数期货合约，当时价差为280.75点。经过3个月，价差扩大到284.25点。交易者在388.25点水平上卖出2份主要市场指数期货合约，在104.00点水平上买进1份NYSE综合指数期货合约进行合约对冲。期货投机结果见表3-22。

表3-22　　股票指数期货投机的应用实例

	主要市场指数期货	NYSE综合指数期货	价差
3月1日	买进2份12月份主要市场指数期货合约，点数382.75	卖出1份12月份NYSE综合指数期货合约，点数102.00	280.75
6月1日	卖出2份12月份主要市场指数期货合约，点数388.25	买进1份12月份NYSE综合指数期货合约，点数104.00	284.25
结果	获利：2 750美元 (388.25－382.75)×250×2	亏损：1 000美元 (102.00－104.00)×500×1	获利：1 750美元 3.5×500

（三）股票指数期货的定价

（1）支付已知红利的股票指数期货的定价公式：

$$F = (S - I)e^{r(T-t)}$$

（2）支付已知红利收益率的股票指数期货的定价公式：

$$F = Se^{(r-q)(T-t)}$$

[例3-27]　考虑一个标准普尔500指数的3个月期货合约。假定股票的红利收益率为每年3%，指数现值为400，连续复利的无风险利率为8%。求股票指数期货价格。

$$F = Se^{(r-q)(T-t)} = 400e^{(0.08-0.03)\times 0.25} = 405.03 \text{ 美元}$$

二、股票价格指数期权

1. 股票价格指数期权的概念与特点

股票价格指数期权（简称“股指期权”）赋予买方在一定期限内按协议价格向卖方购买或出售特定的股票指数或股指期货合约的选择权。它本质上也是一种选择权交易，根据合约标的物的不同，股指期权可分为现货期权和期货期权两类。股指现货期权是指以某种股价指数本身作为标的物的期权，行权以现金交割方式完成；股指期货期权是指以某种股指期货合约作为标的物的期权，行权时交易双方要买卖股指期货合约，期权交易转化为期货交易。

股指期权的特点体现在：合约标的物是某种股票指数或股指期货；合约到期日使用每月均有到期月份的期权合约，具体月份不尽相同；交割采用现金交易方式；交易的保证金要求比较高。

2. 股指现货期权合约规格

表 3-23 列出了几种重要的股指现货期权合约。

表 3-23　几种重要的股指现货期权合约

合约	机构指数期权	NYSE 综合指数期权	主要市场指数期权	标准普尔 100 指数期权	标准普尔 500 指数期权	价值线指数期权
交易所	AMEX	NYSE	AMEX	CBOE	CBOE	KCBT
交易代码	XII	NYA	XMI	CEX	SPX	XVL
交易单位	指数×100 美元					
最小变动价位	≤3 时为 1/16（6.25 美元） >3 时为 1/8（12.50 美元）				0.05（5 美元）	1/16 或 1/8
合约月份	3 个近期月份加上 2 个连续的按 3、6、9、12 循环的月份	3 个近期的到期月份	3 个近期的到期月份	4 个近期的到期月份	2 个近期月份加上 2 个连续的按 3、6、9、12 循环的月份	3 个近期月份加上 2 个连续的按 3、6、9、12 循环的月份

3. 股指期权的应用

（1）股指期权套期保值。

股指期权用于保值的主要目标有：保护资产不受价格波动的影响；以期权权利金收入弥补红利收入的不足；在波动的市场中稳定收益；当股票价格下降幅度较小时起到缓冲作用。

（2）股指期权投机。

［例 3-28］　某投资者持有 45 000 美元证券组合资产，担心行情下跌遭受损失，于是买入 5 份纽约证券交易所股票综合指数看跌期权予以保值，相关条件如下：资产组合价值 45 000 美元，资产组合 β 值 1.00，指数名称 NYA，指数水平 90.00，看跌期权到期日 12 月份，行权价 90，到期期限 3 个月，看跌期权费每个指数点 3 美元。保值效果分析见表 3-24。

表 3-24 股指期权的应用实例

指数变动	−10%	0	10%
指数水平	81.00	90.00	99.00
保值效果（美元）			
资产组合价值	40 500	45 000	49 500
看跌期权费	1 500	1 500	1 500
资产组合盈利	−4 500	0	4 500
看跌期权盈利	3 000	−1 500	−1 500
净盈利	−1 500	−1 500	3 000

最终的保值效果是：一旦指数下跌，投资者的损失是固定的（即期权费支出）；若指数上涨，投资者可获得上涨的收益（扣除期权费支出）。需要指出的是，投资组合的β值也会影响最终盈亏。

4. 几种常见的股票期权交易

（1）出售避险式买权（持有标的物股票并出售该股票买权）。

[例 3-29] 投资者拥有某公司的股票 1 000 股，每股价格是 5 元，并出售一份该股票的买权，执行价格为 5 元，期限 3 个月，投资者能获得 500 元期权费的固定收入。如果 3 个月后股票价格上涨，期权将被执行，则该投资者 3 个月的投资收益为 10%。如果 3 个月后股票价格下跌，则期权不会被执行，该投资者可以用期权费收入抵消一定的股票价值损失。在这次交易中，避险式买权的空头方实际上是以牺牲股票市场收益为代价，换取期权费的固定收益。

（2）出售无担保的买权。

与第一种方法相比，出售无担保的买权是一种有较强投机性的交易机制。因为在获得期权费收益、成为买入期权空头方的时候，投资者并未持有相应的标的物股票。如果股票价格上涨，期权被执行，期权空头方不得不以高价购买股票并以低价卖出，遭受损失。

（3）买进卖权。

买进卖权同样可以根据是否持有标的物股票分成两类：未持有股票现货而买入卖权和持有股票现货而买入卖权。第一类交易具有较强的投机性，预计股票价格将会下跌，投资者买进卖权，在期权到期日以较低价格买进股票现货，并以较高协议价格卖给期权的空方，投资者将获得价差收益。如果股票价格不降反升，则投资者只损失全部期权费。如果投资者在买进卖权的同时持有标的物股票，则其交易目的往往是为股票投资保值。

本章小结

本章主要介绍常见的金融期货与金融期权的交易机制及保值原理，包括外汇期货、外汇期权、利率期货、利率期权、股指期货和股指期权等。通过本章的学习，学生应牢固掌握这几类期货、期权交易工具的避险与投机原理，并学会运用期货与期权工具。

练习题

一、多选题

1. 关于利率期货和远期利率协议的比较，下列说法正确的是（　　）。

A. 远期利率协议属于场外交易，利率期货属于交易所内交易

B. 远期利率协议存在信用风险，利率期货的信用风险极小

C. 两者的共同点是每日发生现金流

D. 远期利率协议内容可协商，利率期货是标准化的合约交易

2. 在美国期货市场，利率期货的交易品种主要有（　　）。

A. 欧洲美元期货　　B. 短期国债期货　　C. 中期国债期货　　D. 长期国债期货

3. 可以作为利率期货交易标的物的一般有（　　）。

A. 存单　　B. 资金拆借利率　　C. 国债　　D. 公司债券

4. 投资者认为某可交割国债的基差未来会变大，决定采取基差套利策略，以下说法正确的是（　　）。

A. 投资者应卖出该可交割国债的现券，买入国债期货

B. 投资者应买入该可交割国债的现券，卖出国债期货

C. 如果未来基差变大，投资者可以获得基差变大的收益

D. 投资者可以获得现券的利息收益

5. 基差交易与国债期现套利交易的区别在于（　　）。

A. 期现的头寸方向不同　　B. 期现数量比例不同

C. 损益曲线不同　　D. 现货的品种不同

6. 假设市场上原有 110 手未平仓合约，紧接着市场交易出现如下变化：交易者甲买进开仓 20 手股指期货 9 月份合约的同时，交易者乙买进开仓 40 手股指期货 9 月份合约，交易者丙卖出平仓 60 手股指期货 9 月份合约，甲、乙、丙三人恰好相互成交。此刻该期货合约（　　）。

A. 持仓量为 110 手　　B. 持仓量增加 60 手

C. 成交量增加 120 手　　D. 成交量增加 60 手

7. 股指期货投资者欲参与投机交易，应遵循的原则包括（　　）。

A. 充分了解股指期货合约　　B. 制定交易计划

C. 只能盈利不能亏损　　D. 确定投入的风险资本

8. 某客户在期货公司开户后存入保证金 500 万元，8 月 1 日开仓买进 9 月沪深 300 指数期货合约 40 手，成交价为 1 200 点，同一天该客户卖出平仓 20 手沪深 300 指数期货合约，成交价为 1 215 点，当日结算价为 1 210 点，交易保证金比例为 15%，手续费为单边每手 100 元。则客户的账户情况为（　　）。

A. 当日平仓盈亏 90 000 元　　B. 当日盈亏 150 000 元

C. 当日权益 5 144 000 元　　D. 可用资金余额 4 061 000 元

9. 下列期权投资组合可称为蝶式期权策略的有（　　）。

A. 买入 1 手行权价 25 的看涨期权，卖出 1 手行权价 35 的看涨期权

B. 买入 1 手行权价 25 的看涨期权，买入 1 手行权价 25 的看跌期权

C. 买入 1 手行权价 25 的看涨期权，卖出 1 手行权价 30 的看涨期权，卖出 1 手行权价 30 的看跌期权，买入 1 手行权价 35 的看跌期权

D. 买入 1 手行权价 25 的看涨期权，卖出 2 手行权价 30 的看涨期权，买入 1 手行权价 35 的看涨期权

10. 卖出看跌期权可以由（　　）进行对冲。

A. 买入标的物资产
B. 卖出标的物资产
C. 买入标的物期货
D. 卖出标的物期货

11. 买进执行价格为 2 000 点的 6 月沪深 300 股指看跌期权，权利金为 150 点，卖出同一到期日执行价格为 1 900 点的沪深 300 股指看跌期权，权利金为 120 点。以下说法正确的是（　　）。

A. 该策略属于牛市策略
B. 该策略属于熊市策略
C. 损益平衡点为 1 970 点
D. 损益平衡点为 2 030 点

12. 投资者当前持有沪深 300 指数看涨期权多头头寸，如果投资者预期指数会下跌，需要对其持仓进行调整。下列调整不合理的是（　　）。

A. 卖出股指期货
B. 卖出平值看跌期权
C. 卖出虚值看涨期权
D. 卖出实值看跌期权

二、问答与操作题

1. 什么是远期合约？常见的远期合约有哪几种？

2. 简述外汇期货保值的基本原理。

3. 期权价格的主要影响因素有哪些？与期权价格呈何种关系？

4. 期权的价差交易有哪些主要种类？

5. 假设在 1999 年 11 月 5 日，息票率为 12%，2016 年 8 月 15 日到期的长期国债的报价是 94－28（94.875），债券每半年支付一次。求国债的现金价格。

6. 某公司拟以浮动利率方式借入一笔资金，为避免利率上升导致成本增加，决定购买封顶式利率期权以锁定借款成本。公司借款与利率上限交易条件如下表所示。

	借款条件	利率上限交易条件
金额	10 000 000 美元	10 000 000 美元
期限	3 年	3 年
利率	6 个月 LIBOR＋0.5%	基准利率：6 个月 LIBOR 费用：0.5%，每年支付两次

若 3 年内 6 个月 LIBOR（%）分别为 8.0、9.0、10.0、11.0、12.0、13.0，试分析公司的筹资成本。

第4章 期货期权与风险管理

学习目标：

本章主要介绍商品价格风险、股票投资风险、外汇风险、利率风险管理及期货期权等交易工具在四类风险管理中的应用。通过本章的学习，学生应了解商品价格风险、股票投资风险、外汇风险、利率风险等四类风险概况，理解管理各类风险的基本原理及常用金融工具，掌握远期、期货、期权、互换等交易工具及其组合在各类风险管理中的应用技巧。

第一节 商品价格风险管理

一、商品价格风险

1. 商品价格风险的含义

商品价格风险是指市场价格的不确定性给企业物质商品资产带来的损失。企业商品价格风险可分为直接商品价格风险和间接商品价格风险。前者是指当企业的资产、负债中存在物质商品形态时，企业的资产价值受这些商品市场价格波动的直接影响产生的商品价格风险；后者是指特定范围的企业虽不直接生产和消费风险性商品，或不拥有风险性商品资产和负债，却同样受商品价格非确定性波动的间接影响而形成的商品价格风险。因此，只要投资者受到商品价格波动的影响，商品价格风险就会产生。

商品价格风险可能由商品供给数量变化、市场需求变动、宏观经济因素变动、政治局势、政策法规变动、季节或气候变化、自然灾害或流行疾病等突发事件引发。

2. 商品价格风险的管理

商品价格风险比货币风险或利率风险更广泛地存在，这也是商品衍生工具比金融衍生工具问世更早的原因。

直到20世纪80年代末，商品风险管理工具还只有期货和期权两种。但在利率工具如互换、上限、领式组合、互换期权等工具成功推出后，适合商品市场的产品已越来越丰富，除传统的商品期货、商品期权外，商品互换、混合商品衍生工具等产品也相继推出。

二、商品价格风险管理常用的金融工具

1. 商品期货

商品期货是指标的物为实物商品的期货合约。作为期货合约上市品种的实物商品一般具有价格波动大、供需量大、易于分级和标准化、易于储存和运输等属性，主要有农副产品、金属产品、化工产品、林业产品等四类，农副产品约有20种、金属产品9种、化工产品5种、林业产品2种。

商品期货交易的主要特点是以小博大、交易便利、信息公开、交易效率高、可以双向操作、简便灵活、履约有保证。商品期货交易通常具有三大功能，即风险规避、价格发现、套利。常用的商品期货交易策略主要有套期保值、风险投机与套期图利。

2. 商品期权

商品期权是指标的物为实物商品的期权合约。它赋予期权买方选择权，在价格有利时可以执行期权，在价格不利时可以放弃期权，因而成为资本市场上最有活力的风险管理工具之一。商品期权与商品期货的组合可以构造出不同风险偏好的交易策略，为投资者提供更多的选择。商品期权买卖交易程序包含四个阶段：准备阶段、要约阶段、定约阶段、平仓阶段。

目前我国的商品期权品种主要有：大连商品交易所的豆粕期权，郑州商品交易所的白糖期权，上海期货交易所的铜、金期权。标准商品期权合约的主要内容包括交易标的物、当事人、权利金、履约价格、通知日、到期日、停板额、合约月份、交易时间等。

3. 商品互换

商品互换是一种特殊类型的金融交易，指交易双方就一定数量的某种商品定期交换与商品价格有关的现金流，以管理商品价格波动风险。商品互换主要有固定价格与浮动价格的商品价格互换、商品价格与利率的互换，前者可使交易一方在未来每一个互换结算日锁定商品价格以规避价格波动风险，后者有利于生产商管理浮动利率的融资成本，实现以远期商品出售偿还浮动利率贷款的目标。如果交易对手不希望实物交割，交易的实质变为将浮动的利息支付与协议的固定价格联系在一起。

商品互换的传统交易对象包括石油、橙汁、咖啡、可可、玉米、棉花、糖和小麦等。商品互换的最新形式有不动产和房地产互换、通货膨胀指数互换、商品价差互换等。在设计和推销关于困难贷款、信用质量、保险、税收甚至反污染信贷方面的互换及其他衍生工具上也有新进展。

商品互换的期限可以是几周、几个月甚至几年，大部分交易在3个月到3年之间。商品价格互换的结算支付通常以双方协商的价格指数为基础，该指数必须被明确定义（包括商品规格），并用于计算互换中的浮动价格，要求价格具有透明度和有效性，实务中一般选择期货市场的收盘价、现货市场的实际出售价或已经建立的价格指数。如原油

互换中选用NYMEX的WTI原油期货价格或布伦特原油价格指数。互换双方可以在某一天按约定的商品价格指数结算，或根据结算期限中每一个交易日的平均价格指数进行结算。平均价格机制的设计是为了适应现货交易，以更好地匹配现金流，取得较好的套期保值效果。在实际应用中，商品互换一般是以日或周平均价格为结算基础。

4. 混合商品衍生工具

混合商品衍生工具是指在衍生工具中融入了商品元素的混合工具，常见的是标准债务与商品衍生工具组合而成的新工具。例如，可转换商品债券，1863年美国南部各州联盟发行了一种特殊的债券，持有人可在一定条件下将债券转换为棉花。又如，1920年兰德·卡迪斯公司发行的本金指数化黄金债券，其本金的偿还与黄金价格相联系；1973年墨西哥石油公司发行的附带远期石油合约的债券；此外还有石油指数关联票据、与石油和币种相联系的债券，其本金和息票支付都与石油价格相联系，石油价格以非美元货币标价。混合商品衍生工具的产生及其创新多基于企业降低筹资成本、扩大资金来源、规避监管或税收、管理风险等需要。

三、商品期货、期权、互换与商品价格风险管理

1. 商品期货的应用

运用商品期货套期保值的理论依据来自两个方面：第一，期货价格与现货价格的平行变动性，即同类商品的期货与现货市场价格保持基本相同的走势，同涨同跌。第二，期货价格与现货价格的合二为一性，即当期货合约的交割期到来时，期货价格与现货价格相互靠拢，二者大致相等。

商品期货可为生产者、经营者、加工者提供套期保值以规避市场价格风险，并使企业通过期货市场获取未来市场的供求信息，提高生产经营决策的科学合理性，真正做到以需定产，在增进企业经济效益方面发挥着重要的作用。

运用商品期货套期保值的原则是：

(1) 交易方向相反原则：期货市场的交易方向与现货市场相反。现货市场将要购入商品，应卖出商品期货；现货市场将要出售商品，应买入商品期货。

(2) 商品种类相同原则：如果期货市场没有与现货商品完全相同的品种，可选择类似或价格关联紧密的品种。

(3) 商品数量相等原则：因期货交易有标准交易数量，所以只要保证期货与现货的交易数量基本相等即可。如果确定需要全额套期保值，可对差额采用其他交易方式保值。

(4) 月份相同或相近原则：期货交易的交割月份与现货交易相同或比现货交易的时间更晚，并选择离现货交易时间最近的期货合约月份。

商品期货套期保值有两种基本交易策略：

(1) 空头（卖出）套期保值。是指生产者在未来的一定时期将收获一批实物，为了防止以后交货时实物价格下跌而遭受损失，就在期货市场上预售同样数量、同一交货期的期货合约。

(2) 多头（买进）套期保值。是指经营者在未来的一定时期必须消耗一批实物，为了防止以后购货时实物价格大幅上涨而遭受损失，就在期货市场上预先购入同样数量、同一交货期的期货合约。

案例 4-1

吉粮集团审慎套保创利润

吉粮集团是吉林省进入中国企业 500 强的唯一粮食企业，2006 年粮食贸易量 200 万吨，现货经营量 80%以上是玉米。粮食贸易经营利润微薄，为保持经营的稳健，自 2005 年以来吉粮集团每年都通过期货市场进行套期保值交易。

2006 年吉粮集团收购玉米 100 多万吨，其中 70%进行了套保，2006/2007 年度集团的经营利润中，通过套期保值获得的利润占集团总利润的 60%。2007 年 5—6 月间，公司当时预计国内玉米现货价格上升压力较大，并拟定了在期货市场卖出库存玉米的经营策略。2007 年 12 月—2008 年 1 月，公司在现货市场收购了 50 万吨玉米，考虑到春节期间价格存在下跌的风险，公司同时在 C805 合约上于 1 820—1 830—1 850 价格区间卖出玉米 5 万手，2008 年 1 月 25 日玉米价格下跌到 1 700 元附近，公司以 1 710—1 730 区间将玉米平仓。通过本次期货市场的保值，公司在期货市场盈利 4 000 万元，规避了现货市场出现的损失。春节过后，公司根据现货库存情况，于 3 月 7 日前后在 C809 合约 1 820—1 880 价格区间累计抛售 3 万手合约，4 月 10 日在 1 730—1 750 区间陆续平仓，再度成功保值。

吉粮集团全资子公司吉林粮食集团收储经销有限公司也学会了运用期货套期保值，其期货市场套保规模达到现货经营规模的 80%以上。该公司主要是利用基差来进行期货与现货之间的套利，此基差是期货价格与企业收购玉米到大连的总成本的价差。当基差达到 80 元，企业开始陆续建仓，在基差达到 100 元、120 元时企业加仓，直到与企业现货数量持平。建仓完成后，当期货价格下跌时，企业出售现货，了结期货头寸；当期货价格上涨时，企业可以申请交割。

几年来的期货市场经验使吉粮经营者对期货套保有了深刻认识，他们认为期货交易是管理现货价格风险的手段，经营规模大的企业都应该参与期货套期保值。

2. 商品期权的应用

运用商品期货规避商品价格风险可能会有两种结果：价格的不利波动被规避，价格的有利变动也被冲销了。这是因为期货价格与现货价格具有平行变动性，所以，如果想在规避价格不利波动的同时利用价格的有利变动，买入商品期权就是较好的选择。但期权交易也是有风险的，尤其是期权卖方。

案例 4-2

“中航油”石油期权交易做空失败

自 1997 年起，中国航油公司（新加坡）（以下简称“中航油”）营业额平均每年增长 6.83 倍，并于 2001 年 2 月 6 日在新加坡主板成功上市，发行 1.44 亿股，每股售价 0.56 新加坡元，筹资 8 064 万新加坡元，是当年筹资量最大的公司，且当年营业额排名第一。

2002 年 3 月，为在国际油价市场上拥有话语权，中航油开始从事期权交易。起初只进行背对背期权交易，充当代理商为买家和卖家服务赚取佣金。2003 年 3 月底，中航油开始涉足风险更大的投机性石油期权交易，并限于两位外籍交易员进行。2003 年第三季度前，公司认为油价看涨，采用买入买权、出售卖权的组合策略投机，最初只涉及 200

万桶石油，在交易中小有获利。2003 年底至 2004 年，由于错误地判断油价走势，公司调整了交易策略，卖出买权、买入卖权的组合在期权到期时面临亏损。2004 年第一季度油价攀升，公司潜亏 580 万美元，由于正与多家公司谈合作，2004 年 1 月，在没有经过任何商业评估的情况下，公司决定进行第一次延展挪盘，即买回期权以关闭原先盘位，同时出售期限更长、交易量更大的新期权，出售的期权多在 2004 年第二季度至 2005 年第一季度之间到期，有些甚至延伸到 2005 年第四季度。2004 年第二季度油价持续升高，公司账面亏损额增加到 3 000 万美元左右。公司再次挪盘至 2005—2006 年交割，并增加交易量。2004 年 10 月，油价再创新高，公司交易盘口达 5 200 万桶石油，账面亏损大增。10 月 10 日，面对严重资金周转问题的中航油，首次向母公司呈报交易和账面亏损。为了补充交易商要求追加的保证金，公司已耗尽近 2 600 万美元营运资本、1.2 亿美元银团贷款和 6 800 万元应收账款资金，账面亏损高达 1.8 亿美元，另外已支付 8 000 万美元的额外保证金。10 月 20 日，母公司提前配售 15%的股票，将所得的 1.08 亿美元资金贷款给中航油。10 月 26 日和 28 日，公司因无法补加一些合同的保证金而遭逼仓，蒙受 1.32 亿美元实际亏损。11 月 8—25 日，公司的衍生商品合同继续遭逼仓，截至 25 日实际亏损达 3.81 亿美元。12 月 1 日，在亏损 5.5 亿美元后，中航油宣布向法庭申请破产保护令。

3. 商品互换的应用

由于互换交易属于场外交易，其合约不具有期货合约的标准化性质，可根据客户的个性化需求制定。企业和经纪人可以根据保值数量（重量）、地理位置、合约期限、交割方式自主协调。因此，商品互换受到众多有保值需求企业的追捧。商品互换被广泛应用于供给和需求波动性较大的行业，如能源、化工、农产品等领域。其中，原油互换交易受到很多相关企业的青睐，每年消耗巨量燃油的航空公司和其他交通物流公司是原油互换市场的积极参与者。

案例 4-3

钢厂利用商品互换减亏

2010 年 1 月，CFR 中国含铁量 62%的铁矿粉即期价格为 106.00 美元/公吨干重。国内某钢厂达成一笔于 2010 年供应钢板产品的合同，预期在 2010 年 3 月用好望角型船舶进口总量为 75 000 公吨的上述铁矿粉。由于预计铁矿石价格将会在 3 个月内大幅上涨，为了锁定采购成本，该钢厂出价 105.00 美元/公吨干重，购买 2010 年 3 月的 CFR 中国含铁量 62%的铁矿粉互换合约。与此同时，某拥有铁矿石存货的供应商，为规避铁矿石价格下跌引起存货价值减少的风险，希望以互换交易对冲现货市场的潜在亏损。该供应商想把铁矿粉的价格锁定在 107.00 美元/公吨干重。经纪人从中撮合协商后，该供应商同意将价格定在 106.5 美元/公吨干重。

互换交易示意如下：

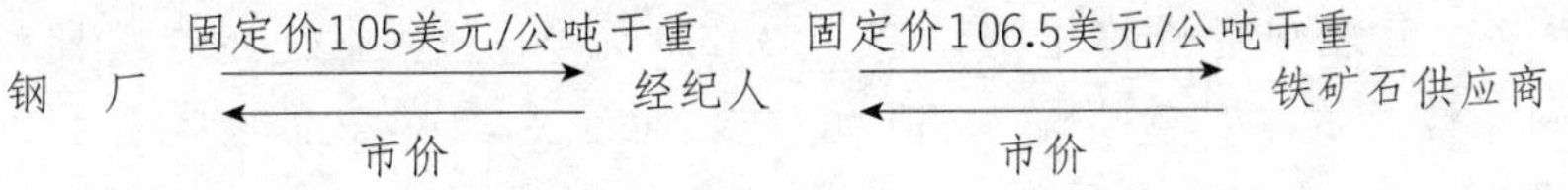

钢　厂 —固定价105美元/公吨干重→ 经纪人 —固定价106.5美元/公吨干重→ 铁矿石供应商

钢　厂 ←市价— 经纪人 ←市价— 铁矿石供应商

2010 年 3 月，若铁矿石现货价格上涨为 109 美元/公吨干重，应用互换交易后买卖双方损益情况如表 4－1 所示。

表 4－1　　商品互换交易双方的盈亏情况

	买方对冲结果	卖方对冲结果
现货市场	成本增加 ＝(109－106) 美元×500×150 手 ＝225 000 美元	存货价值增加 ＝(109－106) 美元×500×150 手 ＝225 000 美元
互换市场	平仓收益 ＝(109－106.5) 美元×500×150 手 ＝187 500 美元	平仓收益 ＝(106.5－109) 美元×500×150 手 ＝－187 500 美元
净盈亏	损益 ＝(187 500－225 000) 美元 ＝－37 500 美元	损益 ＝(225 000－187 500) 美元 ＝37 500 美元

虽然钢厂依然蒙受了由于现货价格走高而导致的亏损，但互换合约的使用对冲了大部分价格波动风险，大幅降低了钢厂的亏损。

4. 商品价格风险管理工具的综合应用

商品期货、商品期权、商品互换等衍生工具在管理商品价格风险时各有特点，有时将它们组合运用，能起到锁定成本的同时实现最大收益的作用。

案例 4－4

饲料企业采购环节的期权与期货组合保值

当上游压榨企业采用“一口价”模式时，饲料企业可对比报价决定采购行为，但需被动承受每日价格波动，并可能造成潜在的提货压力。若豆粕行情看涨，饲料企业可采取提前采购、提前买入豆粕期货锁定原料成本、将增加的成本转移给饲料消费下游企业等措施管理风险。但当市场行情弱势下跌时，企业仍需采购原料满足生产，若卖出豆粕期货进行套期保值，一旦价格不跌反涨，则会在现货和期货两个市场出现亏损，风险极大。解决难题的办法是采用“买入豆粕看跌期权，买入豆粕期货”的组合策略，以锁定饲料销售价格。举例如下：

某饲料加工企业每 3 个月都需购进一批豆粕原料以满足生产需求，通常是每季末向上游压榨厂以“一口价”购销模式采购。3 月底，豆粕期货价格大涨，企业购进了 1 万吨提货价为 3 600 元/吨的豆粕现货，由于担心第三季度的豆粕采购成本还会大幅提高，又以 3 400 元/吨的价格买入 1 000 手大连商品交易所 9 月豆粕期货合约。随后豆粕期货价格出现下跌迹象，若第二季度豆粕价格持续下跌，企业已购的 1 万吨豆粕现货存在贬值风险，饲料产品第二季度可能会亏本销售。为保护 1 万吨豆粕现货的敞口头寸，企业买入 1 000 份执行价格为 3 600 元/吨的 9 月豆粕期货合约看跌期权，支付权利金 50 元/吨。

期货＋期权组合保值策略的效果分析：

(1) 6 月底，豆粕现货价格上涨，高于 3 650 元/吨，企业放弃看跌期权的行权。此时，豆粕原料采购总成本尽管会增加 50 元/吨，但企业期货多仓也是盈利的，豆粕成本仍能维持在 3 600 元/吨左右或更低，对饲料产品销售没有大的影响，第三季度采购的豆粕成本也很好地得到了锁定。

(2) 6月底，豆粕现货价格下跌，跌破3 550元/吨，企业行使看跌期权。此时，看跌期权发挥收益补偿作用，企业豆粕原料采购成本最高不超过3 600元/吨，而且仅比现货价格高50元/吨。豆粕价格下跌对企业饲料产品的销售利润仍无大的影响。此时，企业的期货空仓出现亏损，但到第三季度企业豆粕采购成本跌幅与期货价格跌幅大致相当。6月底，企业向上游压榨厂采购新一批豆粕的成本仍然能很好地得到锁定。

由此可知，采用期货与期权工具的综合保值方案，无论豆粕价格涨跌，饲料加工企业的原料采购成本和销售利润都能得到保证。组合保值方案的综合损益如图4-1中实线所示，保值效果类似买入看涨期权。

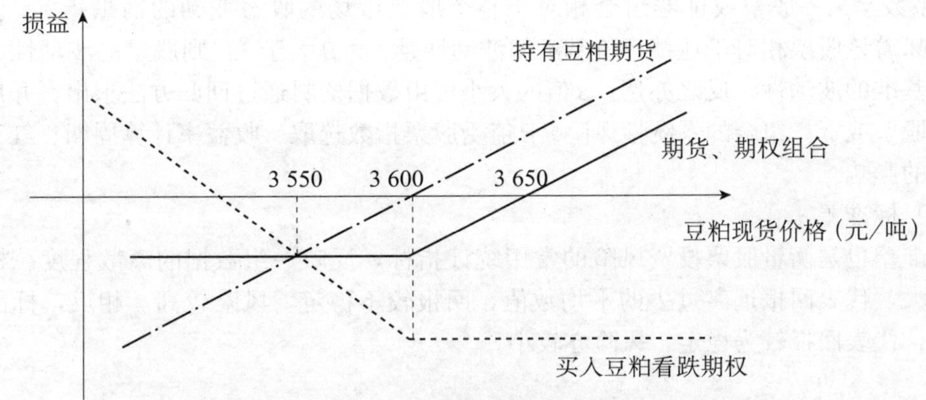

图4-1　饲料加工企业期货与期权组合保值方案的综合损益

第二节　股票投资风险管理

一、股票投资风险

股票是股份公司为筹集资金而发行的作为股东持股凭证并借以取得股息和红利的一种有价证券。与其他证券相比，股票的特点表现在无返还性、较大的价格波动性和风险性。

1. 股票投资风险

广义的风险是指由不确定性引致收益或损失的可能性，它包括三种可能的结果：收益、损失、不盈不亏。狭义的风险仅指不确定性引致的损失，下文所称风险皆指狭义的风险。股票投资收益是投资者投资股市得到的报酬，一般分为货币收益与非货币收益两类。股票投资风险通常按其影响范围与能否分散，分为系统性风险和非系统性风险两类。

(1) 系统性风险。

系统性风险指某种因素给市场上所有股票带来损失的可能性。它又包含以下四类：①市场风险，是指直接影响股票市场的内外部因素改变和市场形势变化给投资者带来损失的可能性。②购买力风险，又称“通货膨胀风险”，是指因物价上涨、货币贬值而使投资者遭受损失的可能性。③利率风险，指市场利率的波动导致该股票收益的潜在变动。④国际政治风险与外汇风险。国际政治风险指国际上的突发事件、国家政策变化等造成股票投资损失的可能性。外汇风险主要指汇率变化引致国外股票投资收益损失的可能性。

（2）非系统性风险。

非系统性风险是指对某个行业或个别股票产生影响的风险，通常由某一特殊因素引起，与整个股票市场的价格不存在系统的全面联系，而只对个别或少数股票的收益产生影响，也称微观风险。它包括：①经营风险，是指发行人内部经营管理和外部经营环境的变化引起股票收益下降的可能性。②违约风险，是指发行人由于财务状况不佳不能支付股息而给股票投资者带来的风险。③流动性风险，是指由于资产变现困难而造成投资者收益损失的可能性。

2. 股票投资风险的衡量

（1）β系数。

β系数是某一股票或证券组合相对于整个股票市场的收益变动的衡量指标。β值越高，意味着该股票相对于业绩评价基准的波动性越大。β大于1，则股票的波动性大于业绩评价基准的波动性，反之亦然。β值的大小可由数据资料通过回归方法求出，并用于衡量个别股票或资产组合的系统性风险。β值受股票指数选取、收益率计算周期、红利发放等因素的影响。

（2）标准差σ。

标准差也是衡量股票投资风险的常用统计指标，反映一组数据的离散程度。标准差数值越大，代表回报远离过去的平均数值，回报较不稳定，风险较高。相反，标准差数值越小，代表回报较为稳定，风险亦较小。

二、期货类金融工具与股票风险管理

股票投资中的风险可用期货交易来规避，相应的期货工具有两类：股票期货和股票指数期货。

1. 股票期货

股票期货是以单只股票作为标的物的期货，属于股票衍生品的一种。股票期货20世纪80年代后期才出现，进入21世纪，股票期货越来越受到关注，特别是伦敦国际金融期货交易所（LIFFE）推出的全球股票期货（USF）成长速度很快。LIFFE 2001年1月29日推出了25只股票的期货交易，4月2日起增加15只股票的期货交易，5月14日起再增加25只股票的期货交易，总计达到65个股票期货品种。这些股票包括英国、欧洲大陆和美国的蓝筹股，涵盖电信、科技、银行、石油、医药、保险、传媒、零售及汽车制造等9大类行业。

股票期货的主要特点是高效、便利、低成本。高效指投资者可迅速改变组合，比现货交易收益率高，有做空机制可双向交易。便利是指投资者可在上市地之外买卖该公司的股票期货，实现跨市场交易。低成本是指期货保证金比例更低（一般为10%左右），杠杆作用明显，交易成本更低并可能享有税收优惠。

案例4-5

利用商品期货的期股组合投资保值

2009年12月8—9日，铜业股票和沪铜期货价格均出现较大幅度的下跌。以云南铜业股票和沪铜1003期货为例。12月8—9日，云南铜业价格下跌2.67%，沪铜1003价格下跌 2.2%。投资者 A 与投资者 B 分别进行了如下交易：

投资者 A：只进行股票投资

12 月 8 日，买入 50 手云南铜业股票，成交均价 32.65 元，其证券账户投入资金 32.65×5 000=163 250 元。

12 月 9 日云南铜业股价大跌，A 为了防止股票价格的进一步下跌带来的损失，在 31.3 元价位上卖出全部股票。

当日交易结算，若不计交易手续费，证券账户亏损 6 750 元，收益率为−4.1%。

投资者 B：同时进行股票和商品期货交易

12 月 8 日，买入 50 手云南铜业股票，成交均价 32.65 元，其证券账户投入资金 32.65×5 000=163 250 元；同时，卖出 1 手沪铜 1003 合约，成交均价 56 060 元，合约总价 56 060×5=280 300 元，期货保证金 1×5×56 060×14%=39 242 元。为更好地控制风险，期货公司要求的保证金会高于合约要求。

12 月 9 日云南铜业和沪铜 1003 价格大跌。投资者 B 在 31.3 元价位上卖出全部股票，并在 54 550 元价位上买入 1 手沪铜 1003 合约平仓。

当日交易结算，若不计交易手续费，证券账户亏损 6 750 元，期货账户资金盈利 7 550元，期股组合投资实现净盈利 800 元，收益率为 0.4%。

很明显，期货市场为股票投资者提供了对冲风险的场所，在发达金融市场中，对冲基金对期股组合策略运用自如。如果选用相关的股票期货，保值效果会更好。若市场上找不到与某种股票相匹配的期货合约，可选择与该股票发行人处于同一行业的上市公司股票期货合约作为套期保值工具。当期货合约的价格与该种股票的价格的平行变动性特征明显时，保值效果会更理想。

2. 股票指数期货

股票指数期货也可用于对股票现货投资保值。与其他任何期货品种一样，运用股票指数期货套期保值也可分成空头套期保值与多头套期保值两种。当投资者持有股票现货时，若股票价格下跌，则其股票市值将下降。若投资者未来将买入并持有股票（或股票组合），为避免股票价格下跌导致投资组合市值损失，可采用空头套期保值策略，即在买入股票现货的同时，卖出一定数量的相关股票指数期货合约，若股价下跌，则在适当的时机将股票指数期货合约平仓，用期货市场的盈利弥补现货市场的亏损。多头套期保值策略则是在卖出股票现货的同时，买入一定数量的某种股票指数期货合约，再适时卖出对冲，以避免股价上涨后因过早卖出导致收益减少。

运用股指期货套期保值还有其他形式，如交叉套期保值、对不同风险部位的套期保值、复合套期保值和尾部套期保值。

运用股指期货为股票（或股票投资组合）套期保值主要有四个步骤：首先，分析判断股票市场走势，走势判断越准确，套保成功概率越高，机会成本越低。其次，测量系统性风险。套期保值的目的是通过现货市场和期货市场之间的反向操作来规避系统性风险。通过测量股票现货组合与股票指数期货的变动关系或系统性风险程度，判断投资组合是否需要进行套期保值及交易方向。系统性风险小的投资组合，套期保值的效果会不明显，且会产生交易成本。再次，确定套期保值策略，包括：(1) 选择交易方向。一般投资者持有股票组合并预测市场行情看涨时选用多头套期保值，持有股票组合但预计行情看跌时用空头套期保值。(2) 确定套保对象，是投资组合中的所有股票还是其中一部分。(3) 选择套保目标，是完全规避风险还是仅调整组合的系统性风险敏感度（β 值）。(4) 选择套保期限与期货合约。(5) 确定合适的套保比率与合约数量。最后，执行合约并动态调整，实施风险控制。

案例 4-6

利用股指期货为投资组合套期保值

若选用与广发策略优选混合基金 2009 年末十大市值股票相同的投资组合，2009 年 12 月 31 日该组合的市值和持仓数量如表 4-2 所示。组合管理人对市场未来一个月走势并不乐观，认为组合市值可能大幅度下跌。考虑到现货资产与期货价格相关性越高，套期保值效果越好，通过测算该组合中各股票基于沪深 300 指数的 β 值，发现除贵州茅台 β 值稍低（约 0.535 6）外，其他个股 β 值均在 0.8 以上。这表明该组合与沪深 300 指数的相关程度较高，因此，组合管理人决定采用沪深 300 股指期货套期保值。

表 4-2　广发策略优选混合基金 2009 年末十大市值股票

序号	证券代码	证券简称	持仓数量（万股）	12 月 31 日收盘价（元）	投资市值（元）	占净值比例（%）	β 值
1	600048	保利地产	2 927.77	22.40	655 820 480	5.25	1.081 3
2	600519	贵州茅台	348.04	169.82	591 041 528	4.73	0.535 6
3	002024	苏宁电器	2 786.85	20.78	579 107 430	4.64	0.865 5
4	601169	北京银行	2 384.27	19.34	461 117 818	3.69	0.931 5
5	601318	中国平安	743.92	55.09	409 825 528	3.28	1.055 3
6	600000	浦发银行	1 721.34	21.69	373 358 646	2.99	1.064 5
7	002073	青岛软控	1 596.50	22.45	358 414 250	2.87	0.809 4
8	600690	青岛海尔	1 334.96	24.79	330 936 584	2.65	0.877 2
9	600383	金地集团	2 357.86	13.88	327 270 968	2.62	1.298 9
10	000157	中联重科	1 184.23	26.01	308 018 223	2.47	1.002 9

注：表中个股的 β 值利用 2009 年 1 月 5 日—2009 年 12 月 31 日收盘数据测算得到。
资料来源：广发期货发展研究中心；Wind 资讯（下同）。

套期保值方案如下：

(1) 交易方向为持股不动并做空股指期货。

(2) 套保对象为整个投资组合的 10 只股票。

(3) 套保目标为完全套保，实现完全对冲系统性风险。

(4) 套保期限为 2010 年 1 月 4 日至 2010 年 2 月 5 日，选择市场上与套保期限比较相近的 IF1002 合约，其到期日为 2 月 22 日。

(5) 利用沪深 300 指数数据作为沪深 300 股指期货的代理变量，采用的参数估计样本区间为 2009 年 1 月 5 日—2009 年 12 月 31 日，共 244 组数据，使用 OLS、VAR、VECM 和 GARCH 四个最常用模型进行参数估计，计算各种模型的最优套期保值比率 H，接着再利用 Ederington 测度方法，根据各种模型的最优套保比率 H 测算出各种模型的套期保值效率 He，结果如表 4-3 所示。

表 4-3　各种模型下套期保值效果比较

	H	He
OLS	0.929 463 297	0.811 054 193
VAR	0.935 232 649	0.811 022 944
VECM	0.900 485 818	0.810 265 866
GARCH	0.927 325 228	0.811 049 901

从表 4-3 可知，四种模型的套期保值效率都在80%以上且数值相差不大，综合套保效率与套保比率，选择效率最高的OLS套期保值比率 0.929 463 297。

沪深 300 指数在 2009 年 12 月 31 日的收盘价为 3 575.68 元，合约乘数为 300，投资组合的市值为 4 394 911 455 元，则所需期货合约数为：

N=0.929 463 297×4 394 911 455/(3 575.68×300)=3 808（手）

在操作流程上，投资组合管理人需要提前通过交易所会员递交 3 808 手交易申请，报请交易所批准。假设组合管理者 12 月 31 日卖出了相应期货，交易成本按单边交易额的 0.000 15 计算，总交易成本约为 659 236.72 元。

在套期保值的过程中，需要对存在的各种风险进行动态监控。这些风险包括交叉套保风险、变动保证金风险、基差风险、期货价格偏离合理价格的风险等。

本例属于交叉套期保值，而股票组合的β值具有时变特征，因此最优套期保值比率会变化，存在交叉套保风险，所以需要对期货头寸进行调整。但若调整太频繁，会因交易成本影响套期保值效率。因此，实践中常用的方法是根据目标资产β值的稳定性和调整成本，设定一定的阈值（如1%），当套期保值比率变化率超过阈值时，调整期货合约数；也可采用定期调整的方法（如每三天调整一次），以达到较好的套期保值效果。

股指期货套期保值还必须注意期货保证金管理。预留一定的额度及时补充每日出现的亏损。此外，期货头寸动态调整时可能需要新开仓合约，也要预先规划一定的储备资金。期货保证金管理一般根据期货合约历史交易价格的时间序列，估计未来可能出现的亏损（如 VAR 值模型），进而规划和确定预留的现金数额。通常按99%置信水平储备的现金可应付正常波动情况下的保证金追加风险，但也要考虑极端情况，如连续暴涨暴跌时头寸因保证金不足被强行平仓，影响套期保值的成败。解决办法是采用极值理论估计风险，储备短期国债等流动性资产等。

因保值期与期货合约到期日不一致，基差风险仍然存在。如果对股指期货合约展期，可能要承受不利价格变化的风险。此外，若投资者在非交割日对期货头寸进行平仓，此时期货合约的交易价格可能偏离合理价值。不过，期货价格大幅以及长时间偏离合理价格的概率并不大，加之手中持有现货的投资者可能实施变通的反向套利策略，因此期货价格偏离合理价格的风险应不至于过高。

平仓时机的选择也很重要。如果判断市场出现逆转，可提前平仓结束套期保值。当套期保值合约接近到期时或者套保合约价格出现较大不利变化时，选择好的展期策略能带来超额回报。到期结束套保也需要对平仓时机进行选择。

本例中套保期限设定为 2010 年 1 月 4 日—2 月 5 日。建立期货头寸后，使用每三天调整一次的动态调整方法对持有的期货合约数进行调整，并与不调整的情况进行比较。结果发现，在整个套保期限内，在两种保值策略下，现货累计的亏损额和期货累计的盈利额大致相抵，从而使总盈亏一直保持在较低的水平。2010年2月5日，预定的套保期限到期，组合管理人以沪深300指数市场价格3 153.09对所持有的全部期货头寸进行平仓，结束套保。

本例套期保值策略的最终盈亏结果如表4-4所示。如果不进行套期保值操作，则现货市值亏损额达530 788 343元，超过期初现货市值的12%。不做调整的套保，现货亏损基本上由期货盈利相抵，最终亏损额为49 174 569元，仅约占期初现货市值的1.1%。动态调整的套保投资组合最终亏损61 227 067元，不到期初现货市值的1.4%。

表4-4 套期保值利润表

	未套保投资组合	不做调整的套保	动态调整的套保
期初现货市值（元）	4 394 911 455	4 394 911 455	4 394 911 455
现货盈亏（元）	−530 788 343	−530 788 343	−530 788 343
期货盈亏（元）	0	481 613 774	469 561 276
总盈亏（元）	−530 788 343	−49 174 569	−61 227 067
总盈亏占期初现货市值的比例	0.120 773 387	0.011 188 978	0.013 931 354

图4-2是不进行套保、不做调整的套保与动态调整的套保的效果对比。很明显，未进行套保时，投资组合市值跟随市场经历了较大幅度的下跌，从原来接近44亿元下跌到约38.6亿元，而不做调整的套保投资组合和动态调整的套保投资组合二者的走势较为相近，其市值一直保持在43亿元上下波动，且最终回升到43.4亿元左右，损失较小。在本例中，采用不做调整的套保策略所得到的结果要优于采用动态调整的套保策略所得到的结果。这是因为该投资组合与指数具有较高的相关性，对于主动管理的组合而言，则有必要进行动态调整。

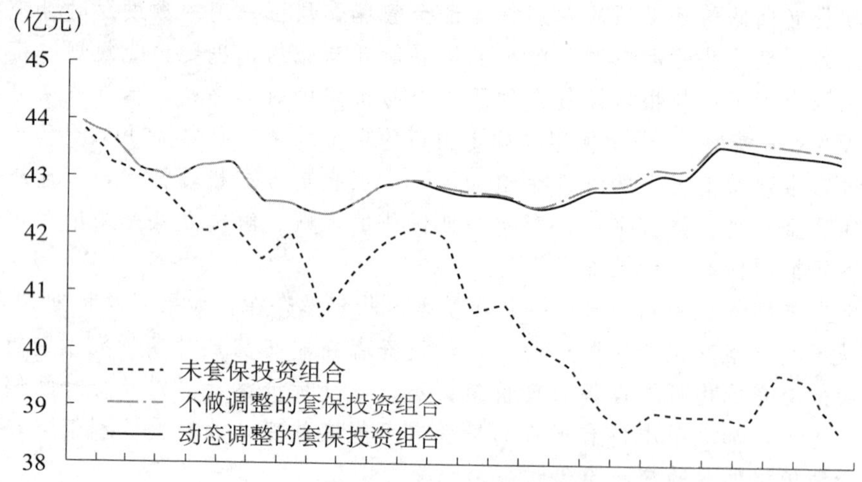

图4-2 未套保、不做调整的套保与动态调整的套保的效果对比

资料来源：广发期货发展研究中心。

三、期权类金融工具与股票风险管理

规避股票投资风险的期权工具也分为两类：股票期权与股票指数期权，同样适用于非系统性风险和系统性风险管理。与期货工具相比，期权工具更富于变化。

小资料

沪深交易所期权业务差异

期权交易2015年走进我国金融市场，总体来看，期权市场交易秩序良好，期权保险功能逐步发挥。同为国内两大股票现货交易所，上海证券交易所（以下简称“上交所”）与深圳证券交易所（以下简称“深交所”）推出的股票期权产品存在相似性，但也有差异，其期权业务的差异主要体现在以下方面：

1. 账户管理

由于上交所特定的交易模式，投资者单一上海A股账号（以下简称“沪A账号”）只能在一家期权经营机构开立期权合约账户，在一人多账户体系下，投资者可以开立20个沪A账号，但是只能使用其中5个开立期权合约账户，不同合约账户的区分完全取决于相应的沪A账号。

相比之下，深交所的账户体系自由一些，投资者可以使用同一个深A账号在多家期权经营机构开立期权合约账户，但是在多账户体系下仅允许使用一个深A账号在不同期权经营机构开立合约账户。由于深A账号相同，不同合约账户的区分取决于后缀的期权经营机构的结算参与人账号。目前深交所并没有规定多家的上限是几家，从理论上讲，深交所期权可以突破上交所5个合约账户的限制。

2. 交易机制

主要差异体现在对备兑开仓后备兑证券不足的处理，上交所备兑证券不足必须于下一交易日11:30之前补足相应证券或对备兑合约平仓，否则强行平仓。而深交所则可将不足部分对应的备兑仓转为普通仓，并收取维持保证金，免去了投资者因疏忽在备兑不足情形下被强行平仓的烦恼。

3. 风险控制

上交所是按单一衍生品合约账户进行前端控制，而深交所则是对深A账号下所有合约账户合并计算并进行前端控制。对投资者而言，参与上交所期权业务仅需关注单个合约账户是否满足交易所风控要求即可，而参与深交所期权业务不但要考虑单个合约账户的风控指标，还要从全局上合并考虑名下所有合约账户的相关风控指标。

另外，限购制度中深交所衡量的是投资者持有沪深证券市值的合计数值，而上交所仅考虑沪市证券市值，深交所给予投资者更多的买入额度。

4. 结算交割

股票期权业务标的物实际上包含股票和ETF两种，上交所对股票期权业务的行权交割周期的规定并未区分股票和ETF，即都为E日行权，E+1日日终交割，E+2日可卖；深交所采取了区别对待的方式，即采用E日行权，E+1日日终对标的物为股票的合约进行交割，E+2日股票可卖，而E+2日日终对标的物为ETF的合约进行交割，E+3日ETF可卖。对投资者而言，标的物为股票的期权合约并没有什么差别，但是对标的物为ETF的期权合约，在深交所规则下需要多出一个交易日才能卖出交割得来的ETF。根据现行制度下周三为行权日推算，期权交割得来的ETF现货在下一个周一才能卖出，两个交易日的延迟和周末的各种不确定性政策消息都可能导致不可测的额外风险。

1. 股票期权及其组合策略

在规避股票投资（组合或投资基金）风险的实践中，运用期权交易管理投资风险的策略可根据是否持有股票做出选择。如果投资者将要买入股票，可采用以下策略防范价格波动风险：

（1）买入看涨期权。买入看涨期权可使买方从标的物股票价格的上涨中获利，同时又可以防范股票价格下跌的风险。

（2）买入价差期权。价差期权即为一种期权的多头配以同类期权的空头，但期权的协议价格不同或到期期限不同。如果买入的看涨期权协议价格低于卖出的看涨期权协议价格，则称为牛市价差组合；如果买入的看跌期权协议价格高于卖出的看跌期权协议价格，则称为熊市价差组合；还可将两者结合起来，形成盒式价差组合。

案例 4－7

股票期权组合交易策略——盒式价差

某股票 2 个月期限的期权价格如表 4－5 所示。

表 4－5　某股票 2 个月期限的期权价格

执行价格（元）	看涨期权（元）	看跌期权（元）
55	0.96	5.23
60	0.26	9.46

假定该股票目前每股价格为 50 元，波动率为 30%，股票无股息。由于买权与卖权价差不同，可通过盒式价差组合来规避风险并适当获利。

具体操作：买入执行价格为 60 元的看涨期权，买入执行价格为 55 元的看跌期权，卖出执行价格为 55 元的看涨期权，卖出执行价格为 60 元的看跌期权。

交易数量：执行价格为 55 元、60 元的看涨、看跌期权各 1 份。

效果：2 个月内收益固定（5 元）。

分析：执行价格为 55 元及 60 元的牛市价差的价格为 0.96－0.26＝0.70 元。

由同样执行价格的看跌期权构造的熊市价差的价格为 9.46－5.23＝4.23 元。

两个价差期权的组合费用：0.70＋4.23＝4.93 元。

利润：5－4.93＝0.07 元。

机会成本：资金的占用成本，设当前银行年利率是 3.5%，将期初权利金存入银行两个月，收益为 4.93×(1＋3.5%/12×2)＝4.96 元。

4.96 元 ＜ 5 元，因此，这笔盒式价差能够带来较好的收益。

若投资者手中已经持有股票，根据侧重点的不同，投资者持股的策略可分为收益增加策略与保值策略。收益增加策略又可分为：

（1）出售看涨期权。投资者出售所持股票的看涨期权是一种常用的策略，如果到期时期权溢价，投资者就需交割已持有的股票。

（2）按比例出售看涨期权。按这种投资策略出售的看涨期权与所持有的股票成一定比例。按此策略，期权费收入会少一些，但如果股价上涨超过协议价格，投资者可从未抛补的部分股票资产中获益。

（3）出售裸式看跌期权。裸期权又称无保护期权，是指期权卖方并未持有资产的期权。一旦价格下跌，裸式看跌期权的卖方将被迫买入标的物资产，有时这也是一种低价买入资产的策略。

典型的实例是，巴菲特 1993 年 4 月以每份 1.5 美元的价格卖出标的物数量为 300 万股、执行价格为 35 美元/股、到期日为 1993 年 12 月 17 日的可口可乐股票的看跌期权，后来又以相同的做法追加 200 万股的额度。到期时该看跌期权被执行，巴菲特最终以大约 33.5 美元/股的成本获得了 500 万股可口可乐股票，既收取了权利金又取得了股票。这一操作后来为伯克希尔公司赢得了可观利润。

牛市中投资者持股的保值策略包括：

（1）买入看跌期权。该策略可使投资者出售股票的价格维持在协议价格之上。

（2）股票变现并买入看涨期权。一旦出售后股票价格继续上涨，投资者可行使买权，把握价格持续上涨的机会盈利。

需要指出的是，由于股票期权的标的物资产是股票或股票投资组合，当发生除权除息等股利分配行为时，股票期权合约可能面临调整。调整包括合约单位和行权价，这些调整可能会使投资者面临新的风险。

案例 4-8

股票期权的合约调整及其影响

股票期权合约调整是指合约标的物股票（或基金）发生除权、除息时，交易所在除权、除息当日，对该合约标的物所有未到期合约的合约单位、行权价格进行调整，并对除权、除息后的合约标的物重新挂牌期权合约。除权、除息是由标的物的特殊性决定的，股指及商品期货则不需考虑这个问题。

合约调整分为两个部分：第一是对原有合约的合约单位和行权价进行调整，调整之后的合约成为非标准合约，如果出现非标准合约的持仓数量日终为零的情形，交易所会于下一交易日对该合约予以摘牌，同时对非标准合约不再加挂新到期月份与行权价格的合约；第二就是对除权、除息后的合约标的物重新挂牌标准合约。标准合约和非标准合约可以从合约单位上区分，如 ETF 期权合约，若合约单位为 10 000，就是标准合约。

调整方法举例说明如下：

华夏上证 50ETF 2014 年 11 月 11 日发布了利润分配公告，每 10 份基金份额分红 0.43 元，除息日为 2014 年 11 月 17 日。11 月 17 日（11 月 16 日收盘价为 1.774 元），交易所根据如下公式计算新合约单位：

新合约单位=[原合约单位×(1+流通股份实际变动比例)
×除权（息）前一日合约标的物收盘价]/
[(除权（息）前一日合约标的物收盘价一现金红利)
+配股价格×流通股份实际变动比例]

代入数值，有：

$$10\,000\times1.774/(1.774-0.043)\approx10\,248.41$$

根据四舍五入的原则得到新合约单位为 10 248，再按照合约名义价值（=行权价格×合约单位）不变的原则，用如下公式计算新行权价格：

新行权价格=原行权价格×原合约单位/新合约单位

计算得到的新行权价格见表 4-6（仅列举三个行权价）。

表 4-6 调整前后合约单位及行权价

原行权价（元）	新行权价（元）	原合约单位	新合约单位
1.750	1.708	10 000	10 246
1.800	1.756	10 000	10 251
1.850	1.805	10 000	10 249

除息后，50ETF 的价格为 1.731 元，交易所以该价格为基准，新挂行权价为 1.75 元的平值以及上下各两档的共 5 个行权价、认购（买权）认沽（卖权）、4 个到期月份共计 40 份新合约。

合约调整后，除了新加挂 40 份标准合约外，投资者还应该熟悉合约调整对备兑策略的影响。沿用本例，假设某投资者 11 月 12 日锁定了 10 000 份上证 50ETF，备兑开仓了一份行权价为 1.80、12 月到期、合约单位为 10 000 的认购期权合约（买权）。11 月 17 日，发生合约调整之后，该投资者的持仓合约调整为"行权价 1.756、12 月到期、合约单位 10 251"，仍为认购期权合约。此时，投资者的备兑证券依旧为 10 000 份上证 50ETF，数量小于调整后合约要求的备兑证券数量（应该为 10 251 份）。发生备兑证券不足的情形，投资者必须在下一交易日的特定时间内（投资者与经纪商在合同中约定）将备兑不足证券补齐，否则可能面临被强行平仓的风险。该例中投资者需在规定时间内追加锁定 251 份上证 50ETF，才能确保备兑持仓不被强行平仓。

2. 股票指数期权

股票指数期权是在股票指数期货合约的基础上产生的。期权买方付给期权的出售方一笔期权费，以取得在有效期内或有效期结束时，以某一价格水平买进或卖出某种股票指数合约的选择权。指数期权以普通股股价指数作为标的物，其价值取决于股价指数的价值及其变化。

第一份普通股指期权合约 1983 年 3 月在芝加哥期权交易所出现，标的物是标准普尔 100 指数。之后，美国的各大证券交易所、期货交易所也开始涉足股指期权交易。经过 30 多年的发展，股指期权品种已经非常丰富，出现了如长期期权（LEAPS）、封顶期权（CAPS）等新型期权，股指期权的标的物指数也扩展到标准普尔（S&P）、道琼斯（Dow Jones）、纽约证交所（NYSE）、拉塞尔（Russell）、摩根士丹利（Morgan Stanley）等指数，期权品种达数十种。费城股票交易所还推出了 20 多种行业指数期权，如 KBW 银行指数期权、KBW 保险指数期权等。1997 年，芝加哥商业交易所开始交易 E-mini S&P500 股指期货合约，这种 E-mini 模式很快被应用于期权交易中。

股票指数期权在风险管理中的避险原理与股票期权相同，都是通过选择权交易规避价格波动的不利变动，并可适时抓住价格有利的波动行权。只是股指期权的标的物资产不是单只股票，而是 S&P500 之类的股票指数。

股票指数期权主要有两类：一类是以股票指数本身作为标的物资产，期权到期时只能以现金结算；另一类是以股票指数期货作为标的物资产，期权到期时可以转换成相应的期货合约。

指数期权或指数期货期权在功能上与股票期权十分相似，即主要用于套期保值和投机。如果某投资者希望从股票价格水平的上涨中获利，同时又在市场下滑时止损，可通过买入看涨期权或牛市看涨价差组合来达到目的。另外，资产管理者持有由多种股票构成的股票资产组合，也可以应用指数期权或指数期货期权构建上限、下限、对称或其他金融组合来达到保值和增值的目标。

案例 4-9

股票指数期权与股票指数期货套期保值的差异

某投资者需要卖出10万股A公司股票，假定卖出价格为10美元/股，投资者预计股票市场会上涨，这时他可以有两种套期保值方案供选择：

1. 买入股指看涨期权

买入50份S&P500股票指数的看涨期权，每份合约的期权费为40美元，到期日为6月1日，执行价格为500点。考虑以下两种情况：

(1) 期权到期日指数现货价格为540点，A公司股票上涨到12美元/股。

投资者在股票上的相对损失：(12－10)×100 000＝200 000美元。

执行期权合约，盈利：(540－500)×100×50－50×40＝198 000美元。

净损失＝2 000美元。

(2) 到期日股票指数下跌到480点，A公司股票下跌到9美元/股。

在股票上相对盈利：(10－9)×100 000＝100 000美元。

放弃执行期权，损失期权购买成本：50×40＝2 000美元。

净盈利＝98 000美元。

2. 买入股指期货

以执行价格500点买入50份3月期的S&P500股票指数期货，考虑以下两种情况：

(1) 6月1日，指数现货价格为540点，A公司股票上涨到12美元/股。

投资者在股票上的相对损失：(12－10)×100 000＝200 000美元。

卖出指数期货，盈利：(540－500)×100×50＝200 000美元。

净损失＝0。

(2) 6月1日，股票指数下跌到480点，A公司股票价格下跌到9美元/股。

在股票上相对盈利：(10－9)×100 000＝100 000美元。

卖出指数期货，亏损：(500－480)×100×50＝100 000美元。

净盈利＝0。

本例的对比说明，股票指数期权套期保值可在锁住价格变动风险的同时获取价格有利变动的收益，而股票指数期货套期保值则是用价格有利变动的收益来换取对价格不利变动损失的风险防范，两者在套期保值、防范风险方面有差异。作为风险管理工具，股票指数期权和股票指数期货并不能相互替代。

市场是多变的，投资者对市场走势的判断也各不相同，有时看涨的行情中也会有大幅的反向波动。此时运用期权组合交易就比单边的期权交易更为妥当。

案例 4-10

深度虚值期权的避险应用

虚值期权又称价外期权，是没有内在价值的期权。深度虚值期权可以理解为δ绝对值小于0.2的期权。以上证50ETF期权为例，当上证50ETF期权为3.4元/份时，执行价格为4.2元/份的2月期认购期权δ值为0.2，执行价格为2.9元/份的2月期认沽期权δ值为−0.2。那么，执行价格高于4.2元/份的认购期权、低于2.9元/份的认沽期权均属于深度虚值期权，其特征是：

(1) 权利金低。实值期权（价内期权）的价值包括内在价值与时间价值，而平值期权和虚值期权只有时间价值，并且虚值程度越深，时间价值越低。深度虚值期权购入成本很低，当上证50ETF期权为3.4元/份时，1手δ值为0.2的2月期上证50ETF认沽期权为0.09元/份（900元/手），占现货价格的2.6%。在同等条件下，平值期权权利金占现货价格的7.6%，δ值为0.8的深度实值期权权利金占现货价格的22.9%。

(2) 获利概率低，但收益率高（买入期权）。以认沽期权为例，在到期日，只有标的物价格下跌至执行价格以下，并超过权利金，才有盈利可言，这需要跌幅足够大才行。如果以δ值作为期权在期末成为的实值，深度虚值期权获利的概率通常低于20%，虚值程度越深，获利概率越低。然而一旦获利，由于期权权利金低，其收益率会相应变高。

深度虚值期权的优势集中在成本低、收益率高两个特征上，很适合对抗极端风险，只要合理布局，便能大幅度提高交易绩效。无论是期货市场还是股票市场，大幅单边行情的出现往往会导致持有反向头寸的投资者产生巨大亏损。理性的投资者可采用深度虚值期权应对价格风险。

假设某投资者以3.4元/份买入10 000份上证50ETF期权，为应对可能的价格大幅下跌风险，分别利用不同状态的期权进行对冲。

策略A：买入1手2个月期限的认沽期权，执行价格为4.1元/份，权利金为7 400元（根据上海证券交易所期权挂牌规则，无4.1元/份执行价格的认沽期权交易，这里是纯假设，期权价格由定价公式给出），此为深度实值期权。

策略B：买入1手2个月期限的认沽期权，执行价格为3.4元/份，权利金为2 600元，此为平值期权。

策略C：买入1手2个月期限的认沽期权，执行价格为2.6元/份，权利金为240元，此为深度虚值期权。

三周后不同市况下三种策略的投资效果见表4-7。

表4-7　　三周后不同市况下三种策略的投资效果

上证50ETF（元/份）	策略A			策略B			策略C		
	权利金（元/份）	损益（元）	收益率（%）	权利金（元/份）	损益（元）	收益率（%）	权利金（元/份）	损益（元）	收益率（%）
4.6	0.122	−6 180	−83.5	0.006 9	−2 531	−97.3	0.000 024	−239.6	−99.9
4.2	0.21	−5 300	−71.6	0.025	−2 350	−90.4	0.000 19	−238.1	−99.2
3.8	0.42	−3 200	−43.2	0.079	−1 810	−69.7	0.001 4	−226	−94.1
3.4	0.703 0	−230	−3.1	0.2	−600	−23	0.008 8	−152	−63.6
3	1.14	3 440	46.5	0.45	1 900	−73	0.043	190	79.2

续前表

上证50ETF（元/份）	策略A			策略B			策略C		
	权利金（元/份）	损益（元）	收益率（%）	权利金（元/份）	损益（元）	收益率（%）	权利金（元/份）	损益（元）	收益率（%）
2.6	1.48	7 400	100	0.79	5 300	203.8	0.16	1 360	566.7
2.2	1.878	11 380	153.7	1.18	9 200	353.8	0.42	3 960	1 650

在收益方面，深度实值期权对冲最为直接，收益高，但收益率低；利用深度虚值期权收益低，但收益率高；买入平值认沽期权收益和收益率均居中。

在风险方面，随着上证50ETF期权的上涨，利用期权操作亏损不断加大，但最大亏损为全部权利金，其中低执行价看跌期权的收益率几乎达－100%，损失全部权利金。

在绝对值方面，买入低执行价看跌期权方法的收益最低，但这只是1手交易的投资效果，如果将1手深度实值期权的权利金7 400元用于买入深度虚值期权，可买30手，价格一旦下跌，其绝对收益将远远大于其他两种对冲方法。在实际交易中，投资者可根据持有的现货量来合理搭配期权交易数量。

不同市况下三种策略的比较选择见表4-8。

表4-8　不同市况下三种策略的比较选择

市况	深度实值期权	平值期权	深度虚值期权	胜出方
上涨	随着价格不断上涨，亏损不断增大，最大亏损为权利金	随着价格不断上涨，亏损不断增大，最大亏损为权利金，低于深度实值期权	随着价格不断上涨，亏损不断增大，最大亏损为权利金，但低于平值期权	深度虚值期权
不变	时间价值衰减导致有所亏损	时间价值衰减导致有所亏损，亏损大于另两种期权	时间价值衰减导致有所亏损	深度实值期权或深度虚值期权
下跌	随着价格下跌，收益不断增加，收益率较高	随着价格下跌，收益不断增加，收益率很高	随着价格下跌，收益不断增加，收益率最高	深度虚值期权

对比三种对冲风险的方式，买入虚值认沽期权最为有效，尤其是在行情暴跌时，由于权利金极低，深度虚值期权收益率变动会非常快。如果投资者买入大量深度虚值认沽期权，价格一旦暴跌，其收益足以弥补上证50ETF期权的下跌亏损。

值得注意的是，当行情大幅下跌并企稳时，最好将深度虚值期权平仓了结，因为期权权利金会随着到期日的临近而不断衰减，会大大减弱对冲效果。

各类股票衍生工具的场外交易情况如图4-3所示。

四、其他金融工具与股票风险管理

除了股票期货、股指期货、股票期权、股指期权及这些工具的组合应用之外，股票投资的风险还可通过投资证券组合保险、购买认股权证、投资可转换债券等方式来消除。

1. 证券组合保险

运用证券组合保险策略可以将股票资产构造成类似于买入看涨期权的结构，即当股价下滑时，投资组合的价值在一定额度内不受侵蚀，以规避下方风险；而当股价上涨时

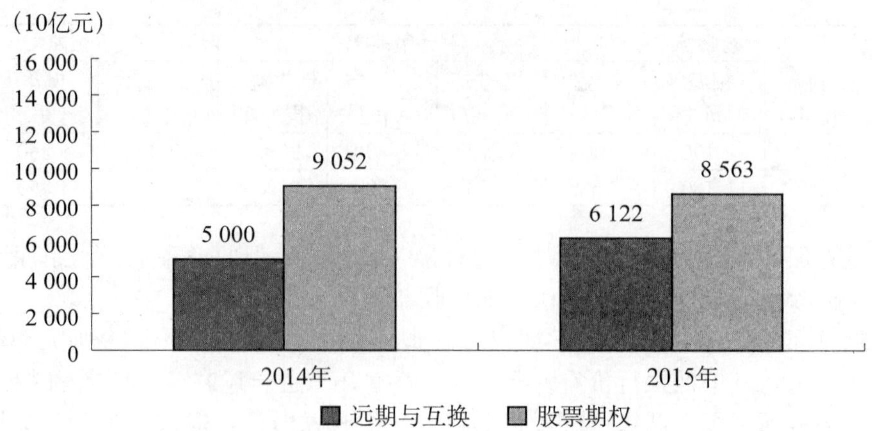

图 4-3 股票衍生工具场外交易概况

资料来源：国际清算银行。

可参与股市增值利益，但这是以放弃部分向上捕获率为代价的。这种策略通常是为养老基金投资者而设计的，投资者要求保证确定的最低回报，并在可能的情况下收益越高越好。

有几种方案可满足这种类似看涨期权的投资需求：第一，买入股票或债券，同时买入具有保值作用的看跌期权以确定某种下限价格。第二，投资于无风险的带有利息的存款，并买入股指看涨期权，股价上涨时可获得盈利空间。第三，采用动态资产配置策略，即证券组合保险。

（1）证券组合保险策略的分类。

证券组合保险策略大致可以分为两大类：一类是以选择权为基础的证券组合保险策略，如欧式保护性卖权策略、合成卖出期权策略等。另一类是依据风险偏好和承受能力，设定简单参数形成的证券组合保险策略，如买入持有策略、固定比例组合保险（CPPI）策略、非时变组合保险（TIPP）策略、停损策略等。其中，欧式保护性卖权策略和买入持有策略属于静态证券组合保险策略，这两种策略其间都不做资产配置的调整。欧式保护性卖权策略是在期初直接购买欧式卖权，然后持有，直到保险到期日为止，其间并不修改任何保险策略；买入持有策略也是持有资产至投资期满。其他策略需要不断调整资产的组成，故称为动态证券组合保险策略。

（2）证券组合保险策略的特点。

证券组合保险策略的特点主要体现在以下五个方面：

第一，它属于凸性策略（追涨杀跌）。

凹性策略是具有凹性收益曲线的策略，即在股票价格下跌时买入，在股价上升时卖出，该策略在平衡市场中表现出色，固定组合策略属于此类。凸性策略是具有凸性收益曲线的策略，即越跌越卖，越涨越买，该策略在单边市场中表现出色，固定比例组合保险策略、δ 对冲保值策略和合成卖出期权策略是凸性策略的代表。

第二，纪律性极强。

组合保险策略有着严格的投资目标——保值，与盈利目标相比，保值具有明显的绝对性或无条件性，因此，组合保险策略的各项实施要点需要极其严格的投资纪律来保障，这是其他投资策略所不重视的。例如，在合成卖出期权策略下，因为在不同时间、在标的物资产的不同价格下，特定执行价格的看跌期权价值是不断变化的。为达到效果，策略执行人需要不间断地调整组合结构比例，否则可能影响最终保值效果。又如，为满足资产组合日常调整的要求，组合中的投资品种必须是高流动性的产品。

第三，要求较高的专业技能。

在以期权为基础的组合保险策略里，投资者要按布莱克-斯科尔斯模型计算期权价值，确定标的物资产价值、无风险利率、执行价格、距到期日的时间及标的物资产价格波动率五大因素，其中，确定标的物资产价格波动率是一项技术性工作。在以固定比例组合保险模型为基础的策略里，投资者因计算期末要保金额当期现值涉及估计保值期间市场收益率的走势，准确估计市场收益率也有极强的技术性。

第四，可能会导致较高的交易成本和机会成本。

组合保险策略要求经常进行结构调整，可能导致累计交易量过大，产生较大的交易成本。有些策略，如CPPI类策略，由于其保留资产是低风险低收益型的产品，使整体组合风险资产的投资量受到了巨大限制，放弃了较大的升值机会。

第五，对投资品种的流动性要求更高。

尤其是动态证券组合保险策略需要频繁地调整各类资产，如果投资品种的流动性较差，更容易导致较高的交易成本与冲击成本。

案例 4-11

买入持有策略和CPPI策略在保本基金中的应用

保本基金20世纪80年代中期起源于美国，随后在全球范围内蓬勃发展。根据欧洲投资基金联合会（FEFSI）2002年公布的资料，截至当年7月2 229只保本基金的资产规模达1 250亿欧元。买入持有策略和固定比例组合保险（CPPI）策略在海外保本基金的运作中被广泛采用。亚洲地区尤其是在香港，买入持有策略占主导地位，而在欧美地区，两种策略则兼而有之。

1. 买入持有策略

香港保本基金常采用买入持有策略。这类基金执行静态投资策略，资产按照一定规则配置好后，在到期日前不再调整其投资策略。基金份额的绝大多数用于购买低风险资产，剩余资金通常用于购买欧式看涨期权，利用其高杠杆性去博取潜在的股票市场高收益，这与OBPI中的期权使用有着本质区别。以某只投资期限为3年，并实行100%保本承诺的基金为例，可将资金的91.5%（即价值底线）投资于当前收益率为3%的债券，到期后可获得100%的现金流（本金+利息），并将剩余8.5%的资金用于购买盯住某一市场指数的买权。标准的价值底线资产构成一般为同保本期限的零息债券或者零息大额存单等，借以锁定再投资风险，获取到期日的固定现金流。

海外采取买入持有策略的保本基金，其买权挂钩标的物相对多样化，通常是一篮子指数或者一篮子股票，其中一篮子指数是首选，这在亚洲地区相当流行。通常选择的指数包括全球主要指数，如恒生指数、MSCI台湾指数等等。一篮子股票组合通常是全球范围内的蓝筹股，如汇丰环球科技保本基金的20%以全球20家科技领先股为投资目标。

除一篮子指数期权和股票期权作为挂钩标的物外，海外保本基金还投资于其他类型期权。如东方汇理推出的两只消费物价指数保本基金，分别与美国和澳大利亚的消费物价指数升幅挂钩，基金回报与美国及澳大利亚的消费物价指数挂钩，利润主要取决于通胀率。这两只基金在运作上完全相同，只是在交易货币和保证回报上有所区别。

2. CPPI 策略

运用 CPPI 策略的保本基金通常要不断调整风险性资产比例，确定风险性资产及保留资产的比例和种类。CPPI 策略并不是保本基金的特有策略，也被某些平衡型基金用于动态管理投资组合。保本基金在投资策略上与一些平衡型基金非常相似，只是保本基金有保本承诺。例如，底线基金（floor fund），其投资策略及运作机制基本上等同于保本基金，唯一的不同之处就是不提供底线保本承诺。

由于海外金融衍生品种类较多，各类基金的投资范围也相对较为广泛。保本基金通常的资产配置有股票、债券以及期权等衍生品，还包括某些基金产品，如对冲基金、货币市场基金等。以 Mashreq Alternative 100%保本基金为例，在发行初期将 65%的初始资金投资于 SGAM 替代多元化基金。

国内保本基金的发展可从 2003 年 8 月 23 日开始发行的南方避险增值基金算起，当时监管层对“保本”承诺持谨慎的态度，该基金刻意避开保本的概念，只在募集说明书里阐述了 CPPI 机制及相关保本承诺。2004 年 2 月 16 日发行的银华保本增值基金才是我国首只保本基金。该基金限量募集资金 60 亿元，因认购踊跃提前结束发行。

我国保本基金都采用 CPPI 策略作为基本投资策略。从发展轨迹上看，这些基金对 CPPI 策略的描述逐渐清晰和完善。南方避险增值基金的投资策略为参照优化后的 CPPI 机制对风险资产下限进行动态调整，以实现避险目的。在控制本金损失风险的前提下，通过积极策略、灵活投资，力争最大限度地获取基金资产增值。由于简单 CPPI 策略存在过于僵化被动、前期收益较多时易过激投资、忽略市场波动情况、交易成本较高等问题，该基金对简单策略进行了多种优化，但没有明确表述具体的优化策略。

至银华保本基金和天同保本基金发行时，它们对 CPPI 策略及其优化机制的描述已更为具体，同时都强调附以非时变组合保险（TIPP）策略。即按照 CPPI 策略对股票资产进行动态调整，并根据市场的中长期态势，适度调整安全垫中长期的放大倍数。在市场处于弱市时，辅以 TIPP 策略以控制基金风险，确保基金保本目标的实现。国泰保本基金则引入了 OBPI 策略概念，适用于可转债投资。可转债能拆分成公司债券和看涨期权。当正股价格高于转换价格时，可转换债券的价格和正股的价格有很强的相关性；当正股价格低于转换价格时，可转债又表现出债券的价格特征，同国外价值底线加欧式买权的方式类似。

2. 认股权证

权证是附有特定条件的一种有价证券，投资人支付权利金购得权证后，有权于某一特定期间或到期日，按约定的价格认购或沽出一定数量的标的物资产（如股票、股指、黄金、外汇或商品等）。认股权证的标的物资产是股票，这类权证类似于某种公司股票的长期期权。权证交易的实质是期权买卖。

按权利内容，权证可分为认购权证和认沽权证。按行使特点，认股权证可分为欧式和美式两类。按照发行主体，认股权证可分为股本权证和备兑权证（也可称为衍生权证）两种。股本权证属于狭义的认股权证，是由上市公司发行的，期限一般较长。由于上市公司不能持有自己公司的股票，股本权证持有人行权时，公司必须发行新股或注销公司股票，因此会导致公司股本扩张（认购权证）或收缩（认沽权证）。股本权证通常是上市公司员工激励机制的一部分。备兑权证则属于广义认股权证，是由上市公司以外的第三方（一般为证券公司、银行等）根据市场需求或特殊目的发行的，持有人行权时不会增加股份公司的股本。

认股权证的九大要素：（1）发行人。可能是上市公司或第三方（大股东或证券公司），如发行人为第三方，通常需要设立独立的托管人。（2）权利性质。权证的权利是认购权还是认沽权。（3）到期日。即可以行使权利的最后日期。（4）执行方式。行权方式是美式还是欧式。（5）交割方式。一般有实物交割和现金交割两种形式。实物交割是指投资者行使认股权利时从发行人处购入标的物证券，而现金交割则指投资者在行使权利时，由发行人向投资者支付市价高于执行价的差额。（6）认股价。权证持有人行权时向发行人认购标的物股票的价格，在发行时就已确定。（7）权证价格。权证价格与期权类似，由内在价值和时间价值两部分组成。（8）认购比率。认购比率是每张权证可认购正股的股数，如认购比率为0.1，表示每十张权证可认购一股标的物股票。（9）杠杆比率。杠杆比率是正股市价与购入一股正股所需权证的市价之比，即：

杠杆比率＝正股股价/(权证价格÷认购比率)

杠杆比率可用来衡量“以小博大”的放大倍数，杠杆比率越高，投资者的盈利率也越高，其可能承担的亏损风险也越大。

认股权证与股票期权的区别主要体现在三方面：

（1）有无发行环节。股本权证进入交易市场之前，必须先向市场发行；股票期权无须经过发行环节，可直接交易。

（2）交易数量是否有限。股本权证先发行后交易，行权时的认购比率决定了权证所认购股份的流通数量；股票期权原则上没有数量限制。

（3）是否影响总股本。股本权证行权时会引起总股本增减，对股价有摊薄或提升作用；股票期权行权时对上市公司总股本无影响，备兑权证比股本权证更贴近股票期权。

投资认股权证的优缺点：

（1）权证具有较强的杠杆性。支付小额期权费即可获得选择权，若公司成长性强，股价上涨，投资者行权将获得行权价与市价之间的差额。

（2）权证具有时效性，随着到期日的临近，权证价值降低。

（3）权证持有者与标的物资产持有者的权利是不同的。权证持有者不能参与公司分红，也没有股东权。认股权证的存在能有效约束上市公司行为，在有效期内，上市公司管理层及大股东任何有损公司价值的行为都可能降低股价和投资者行权的可能性。

（4）衍生权证比传统权证更复杂，要选择较好的进入时机。

小资料

我国权证的发展及实例

1992年6月，上海证券交易所推出了我国第一个权证——大飞乐配股权证，此后十几种权证相继在沪深两地上市，但在1996年底，管理层因抑制过度投机而取消了所有的权证交易。2005年7月19日，上交所制定《上海证券交易所权证管理暂行办法》，证券市场重启权证业务。2005年8月22日，第一只股改权证、备兑权证——宝钢认购权证（简称宝钢JTB1，交易代码580000）在上交所上市流通，标志着权证交易再次登陆中国资本市场。2005年11月23日，第一只认沽权证——武钢认沽权证在上交所上市。截至2006年12月31日，共有34只权证在市场上交易，其中认购权证17只，认沽权证17只；股本权证7只，备兑权证27只；4只欧式行权，30只百慕大式行权（可在事先指定的存续期内的若干交易日行权）。2007年6月，第一只以现金行权的股改权证南航JTP1上市，2008年6月累计创设123亿元的南航权证被注销，13日正式终结交易，认沽权证暂时退出市场。

表4-9为首创JTB1的简要情况介绍。

表4-9　　　　权证实例——首创JTB1

<table>
<tr><td>权证简称</td><td>首创JTB1</td><td>发起人</td><td>北京首都创业集团有限公司</td></tr>
<tr><td>行权方式</td><td>欧式</td><td>权证类型</td><td>认购权证</td></tr>
<tr><td>存续起始日期</td><td>2006-04-24</td><td>存续截止日期</td><td>2007-04-23</td></tr>
<tr><td>存续期限（天）</td><td>365</td><td>结算方式</td><td>证券给付</td></tr>
<tr><td>初始行权价</td><td>4.55</td><td>初始行权比例</td><td>1</td></tr>
<tr><td>发行方式</td><td>派送</td><td>最新行权价</td><td>4.40</td></tr>
<tr><td>行权价及比例调整公式</td><td colspan="3">A. 当公司股票除权时，认购权证的行权价格、行权比例将按以下公式调整：
新行权价格＝原行权价格×（公司股票除权日参考价/除权前一交易日公司股票收盘价）
新行权比例＝原行权比例×（除权前一交易日公司股票收盘价/公司股票除权日参考价）
B. 当公司股票除息时，认购权证的行权比例保持不变，行权价格按以下公式调整：
新行权价格＝原行权价格×（公司股票除息日参考价/除息前一交易日公司股票收盘价）</td></tr>
</table>

资料来源：张亦春．现代金融市场学．3版．北京：中国金融出版社，2013.

3. 可转换债券

可转换债券是可转换公司债券的简称，是一种可以在特定时间、按特定条件转换为固定数量普通股股票的特殊企业债券。可转换债券兼具债权和期权的特征。

（1）可转换债券具有公司债券的一般特征。如定期还本付息，剩余资产优先索取权，具有面值、票面利率、偿还期限、发行价格等基本要素。若投资者在转换期间内进行了转换，或发行人按发行时的约定强制转股，投资者就享有普通股股东权，如剩余财产分配权、对公司董事会的选举权、对公司经营管理的监督权和优先认股权。

（2）可转换债券具有股票期权性质。除非发行时另有约定，投资者在规定的期限内享有选择权，当发行公司成长性好、股价上涨时，可将手中的可转换债券转换为普通股股票，也可放弃转换权利。这种权利本质上是自主决定是否买入股票的选择权，即股票期权。

从投资者的角度看，可转换债券是一种低成本且安全有利的投资工具。当对发行公司的发展潜力不太清楚时，投资该公司的可转换债券可掌握投资先机，若公司成长迅速，通过转股可从公司发展中受益，这在股市低迷或金融危机时尤为可贵。

案例 4－12

招商银行可转换债券的成功发行

招商银行股份有限公司发行的股票是我国金融股中规模较大、业绩良好、深受投资者青睐的一只股票。优异的表现也使该行业务急剧增长，2000 年末至 2003 年 6 月，招行的贷款增加 1 239 亿元，当时预计到 2004 年底资本充足率可能降低至 8%的监管底线。因此，招商银行拟通过发行可转换债券来补充资本金。

2004 年 10 月 29 日公司发布公告，宣布发行 65 亿元公司可转换债券（以下简称“可转债”），面值为 100 元，按面值平价发行，转债期限是自发行之日起 5 年。票面利率：第一年为 1%，第二年为 1.375%，第三年为 1.75%，第四年为 2.125%，第五年为 2.5%。在可转债存续期满之后的 5 个工作日内，发行人对到期未转股的可转债还本付息。除按 2.5%的利率支付第五年利息外，还将补偿支付到期未转股的可转债持有人相当于债券票面金额 6%的利息。每年付息一次，2005—2009 年每年的 11 月 10 日为债券的付息日。初始转股价格为 9.34 元/股。2005 年 6 月 20 日招商银行实施 2004 年度每 10 股转增 5 股派 1.10 元（含税）的利润分配及资本金转增股本方案后，转股价格调整为每股人民币 6.23 元。转股起止日期：2005 年 5 月 10 日—2009 年 11 月 10 日（自本次发行之日起 6 个月后至可转债到期日止）。2004 年 11 月 15 日，招商银行发布网上中签率及网下发行结果公告：现有股东持有可转债占本次发行总量的 75.43%；网上实际发行总量（扣除现有流通股股东网上优先配售部分）占本次发行总量的 0.55%；网下实际发行总量（扣除现有非流通股网下优先配售部分）占本次发行总量的 24.02%。

招行可转债 2004 年 11 月 29 日在深交所公开上市交易，首日以 104.01 元收盘。之后随着招商银行股价的变动产生波动，价位一直保持在 100 元以上，由于招商银行股票价格一直走高，可转债交易价格不断上扬，转股比率也越来越高。截至 2006 年 1 月 24 日，公司发行的可转债已有 6 451 552 000 元转成公司发行的股票，转股股数占可转债开始转股前公司已发行股份总数的 15.12%，转股数额累计达到可转债开始转股前公司已发行股份总数的 10%以上；公司于 2005 年 6 月 20 日实施股利分配和资本公积转股之后，公司可转债累计转股数额占公司转增股本后股份总数的 10.08%；尚有 0.75%的“招行转债”在市场流通。

招行可转债的发行是非常成功的，为公司募集了大量的资金。其中涉及一个敏感话题：非流通股大股东是否侵害了流通股小股东的利益？2003 年 10 月 15 日为公司可转债发行召开的临时股东大会上，流通股股东和非流通股股东就这个问题展开了激烈讨论。原因在于可转债公告之后，投资者预计该可转债上市后必然是“香饽饽”，随着可转债转化成公司股份，就会造成股权稀释，非流通股股东可以通过可转债的套现来弥补股价下跌的损失，但流通股股东获得股票时投资成本高，且只持有 6%的可转债，因此他们不能充分享受可转债一、二级市场的价差。可转债的发行数量越大，流通股股东的损失就越大。最终可转债的发行以双方的妥协得以完成。可见，成功的可转债发行方案设计，要充分考虑非流通股股东和流通股股东的商业目标错位，从而在再融资博弈中找到平衡点。

第三节　外汇风险管理

一、外汇风险

外汇风险（foreign exchange risk）又称汇率风险，有广义风险与狭义风险之分。广义的外汇风险是指由于汇率变化、交易者到期违约和外国政府实行外汇管制等给外汇持有者或外汇交易者带来的不确定性，包含损失可能性与盈利可能性两方面。狭义的外汇风险仅指因汇率变动导致外汇持有者或外汇经营者以外币计价的资产、负债和经营活动的本币价值损失的可能性。本节所指为狭义的外汇风险。

外汇风险一般包括三个要素：本币、外币和时间，三者缺一不可。

1. 外汇风险的类别

根据外汇风险的表现形式，可将其分为交易风险、会计风险与经济风险三类。

（1）交易风险。

交易风险（transaction exposure）是指以外币计值的未来应收款项、应付款项在以本币结算时，其成本或收益因汇率波动而面临的风险，是一种流量风险。这种风险损失主要表现为实际收益（或成本）与预期收益（或成本）的背离，多产生于以下情况：

①国际贸易（包括无形贸易）中，因汇率变动引起的应收或应付账款价值变动的可能性。

②国际信贷业务中，因汇率变动而产生的资产减少或负债增加的可能性。

③外汇买卖中，签约日到交割日的汇率变动使经济主体蒙受损失的可能性。

（2）会计风险。

会计风险（accounting exposure）又称折算风险（conversion risk），是指经济主体在进行合并报表的会计处理中将功能货币转换为记账货币时因汇率变动出现账面损失的可能性，是一种存量风险。功能货币是指某会计实体在其所处经营环境中使用的货币，通常是该实体原来收付资金所处经营环境中的货币。对于在特定国家中经营相对独立的经济实体（如跨国公司的子公司），功能货币一般就是该国货币。

会计风险的受险部分包括：合并报表时海外子公司以外币表示的资产、负债；本国企业的海外分公司以外币表示的资产、负债；企业所进行的以外币计价的交易及相应的外币现金债权债务。一般企业的涉外交易在会计记录中也会因汇率变动出现“汇兑损益”，这看似折算风险，实际上是交易风险的客观反映。

产生会计风险的根本原因是报告日和报表各项目发生日的汇率存在差异，风险大小与折算方法密切相关。从经济角度分析，会计风险对实际价值没有影响，但会影响母公司的效益评估及税收。

（3）经济风险。

经济风险（economic exposure）又称实际经营风险（operating risk）或预测风险，是指预测之外的汇率变动通过影响企业的生产数量、价格、成本而使企业未来一定时期内的收益和现金流量减少的一种潜在损失。对经济主体来说，经济风险对生产经营影响最大，所以要对汇率做好预测，以减少经济风险。

三种外汇风险的比较见表4-10。

表4-10 三种外汇风险的区别

风险类型	交易风险	会计风险	经济风险
受险头寸表现形态	已签约但尚未最终结清的涉及兑换的交易净额	账面已结算的涉及折算的交易净额	停留在经营计划上，尚未进行的涉及兑换的预期交易净额
受险头寸的性质	交易性受险头寸	折算性受险头寸	潜在性受险头寸
外汇风险产生的原因	变动日的汇率与签约日的汇率不同	变动日的汇率与原交易实际发生日的汇率不同	变动日的汇率与原先计划预期的汇率不同
外汇风险的结果	实际损益	账面损益	潜在损益

2. 外汇风险的衡量

外汇风险识别的步骤包含甄别风险事件，确定受险时间，分析受险原因及估计风险后果等四步。外汇风险的识别方法有故障树法、头脑风暴法、德尔菲法等。

(1) 交易风险的度量。

交易风险在国际贸易、国际信贷、外汇买卖活动中产生，表现为实际收益（或成本）与预期收益（或成本）之差。现举例如下：

①买卖商品或劳务，合同金额以外币计价。

[例4-1] 我国某公司1月1日从日本进口一批家电，双方签订6个月远期付款的贸易合约，价值为100万美元，7月1日付款。汇率变动如下：

	USD/JPY	USD/RMB
1月1日	123.000 0	8.100 0
7月1日	116.380 0	8.102 0

因汇率变动，进出口商的实际成本或实际收入面临风险，如表4-11所示。

表4-11 进出口商的实际成本和实际收入

	1月1日	7月1日	预期损失
进口商的实际成本	8.100 0×100万	8.102 0×100万	2 000元人民币
出口商的实际收入	123.00×100万	116.38×100万	662万日元

②借入或贷出外币资金。

[例4-2] 中国国际信托投资公司在日本发行200亿日元公募武士债券，期限为10年。债务形成时市场汇率为：USD1＝JPY202.30，相当于0.988 6亿美元；债务到期清偿时汇率变为：USD1＝JPY124.00，应偿还本金相当于1.612 9亿美元；本金部分损失额约为0.624 3亿美元（未计每期利息损失）。

③成为未交割远期交易的一方。

[例4-3] 某投机商预测美元兑日元的汇率呈上涨趋势，已知即期市场汇率为USD1＝JPY109.00，他以USD1＝JPY120.00买进一份3个月期美元远期合约，价值500 000美元。本以为汇率涨到USD1＝JPY120.00以上可按远期汇率交割并在即期市场出售获利，但3个月后美元汇率下跌，即期市场汇率为USD1＝JPY80.00，投机商持有

的 500 000 美元远期外汇头寸将面临风险，若仍按原计划投机将出现损失，净额达 2 000 万日元。

（2）会计风险的度量。

会计风险的大小取决于合并报表时采用的折算方法。常用方法有四种：现行汇率法、流动与非流动法、货币与非货币法、时态法。

①现行汇率法。

现行汇率法处理最为简单，在合并报表时对子公司资产负债表和利润表中（除实收资本外）所有的项目均按现行汇率折算，实收资本则按历史汇率折算。所谓现行汇率是指报表合并日的即期汇率，历史汇率一般指交易发生时的汇率。

②流动与非流动法。

这种方法将报表科目按流动性划分为两类：流动项目（流动资产和流动负债）与非流动项目（非流动资产和非流动负债）。流动项目按照现行汇率折算，非流动项目按历史汇率折算。

流动资产或流动负债是指能快速变现的资产或负债，一般可按会计科目的期限来分类，短期项目多为流动项目，长期项目多为非流动项目。

③货币与非货币法。

该方法将资产负债表项目划分为两类：货币性资产与货币性负债、非货币性资产与非货币性负债。货币性资产及负债使用现行汇率折算，非货币性资产及负债使用历史汇率折算。

④时态法。

时态法也称时间度量法，是针对货币与非货币法的不足提出的。该法认为外币报表折算的过程，实际上是将以外币表述的报表以另一种货币单位重新表述的过程，不应改变其计量基础，各项目应分别按其计量所属日期的汇率折算。根据这一原则，货币性项目及以现行成本计价的资产应采用现行汇率折算，其他资产和负债项目按取得时的历史汇率折算，折算差额直接记入当期合并损益。

四种折算方法的差异如表 4－12 所示。

表 4－12　四种折算方法的比较

折算方法	资产负债表		利润表
流动与非流动法	流动项目	非流动项目	除与非流动资产或负债有关的项目外，均采用报告期平均汇率折算
	现行汇率	历史汇率	
货币与非货币法	货币项目	非货币项目	除与非流动资产或负债有关的项目外，均采用报告期平均汇率折算
	现行汇率	历史汇率	
时态法	按外币计量所属日期的汇率进行折算，除固定资产外，多用现行汇率折算，真实资产按计量时的汇率折算		除折旧、摊销外，收入、费用按发生日汇率折算（大量发生按平均汇率折算）
现行汇率法	除实收资本外，所有资产负债、收入费用项目均用现行汇率折算		

［例 4－4］　美国某公司在中国设有一家子公司，子公司所在国货币用 RMB 表示，母公司的报告货币用 USD 表示，汇率从 USD1＝RMB8.0 上升到 USD1＝RMB8.5。用上述四种方法进行折算，结果如表 4－13 所示（HE＝8.0，CE＝8.5）。

表 4-13　　不同折算方法对资产负债表的影响

项目	当地货币	美元（8.0）	流动与非流动法	货币与非货币法	时态法	现行汇率法（8.5）
现金	8 000	1 000	941	941	941	941
应收账款	2 050	256	241	241	241	241
存货（按成本）	12 000	1 500	1 412	1 500	1 500	1 412
固定资产净值	36 000	4 500	4 500	4 500	4 500	4 235
资产合计	58 050	7 256	7 094	7 182	7 182	6 829
应付账款	14 000	1 750	1 647	1 647	1 647	1 647
长期负债	5 500	688	688	647	647	647
实收资本	30 200	3 775	3 775	3 775	3 775	3 775
留存收益（来自利润表）	8 350	1 043	1 055	1 088	1 100	902
负债与所有者权益合计	58 050	7 256	7 165	7 157	7 169	6 971
折算损益	—	—	−71	25	13	−142

从表 4-13 可知，时态法较为真实地反映了外汇风险的状况，流动与非流动法、货币与非货币法的折算损益相差较大，现行汇率法的折算损益最大。

（3）经济风险的度量。

经济风险可分为真实资产风险、金融资产风险和营业收入风险三方面。

①真实资产风险的衡量。

真实资产风险＝外币真实资产×(外币通胀率－本币通胀率－外币贬值率)

[例 4-5]　美国公司在德国的一家子公司购买了 1 万美元的商品，当时汇率为 EUR1＝USD1.48（USD1＝EUR0.675 7），1 年内美国、德国的通货膨胀率分别为 5%和 8%。如果欧元对美元分别贬值 3%和 5%，计算合并财务报表中的真实资产风险。

解：(8%−5%−3%)×6 757＝0 欧元

(8%−5%−5%)×6 757＝−135.14 欧元

②金融资产风险的衡量。

金融资产风险＝(外币金融资产－外币金融负债)

×(外币利率－本币利率－外币贬值率)

③营业收入风险的衡量。

营业收入风险＝外币营业收入×(外币营业收入增长率－外币贬值率)

总体经济风险是真实资产风险、金融资产风险、营业收入风险之和。一般地，因汇率波动而使投资项目遭受的经济风险可用下式衡量：

E＝贬值前的净现值－贬值后的净现值

$E=NPV_0-NPV_1$（以本币计量）

$$NPV_0=\sum_{t=1}^{n}(\text{当年现金流入}-\text{当年现金流出})\times R_t/(1+r)^t+\text{额外资本汇出}\times R_n/(1+r)^n$$

$$NPV_1=\sum_{t=1}^{n}(\text{当年现金流入}^*-\text{当年现金流出}^*)\times R_t^*/(1+r)^t+\text{额外资本汇出}^*\times R_n^*/(1+r)^n$$

[例4-6] 假设英国某公司在美国设有子公司M，其所在地货币为美元，预期汇率为GBP1=USD1.55；某种因素变动使美元贬值，贬值后汇率为GBP1=USD1.62。贬值前M公司每年净现金流入量约为2 800万美元，贬值后变为3 000万美元，但贬值增强了M公司的产品竞争力，公司扩大再生产追加投资引起第二年现金流出量增加400万美元，贬值后第三年公司支付应付款项。如果M公司的投资收益率为10%，则该公司的经济风险如表4-14所示。

表4-14 **美元贬值前后M公司经济风险的衡量**

年份	贬值前净现金流量 GBP1=USD1.55		贬值后净现金流量 GBP1=USD1.62		现金流量净变动（英镑）	贴现因子（10%）	净现值（英镑）
	USD	GBP	USD	GBP			
1	2 800	1 806	3 000	1 852	−46	0.909	−41.82
2	2 800	1 806	2 600	1 605	201	0.826	166.03
3	2 800	1 806	3 060	1 889	−83	0.751	−62.33
合计	经济风险为61.94万英镑						

二、远期金融工具与外汇风险管理

外汇风险的三要素是本币、外币和时间，消除时间因素的影响是规避外汇风险的重要环节。远期外汇交易及其组合是用于消除时间因素影响的主要工具。

1. 掉期交易

掉期交易是指同时买卖数量相同但交割期限不同的外汇。根据两笔交易的期限不同，主要可分为即期对远期的掉期交易和远期对远期的掉期交易。

掉期交易是联系外汇市场交易和货币市场操作的桥梁。一般企业或银行从事掉期交易的主要目的是：①轧平货币现金流量：平衡不同时点上形成的资金缺口而不影响头寸。②从事两种货币间的资金互换：调整不同币种的外汇资金缺口。③调整外汇交易的交割日：调整交割日提前或延迟引起的资金缺口，并重新确定汇率水平。④利用汇率的变动谋利。

案例4-13

掉期交易的应用

英国某银行在6个月后需对外支付500万美元，同时在1年后将收到另一笔500万美元的收入。假设目前外汇市场行情为：即期汇率GBP/USD=1.677 0/80。

1个月掉期率　20/10
2个月掉期率　30/20
3个月掉期率　40/30
6个月掉期率　40/30
12个月掉期率　30/20

若预测英美两国的利率在6个月后将发生变化，英国的利率可能反过来低于美国，英镑兑美元会升水。应如何进行掉期交易以规避外汇风险呢？

解：可承做“6个月对12个月”的远期对远期掉期交易。

(1) 按“GBP1=USD1.673 0”购买6个月远期美元500万：

支付 2 988 643.2 GBP

(2) 按"GBP1＝USD1.676 0"卖出 12 个月远期美元 500 万：

收到 2 983 293.6 GBP

交易损失：2 988 643.2－2 983 293.6＝5 349.6 GBP

第 6 个月到期时，假定市场汇率因利率变化而变动，行情变为：即期汇率 GBP/USD＝1.670 0/10；6 个月掉期率为：100/200。

(3) 按"GBP1＝USD1.671 0"在即期市场买回 2 988 643.2 英镑：

支付 4 994 022.8 USD

(4) 按"GBP1＝USD1.680 0"出售 6 个月远期 2 988 643.2 英镑：

到期时收到 5 020 920.5 USD

获利 5 020 920.5－4 994 022.8＝26 897.7 USD

折合 26 897.7/1.671 0＝16 096.77 GBP

净利 16 096.77－5 349.6＝10 747.17 GBP

2. 提前推后＋远期交易的组合

提前即提前收付，指对某种货币提早付出或提早收入。推后即推后收付，指对某种货币推迟付出或推迟收入。

(1) 提前＋远期交易策略。

提前＋远期（lead-F），指的是提前收付的保值手段与远期交易的综合运用。例如，巴西某公司 3 个月后有一笔 20 万美元的收入，6 个月后有一笔 40 万欧元的支出，这两笔收支因汇率变动面临风险。考虑到美元近期会下跌，欧元长期看涨，公司可通过要求交易对方将 20 万美元提前支付，同时买入 40 万 6 个月远期欧元的方式规避外汇风险。

(2) 推后＋远期交易策略。

推后＋远期（lag-F），指的是推后收付的保值手段与远期交易的综合运用。例如，美国某公司 2 个月后有一笔 20 万欧元的收入，6 个月后有一笔 40 万日元的收入，当前的情况是欧元有上涨趋势，日元汇率却看跌，公司可通过推迟收入时间，并承做卖出一笔 6 个月远期日元的方式规避外汇风险。

3. 远期＋担保交易

远期外汇交易多为场外交易，远期外汇合约也多为非标准合约，与外汇期货交易在交易者资格要求、合约标准化、结算交割、保证金等方面有明显不同，远期合约的违约风险比期货合约大得多。为防止远期交易的参与者违约，有时需要第三方提供担保。例如，2015 年 8 月 27 日由买方中碳能投与卖方山西某能源公司签订的 CCER 碳远期合约，就引入了第三方易碳家——中国碳交易平台的担保，以降低交付环节的不确定性。该合约标的物为山西某新能源项目，属于非标准合约。

4. 远期外汇综合协议（SAFE）

这种 20 世纪 80 年代开发出来的金融创新工具是交易双方为规避利率差或外汇互换价差，或基于价差投机而签订的协议，实质是资产负债表外的远期对远期外汇互换交易。交易中买方为 SAFE 的多头，正的交割数额意味着汇差小于合同约定，卖方向买方支付差额；负的交割数额则意味着汇差大于合同约定，买方向卖方支付差额。

SAFE 的主要特点有：(1) 涉及两种货币：初级货币 (primary currency) 和次级货币 (secondary currency)。美元的 SAFE 指初级货币为美元，合约面额通常用初级货币表示，交割额则用次级货币表示。SAFE 的买方是名义上在交割日购进初级货币，在到期日售出的一方。(2) 并无本金交易，双方交割的只是市场汇率差与协定汇率差的差额。(3) 属于表外业务，资金充足率要求较低。(4) 主要功能是将汇率差锁定在合同约定的水平 (CFS)。

案例 4-14

SAFE 交易实例

SAFE 与远期对远期的外汇互换紧密相关。当前市场利率、汇率水平见表 4-15。

表 4-15　当前市场利率和汇率水平

	即期汇率	1 个月	4 个月	1×4 个月
英镑/美元汇率	1.800 0	53/56	212/215	158/162
英镑利率	—	6%	6.25%	6.3%
美元利率	—	9.625%	9.875%	9.88%

投资者预期 1×4 个月的美元和德国马克的远期利率差还会进一步增大，将大于 3.58%。设 1 个月后市场利率和汇率水平如表 4-16 所示，分析以下两种策略中投资者的盈亏情况和现金流。

(1) 在 1×4 远期对远期掉期中卖出英镑、买进美元。

(2) 卖出 1×4 的 ERA。

表 4-16　1 个月后的市场利率和汇率水平

	即期汇率	3 个月
英镑/美元汇率	1.800 0	176/179
英镑利率	—	6%
美元利率	—	10%

策略一：1×4 远期对远期掉期

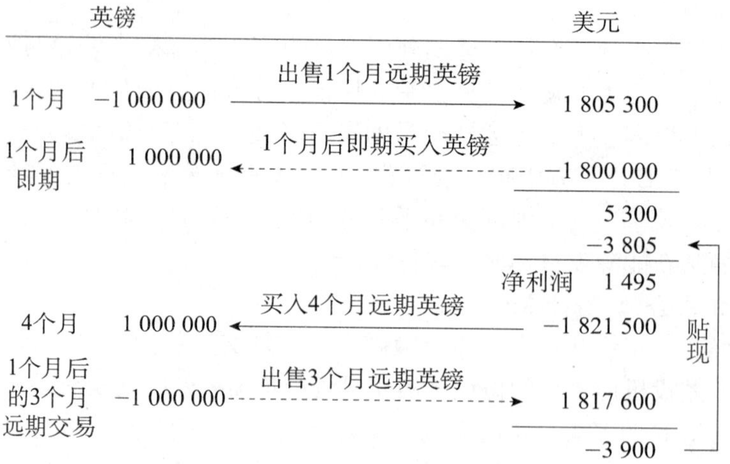

策略二：卖出 1×4 的 ERA

$A1=A2=1\,000\,000$，$CFS=0.016\,2$，$SFS=0.017\,6$，$SSR=1.800\,0$

$A1$——第一个协议数额（first contract amount）。

$A2$——第二个协议数额（second contract amount）。

OER——完全汇率（outright exchange rate），或直接汇率，即合约约定的交割日的远期汇率。

CFS——合同远期差额（contract forward spread），即合约约定的到期日与交割日的汇差。

SSR——即期结算汇率（spot settlement rate），在交割日交割时的参考汇率的实际值。

SFS——远期结算差额（settlement forward spread），在交割日市场上，到期日汇率与当日的汇差。

交割数额$= A2\times(CFS-SFS)/(1+ i\times D/B)$

$=100$ 万$\times(0.016\,2-0.017\,6)/(1+10\%\times90/360)$

$=-1\,365.85$ 美元

交割数额为负，说明 SAFE 的买方向卖方支付，该投资者获利。

本例表明，ERA 与远期对远期互换的作用基本相同，但具有交易程序简单、不涉及大量现金流动的特点，是银行规避利率与汇率风险的极佳选择。

5. 远期+期权

期权是一种非常有趣而又富于变化的衍生工具，它本身就具有避险的功能，还可以与其他多种金融工具搭配组合，从而达到更优的避险效果。远期加期权交易的组合可用于防范外汇远期合约中交易对手的违约风险，其中远期合约用于固定未来交割汇率，期权合约既可防止对方违约，还可锁定交易价格风险。总体上看，外汇期权合约的场内交易规模不大，与汇率相关的风险主要通过场外的货币互换交易规避，与利息支付相关的风险管理则由利率期权工具完成。

与管理利率风险的利率期权工具相比，外汇期权的场内交易规模很小。比较而言，外汇期权的场外交易相当活跃，规模是场内交易的 180 多倍。图 4-4 和图 4-5 分别反映了场内期权交易结构与外汇期权交易概况。

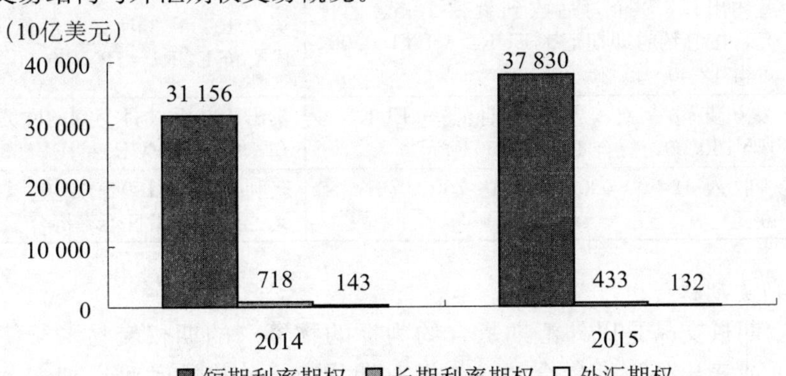

图 4-4 场内期权合约规模

资料来源：国际清算银行。

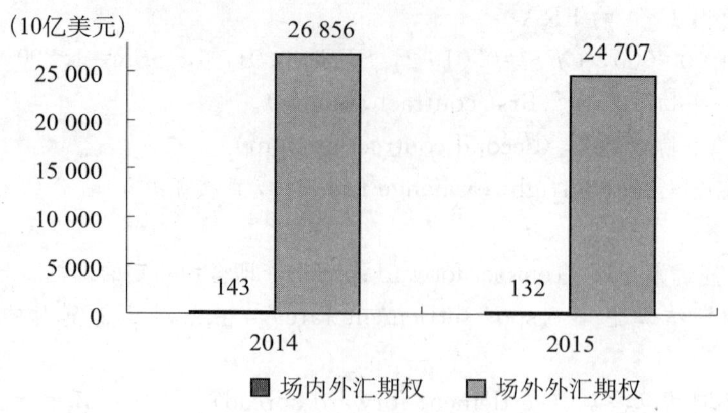

图 4-5 外汇期权交易概况

资料来源：国际清算银行。

三、期货工具与外汇风险管理

1. 外汇期货套期保值的基本策略

利用外汇期货进行套期保值的基本形式有两种：①买入保值。指交易者先在外汇期货市场买入期货，以便将来在现汇市场买进现汇时不致因价格上涨造成较大经济损失的保值方式。②卖出保值。是交易者先在外汇期货市场上卖出期货，将来在现汇市场出售外汇时，若现汇汇率下跌，可以期货市场盈利来弥补现汇市场损失的套期保值方式。

以前外汇期货市场上只有多种货币对美元的期货合约，若收付涉及两种非美元货币之间的兑换，必须使用交叉套期保值，即买卖美元与相应货币的两种期货合约。近年来，由于 CME 推出了美元之外的交叉汇率期货合约，货币间的套期保值也就更便捷了。

[例 4-7]　12 月 1 日，德国某公司向日本出口货物，计价货币为日元，3 个月后支付货款 18.75 亿日元。签约时即期汇率为 EUR1＝JPY150.00，出口商担心 3 个月内日元对欧元贬值，决定买入 100 手 CME 欧元/日元期货合约，相关操作过程及效果见表 4-17。

表 4-17　交叉汇率期货套期保值

时间	现货市场	期货市场
12 月 1 日	签约出口，3 个月后收到货款 18.75 亿日元，按签约时即期汇率 EUR1＝JPY150.00，可得 12 500 000 欧元	买入 100 手 3 月交割的欧元/日元期货，成交价 EUR1＝JPY150.00
3 月 1 日	买方支付货款，当日即期汇率 EUR1＝JPY160.00，折合 11 718 750 欧元	卖出 100 手 3 月交割的欧元/日元期货平仓，成交价 EUR1＝JPY163.00
保值结果	少收入 12 500 000－11 718 750＝781 250 欧元	获利 1 000×100×1 250＝125 000 000 日元，按 3 月 1 日汇率折合 781 250 欧元

2. 外汇期货期权

外汇期货期权交易是以外汇期货合约为标的物资产的期权交易。行使期权时，买方将有权买入或卖出外汇期货合约。如果对期货市场价格波动难以把握，可使用外汇期货期权再加一道安全保障。期货市场做空后可买入外汇期货看涨期权，锁定平仓的买入价；期货市场有多头持仓，可买入外汇期货看跌期权，锁定平仓的卖出价。投资者还可在套期保值的过程中，利用期权协议价格与外汇期货价格的差额适当投机，以获取盈利。

[例 4-8] 某交易商买入一份 9 月份瑞士法郎期货的看涨期权（合同金额为 125 000 瑞士法郎），协议价格 0.52 美元/瑞士法郎，期货行市上涨到 0.532 3 美元/瑞士法郎时该交易商平仓。请问：可获利多少？

解：(0.532 3 美元/瑞士法郎－0.52 美元/瑞士法郎)×125 000 瑞士法郎

＝0.012 3 美元/瑞士法郎×125 000 瑞士法郎

＝1 537.50 美元

四、期权工具与外汇风险管理

期权工具是衍生金融工具中最富于变化、应用最为广泛的工具。期权工具不仅可以相互组合，还可以与其他金融工具搭配，从而达到比较好的避险效果。

1. 期权工具的基本保值策略

运用外汇期权交易规避外汇风险最大的特点是期权买方的灵活性很强，但若汇率波动不大，可能会损失期权费。根据期权买卖双方和交易方向，可形成四种交易关系：买入看涨期权、卖出看涨期权、买入看跌期权、卖出看跌期权。一般地，现汇期权可用于为现货市场购买或出售外汇保值，外汇期货期权同样可用于为期货市场购买或出售外汇期货保值。期权交易在外汇风险管理中的具体运用可分为以下几种情况：

(1) 运用外汇期权交易为进出口商应付应收货款保值。

进口商经常需要进行外汇支付，为防止外汇升值导致本币支出增加，可买入外汇看涨期权保值。若出口商担心外汇收入因外汇贬值导致本币收入减少，可买入外汇看跌期权保值。

[例 4-9] 某日本进出口公司计划从国外进口机器，将在 3 个月后向出口商支付货款 500 万美元，公司记账货币是日元，公司预测美元可能升值，决定购买美元现汇期权。

(1) 购买计划。购买 500 万美元的美元看涨期权，协定汇价为 1 美元＝100 日元，每 1 美元的期权费为 1.5 日元，期权有效期限为 3 个月。

(2) 保值效果。公司签订美元看涨期权协议一个月后，汇率升至 1 美元＝106 日元，公司行使期权，按 1 美元＝100 日元的协议价格买入美元。

公司实际购汇成本：500 万×(100＋1.5)＝5.075 亿日元

比现货购汇节约：500 万×(106－101.5)＝0.225 亿日元

[例 4-10] 美国某进口商需在 6 个月后支付 1 000 万瑞士法郎，担心瑞士法郎 6 个月后升值，于是该进口商以 2.56%的期权价购买了一份瑞士法郎欧式看涨期权合约（美元欧式看跌期权）：

执行价格：USD1＝CHF1.390 0

有效期：　6 个月

现货日：　1999/3/23

到期日：　1999/9/23

交割日：　1999/9/25

期权价：　2.56%（成交时现汇汇率 USD1＝CHF1.410 0）

设 6 个月后汇率分别为：①USD1＝CHF1.420 0；②USD1＝CHF1.370 0；③USD1＝CHF1.450 0，问：进口商的实际成本分别是多少？

解：①USD1＝CHF1.420 0，放弃行权，实际成本 C 为现货市场购买的成本加上期权费。

现货购买　$C_1=10\ 000\ 000\div 1.420\ 0=$ USD 7 042 254

期权费　$C_2=10\ 000\ 000\times 2.56\%=$ CHF 256 000，按即期汇率 1.410 0 折合 USD 181 560

总成本　$C=C_1+C_2=7\ 042\ 254+181\ 560=$ USD 7 223 814

②USD1＝CHF1.370 0，执行期权，实际成本为按协议价格购买的成本加上期权费。

$C=10\ 000\ 000\div 1.390\ 0+181\ 560=$ USD 7 375 805

③USD1＝CHF1.450 0，放弃行权，实际成本为：

$C=10\ 000\ 000\div 1.450\ 0+181\ 560=$ USD 7 078 112

运用外汇期权交易保值后，将最高成本锁定在 USD 7 375 805。

（2）外汇期权投机。

外汇期权交易赋予买方灵活的选择权，当市场汇率波动不定时，若投资者已有汇率变动方向及幅度的预测，可买入外汇期权进行适当的投机，以获得额外收益。

[例 4-11]　某交易员预计近期内美元对日元汇率会下跌，于是买入美元看跌期权进行投机，金额为 1 000 万美元，执行价格为 110.00，有效期为 3 个月，期权费为 1.7%，成交时的汇率为 100.00，试分析其盈亏。

解：首先，计算盈亏平衡点：

期权费支出＝10 000 000×0.017＝USD 170 000

设盈亏平衡点的汇率为 R_b，此处行权产生的收益应与期权费正好相抵，即：

$(110.00-R_b)\times 1\ 000=17\times R_b$

$R_b=108.16$

交易员买入期权后最大亏损为期权费支出 170 000 美元，最大收益无限制。

其次，分析到期日盈亏。设到期日美元市场汇率为 r，

①当 $r\geqslant 110.00$ 时，放弃行权，亏损＝期权费 USD 170 000。

②当 $108.16\leqslant r<110.00$ 时，执行期权，但仍有部分亏损。

如：市场汇率为 USD1＝JPY109.00，行使期权获利：

10 000 000×(110.00－109.00)＝JPY 10 000 000

按即期汇率 109.00 折合 91 743 美元，整个交易亏损：

170 000－91 743＝USD 78 257

③当 $r<108.16$ 时，执行期权，扣除期权费支出后仍获得收益。

如：市场汇率为 USD1＝JPY107.00，行使期权获利：

10 000 000×(110.00－107.00)＝JPY 30 000 000

按即期汇率 107.00 折合 280 373 美元，整个交易收益：

280 373－170 000＝USD 110 373

同理，如果交易员预计美元对日元汇率会上涨，可买入美元看涨期权投机。

（3）运用外汇期权管理国际招投标中的外汇风险。

国际招投标活动中面临较大的外汇风险，如招标方确定中标企业后，对方却突然放弃退出。在参与国际投标的过程中，因评标周期较长，是否中标的结果事先不确定，投标企业也会面临外汇风险。对于这种不确定性，期权交易是管理风险的最佳工具。如果投标得中，期权交易变成保值手段；如果投标未中，期权还可成为投机工具，为招投标企业带来额外的收益，其最大损失限于期权费支出。

一般地，招标方会有外汇支出，如果外汇汇率上涨，其本币成本将增加，因此，可比照进口商的情况买入外汇看涨期权。投标方将有外汇收入，如果外汇汇率下跌，其本币收入将减少，可比照出口商的情况买入外汇看跌期权。若出现中标企业违约，或投标未中标的情况，期权将演变为投机工具，在此不再赘述。

（4）外汇期权用于管理国际投资或借贷中的外汇风险。

在国际投资中如果外汇汇率下跌，投资收益会减少，可买入外汇看跌期权保值。在对外借款时如果外汇汇率上涨，还本付息负担将加重，可买入外汇看涨期权保值。

［例 4-12］ A 银行于 2004 年 3 月购买了期限为 1 个月的加拿大短期国债，当前汇率为 0.753 1 美元/加元，4 月到期时能获得 1 亿加元。由于该银行负债以美元计价，为防止加元贬值，A 银行买入 1 000 份执行价格为 0.740 0 美元/加元的 1 个月期加元看跌期权，期权费为 0.005 0 美元/加元。试分析不同市场汇率下 A 银行的盈亏情况。

解：当 4 月国债到期时，设加元市场汇率为 r。

①当 $r \geqslant 0.7400$ 时，放弃权利，亏损＝期权费 500 000 美元。

②当 $0.7350 \leqslant r < 0.7400$ 时，执行期权，但仍有部分亏损。

如：当市场汇率为 0.736 0 美元/加元，行使期权获利：

$$100\,000\,000 \times (0.7400 - 0.7360) = 400\,000 \text{ 美元}$$

整个交易亏损：500 000－400 000＝100 000 美元

③当 $r < 0.7350$ 时，执行期权，扣除期权费支出后仍获得收益。

如：当市场汇率为 0.730 0 美元/加元时，行使期权获利：

$$100\,000\,000 \times (0.7400 - 0.7300) = 1\,000\,000 \text{ 美元}$$

整个交易获利：1 000 000－500 000＝500 000 美元

2. 期权组合策略

期权组合策略是指通过期权交易组合，用买、卖两个方向的力量将汇率波动风险限制在一定范围，从而使保值成本最小化。具体来说，外汇期权领式（collar）组合是指通过购买一种类型的期权以限制汇率向下变动的风险，同时卖出协议价格不等的同种期权以限制汇率向上变动的风险。两个期权到期日相同，标的物资产相同，数量也相同，同为折价期权。组合结果是在当前价格上下一定幅度内，套期保值不起作用。

外汇期权领式组合有两种策略：一种是多头价差策略，即买入低执行价格（K_1）期权，同时卖出高执行价格（K_2）的同种期权，$K_1 < K_2$，可概括为“买低卖高”，组合时两种期权同为买权或同为卖权；另一种是空头价差策略，即卖出低执行价格（K_1）期权，同时买入高执行价格（K_2）期权，$K_1 < K_2$，可概括为“卖低买高”，组合时两种期权必须同为买权或同为卖权。

[例 4-13] 某外汇交易员估计 3 个月内美元走势向上，决定用牛市期权组合锁定风险，即买入较低协议价格的美元看涨期权，卖出较高协议价格的美元看涨期权。假设现货价格为 USD1=JPY103.30，期权合约金额 USD 5 000 000，期限为 3 个月，其他条件如下：

(1) 买进美元看涨期权，协议价格：USD1=JPY102.00

期权价：3.32%，期权费支出：USD 166 000

(2) 卖出美元看涨期权，协议价格：USD1=JPY106.00

期权价：1.18%，期权费收入：USD 59 000

净期权费支出：166 000−59 000=USD 107 000

分析合约到期时，三种情况下交易的盈亏情况：

①美元汇率跌至 USD1=JPY98.00。

买进的看涨期权：放弃行使，按 98.00 日元/美元买入美元

卖出的看涨期权：买方放弃行权

净损失=USD 107 000

②美元汇率为 USD1=JPY103.00。

买进的看涨期权：行使期权，按 102.00 日元/美元买入美元

卖出的看涨期权：买方放弃行权

获利=5 000 000×(103.00−102.00)=JPY 5 000 000

按 103.00 日元/美元的汇率折合 48 543 美元。

净损失=107 000−48 543=USD 58 457

③美元汇率上升为 USD1=JPY107.00。

买进的看涨期权：执行期权，按 102.00 日元/美元买入美元

支付 5 000 000×102.00=JPY 510 000 000

卖出的看涨期权：买方行权，按 106.00 日元/美元卖出美元

收到 5 000 000×106.00=JPY 530 000 000

获利 20 000 000 日元（固定），按即期汇率 107.00 日元/美元折合 186 951 美元

净收益=186 951−107 000=USD 79 951

组合交易的盈亏如图 4-6 所示。

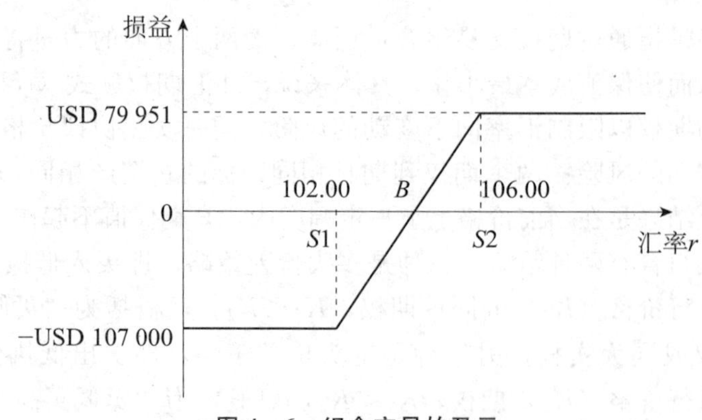

图 4-6 组合交易的盈亏

3. 回廊式期权

领式期权的构造方式为：通过将不需要的获利机会售出，从而为所需的保护筹措资金；而回廊式期权的构造方式为：通过购买期权来获得所需要的保护，然后卖出同一种类型的、虚值程度更高的期权，以便把不需要保护的部分售出。回廊式期权可在一定汇率变化幅度内消除风险，但对此范围之外的风险不予保护。

回廊式期权组合有两种策略：一种是现货多头加领式期权价差策略的组合，另一种是现货空头加领式期权价差策略的组合。由于领式期权价差组合又有多头和空头之分，且各有买权与卖权两种形式，所以回廊式期权也分为看涨期权组成的回廊和看跌期权组成的回廊。回廊式期权的主要作用是当现货价格在一定范围内波动时，使组合收益保持稳定，不产生额外的回报或亏损，但在范围之外，组合走势与现货的走势类似。

由外汇现货多头加领式看涨期权价差组合的回廊式期权的盈亏如图 4-7 中的实线所示。

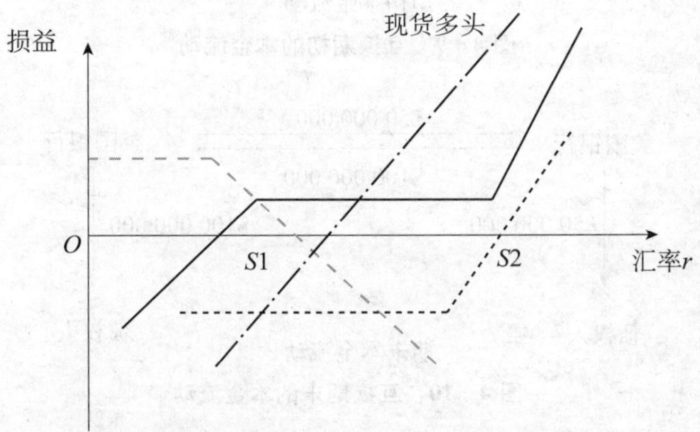

图 4-7　由外汇现货多头加领式看涨期权价差组合的回廊式期权的盈亏

五、货币互换与外汇风险管理

货币互换也是外汇风险管理中常用的工具，有定息与定息的互换、定息与浮息的互换两种基本类型。货币互换可用于防范资产和负债不匹配时的外汇风险。

[例 4-14]　以固定利率对固定利率的货币互换为例，假设美国某银行所有固定利率资产均以美元计价，其部分资产组合的投资来自所发行的 4 年期英镑票据，发行额为 5 000 万英镑，年息票率固定在 10%。英国某银行全部资产均以英镑为面值，部分资产来自所发行的 4 年期美元票据，发行额为 1 亿美元，年息票率固定在 10%。两家机构 4 年内都面临外汇风险，可以通过互换交易对外汇风险进行套期保值。假设双方达成的互换协议主要条款为：期初与期末按固定汇率 £1=$2 交换本金，其间分别按 1 亿美元和 5 000 万英镑交换利息支付。

互换后，每年利息支付示意见图 4-8。

互换期初的本金流动如图 4-9 所示，不过，期初本金也可以不发生实际交换。

互换期末的本金流动示意见图 4-10。

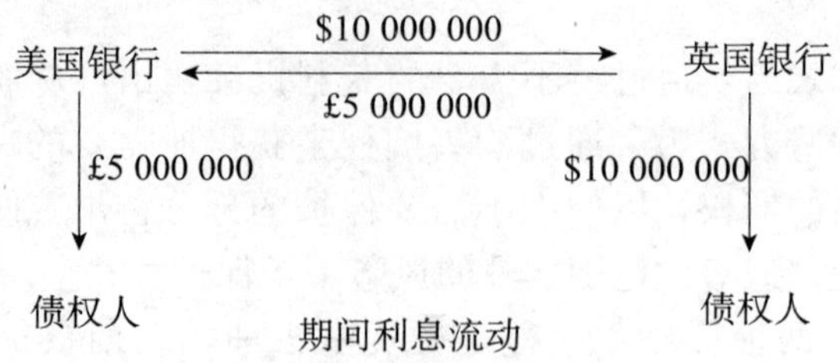

美国银行 $10 000 000 英国银行
£5 000 000
£5 000 000 $10 000 000
债权人 债权人
期间利息流动

图 4-8　每年利息支付

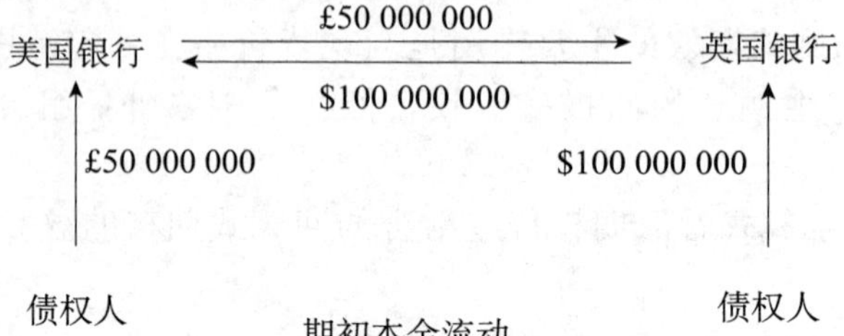

图 4-9　互换期初的本金流动

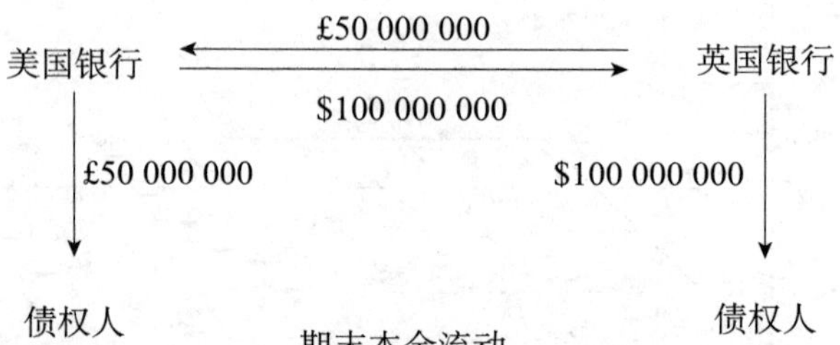

图 4-10　互换期末的本金流动

上例中，美国银行与英国银行的负债都要支付 10%的固定利息，而且负债金额之比恰与汇率相符。若美国银行所付利息按 5%计，英国银行所付利息仍按 10%计，那么，4 年中，美国银行每年的互换支付额不会变化（1 000 万美元），但英国银行每年支付的英镑将减少 250 万英镑（500 万美元）。双方的支付差额可通过以下方式弥补：由英国银行向美国银行支付一笔前期费用——这笔费用反映了两项固定支付现金流的现值之差，或由英国银行每年向美国银行支付一笔金额，从而使定息与定息货币互换参与者支付额的净现值之差为 0。

需要特别指出的是，如果汇率与互换协议中约定的￡1＝＄2 不同，总有一方会遭受损失。若有效期内美元对英镑升值，互换协议对美国银行将更昂贵；若美元对英镑贬值，英国银行会发现互换协议更昂贵。

第四节　利率风险管理

一、利率风险

利率风险是指经济主体因利率水平的不利变动而导致损失的风险。巴塞尔银行监管

委员会将利率风险分为重新定价风险、基差风险、收益率曲线风险和期权风险四类。

重新定价风险（repricing risk），又称期限不匹配风险，是最主要和最常见的利率风险形式，它产生于银行资产、负债和表外项目头寸重新定价时间（浮动利率）和到期日（固定利率）的不匹配。通常把特定时间段内利率敏感性资产与利率敏感性负债之差称为“重新定价缺口”。只要该缺口不为零，利率变动时银行就会面临利率风险。

基差风险（basis risk），也称利率定价基础风险，是指当一般利率水平变化引起不同种类金融工具的利率发生程度不等的变动时，银行面临的风险。

收益率曲线风险（yield curve risk），又称利率期限结构风险，是指当银行存贷款利率都以国库券收益率为基准来制定时，由于收益率曲线的意外位移或斜率的突然变化而对银行净利差收入和资产内在价值造成的风险。收益率曲线的斜率会随着经济周期而变化，收益率曲线也呈现不同的形状。正收益率曲线（长期债券收益率高于短期债券）没有收益率曲线风险；负收益率曲线（长期债券收益率低于短期债券）则有收益率曲线风险。

期权风险（option risk）是指利率变化时，客户行使隐含的期权给银行造成损失的可能性，如客户提前归还贷款本息和提前支取存款时产生的风险。

影响利率水平的主要因素有：宏观经济环境、央行政策、国际经济形势等。一般地，经济增长时利率趋升，萧条时利率趋降；央行扩大货币供应，利率趋降，证券市场上涨时利率趋升；此外，汇率对利率也有影响。

二、利率风险管理常用的金融工具及其应用

从商业银行的角度看，利率风险管理是银行资产负债管理的重要内容，一般是在利率预测和风险衡量的基础上，通过增减表内资产负债或改变其结构管理利率缺口，或者利用表外衍生工具对某些头寸及相关业务进行保值。其他经济主体的利率风险也可利用衍生工具管理。管理利率风险常用的金融工具有利率互换、利率期货、利率期权、远期利率协议等。

商业银行衡量利率风险的方法包括期限缺口法、持续期分析法、净现值分析法和动态模拟分析法，其中，持续期分析法还可衡量银行单项（或单种）资产或负债价值的利率风险。

1. 远期合约及其应用

远期合约主要通过构造一个与现货相反的头寸来防范利率风险。但是远期合约只能规避利率朝不利方向变化的风险，倘若利率出现有利的变化，远期合约的执行反而给保值者带来损失，因此，远期合约面临对手方违约的信用风险。另外，如果预测不够准确，也不能实现完全套期保值。

[例 4-15] 某金融机构资产组合中持有 20 年期、面值为 100 万美元的政府债券。初始状态下，债券的市场价值为面值的 97%，即市场价格为 97 万美元，债券的有效期限为 9 年。假设组合管理人预测利率 3 个月内将从 8%上升到 10%，拟采用远期合约保值。试分析保值操作及其效果。

解：保值操作：与债券买主签订 3 个月的远期合约，按面值 100 万美元 97%的价格出售 20 年期政府债券。

效果分析：如果预测准确，3 个月后组合价值的变化为：

$$\Delta P = -P \times D \times \Delta R/(1+R)$$

$$= (-970\ 000) \times 9 \times 0.02/(1+0.08) = -161\ 666.67$$ 美元

由于市场利率上升，债券价格下降为 808 333.33 美元，资产组合遭受的价值损失为 161 666.67 美元。但可从远期合约的执行中获利：

$$E = 970\ 000 - 808\ 333.33 = 161\ 666.67$$ 美元

如果预测准确，表内的损失恰好被出售远期合约的表外收益所抵补。事实上，无论利率变化幅度有多大，表内损失都能被远期合约的部分或全部收益抵补。但套期保值的成功并不取决于组合人准确预测利率变化的能力，相反，进行套期保值的原因恰恰是因为不能对利率变化进行准确预测。保值其实是给资产组合的利率风险做了一次“免疫”。

如上所述，远期合约在规避利率风险时潜藏着违约风险，更多的金融机构是因为信用风险，而不是利率或外汇风险倒闭的。与远期合约相比，多数金融机构更倾向于选择利率期货合约进行套期保值。有时为规避信用违约风险，金融机构会介入信用远期合约。

信用远期（credit forward）合约是一种远期协议，在确定贷款利率并发放贷款之后，可以通过信用远期合约来防止贷款违约风险的上升（借款人信用等级下降）。信用远期合约的买方通常是保险公司，卖方多为银行。银行利用信用远期合约为贷款套期保值的效果类似于买入看跌期权，可将利率锁定在协议利率水平。

另一种防范利率风险的工具是远期利率协议（FRA），最初于 1983 年出现在瑞士金融市场，遵循《英国银行家协会远期利率协议》（FRABBA）的规范。本质上，远期利率协议是一种远期合约。它是买卖双方约定在将来某一时点借贷一定期限的定量资金的协议利率，并选定一种市场利率作为参考利率（结算利率），在清算日，由交易的一方向另一方支付协议利率和参考利率差额之现值的交易。当市场利率高于协议利率时，由卖方向买方支付；当市场利率低于协议利率时，由买方向卖方支付。

企业也可使用远期利率协议将筹资成本锁定，但须承担额外的利差，如案例 4 - 15 中甲公司锁定的融资成本就是 5.225%，而不是 5.1%。

案例 4 - 15

远期利率协议的应用

甲公司 4 个月后需筹集一笔 1 000 万美元的 3 个月短期资金。公司预期美元的市场利率可能上升，于是买入远期利率协议来规避利率风险，协议内容如下：

买方：甲公司　　卖方：乙银行

交易类型：4×7

协议利率：5.10%

交易日：1999/3/5

起息日：1999/7/7

到期日：1999/10/7

交割日：1999/7/7

清算利率（参考利率）：BBA 公布的 3 个月清算利率

清算账户：甲公司在乙银行的账户

第一种情况：4个月后市场利率上升，7月5日，BBA公布的7月7日起息的3个月清算利率为5.75%，高于协议利率。7月7日，乙银行向甲公司支付：

$$A=(0.0575-0.051)\times 92\times 10\,000\,000/(360+0.0575\times 92)$$
$$=16\,370.55 \text{ 美元}$$

7月7日公司在市场上借入3个月期的资金，利率为5.875%。实际借入资金：

10 000 000－16 370.55＝9 983 629.45 美元

支付的本息和为

9 983 629.45×(1＋0.058 75×92/360)＝10 133 522.55 美元

实际筹资成本为

$$(10\,133\,522.55-10\,000\,000)/10\,000\,000\times 360/92$$
$$=5.2248\% < 5.875\%$$

第二种情况：4个月后，市场利率下跌。7月5日，BBA公布的7月7日起息的3个月清算利率为4.5%，低于协议利率。7月7日，甲公司向乙银行支付：

$$A=(0.045-0.051)\times 92\times 10\,000\,000/(360+0.045\times 92)=-15\,159 \text{ 美元}$$

7月7日公司在市场上借入3个月期的资金，利率为4.625%。实际借入资金：

10 000 000＋15 159＝10 015 159 美元

支付的本息和为

10 015 159×(1＋0.046 25×92/360)＝10 133 532.62 美元

实际筹资成本为

$$(10\,133\,532.62-10\,000\,000)/10\,000\,000\times 360/92$$
$$=5.2252\% > 4.625\%$$

购买FRA后，甲公司实际筹资成本不再受市场利率变化的影响，稳定在5.10%＋0.125%的水平上。

2. 利率期货及其应用

按标的物资产的期限可将利率期货分为短期利率期货和长期利率期货两类。前者如欧洲美元期货、短期国库券期货等，后者如中期或长期政府债券期货。

大多数金融机构都会利用期货合约进行利率风险管理，这种保值可分为微观层次的套期保值（单项套期保值）和宏观层次的套期保值（总体套期保值）两类。当期货合约保值对象为单项资产或负债时，就是单项套期保值。总体套期保值是指金融机构运用利率期货或其他衍生工具对整个资产负债表的有效期限缺口进行套期保值。一般而言，总体套期保值的策略及其结果可能与单项套期保值完全不同。总体套期保值将资产组合看成一个整体，并考虑各项资产和负债的利率敏感性或有效期限之间的相互冲抵情况。

基于保值的预期收益与风险的关系，金融机构的套期保值又可分为日常套期保值（routine hedging）和选择性套期保值（hedge selectively）两种。日常套期保值是指金融机构通过出售大量的期货合约来抵消整个资产负债表或每一项资产和负债现货头寸的利率风险，从而使利率或其他风险尽可能降到最低。这种策略只有在利率变化的方向和大小很难把握时才会被采用。多数金融机构会进行选择性套期保值，有些选择承担一部分风险，在对未来利率预期的基础上对部分资产保值，有些选择不保值或过度保值。金融机构的选择结果在一定程度上取决于管理者对利率变化的预期、管理者的目标以及对套期保值成本、预期收益与被覆盖的风险之间的利弊权衡，如图 4-11 所示。

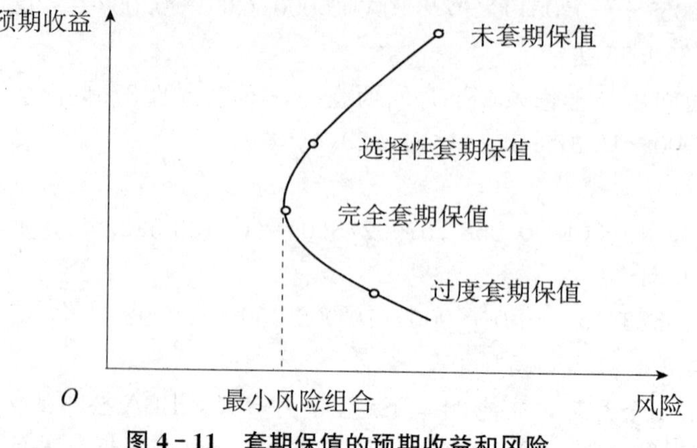

图 4-11　套期保值的预期收益和风险

运用利率期货管理利率风险的基本策略有两种：一是多头套期保值，即先买入利率期货，到期前卖出对冲；二是空头套期保值，即先卖出利率期货，到期前买入对冲。一般地，利率上升，债券价格会下降，可采用空头套期保值对冲证券组合面临的利率风险；利率下降时债券价格上升，可运用多头套期保值实现保值。有些情况下，期货合约中用于交割的标准债券与投资组合中的债券不同，此时可运用以下公式重新计算套期保值所需的合约数量 N：

$$N=(D_A-k\cdot D_L)A/(D_F-P_F)$$

式中，D_A 为资产组合的有效期限（duration，也称久期）；D_L 为负债组合的有效期限；k 为负债与资产之比（L/A）；D_F 为期货合约交割债券的有效期限；P_F 为期货合约的价格。

需要指出的是，如果金融机构交付的债券不是 20 年期的标准债券，还必须以适当的转换因子 c 来乘以 P_F。实践中，期货卖方会利用交割上的选择权挑选最廉价的债券用于交割，这种债券的转换因子（以 8%的收益率为基础）与交割债券的实际价格（它反映了实际的收益水平）相比，最为有利。计算出来的期货合约交易数量向下取整，这是出于技巧上的考虑。准备出售的合约数应能使利率风险降到最低。当套期保值量稍微减少而不是稍微增加时，金融机构面临的风险水平相同，但它却可以获得稍高一些的回报。如果考虑基差风险，套期保值所需期货合约数量的计算公式还应修正，将分母（D_F-P_F）修正为（D_F-P_F）$\times b_r$，其中，b_r 为基差风险，代表期货合约标的物债券的利率相对于即期市场资产和负债利率变化的敏感性。下面是一个总体套期保值的例子。

案例 4-16

运用利率期货为债券组合保值

20×1 年 8 月 2 日，某基金经理负责管理价值为 1 000 万美元的债券组合，由于担心未来 3 个月的利率剧烈变化，决定采用国债期货来对冲债券组合的价格变动，其在 8 月 2 日卖出 79 份 12 月国债期货，合约报价为 93—02，合约价值为 93 062.50 美元。假定在 8 月 2 日与 11 月 2 日之间，利率急剧下降，债券组合价值从 1 000 万美元涨至 1 045 万美元，11 月 2 日，国债期货价格为 98—16，基金经理此时平仓，试描述其盈亏状况。

分析如下：

- 现货状态：8 月 2 日，持有债券组合 1 000 万美元，处在利率多头状态。
- 风险点：担心利率上升，债券价格下降。
- 确定套保方向及品种：卖出 12 月到期国债期货。
- 合约数量：每份 10 万美元，1 000 万美元，卖出 79 份（基于久期的对冲）。

证券组合 3 个月后的久期为 6.8 年，国债中最便宜可交割债券预计为 20 年期，券息率为 12%的债券，这一债券当前收益率为 8.8%，在期货到期日，其久期为 9.2 年，期货交易数量 $N=(10\ 000\ 000\times 6.8)/(93\ 062.5\times 9.2)=79.42$。

总盈亏＝450 000－429 562.5＝20 437.5 万美元

利率期货保值效果见表 4－18。

表 4－18　利率期货保值效果

	现货市场	期货市场
8 月 2 日	债券组合价值： 1 000 万美元	卖出 79 份国债期货合约，成交价格为 93—02 合约价值 93 062.50＝1 000×(93＋2/32) 美元 总价值：7 351 937.5 美元
11 月 2 日	债券组合价值： 1 045 万美元	买进 79 份国债期货合约，成交价格为 98—16 总价值：79×1 000×(98＋16/32)＝7 781 500 美元
盈亏计算	盈利 45 万美元	亏损：79×1 000×(5＋14/32) ＝7 781 500－ 7 351 937.5＝429 562.5 美元

3. 利率期权及其应用

利率风险管理中常用的期权工具主要有债券期权和利率期货期权。实践中，大多数纯粹的债券期权是在场外市场交易的，2004 年 3 月 18 日，芝加哥期权交易所（CBOE）短期利率期权未平仓合约只有 217 份，这与几十万甚至上百万的债券期货期权交易量无法相提并论。与债券期权相比，金融机构更倾向于使用利率期货期权的原因在于其流动性强、无信用风险、交易标准化和逐日盯市等特点。图 4－12 为场内交易的利率期货与利率期权合约情况。

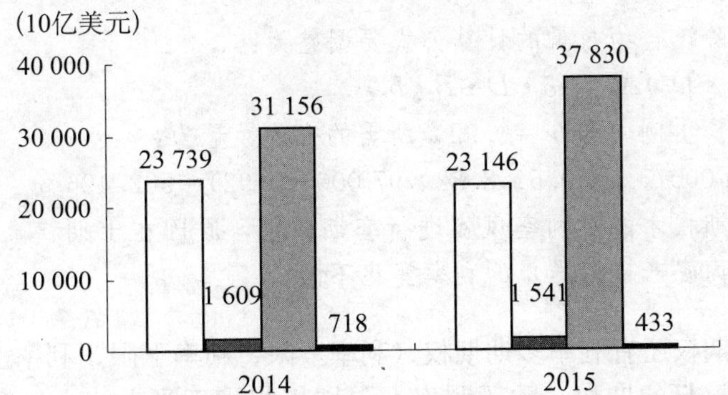

图 4－12　场内利率期货与利率期权合约规模

资料来源：国际清算银行。

利率期权的基本交易策略围绕看涨期权或看跌期权交易进行，也可采用期权组合交易。一般地，预测利率下降时，可购买看涨期权或出售看跌期权；预测利率上升时，可购买看跌期权或出售看涨期权。与其他类型的期权交易类似，在利率期权交易中充当卖方风险是很大的，而收益相对有限。因此，小型金融机构多选择购买期权合约，这一方面是出于经济因素的考量，另一方面，监管部门也禁止银行在某些风险管理领域使用出售看涨或看跌期权交易。

案例 4-17

利率期货期权保值——买入看跌期权

假设某金融机构的资产负债表中，资产的有效期限为 5 年，负债的有效期限为 3 年，负债占资产比例为 0.9，资产组合的规模为 1 亿美元。在随后的 6 个月内，预计利率将从 10%上升到 11%，该机构将有 209 万美元的净值亏损。为此，该机构决定买入看跌期权进行总体套期保值。设看跌期权合约标的物资产为有效期限为 8.82 年、面值为 10 万美元的长期国债，该国债的现行市场价格为 97 000 美元。看跌期权的 δ 值为－0.5，期权费为面值的 2.5%。期权的保值效果分析如下：

第一步，求保值所需的合约数量（假设没有基差风险）。

$$N=(D_A-k\cdot D_L)A/-(\delta\cdot D\cdot B)$$
$$=230\ 000\ 000/-(-0.5\times 8.82\times 97\ 000)=537.672\text{ 份}$$

第二步，求保值成本。

保值操作：买入 537 份长期国债期货看跌期权合约，支付的期权费为：

$$C=2.5\%\times 100\ 000\times 537=1\ 342\ 500\text{ 美元}$$

第三步，分析保值效果。

如果利率从 10%上升为 11%，看跌期权的价值变化为：

$$\Delta P=N\times[\delta\times D\times B\times\Delta R/(1+R)]$$
$$=537\times(0.5\times 8.82\times 97\ 000\times 0.01/1.1)=2\ 088\ 295.36\text{ 美元}$$

期权价值的变化正好能弥补表内净值损失，保值成本仅 130 多万美元，约占资产组合价值的 1.34%。

如果考虑基差风险，合约数量的计算公式要调整为：

$$N=(D_A-k\cdot D_L)A/-(\delta\cdot D\cdot B\cdot b_r)$$

式中，b_r 为基差风险。上例中若 $b_r=0.92$，所需的合约数量为：

$$N=230\ 000\ 000/-(-0.5\times 8.82\times 97\ 000\times 0.92)=582.426\text{ 份}$$

需要更多的看跌期权才能对利率风险进行套期保值，原因在于期权合约标的物债券的利率变化与所持表内资产（债券）的利率变化不同步。

场外交易的利率期权还有利率多期期权（利率上限、利率下限、利率上下限）。利率多期期权是有多个行权日的期权。购买利率上限期权相当于买入一个复杂的看涨期权，可将利率水平限制在上限之内。购买利率下限期权相当于买入一个复杂的看跌期权，可将利率水平控制在下限之上。利率上下限即领式（collar）期权，则是同时从事利率上限与利率下限交易，可将利率限制在一定幅度之内。

案例 4-18

利率上限期权（封顶式期权）的应用

某金融公司准备在市场上以浮动利率筹措一笔资金，为避免利率上升使资金成本增加的风险，决定购入封顶式期权。借入资金条款的相关内容为：借入金额为 100 000 000 美元，期限为 3 年，利率为 6 个月 LIBOR＋0.5％。封顶式期权合约条款为：

约定本金：USD 100 000 000　　期限：3 年

基准利率：6 个月 LIBOR　　上限利率：9.0％

期权费：0.5％（每年分两次支付）

购入利率上限期权后，当市场利率上升至上限或高于上限时，该机构的筹资成本固定为 9.75％（浮动利率筹资成本加上期权费），如表 4-19 所示。

表 4-19　　买入利率上限期权后的筹资成本（％）

6 个月 LIBOR	浮动利率筹资成本（6 个月 LIBOR＋0.5％）	购入封顶式期权		封顶贷款筹资成本
		支付费用	收取利率差额	
7.0	7.5	0.5	0	8.0
8.0	8.5	0.5	0	9.0
9.0	9.5	0.5	0	10.0
9.5	10.0	0.5	0.5	10.0
10.0	10.5	0.5	1	10.0
11.0	11.5	0.5	2	10.0

未进行套期保值前的浮动利率筹资成本与运用利率上限期权套期保值后的成本之比较如图 4-13 所示，可见，利率上限期权的保值效果类似于卖出看跌期权。

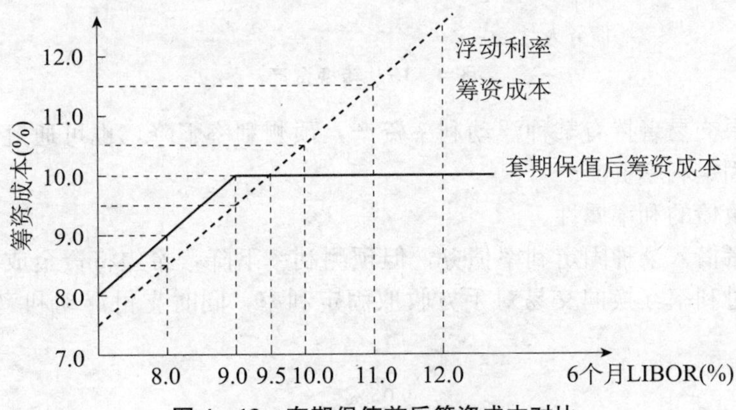

图 4-13　套期保值前后筹资成本对比

4. 利率互换及其应用

互换交易主要被用于套利、风险管理与合成新的金融产品，由于互换交易的期限较长，因此，规避长期利率风险时最常用、最重要的衍生工具是利率互换。互换交易主要在场外进行，其中利率互换占据主要地位。图 4-14 是互换交易的市场结构。

利率互换的主要功能是管理利率风险，包括以下方面：

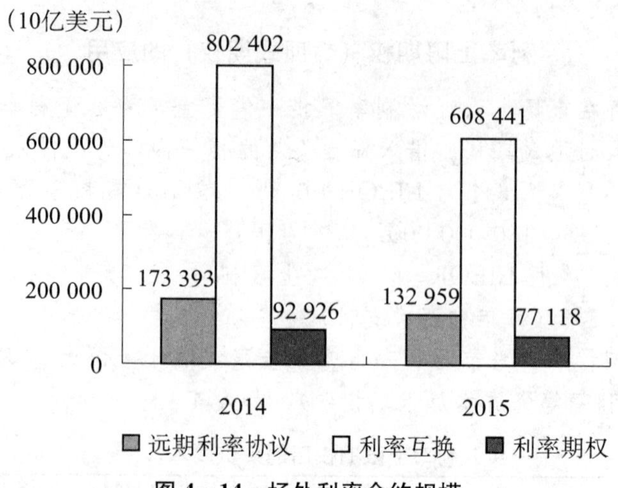

图 4-14　场外利率合约规模

资料来源：国际清算银行。

(1) 转换资产的利率属性。

假设交易者持有某种固定利率资产，但预测利率上升，希望将资产收益转换为浮动式收益，交易者可通过利率互换，将固定收益支付给交易对手方，同时收到浮动利率收益。如图 4-15 所示。

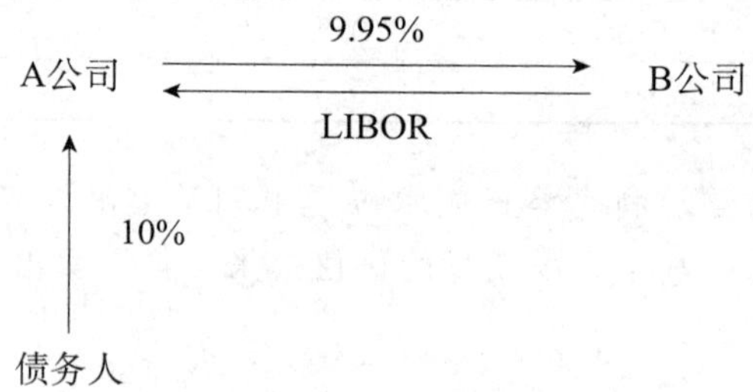

图 4-15　转换资产

同理，如果交易者持有某种浮动利率资产，预测利率下降，也可通过互换将浮动利率资产转换为固定利率资产。

(2) 转换负债的利率属性。

假设交易者借入某种固定利率债务，但预测利率下降，希望将资金成本转换为浮动式支付，可通过利率互换向交易对手方收取固定利率，同时支付浮动利率。如图 4-16 所示。

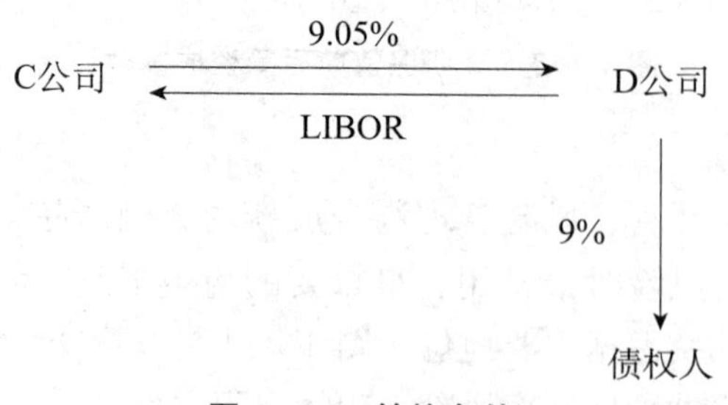

图 4-16　转换负债

同理，如果交易者借入了某种浮动利率债务，但预测利率上升，也可通过互换交易将浮动利率债务转换为固定利率债务。

（3）对利率敏感性资产或负债保值。

利率敏感性缺口是指利率敏感性资产减利率敏感性负债之差。正缺口的差额为正，负缺口的差额为负。一般地，在预测利率上升时保持正缺口，在预测利率下降时保持负缺口。互换交易可将浮动收入或支付转换为固定收入或支付，从而锁定资产收益或资金成本。

［例 4-16］ 美国某投资基金的投资组合中包含浮息债券，以“基准利率＋0.5%”计息。20 世纪 90 年代初期，当时专家分析表明美国经济将出现衰退。如果 1990 年下半年美国经济如预测进入衰退，市场利率必定下降约两个百分点。1990 年 4 月，该投资基金根据预测，将其 5 000 万美元以“3 个月基准利率＋0.5%”计息的浮动利率债券与一家银行达成互换协议，支付银行 3 个月期基准利率，银行支付投资基金年利率 8.75%。互换交易示意图如图 4-17 所示。

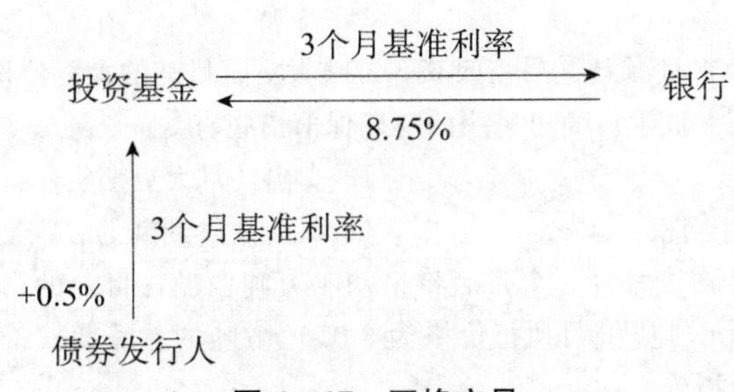

图 4-17 互换交易

互换后投资基金的收益锁定在 9.25%，消除了资产的利率风险。

20 世纪 80 年代，基于比较优势与信用套利的互换分析非常流行，交易者普遍认为，互换各方以各自在不同融资领域的相对比较优势为基础进行合作与交换，能够降低成本，提高收益。随着市场的发展，套利的机会渐渐消失，互换信用套利的功能减弱。但为交易者提供其他套利、风险管理和合成新产品的途径，仍是互换发展的动力。

本章小结

商品期货用于套期保值的基本方法是在持有商品又担心价格下跌时做空期货，在准备买入商品却担心价格上涨时做多期货。当然，期货交易也可用于纯粹投机，但价格变动方向若预测错误将会面临较大风险。持有商品资产时还可买入看跌期权防止价格下跌风险，未来需要买入商品时可买入看涨期权锁定成本。通过经纪人的商品互换交易也能锁定成本或收益，而且可以定制合约，是进行套期保值的不错选择。期货与期权的组合交易兼有防范价格不利变动风险与把握价格有利变动机会的双重功效，是大规模资产保值的首选工具，但是所有交易都有成本支出，在规避风险时也要充分考虑交易成本。

常见的股票投资风险管理工具有股票期货、股票指数期货、股票期权及股指期权等，还有证券组合保险、认股权证、可转换债券等其他工具。股票期货的标的物资产多为大型公司发行的普通股，在用于管理股票或股票投资组合风险时会产生标的物资产与实际资产不匹配的问题。股指期货可规避大部分价格波动的风险，但也有个别股票与股指走势相背离。期权工具在价格波动较大、方向较难把握时显示出灵活选择的优势。证券组合保险、认股权证、可转换债券等方法也可用于管理股票投资风险，但它们也有局限性。如证券组合保险要求较高的专业技能；认股权证具有期权性质，行权后会影响总股本数量并摊薄收益；可转换债券投资因含有股票期权收益相对较低。

远期工具用于规避外汇风险的功能是通过固定远期交割的汇率来实现的，若远期交割时的汇率对交易者不利，远期合约会有违约风险。即期加远期组合的掉期交易是外汇风险规避的常用工具。期货工具规避外汇风险的一般原则是：若未来有外汇收入且外汇汇率看跌，应做空外汇期货保值；若未来有外汇支出且外汇汇率看涨，可做多外汇期货。外汇期货还可用于纯粹投机，但预测错误时将面临较大风险。期权工具规避外汇风险的一般原则是：预计外汇汇率上涨，买入看涨期权或出售看跌期权；预计外汇汇率下跌，买入看跌期权或出售看涨期权。期权的组合策略可实现不同的风险规避效果，它在外汇风险管理中最为常见。货币互换交易可通过锁定期初与期末交换时的汇率来实现外汇风险规避功能。

练习题

一、多选题

1. 6月20日，某大豆生产商预计9月将收获1万吨大豆，目前的大豆价格是每吨3 120元，为了避免大豆价格下跌的风险，该大豆生产商可采用的套期保值措施有（　　）。

A. 买入9月大豆期货　　B. 卖出9月大豆期货

C. 买入9月到期的看涨期权　　D. 买入9月到期的看跌期权

2. 3月12日，某糖果生产商预计3个月后将采购1万吨白糖，目前的白糖市价为2 910元/吨，6月白糖期货的价格为2 980元/吨，6月执行价格为3 010元/吨的看涨期权价格为50元/吨，该生产商可采用（　　）的套期保值措施。

A. 买入6月白糖期货　　B. 卖出6月白糖期货

C. 买入6月白糖看涨期权　　D. 卖出6月白糖看涨期权

3. 2月5日，某饲料生产商预计3个月后将采购1万吨大豆，目前的大豆市价为3 650元/吨，6月大豆期货的价格为3 720元/吨，6月执行价格为3 720元/吨的大豆看涨期权价格为80元/吨，6月执行价格为3 720元/吨的大豆看跌期权价格为10元/吨。该生产商采用做多期货加买入6月看涨期权的策略规避风险。若6月大豆现货价格为3 710元/吨，大豆期货价格为3 790元/吨，该生产商的套期保值操作及其效果为（　　）。

A. 对6月期货进行平仓，亏损600 000元　　B. 放弃看涨期权

C. 对6月期货进行平仓，盈利700 000元　　D. 执行看涨期权

4. 若上例中饲料生产企业买入的期权是K银行出售的，K银行和该饲料企业的盈亏情况分别是（　　）。

A. K银行净盈利400 000元　　B. 饲料企业净盈利100 000元

C. K银行净盈利100 000元　　D. 饲料企业净亏损100 000元

5. 运用股指期货进行套期保值时可能存在的风险有（　　）。

A. 基差风险　　B. 套保比率变化风险

C. 股票涨跌风险　　D. 保证金管理风险

6. 关于股指期货套期保值比率，正确的说法是（　　）。

A. 从严格意义上讲，在任一时刻，套期保值比率都是瞬时有效的

B. 随着时间的推移调整套期保值比率称为动态套期保值

C. 套期保值比率的目标是使期货和现货的价格变动互相抵消

D. 采用最优套期保值比率实施静态套期保值，可以实现完美对冲

7. 投资者利用股指期货进行套期保值，应该遵循（　　）的原则。

A. 品种相同或相近　　B. 月份相同或相近

C. 数量相当　　D. 方向相同

8. 如果投资者手中持有股票，且行情看涨，投资者可采用（　　）策略锁定收益。

A. 出售低执行价看跌期权　　B. 买入股指期货

C. 买入高执行价看跌期权　　D. 卖出股指期货

9. 导致股指期货发生市场风险的因素包括（　　）。

A. 价格波动　　B. 保证金交易的杠杆效应

C. 交易者的非理性投机　　D. 市场机制是否健全

10. 某国内贸易商 6 个月后将支付 500 万美元货款。为规避外汇风险，该贸易商与银行签订了远期合约，将汇率锁定为 6.211 0 元/美元。假设 6 个月后，美元兑人民币即期汇率变为 6.210 0 元/美元，则（　　）。

A. 贸易商远期交割后盈利 500 000 元人民币　　B. 贸易商应买入远期美元

C. 贸易商远期交割后损失 500 000 元人民币　　D. 贸易商应卖出远期美元

11. 管理外汇风险的主要步骤有（　　）。

A. 识别风险　　B. 风险分析与评价

C. 选择风险管理方法　　D. 执行和评估

12. 如果某进口商预计计价货币将贬值，则该进口商应该（　　）。

A. 推迟向国外购货　　B. 允许外国出口商推迟交货日期

C. 采用延期付款的方式　　D. 缩短出口商提供的短期信用期限

13. 某银行近期代客买卖外汇产生 4 笔交易：卖出即期美元 500 万，买入 2 个月远期美元 200 万，买入即期美元 400 万，卖出 2 个月远期美元 100 万。以下说法正确的是（　　）。

A. 该银行需要做一笔掉期交易来轧平风险敞口

B. 该银行外汇头寸平衡，没有风险敞口

C. 该银行应买入 100 万即期美元，卖出 100 万 2 个月远期美元

D. 该银行应卖出 300 万即期美元，买入 300 万 2 个月远期美元

14. 10 月 15 日，德国某跨国公司的加拿大子公司在当地购入一批货款为 200 万加元的零配件。到该年 12 月 31 日会计决算日，这批零配件尚未出库使用。购货时加元兑欧元的即期汇率为 0.723 4 欧元/加元，会计决算日加元兑欧元的汇率为 0.733 4 欧元/加元，则下列说法错误的是（　　）。

A. 该公司没有产生实际损失　　B. 该公司不承担外汇风险

C. 该公司面临的交易风险为 2 万欧元　　D. 该公司面临的折算风险为 2 万欧元

15. 投资者进行股票投资组合风险管理，可以（　　）。

A. 通过投资组合方式，降低系统性风险　　B. 通过股指期货套期保值，规避系统性风险

C. 通过投资组合方式，降低非系统性风险　　D. 通过股指期货套期保值，规避非系统性风险

16. 股指期货市场的避险功能之所以能够实现，是因为（　　）。

A. 股指期货可以消除单只股票特有的风险

B. 股指期货价格与股票指数价格一般呈同方向变动关系

C. 股指期货采取现金结算交割方式

D. 通过股指期货与股票组合的对冲交易可降低股票组合的系统性风险

17. 投资者预期未来市场利率持续上涨，则其合理的交易策略是（　　）。

A. 买入 IRS　　B. 卖出 IRS

C. 买入利率上限期权　　D. 卖出利率上限期权

18. 投资者持有一定数量的固定利率公司债头寸，为对冲利率风险，合理的策略有（　　）。

A. 做空国债期货　　B. 做多国债期货

C. 做空利率互换产品　　D. 做多利率互换产品

19. 可以规避利率风险的金融工具包括（　　）。

A. 利率互换　　B. 货币互换

C. 远期利率协议　　D. 外汇掉期

二、问答题

1. 什么是商品价格风险？管理商品价格风险的主要工具有哪些？
2. 什么是双向期权？试分析它与看涨、看跌期权的异同。
3. 分析商品互换对参与互换的交易各方的作用。
4. 综合评价期货、期权、互换等衍生工具在商品价格风险管理中的作用。
5. 简述股票风险的含义与种类。
6. 什么是股票期货、股指期货、股票期权？如何用它们管理股票投资风险？
7. 简述证券组合保险、认股权证、可转换债券的含义与应用。
8. 简述外汇风险的含义与分类。
9. 如何运用远期、期货、期权工具管理外汇风险？
10. 简述利率风险的含义与主要类型。
11. 利率风险管理工具有哪些？
12. 如何运用远期、期货、期权、互换工具管理利率风险？

第二篇

实务篇

第5章 期货与期权投资实务

学习目标：

本章主要介绍豆类、原油、PVC、股指期货、国债期货等交易品种的投资分析逻辑。通过本章的学习，学生应培养对国内主要期货与期权品种的投资分析能力和金融风险意识，并通过对国内主要期货与期权品种的分析加深对国内外金融、经济状况的理解。

第一节　豆类市场行情分析

一、主要影响因素分析

1. 全球油籽供需情况

根据美国农业部最新供需报告，2019/20 年全球油籽（包括大豆、菜籽、棕榈仁、花生、棉籽、葵花籽、椰肉干等）产量同比减少 4%，降至 57 462 万吨，从图 5－1 中我们可以发现自 2007 年度以来全球油籽大体每 4 年减产一次，2019 年度适逢减产年份，遵循历史规律。在这其中，油籽减产了 5%，但油籽的食用和压榨需求依旧保持低速增长，从而使之前的结转库存得到消耗，最终导致全球油籽供需缩紧。

2. 全球大豆供需情况

由于美国、巴西、阿根廷大豆产量总和占全球 80%以上，对大豆市场有着深远的影响，因此本节将着重分析这三个国家的供需情况。

(1) 美国大豆供需情况。

此前因美豆丰产再加上出口疲软，使 2018/19 年库存迅速攀高，但根据美国农业部 2019 年 12 月供需报告，2019/20 年度美豆产量减少了 2 390 万吨，是 2014/15 年度以来第一次回落至 1 亿吨以下，从而导致库存消费比直接从 23%跳降至 11.8%（见图 5－2），几乎对半减少，这使得 2019/20 年去库存进程快于预期，削弱了旧作库存对市场价格的压制作用。

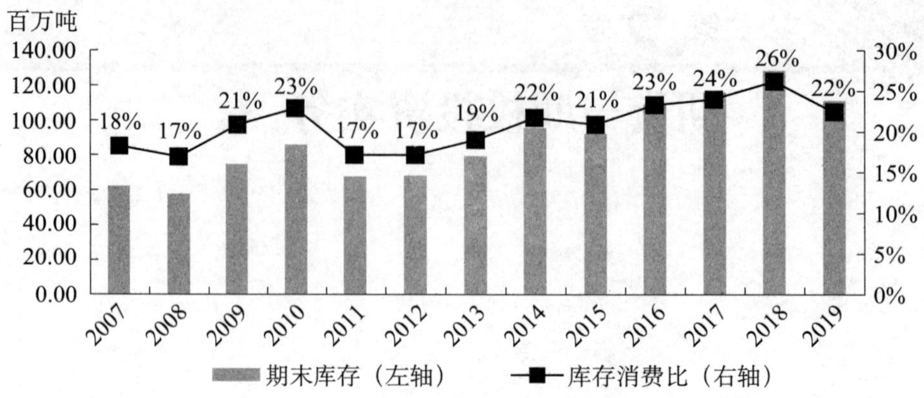

图 5-1　全球油籽库存及库存消费比

资料来源：美国农业部。

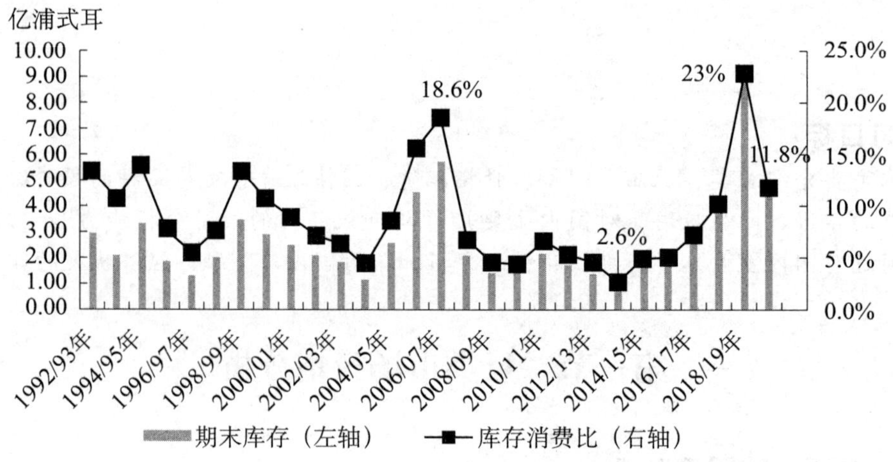

图 5-2　美国大豆库存及库存消费比

资料来源：美国农业部。

2019 年中美贸易关系紧张，豆类市场投资者也不敢轻举妄动。双方经过反复磋商后，终于在 2019 年 12 月份达成第一阶段协议，意味着两国贸易关系明显改善，中国马上采购了 58.5 万吨美豆，这也是最近 8 个月来交易的最大一批，可见两国关系对美豆的出口影响很大。由于在第一阶段有不错的进展，市场对美豆出口前景转为乐观，对美豆价格构成有力支撑。

根据农户之前年度种植的作物分析，最具吸引力的主要是美国大豆和玉米。从 2019 年下半年开始黄豆和玉米价格比从低位缓步上移，逐步恢复到贸易战之前的状态。到 2019 年底黄豆和玉米的现价比值均超过 2.25，加上中美贸易关系缓和，农户可以放心地扩大黄豆和玉米的种植面积。

（2）南美大豆供需情况。

2019 年四季度由于天气原因，巴西大豆播种前中期种植进度落后，幸好后期天气改

善时农户加快播种以及南美播种期较长，晚播对生长的影响消退，美国农业部对巴西大豆产量预估基本维持在1.23亿吨（历史最高）。阿根廷播种时间晚于巴西，同样出现了晚播现象，目前对生产的影响并未体现出来，美国农业部维持5 300万吨生产预测。综合南美两大主产国产量，综合为1.76亿吨，同比增长370万吨，为历史最高纪录，但并不能覆盖美国减产幅度。

鉴于播种期内南美两个国家均出现天气异常苗头，2020年一季度是关键生长期，需警惕天气情况是否持续至明年一季度，故而对南美大豆生产并不能盲目乐观，在美豆已经减产的基础上，若南美大豆供应再出现问题，整体期价水平将再抬高。

（3）全球大豆供需情况。

根据图5-3的数据可知，2019/20年度全球大豆产量3.374 8亿吨（－5.8%），消费量3.496 7亿吨（1.8%），期末库存9 640万吨（－12.2%），库存消费比为27.57%，较上一年下降约4.4个百分点，结束了前三年的增长态势，如果未来南美供应出现问题，则全球供需格局将进一步缩紧。

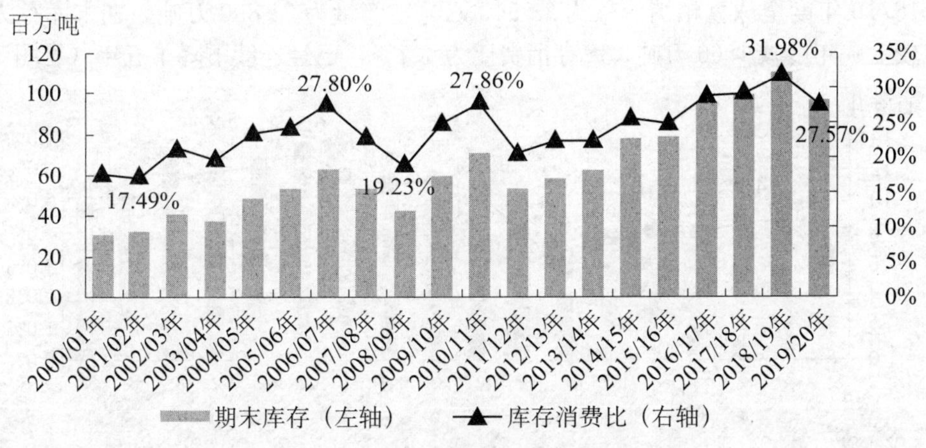

图5-3 全球大豆供需平衡情况

资料来源：Wind资讯。

（4）国内大豆供需情况。

中美贸易关系缓和，2019/20年进口大豆恢复性增长，自2018年以来，中美贸易关系的变化对豆类行情节奏产生了重要影响。2019年10月份进行第十三轮经贸高级别磋商，11月份原定在智利举行的APEC会议上签订协议，但因会议取消而推迟，直至12月达成第一阶段贸易协议的共识，并在2020年1月初签署。财政部预期中国将增加采购油脂和具有市场竞争力的美国农产品。根据以往中美之间农产品贸易情况来看，大豆、玉米、小麦、大米等这些品种增加采购的可能较大。

我国产量提高，2019年农产品供给侧改革的第4个年头，在政策的引导下大豆的供应有所增加。由于政府向大豆种植户提供更高的补贴，此前中国农业农村部和美国农业部的最新预估都为1 810万吨，比2018/19年增加了210万吨，连续4年保持同比增长趋势。需求端方面，食品消费始终保持稳定增长，为1 340万吨，比2018/19年度增加50万吨，而压榨需求方面，由于2019年进口大豆量减少以及进口成本抬高，国产大豆压榨利润在四季度转正，促使部分油厂将采购目光转向国产豆，在叠加直属库调高以及贸易商的助推下，国产大豆形成一轮上涨。2019 年 12 月 6 日，国务院关税税则委员会开展部分大豆、猪肉等自美采购商品的排除工作，随后中美就第一阶段协议文本达成一致，未来美豆有望重回我国主要进口源的位置，对国产大豆的推动效应减少，未来消费需求回归正常，对价格上涨接受度下降，因此价格再度大幅上涨的概率下降。

季节性分析，南美大豆和美国大豆集中上市对豆一期货价格的冲击较大，相比于南美大豆，美国大豆上市对市场的影响更大。两者上市分别对应的时间是 6、7 月和 10、11 月，因此这几个月份容易形成相对低点。不过在这其中，10 月份走势受美豆产量增减幅度影响较大，如果美豆产量因天气等因素出现大幅减产的情况，10 月份仍可能出现上涨。国内大豆在 5 月和 9 月容易形成大豆青黄不接的局面，考虑到大豆需求不旺，这两个月份小幅度上涨的可能性较大。此外，8 月份是传统的天气炒作时节，因此这个月豆一期货价格的波动较大，从 10 年的数据来看，8 月份上涨的可能性较大。

3. 全球及国内豆粕需求分析

(1) 全球豆粕需求分析。

2018/19 年度全球豆粕消费量为 23 547 万吨，产量为 23 800 万吨，期末库存为 1 095 万吨，较上一年度减少 66 万吨，库存消费比为 4.7%，已经连续下降了五年（见图 5-4）。

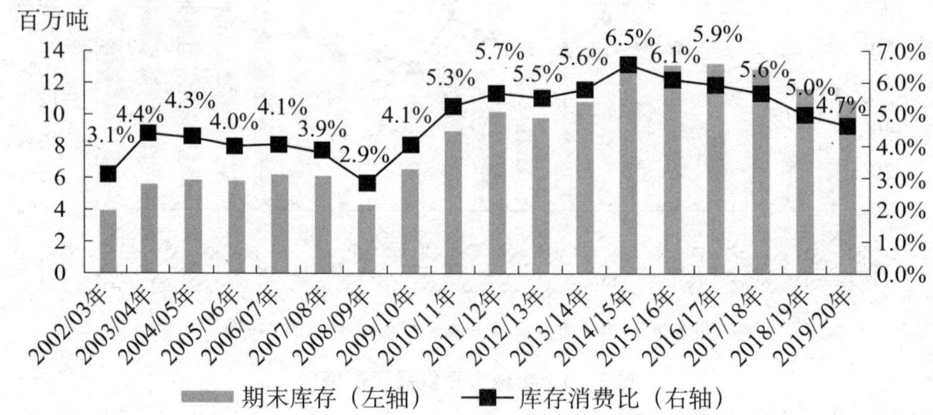

图 5-4 全球豆粕库存及库消比

资料来源：Wind资讯。

(2) 国内豆粕需求分析。

我国在豆类三品种中，只有豆粕实现了自给自足，在需求分析中，着重考虑国内消费情况，饲料配方添加是豆粕消费的主要途径，因而养殖行业发展对豆粕饲料需求有重要意义。

在政策的引导和推动下，2020 年是生猪养殖行业恢复期。由于环保政策和猪瘟，可以看出 2019 年生猪和能繁母猪存栏总体延续此前的下降趋势，截至 2019 年 10 月份，生猪存栏为 19 075 万头，能繁母猪为 1 924 万头，作为对比，2018 年底分别为 31 111 万头和 2 988 万头，分别下滑 39%和 36%。生猪存栏下降接近四成，意味着生猪出栏量也将面临同步减少局面，2019 年前三季度累计出栏 40 978 万头，前三年同期分别为 47 924 万头、48 224 万头、49 579 万头。一系列传导导致猪肉供应减少，2019 年生猪价格突破 39 元/公斤，创下历史新高。

猪瘟影响生猪供应和价格，而猪肉价格的飙涨影响居民终端需求和消费，引起相关部门的重视，2019 年 9 月份国务院办公厅发布《关于稳定生猪生产促进转型升级的意见》，表示自给率保持在 95%左右。到 2022 年，产业转型升级取得重要进展，养殖规模化率达到 58%左右。为响应国家政策，湖北、四川、福建、江苏等各地政府纷纷推出相应政策以保证未来当地生猪供应。随后农业农村部推出《关于打击和防范“炒猪”行为保障生猪养殖业生产安全的通知》、《关于进一步做好当前生猪规模养殖环评管理相关工作的通知》和《关于调整动物防疫条件审查有关规定的通知》等多个通知。12 月举办的中央经济工作会议也着重提到了要加快恢复生猪生产，保供稳价。考虑春节前生猪集中出栏以及对应母猪存栏呈现下降趋势，2019 年底及 2020 年 1—2 月份生猪存栏保持低位，猪肉价格仍上涨，随后预计在高养殖利润以及政府政策的鼓励下，生猪养殖进入恢复期，7 月份开始会有较为明显回升趋势，猪肉价格可能在二季度或三季度初迎来拐点回调。从上述政府政策和生猪存栏发展趋势来看，可以预见 2020 年生猪养殖恢复前景。

根据中国饲料工业协会数据，我国饲料工业产量连续 4 年破 2 亿吨，连续 8 年位居世界第一。根据国家统计局数据，2019 年 3—11 月，全国饲料总产量达到 1.92 亿吨，同比减少 2%，主要是因为前三季度生猪养殖行业不景气，导致猪饲料产量下降。11 月猪饲料产量环比增加，2020 年生猪养殖行业的恢复可期，未来生猪饲料也将逐渐回暖，加之预期禽类延续景气局面，禽料预计保持 2019 年的增长状态，从而预计 2020 年饲料产量能走出 2018 年、2019 年连续两年下降阴影，再度呈现增长态势，从而提高对蛋白粕的需求。

从替代品供应情况来看，我国豆粕替代品有菜粕、棉籽粕、棕榈仁粕、鱼粉、花生粕、葵花籽粕等。美国农业部对中国蛋白饲料的压榨原料 2019/20 年压榨量预估分别是：菜籽 1 570 万吨（同比减少 57.5 万吨），花生 920 万吨（同比增加 25 万吨），棉籽 931.9 万吨（同比减少 12.6 万吨），葵花籽 205 万吨（同比增加 5 万吨），四个品种压榨量总和为 3 626.9 万吨，较上年度的 3 667 万吨减少 40.1 万吨，考虑到各个品种出粕率不一，基本不会超过 70%，因此实际杂粕供应量的减少幅度低于 40.1 万吨，基于菜籽出粕率 68%、葵花籽 61.04%、棉籽 42%、花生 44%计算，可大致推算压榨出蛋白粕 2 110 万吨左右，同比减少 27 万吨左右。2019/20 年鱼粉总供应为 212.8 万吨，同比增加 4.8 万吨。

此外，2018—2019 年我国新增从一些国家进口杂粕，允许进口符合要求的菜粕，进口来源国有印度、哈萨克斯坦、埃及、乌克兰、俄罗斯，允许进口符合要求的葵花籽粕，进口来源国有俄罗斯和保加利亚，甜菜粕俄罗斯，豆粕（饼）俄罗斯，允许符合要求的棉籽粕进口，来源国为巴西。因为杂粕的进口来源增加，2019 年杂粕进口量有明显提升。2019 年前 10 个月菜籽粕、葵花籽粕、棕榈仁粕、花生粕、棉籽粕累计进口 324 万吨左右，比 2018 年同期的 186 万吨增加 138 万吨，增幅高达 74%。仅就数据而言，2019 年前 10 个月杂粕（菜籽粕、葵花籽粕、棕榈仁粕、花生粕、棉籽粕）进口量的增幅就可以覆盖美国农业部预估的 2019/20 年的除棕榈仁粕以外的四个粕类品种的生产量的降幅。

总体来看，因我国积极丰富蛋白粕的进口源，菜籽粕、葵花籽粕、棕榈仁粕、花生粕、棉籽粕这些豆粕替代品的供应整体呈现增长趋势。

根据上文所述，中美贸易关系在长时间多番升级谈判反复过程中趋于缓和，第一阶段贸易协议已签署，中国采购美豆数量将增加，预期 2019/20 年度进口量会超过 8 700 万吨。从季节性来看，在2018年以前，我国进口美豆比例呈现明显的“凹”字形，即两边高、中间低，在1—3月期间到港大豆中美豆占60%以上，呈现逐月下降趋势，11—12月进口比例在50%以上，呈现逐月上升趋势，符合美豆集中供应以及装运到我国的时间长度。由于中美贸易摩擦，2018—2019年期间这种规律性被打破，随着中美磋商取得阶段实质性成果，我国采购数量增加，2019年11月3日—12月17日的六周时间里我国新采购美豆339万吨，2018年同期仅为111万吨。在基于对中美贸易关系持谨慎乐观的预期下，2020年我国采购美豆的季节性规律逐渐恢复可期，一季度美豆到港量增加，二季度除非巴西产区天气持续恶化，否则创纪录新高的产量将能为我国提供充裕的大豆进口源，再加上2019年12月中国和巴西落实豆粕出口协定，以便中国向巴西进口豆粕，综合而言，2020年豆粕供应有望恢复，而需求端因为春节集中出栏，春节后为禽畜饲料消费淡季、杂粕进口增长趋势明显增强替代性，预计上半年豆粕库存将走出低位区间。

根据上文所述，生猪养殖在2020年处于恢复期，不过由于基数过低、上半年相对应时间段能繁母猪存栏持续下降、春节后为养殖淡季，对初期阶段猪饲料需求恢复并不能过于乐观，在禽类景气带动下或保持平稳略升状态。最早从5月份开始，最晚从8月份开始，我国生猪养殖规模会有相对可观的增长，以及水产阶段性旺季以及禽类饲料高景气延续，在这些因素的共同作用下，饲料生产有望走出2018年、2019年连续两年下降阴影，提高对蛋白粕的需求，届时南美大豆出口时间窗口进入后半阶段，我国进口量在三季度将趋于下降，豆粕供需格局改善概率较大，对价格也将构成有力提振作用，四季度节日较多，阶段性备货需求亦对豆粕价格有利好影响。风险在于当前中美贸易谈判进展良好，但仍不能完全排除2020年变数；猪瘟还不能完全防疫，要警惕复发风险。

4. 豆油基本面

(1) 全球植物油库存消费比低于10%。

2018/19年度全球豆油产量同比增长1.8%，至5 673万吨，消费量同比增长2.9%，为5 684万吨，期末库存为328万吨，减少32万吨，库存消费比为5.8%，较上一年减少0.7个百分点（见图5-5）。

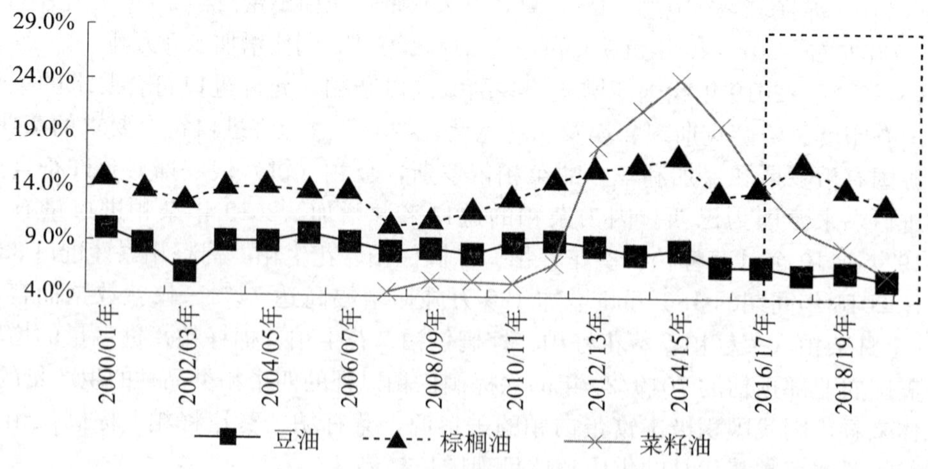

图5-5 三大油脂全球库存消费比

资料来源：Wind资讯。

2018/19 年度全球棕榈油产量同比增长 2.4%，至 7 569 万吨，是近 4 个年度增幅最低的，消费量同比增长 2.6%，为 7 462 万吨，期末库存为 967 万吨，减少 85 万吨，库存消费比为 13%，较上一年度减少 1.5 个百分点，为 2010/11 年度以来最低。

2018/19 年度全球菜籽油产量同比减少 1.5%，为 2 704 万吨，消费量减少 1.2%，为 2 777 万吨，期末库存 170 万吨，减少 74 万吨，库存消费比为 6.1%，较上一年度减少 2.6 个百分点。

三大油脂库存消费比同步下滑，2019/20 年度全球油脂供需必然缩紧。根据美国农业部 12 月报告数据，2019/20 年度全球植物油结转库存预估下调至 1 921 万吨，库存消费比为 9.4%，上一次库存消费比破 10%这一关键线还是 10 年之前的 2009/10 年度，这为油脂市场上涨提供了基础。

为什么说 10%是关键线呢？在 1999/20 年度至 2018/19 年度近 20 年里，仅有 4 个年度全球植物油库存消费比小于 10%，分别为 2002/03、2003/04、2007/08、2009/10 年度（见图 5-6）。前两个年度里，与三大油脂期货相关性高达 87%以上的 CBOT 豆油指数在 2002 年至 2004 年 2 月期间上涨幅度超过 100%，我国豆油期货在 2006 年 1 月 9 日挂牌上市，填充了我国油脂期货的空白，对应后两个年度，豆油期货价格均走出了涨幅超过 30%的牛市行情，时间跨度分别为 2006 年 4 月至 2008 年 3 月以及 2009 年 3 月至 2011 年 1 月。由此可见，在库存消费比小于 10%的年度里，油脂价格均出现了一轮大趋势上涨行情。当然，并不能通过这个判断库存消费比低于 10%是油脂大涨的充分条件，因为回顾历史可知，行情还需配合宏观经济增长和需求强劲表现，但是基本面分析法的基础就是供求决定价格，油脂牛市理论上是建立在供需紧张的基础上，全球植物油库存消费比低于 10%可以看作供需紧张的量化数值，低于这一数值，油脂价格将获得有力的底部支撑，同时是大涨的基础条件。

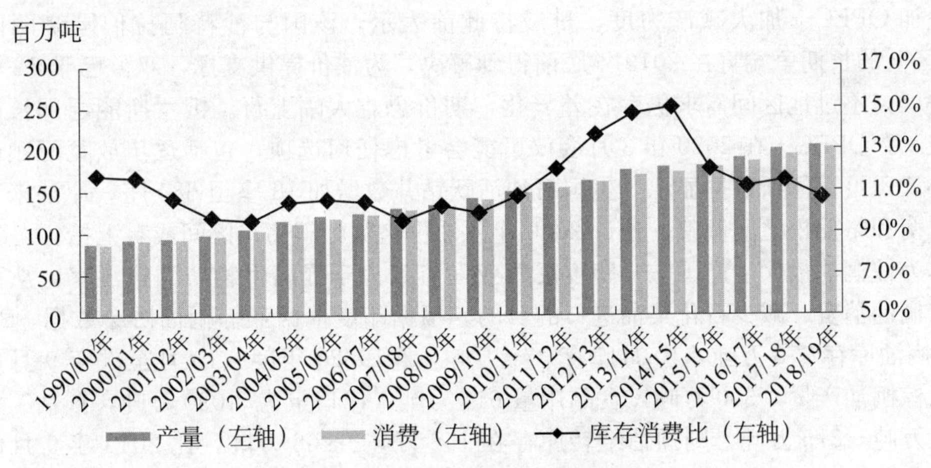

图 5-6　全球植物油供需平衡情况

资料来源：Wind 资讯。

2019 年油脂价格表现继续验证了库存消费比 10%这一关键线的有效性，即 2019 年下半年油脂市场已经走出一波上涨趋势，验证该关键线所表明的基本面利好，2019 年下半年文华财经豆油指数上涨 20%，棕榈油指数上涨幅度超过 39%，郑油指数上涨 10%，在三大油脂品种中，棕榈油的领涨地位毋庸置疑，上涨超过 30%，符合上文所述四个年度里后两个年度给国内油脂期价带来的行情幅度，相对而言，豆油和郑油指数涨幅有限。

全球植物油 2019/20 市场年度是到 2020 年 9 月份结束，因此上文所述的产量和需求预估数值并非固定不变，后期还可能根据实际情况进行调整，未来对 2019/20 年库存消费比以及 2020/21 年度供需可能产生影响的因素有哪些？

供应端：从三大油脂供应端来看，菜籽油产量占比最小，为 13%，近 7 年产量维持在 2 704 万吨～2 811 万吨，生产相对稳定，近两年的趋势是小幅下降。最大油菜籽生产国加拿大在 2019 年出现减产局面，为 4 年最低产量，尽管如此，相关机构称仍有 400 万吨油菜籽待售，显示出中加关系对加拿大油菜籽出口影响程度较大，这批油菜籽很可能转化为结转库存，囤积到 2020 年。在旧库高企以及贸易纷争犹存的背景下，预期该国新一年度播种面积继续下滑，新作播种时间一般在 5 月，加拿大油菜籽产量占全球 28%左右，未来全球油菜籽以及副产品菜籽油的供应仍有继续减少风险。

棕榈油方面，2019 年一季度印度尼西亚和马来西亚棕榈油产量表现强劲，处于近几年同期最高位，随后两个国家生产情况出现了一定分化，因为印度尼西亚 2018 年油棕种植面积达到历史最高水准，因此直至 2019 年 8 月份印度尼西亚棕榈油产量延续同期最高。而马来西亚由于高树龄占比相对较高以及 2—4 月份降雨低于正常水平，二季度到四季度末整体产量增幅表现愈发不理想，截至 11 月末，产量已经下滑至 6 年来同期最低。8—9 月份马来西亚降雨量低于正常值的 50%，根据降水与棕榈油单产影响的时间关系，预计对应 2020 年 2—3 月棕榈油产量，印度尼西亚方面在 6、7、9 月份降雨不到正常值 7 成，对应 2019 年 12 月、2020 年 1 月和 2020 年 3 月，适逢低产期，叠加因 2018 年及 2019 年上半年棕榈油价格低迷，导致种植园施肥减少，此阶段产量并不乐观，对油脂价格具有推动作用。

需求端：美国经济数据好于预期、中美领导人通话、国际贸易局势缓和可能刺激需求，叠加 OPEC＋加大减产力度，科威特此前表示，该国与沙特阿拉伯围绕两国边界“中立区”的长期争端将在 2019 年底前得到解决，为油价提供支撑，双方已于 12 月签署相关协议，不过地区间需求仍存在差异化，期价恐难大幅上行。俄罗斯能源部长诺瓦克此前表示，OPEC＋在 2020 年 3 月会议可能会考虑任何选项，包括逐步放宽配额或延长减产协议，贝克休斯数据显示，美国石油活跃钻井数增加 18 座至 684 座，原油未来供需或在平衡和略偏松之间调整，预计 2020 年原油价格宽幅震荡、区间或有上抬。

作为棕榈油最大生产国——印度尼西亚一直致力于提高生物柴油掺混率，从而达到增加棕榈油消费、减少石化柴油进口的目的。根据印度尼西亚棕榈油协会数据，2019 年 9 月棕榈油库存 373 万吨，10 月库存 371 万吨，2019/20 年度（10 月至次年 9 月）印度尼西亚棕榈油产量 4 300 万吨，食品用量 610 万吨，出口量为 3 030 万吨，预估工业用量在 825 万吨～875 万吨，则预估结转库存在 158 万吨～208 万吨，比 2019 年 9 月份减少 40%以上，在近 4 年时间里，仅有 2016 年 5 月至 2017 年 5 月库存曾低于 200 万吨（这期间棕榈油指数经历了跌—涨—跌过程，2016 年 12 月最高触及 6 540 元/吨，上涨阶段涨幅在 30%左右）。由此可见，若生物柴油政策能顺利实施，将大幅促进印度尼西亚棕榈油的下降，故而在政策推出初期，国内外棕榈油盘面就应声上涨。

除了印度尼西亚，马来西亚、美国等油料主产国也在积极推动生物柴油政策以增加植物油工业需求。根据图 5－6 数据预估，2019/20 年度全球棕榈油工业用量为 2 163 万吨，比上一年度的 2 120 万吨增加 43 万吨。

国内油脂供需情况，按照品种分类，中国食用植物油主要包括豆油、菜籽油、花生油、棕榈油、芝麻油、橄榄油、葵花籽油、棉籽油和玉米油。根据艾格数据，2017—2018 年中国居民食用植物油消费结构占比中，大豆油、菜籽油、棕榈油、花生油占比分别为 51%、13%、17%、8%，总和为 89%，以下对这四个品种的供需平衡进行分析。美国农业部预计 2019/20 年度四大油脂产量同比减少 1%至 2 420.7 万吨，由于中美贸易战影响，进口量提高 9%至 1 013 万吨，出口量小幅下滑，净进口量为 992.5 万吨；消费需求增长 1.4%至 3 471.4 万吨，当年度供需盈余 58.2 万吨，作为对比，前 4 个年度分别盈余 127.6 万吨、113.6 万吨、71.4 万吨、79.8 万吨，意味着在供应减少、需求维持低速增长的局面下，国内四大油脂供需宽松格局不断改善修复（见表 5-1）。

表 5-1　　我国主要油脂供需平衡表　　单位：万吨

年度	产量	进口	消费	出口	供需盈缺
2009/10 年	1 668	810.2	2 456.4	9.5	−12.3
2010/11 年	1 771.6	774.6	2 538.3	6.2	−1.7
2011/12 年	1 953.6	843.9	2 669.8	7.6	−120.1
2012/13 年	2 061.8	966.2	2 779	9.3	−239.7
2013/14 年	2 200	789.9	2 905.4	10.8	−73.7
2014/15 年	2 299.4	733.9	3 045.7	12.5	24.9
2015/16 年	2 418.7	616	3 150.5	11.8	127.6
2016/17 年	2 502.6	650.4	3 250.7	15.9	113.6
2017/18 年	2 574.1	697.9	3 316.6	26.8	71.4
2018/19 年	2 444.1	925.4	3 423.8	25.5	79.8
2019/20 年	2 420.7	1 013	3 471.4	20.5	58.2

资料来源：Wind 资讯。

分品种而言，2019/20 年度豆油产量为 1 514 万吨，进口量为 120 万吨，占国内四大油脂供应的 47.6%，消费量为 1 629 万吨，出口量为 15 万吨，当年度供需盈余 10 万吨；棕榈油进口量为 720 万吨，消费量为 722 万吨，当年度供需缺口 2 万吨；菜籽油产量为 612.3 万吨，进口量为 157 万吨，出口量为 1.5 万吨，消费量为 811 万吨，当年度供需缺口 43.2 万吨。

进口量的大头和提高都体现在棕榈油上，产量中豆油占据六成，这些品种都与国际油脂油料市场息息相关，意味着国际油脂价格的变化对我国油脂价格影响加重。基于棕榈油至少在第一季度产量不乐观以及 2019/20 年度全球大豆减产，预计进口成本至少在第一季度还将保持高位，综合两个因素考虑，预期至少第一季度油脂价格仍然受到有力支撑。

春节过后油脂进入消费淡季，叠加中美关系缓和，我国可能增加美豆进口，二季度南美大豆上市，豆油供应有望增加，不过菜籽油供应偏紧，供需改善进程或慢于正常年份，油脂供需可能在二、三季度由偏紧过渡到平衡状态，对价格助推的边际作用逐渐递减。

中美达成第一阶段协议为中美贸易关系缓和奠定了基础，在中美双方均释放取消关税加征的可能性的信息基础上，未来可以期待大豆加征关税的取消，一旦如期实现，那么意味着我国大豆进口有望加快恢复，对国内豆油造成重压，从而拖累油脂市场。即使大豆加征的关税未取消，只要中美双方保持积极谈判态度，中国对美豆的采购将较2018年和2019年增加，体现在一季度以及四季度采购阶段，特别是四季度，豆油供应将明显增加。而在三季度，油脂市场迎来棕榈油增产周期的高峰阶段，基于上文所述，下半年棕榈油生产也有望走出2019年降雨影响，进口源供应增加。综合来看，四季度国内油脂供应有望增加，油脂价格上行动力亦明显降低，回落风险加剧，需关注中美贸易关系变化。

（2）三大油脂现货市场库存。

2019年12月中旬豆油库存在95万吨左右，较前一年同期下降75万吨，降幅达44%，低于三年同期143万吨；棕榈油库存为70.1万吨，较前一年同期的45万吨增加约25万吨，高于三年同期40万吨；菜籽油库存为34.6万吨，较前一年同期的62万吨减少27.4万吨，低于三年同期43万吨。国内三大油脂自2019年下半年进入两阶段下降趋势，从近6年同期次高水平，下降至同期中等水平，去库存进展顺利，为2019年下半年油脂的上涨提供助力，同时也为2020年奠定了供需相对平衡的基础局面。因为中加关系，菜籽油供应紧张以及豆棕价差萎缩，促使豆油消费的替代性增强，在三大油脂中，豆油去库存进展反而最为顺利，根据上文所述，2019/20年度豆油供应和需求相对均衡，上半年即使供需由偏紧转为平衡或略松，豆油库存水平的回升速度在一季度也相对缓慢，叠加豆粕需求短时间仍相对低迷，库存对豆油价格一季度及二季度初、中期的压制作用相对有限，二季度末和三季度由于南美大豆上市以及消费需求相对冷淡的影响，豆油库存一般会出现季节性增长趋势，而且对应于豆粕需求回暖，预计油粕之间强弱可能悄然转换，豆油价格助推力将减弱，从而可能陷入高位震荡或回落行情中。

二、2020年豆类市场展望

由于美国大豆减产，2019/20年度全球大豆供应下降，供需格局缩紧，加之中美贸易关系缓和，中方采购美豆前景提振国际大豆价格，预期第一季度大豆进口成本保持高位水平，从而对国内豆类市场构成支撑。截至2019年底，市场对南美大豆保持丰产预期，不过因为降雨不及往年正常水平，后市需警惕生长关键期内生产出现问题，在美豆已然减产的情况下，若南美大豆供应再出问题，国际大豆价格将再升一个台阶。若南美大豆生产没有发生意外情况，叠加2020年美国大豆新作面积可能扩大，后期国际大豆供需格局可能再转松，国际大豆价格上行空间将受到限制。

大豆：供给侧改革政策将继续引导种植结构调整，从而利于大豆供应增加，在此背景下中国已经连续4年保持增长趋势。中美贸易关系改善后，未来美豆有望重回我国主要进口源的位置，对国产大豆的推动效应减小，未来消费需求回归正常，对价格上涨的接受度下降，因此期价上行空间受限。与此同时，全球大豆供应缩紧、中美贸易关系缓和，令进口成本受到有力支撑，从而间接支撑国内大豆运行重心。因此，可预期2020年大豆价格将呈现宽幅震荡走势。

豆粕：中美贸易关系在长时间多番升级谈判反复过程中趋于缓和，中国采购美豆数量将增加，预期2019/20年度进口量会超过8 700万吨，而且我国采购美豆的季节性规律逐渐恢复可期，即进口美豆比例呈现明显“凹”字形。一季度美豆到港量增加，二季度除非巴西产区天气持续恶化，否则创纪录新高的产量将能为我国提供充裕的大豆进口源，再加上2019年12月中国和巴西落实豆粕出口协定，以便中国向巴西进口豆粕，综合而言，上半年豆粕供应有望恢复。需求端因为春节集中出栏，春节后为禽畜饲料消费淡季、杂粕进口增长趋势明显增强了替代性，预计上半年豆粕库存将走出低位区间。生猪养殖在2020年处于恢复期，不过由于起初基数过低、上半年相对应时间段能繁母猪存栏持续下降、春节后为养殖淡季，对初期阶段猪饲料需求恢复并不能过于乐观。最早从5月份开始，最晚从8月份开始，我国生猪养殖规模会有相对可观的增长，以及水产阶段性旺季以及禽类饲料高景气延续，在这些因素的共同作用下，饲料生产有望走出2018年、2019年连续两年下降阴影，提高对蛋白粕的需求，届时南美大豆出口时间窗口进入后半阶段，我国进口量在三季度将趋于下降，豆粕供需格局改善概率较大，对价格也将构成有力提振作用。此外，四季度节日较多，阶段性备货需求亦对豆粕价格有利好影响。风险在于当前中美谈判进展良好，但仍不能完全排除2020年变数；猪瘟还不能完全防疫，要警惕复发风险。

豆油：2019/20年度无论是全球植物油还是国内油脂供需格局均呈现缩紧状态，为油脂价格提供了有力的上涨动力。基于棕榈油至少在一季度产量不乐观以及2019/20年度全球大豆减产，预计大豆和棕榈油进口成本至少在一季度还将保持高位，从而提振国内豆油价格继续上行。中美达成第一阶段协议为中美贸易关系缓和奠定了基础，在中美双方均释放取消关税加征的可能性的信息基础上，未来可以期待大豆加征关税的取消，一旦如期实现，那么意味着我国大豆进口有望加快恢复，对国内豆油造成重压，从而拖累油脂市场。即使大豆加征的关税未取消，只要中美双方保持积极谈判态度，中国对美豆的采购将较2018年和2019年增加，一季度以及四季度采购阶段，特别是四季度，豆油供应将明显增加。此外，二季度南美大豆集中上市，二、三季度豆油供应有望增加，油脂供需可能由偏紧过渡到平衡状态，对价格助推的边际作用逐渐递减，下半年国际市场又可能迎来棕榈油逐渐走出低产、美国大豆产量或恢复、印度尼西亚生物柴油计划执行存在隐患等诸多因素，豆油价格回落风险加剧。对于油粕强弱关系而言，上半年豆油库存水平的回升速度在一季度预计缓慢，叠加豆粕需求短时间仍相对低迷，库存对豆油价格一季度及二季度初、中期压制作用有限；二季度末和三季度由于南美大豆上市以及消费需求相对冷淡的影响，豆油库存一般会出现季节性增长趋势，而且对应于豆粕需求回暖，预计油粕之间强弱可能悄然转换。总体来说，2020年豆油指数可能呈现先扬后抑走势。

第二节　原油市场行情分析

一、基本面分析

1. 宏观经济

（1）全球经济因素。

受全球贸易摩擦的影响加重，2019年全球经济增速降至2008年金融危机以来的最低。国际货币基金组织（IMF）预测2020年全球经济增长率为3.4%，预期巴西、墨西哥、俄罗斯、沙特阿拉伯和土耳其会有较佳表现。然而日益恶化的贸易形势，以及金融市场突然涌现避险情绪，都会对IMF的预测结果产生下档风险，因此需要密切关注可能影响市场情绪的经济热点话题。

从全球政治经济格局来看，多边主义面临威胁，货币政策和财政政策的作用也许会大为削弱。关税分歧升级，各国就业难度加大，风险加深；消费整体表现良好，但削弱迹象明显；汽车等固定资产投资过去几年出现大幅下滑；数字化正在重新塑造全球商业模式，气候变化与人口老龄化趋势的演变扰乱了人类的经济活动。2019年全球商品和服务贸易总规模增速跌至10年新低，全球经济活动有所放缓，尤其是缘于新兴市场和欧元区的推动（见图5-7）。

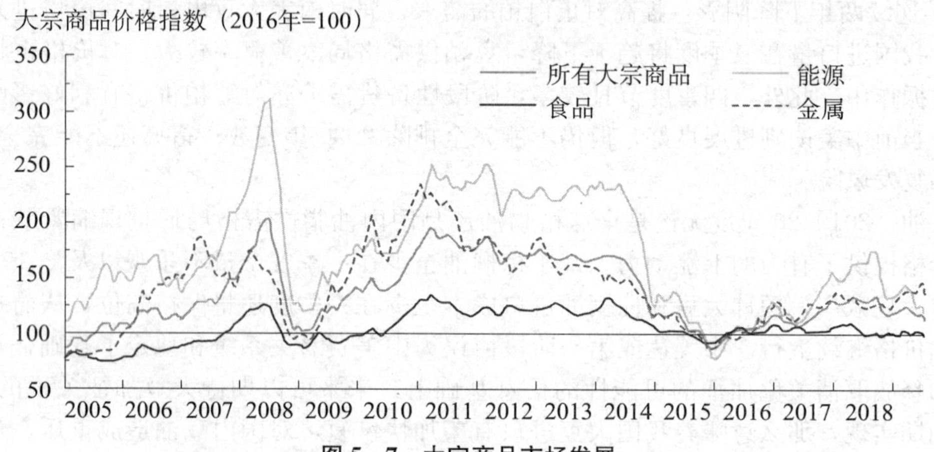

图5-7 大宗商品市场发展

资料来源：国际货币基金组织。

根据全球经济活动放缓的状况，国际能源署（IEA）于2019年9月下调了其2月对2019年石油需求增长的预测，从140万桶/日降至110万桶/日。截至2019年9月底，石油期货合约显示，布伦特价格将在未来5年内逐步降至55美元（见图5-8）。同样基于期货价格的国际货币基金组织平均石油现货价格基线假设表明，2019年的年平均价格为每桶61.8美元，与2018年的均价相比下跌了9.6%，而2020年的年平均价格为每桶57.9美元。尽管需求前景较为黯淡，但是近期风险偏于上行，而中期风险将会平衡。

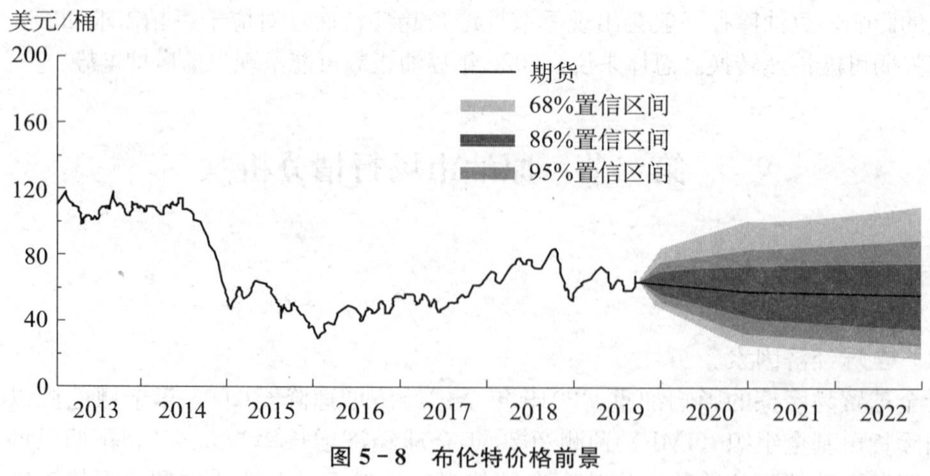

图5-8 布伦特价格前景

资料来源：国际货币基金组织。

(2) 全球流动性风险。

美联储重返宽松周期，在2018年四季度以来经济指标表现不佳、全球经济低迷及贸易前景不确定的背景下，美联储2019年实施了三次预防性降息，在12月会议上，美联储维持利率不变，决策的一致通过标志着5月以来委员会首次取得共识。同时，美联储删除了政策声明中关于经济前景展望“不确定性”的表述，维持对2019年、2020年GDP增速预期不变，预计2019年美国经济增长2.2%，2020年美国经济增长2.0%；同时将2020年失业率预期下调至3.5%，展示了对美国经济的信心。

同时，在降息空间有限的背景下，为缓解美元流动性紧张及债务规模膨胀问题，美国联邦储备体系在7月和9月下调联邦基金利率，并结束资产负债表的缩减操作，为市场注入流动性。根据美联储利率预期点阵图的信息，2020年底联邦基金利率的中位数为1.6%，预示着在大概率上2020年全年维持利率水平不变。尽管应弱化点阵图对政策的指引，但点阵图是美联储议息会议的主要参考依据，重启加息路径或延迟至2021年，市场解读货币政策立场边际上转向鸽派。

综合来看，美国经济增速随着2018年早期减税政策的提振作用逐渐消退而有所放缓(年化增长率约为2%)，但经济仍然具有韧性。相应地，由于美国经济在潜在产出水平之上运行，预计美国2020—2021年的核心消费者价格通货膨胀将在2.6%左右，高于2.2%这一中期水平（与个人消费支出通货膨胀2.0%的目标一致)。预计2020年美联储全年降息次数不会超过两次，流动性将更多通过扩表进行补充。

美元指数与人民币汇率：2019年受中美贸易摩擦影响，人民币汇率总体呈现出贬值态势（见图5-9)。8月初，在岸和离岸人民币兑美元汇率双双“破7”，为“8·11汇改”以来的首次。之后人民币兑美元汇率一直呈现贬值趋势。直到10月初，人民币兑美元汇率出现反转，然而11月初在岸和离岸人民币兑美元汇率重回“7”的整数关口。截至12月20日，人民币兑美元较年初贬值2%，CFETS人民币汇率指数下跌2.1%。美元指数与国际油价趋势见图5-10，上海原油期货价格趋势见图5-11。

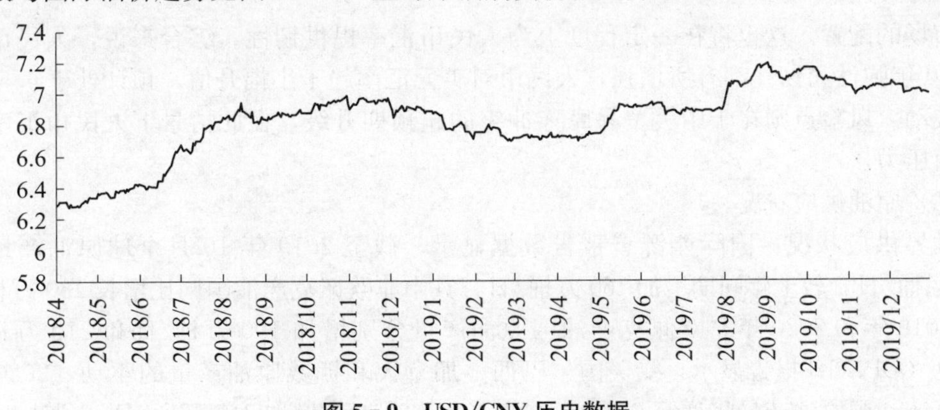

图5-9 USD/CNY历史数据

资料来源：英为财情。

随着中美贸易关系的缓解，对人民币汇率产生了提振作用。2020年贸易项目进入“衰退式”顺差收窄的格局，人民币也仍然受到国际汇市美元的压制，但中美利差维持在相对高位（140BP)，资本项目的流入对人民币汇率将形成一定程度的支撑。此外，在欧洲、日本推行负利率且中国加大金融对外开放的背景下，跨境资金会进一步加大对中国

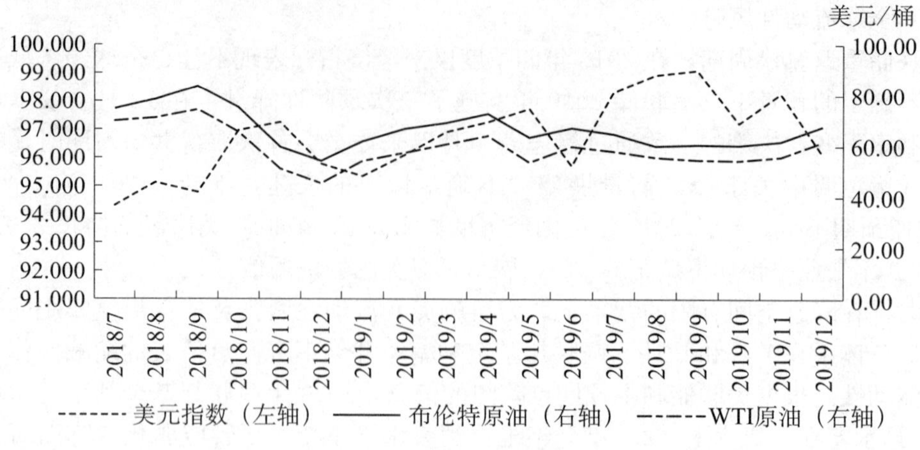

图 5－10　美元指数与国际油价

资料来源：英为财情。

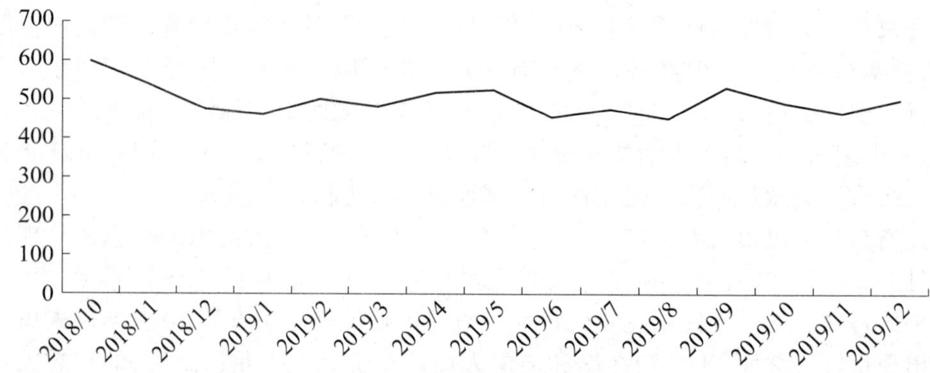

图 5－11　上海原油期货价格

资料来源：上海期货交易所。

资本市场的配置，这也将在一定程度上为人民币汇率提供韧性。综合来说，人民币汇率在 2020 年弹性和韧性都有所增强，人民币对美元汇率趋于小幅升值，预计处于 6.5～7.1 区间波动。风险点则在于中美贸易摩擦冲突的超预期升级，在此情景下人民币汇率将面临贬值压力。

（3）原油供应状况。

世界供应状况：国际能源署报告数据显示，截至 2019 年 10 月全球原油产量约为 1.01 亿桶/日，较上年同期增加 150 万桶/日，其中非欧佩克产油国同比增长 130 万桶/日。预计 2019 年和 2020 年非欧佩克产油国原油产量分别增加 190 万桶/日和 210 万桶/日。欧佩克（OPEC）报告显示，受美国、巴西、加拿大和挪威原油产量的驱动，2020 年非欧佩克产油国原油产量将增至 6 446 万桶/日，比 2019 年增加 217 万桶/日。预计 2020 年美国的原油产量增幅为 97 万桶/日。

美国能源信息署（EIA）报告显示，预计 2019 年非欧佩克原油产量增幅为 207 万桶/日，2020 年非欧佩克原油产量增幅预期为 234 万桶/日。

欧佩克供应状况，欧佩克月度报告显示，2019 年 11 月欧佩克原油产量为 2 955.1 万桶/日，比上年底下降 204 万桶/日。其中，沙特阿拉伯原油产量为 985 万桶/日，较上年下降 73.6 万桶/日；伊拉克原油产量为 463.9 万桶/日，较上年下降 7.3 万桶/日；阿拉伯联合酋长国原油产量为 310.2 万桶/日，较上年下降 13.6 万桶/日；科威特原油产量为 270.5 万桶/日，较上年下降 9.5 万桶/日；伊朗原油产量为 210.2 万桶/日，较上年下降 62.2 万桶/日；尼日利亚原油产量为 179.8 万桶/日，较上年增加 6.5 万桶/日；安哥拉原油产量为 128.4 万桶/日，较上年下降 20 万桶/日；利比亚原油产量为 118.8 万桶/日，较上年增加 23.9 万桶/日；阿尔及利亚原油产量为 102.7 万桶/日，较上年下降 2.4 万桶/日；委内瑞拉原油产量为 69.7 万桶/日，较上年减少 47.5 万桶/日；厄瓜多尔原油产量为 53 万桶/日，较上年增加 1.2 万桶/日。在沙特阿拉伯主动超额减产以及伊朗、委内瑞拉遭受美国制裁而被动减产情况下，2019 年欧佩克原油产量逐步下降，较上年底降幅约 6.3%。

2019 年 12 月欧佩克与非欧佩克产油国就扩大减产达成一致，在 2020 年一季度双方将合理额外减产 50 万桶/日，欧佩克将承担其中新增减产幅度的约三分之二，从而令减产规模扩大至 170 万桶/日。170 万桶/日相当于全球原油总需求的 1.7%。沙特阿拉伯能源大臣阿卜杜勒-阿齐兹亲王表示，额外减产中沙特阿拉伯将承担 16.7 万桶/日，同时在其他成员国的减产执行率提高后，沙特阿拉伯将继续在其产量配额的基础上自愿再减产 40 万桶/日。若减产执行率得到改善，欧佩克+的有效减产规模将可能达到 210 万桶/日。预计 2020 年整体产量在 2 900 万桶/日左右，由于美国加强制裁，伊朗原油产量面临继续下滑，委内瑞拉原油产量维持低位水平，应重点关注沙特阿拉伯、伊拉克及尼日利亚的减产执行状况。

美国供应情况：美国油服公司贝克休斯（Baker Hughes）公布的数据显示，截至 2019 年 12 月中旬美国石油活跃钻井数量为 685 座，较上年底的 885 座下降了 200 座，降幅达 22.6%。天然气活跃钻井数降至 125 座，较上年下降 73 座。美国石油和天然气活跃钻井总数共计 810 座，较上年下降 273 座。

美国能源信息署的数据显示，截至 2019 年 12 月 13 日当周美国原油产量为 1 280 万桶/日，较 2018 年底的 1 170 万桶/日增加了 110 万桶/日，增幅约为 9.4%。2019 年美国原油产量继续增长，创出 1 290 万桶/日的纪录新高，连续两年保持世界第一大原油生产国。美国原油月产量见图 5-12。

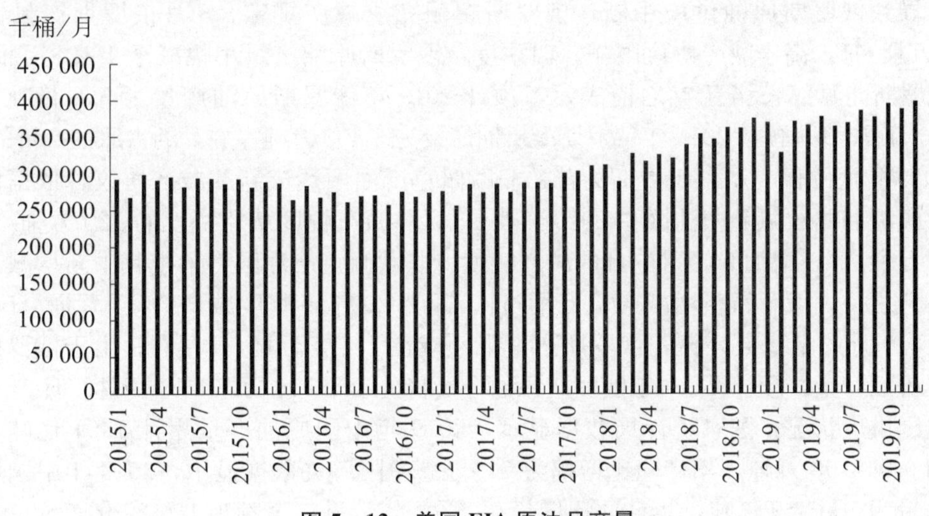

图 5-12 美国 EIA 原油月产量

资料来源：EIA。

2019年美国原油出口量呈现大幅增长，截至12月13日当周美国原油出口量为363.3万桶/日，较2018年底的223.7万桶/日增加了约139.6万桶/日，同比增幅约为62.4%。2019年美国原油出口量周度均值为293.3万桶/日，较2017年的周度均值196万桶/日，增幅约为49.6%。美国原油月出口量见图5-13。EIA公布的《短期能源展望报告》显示，预计2019年美国原油产量将增长126万桶/日至1 225万桶/日；2020年美国原油产量预估将增加93万桶/日至1 318万桶/日，将有望继续刷新历史纪录高点，增幅则较2019年缩窄。

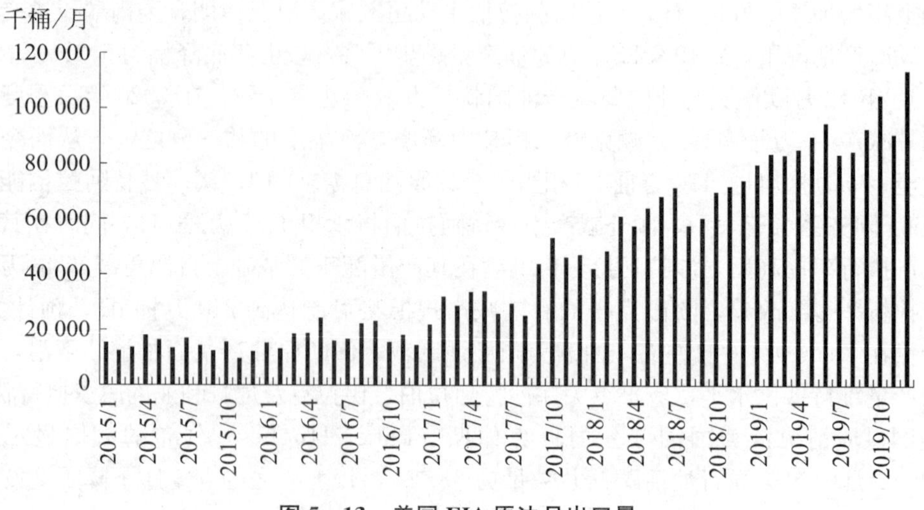

图5-13　美国EIA原油月出口量

资料来源：EIA。

俄罗斯供应状况：俄罗斯能源部公布的数据显示，2019年11月俄罗斯原油和凝析油产量为1 124.4万桶/日，较上年同期下降1.1%。按照吨数计算，11月原油产量为4 600万吨。俄罗斯在2019年一季度逐渐减少了产量，从1 138万桶/日减至1 123万桶/日；而5—7月期间，由于通过德鲁日巴管道运往欧洲的原油受到有机氯化物的严重污染，导致俄罗斯原油供应中断，俄罗斯超额完成减产规定。8月俄罗斯产量恢复至1 130万桶/日，高于减产协议限额。四季度，俄罗斯原油产量小幅减至1 124万桶/日左右。俄罗斯能源部长诺瓦克之前表示，预计2019年俄罗斯原油产量为5.6亿吨，约为1 124.6万桶/日；预计2019年俄罗斯凝析油产量为3 400万吨左右，约占原油产量的6%。

2019年底欧佩克和以俄罗斯为首的非欧佩克产油国达成新的减产协议，依据协议规定，欧佩克和非欧佩克产油国在2020年1—3月将减产幅度从原协议的120万桶/日提高至170万桶/日，增加50万桶/日的减产额度，非欧佩克产油国将承担其中新增减产幅度的约三分之一，俄罗斯新增减产7万桶/日，即2020年一季度减产约30万桶/日；按照2018年10月产量基数计算，俄罗斯产量限额应在1 113万桶/日左右；由于俄罗斯要求剔除凝析油产量，预计2020年俄罗斯原油产量将处于1 116万～1 135万桶/日。

中国供应状况：国家统计局数据显示，2019年中国原油产量累计1.91亿吨，较上年增加9 048.03万吨，累计同比增幅为0.9%。中国海关数据显示，2019年中国原油累计进口量为5.057 2亿吨，累计同比增长9.5%，累计进口金额为16 627亿美元，累计同比增长4.6%，累计进口均价为471.23美元/吨，较上年同期下跌45美元/吨，跌幅为

8.7%。1—11月中国原油累计出口量为81万吨，累计同比下降68.9%。2019年中国原油产量同比小幅增长，结束了连续三年减产的局面；原油进口量保持较快增长，四季度进口连续刷新纪录高点；截止到11月，中国原油产量及进口量总计约6.36亿吨，原油加工量为5.93亿吨，两者差额约为4 300万吨。预计2020年，中国原油产量有望保持小幅增长，进口量保持高位，但受2019年较高基数影响，增幅面临放缓。中美第一阶段贸易协议已签署，可关注美国原油进口增量。

（4）原油库存状况。

经合组织（OECD）原油库存状况：欧佩克公布的数据显示，10月OECD商业石油库存为29.33亿桶，较上年底增加约8 200万桶，较2月的低点28.63亿桶回升约7 000万桶，比五年均值水平高出3 280万桶。国际能源署公布的数据显示，10月OECD商业石油库存为29.04亿桶，较上年底增加4 600万桶左右，较3月的低点28.5亿桶上升了5 400万桶，较五年均值水平低290万桶。

从欧佩克及国际能源署数据来看，2019年美国原油产量连续创出新高，非欧佩克产油国产量增长以及全球原油需求增幅放缓，OECD商业石油库存呈现累库态势（见图5-14），预计2020年，若欧佩克与非欧佩克严格执行减产协议，OECD商业石油库存有望得到削减；但若减产力度不及协议规定，OECD商业石油整体库存仍将面临累库压力。

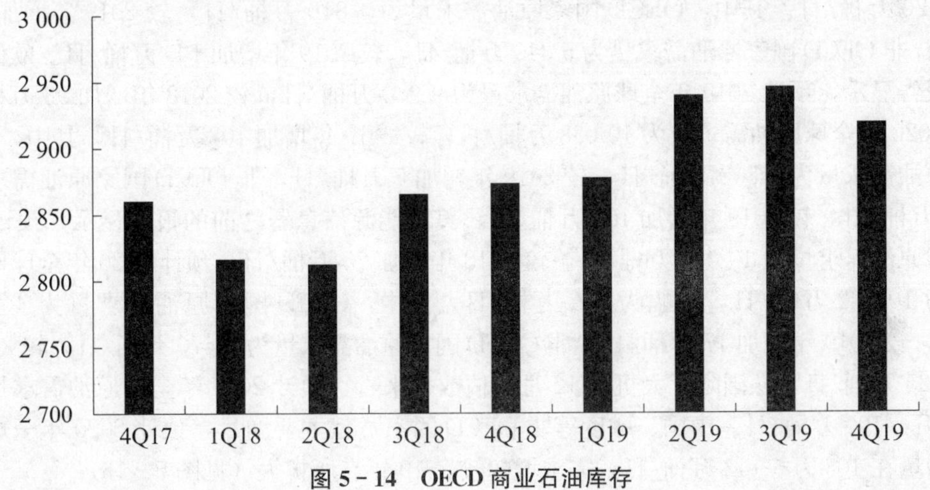

图5-14　OECD商业石油库存

资料来源：OPEC。

美国原油库存状况：美国能源信息署数据显示，截至12月13日当周美国全国商业原油库存为4.468亿桶，较上年同期增加537.6万桶，同比增长1.2%；WTI原油交割地库欣地区库存为4 016.4万桶，较上年同期减少32.8万桶，同比下降0.8%。上半年，美国炼厂进行季节性检修，美国原油产量持续增长，美国商业原油库存呈现回升，6月份触及4.85亿桶的年度高点；三季度，美国炼厂开工率回升至高位，美国商业原油库存在9月上旬降至年内低点4.16亿桶；四季度，美国原油产量继续创出新高，输油管道瓶颈缓解，美国炼厂开工低于往年水平，美国商业原油库存逐步回升，自年内低位累计增加3 076.5万桶，年内增幅约7.4%（见图5-15）。2019年美国原油库存均值在4.49亿桶左右，略低于五年均值4.55亿桶；2020年美国原油产量保持高位，可关注美国原油出口增幅，预计美国商业原油库存趋于小幅增长，均值将处于4.4亿～5亿桶区间。

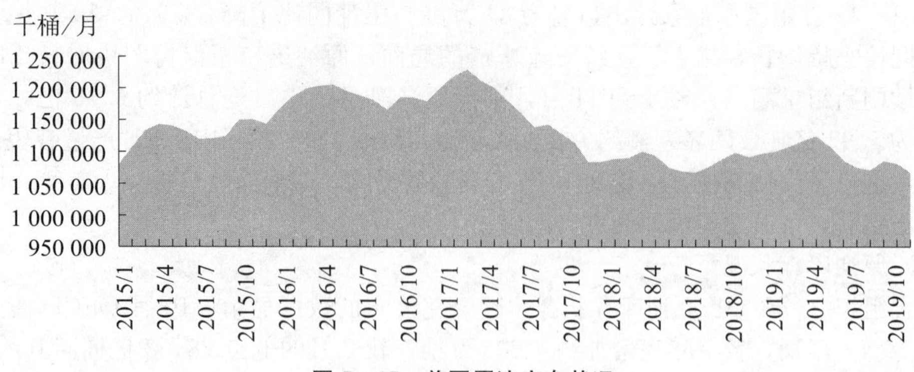

图 5-15　美国原油库存状况

资料来源：EIA。

（5）原油需求状况。

世界需求状况（见表 5-2）：国际能源署之前的报告显示，预计 2019 年全球原油需求量为 10 030 万桶/日，较 2018 年增加 100 万桶/日。其中，OECD 国家原油需求量为 4 790 万桶/日，较 2018 年增加 10 万桶/日；非 OECD 国家原油需求量为 5 240 万桶/日，较 2018 年增加 90 万桶/日。预计 2020 年全球原油需求量为 10 150 万桶/日，较 2019 年增加 120 万桶/日。其中，OECD 国家原油需求量为 4 810 万桶/日，较 2019 年增加 20 万桶/日；非 OECD 国家原油需求量为 5 340 万桶/日，较 2019 年增加 100 万桶/日。欧佩克之前的报告显示，预计 2019 年全球原油需求量为 9 980 万桶/日，较 2018 年增加 98 万桶/日；预计 2020 年全球原油需求量为 10 088 万桶/日，较 2019 年增加 108 万桶/日，其中，OECD 国家原油需求量为 4 802 万桶/日，较 2019 年增加 7 万桶/日，非 OECD 国家原油需求量为 5 286 万桶/日，较 2019 年增加 101 万桶/日。美国能源信息署之前的报告显示，预计 2019 年全球原油需求量为 10 090 万桶/日，较 2018 年增加 75 万桶/日；预计 2020 年全球原油需求量为 10 232 万桶/日，增幅为 142 万桶/日，其中，OECD 国家原油需求量为 4 762 万桶/日，较 2019 年增加 17 万桶/日，非 OECD 国家原油需求量为 5 470 万桶/日，较 2019 年增加 125 万桶/日。从国际三大机构 12 月预估数据来看，预计 2019 年全球原油需求量增幅在 75 万～100 万桶/日，中国、印度等非 OECD 国家贡献主要增量，预计 2020 年全球原油需求增量在 108 万～142 万桶/日，需求增幅较 2019 年有所扩大（见图 5-16）。

表 5-2　世界原油需求（2018—2020 年）　单位：百万桶/日

	1Q18	2Q18	3Q18	4Q18	2018	1Q19	2Q19	3Q19	4Q19	2019	1Q20	2Q20	3Q20	4Q20	2020
非洲	4.3	4.2	4.1	4.3	4.2	4.3	4.3	4.2	4.3	4.3	4.4	4.4	4.2	4.4	4.3
美洲	31.6	31.7	32.3	32.0	31.9	31.6	31.7	32.3	32.4	32.0	31.6	31.9	32.7	32.6	32.2
亚洲	35.4	35.0	34.6	35.3	35.1	35.9	35.5	35.3	36.5	35.8	36.7	36.4	36.1	37.4	36.7
欧洲	14.8	14.9	15.4	14.9	15.0	14.7	14.8	15.4	15.0	15.0	14.7	15.0	15.4	15.2	15.1
FSU	4.5	4.6	4.9	4.8	4.7	4.6	4.8	5.0	5.0	4.8	4.7	4.8	5.1	5.0	4.9
中东	8.1	8.4	8.7	8.2	8.3	8.1	8.2	8.8	8.2	8.3	8.0	8.2	8.7	8.2	8.3
全球	98.7	98.9	100.0	99.5	99.3	99.3	99.4	100.9	101.4	100.3	100.1	100.8	102.3	102.8	101.5

资料来源：国际能源署。

中国需求状况：据国家统计局及海关总署公布的数据测算，2019 年 1—11 月中国原油表观消费量为 6.36 亿吨，同比增长 8.2%，约占世界原油需求总量的四分之三。国内

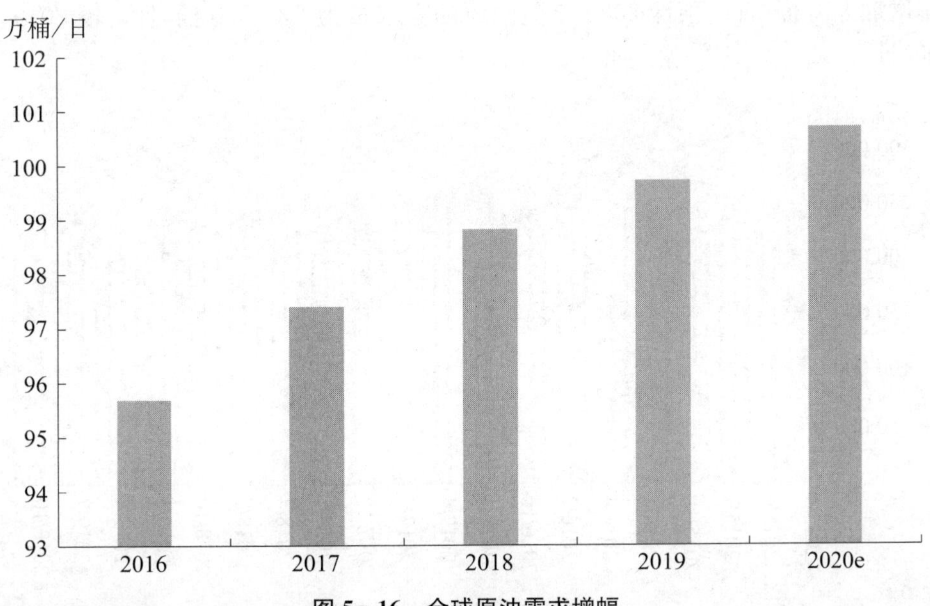

图 5-16　全球原油需求增幅

资料来源：OPEC。

原油产量小幅回升，原油进口量增幅扩大，表观消费量延续较快增长。中国原油进口依存度进一步上升至72.5%，较上年同期扩大1.4个百分点。国家统计局公布的数据显示，1—11月中国原油加工量为5.93亿吨，较上年同期增加3 851.7万吨，较上年同期累计增长6.7%。国内原油表观消费量与加工量的差额为4 300万吨左右，略低于2018年的4 400万吨。2019年，恒力石化2 000万吨炼化项目于一季度投产，浙江石化4 000万吨/年炼化一体化项目一期2 000万吨装置于二季度投产，山东地炼新增500万吨/年产能；新增炼油能力4 500万吨/年均来自民营炼厂，此前预计2019年国内炼油能力增加到8.75亿吨，实际原油加工量6.5亿吨左右，开工率约74.3%。2020年，中科炼化项目计划投产，加上洛阳石化、泉州石化等项目扩能，预计新增炼油产能1 500万吨/年，全国炼油能力将逼近9亿吨/年关口，开工率有望升至75%左右，原油加工量增幅处于3.5%～5%区间。

美国需求状况：2019年美国原油进口量呈现下降（见图5-17），截至12月13日当周美国原油进口量为657.9万桶/日，较2018年底的739.2万桶/日下降81.3万桶/日，降幅约为11%。2019年美国原油进口量周度均值为683.3万桶/日，较2018年周度进口均值784.9万桶/日下降101.6万桶/日，降幅约为13%；2019年美国原油周度净进口量均值为390万桶/日，较2018年周度净进口均值588.9万桶/日下降198.9万桶/日，降幅约为33.8%。截至2019年11月中旬，美国炼厂用于精炼的净原油投入量为1 656.2万桶/日，较2018年底的1 776万桶/日下降119.8万桶/日，降幅约为6.7%；2019年美国炼厂周度净原油投入量均值为1 660.2万桶/日，较2018年均值1 697.9万桶/日下降37.7万桶/日，降幅约为2.2%。美国炼厂周度产能利用率均值为90.5%，较2018年的93.1%下降了2.6个百分点，较五年均值91.2%低了0.7个百分点。美国炼厂产能利用率出现下降，但处于90%以上的水平，预计2020年美国炼厂产能利用率处于90%左右。美国能源信息署之前的报告显示，预计2019年美国原油需求量为2 058万桶/日，较

2018 年增加 8 万桶/日。预计 2020 年美国原油需求量为 2 075 万桶/日，较 2019 年增加 17 万桶/日。

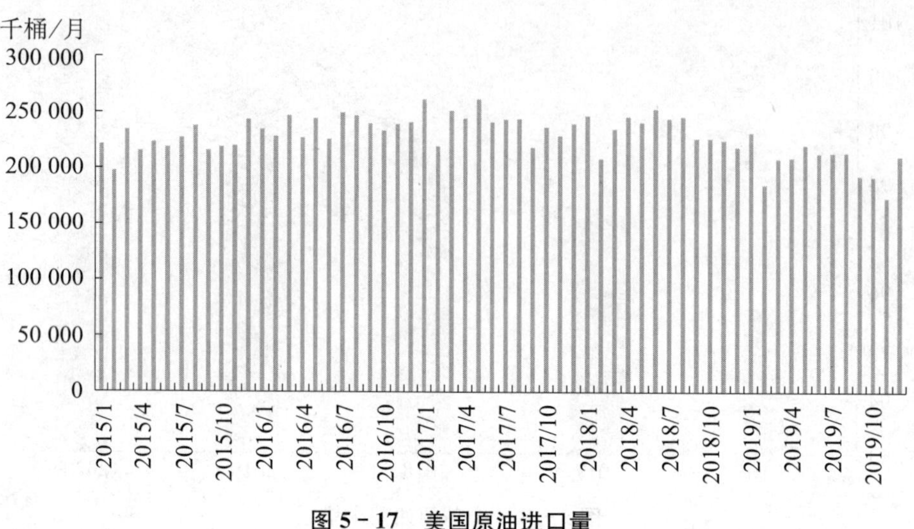

图 5-17 美国原油进口量

资料来源：EIA。

2. 地缘政治局势

2019 年美国持续加强对伊朗的制裁力度，5 月美国取消 8 个国家及地区对伊朗进口原油的豁免权。9 月美国财政部公布对伊朗的新一轮制裁的详细内容，其中包括制裁伊朗中央银行、伊朗国家发展基金等。受制裁对象在美国境内的资产将被冻结，美国公民不得与其进行交易。美国对伊朗军事威慑也步步升级，继派遣“林肯号”航母战斗群、轰炸机部队、两栖攻击舰及部署“爱国者”防空导弹后，5 月 24 日，白宫又以应对“伊朗威胁”为由，宣布将向中东增兵 1 500 人；与此同时，特朗普宣布国家进入“紧急状态”，美国政府因此得以绕过国会审议程序，向沙特阿拉伯和阿拉伯联合酋长国等国紧急出售价值 81 亿美元的武器和服务。随着美国加强制裁及军事威慑，伊朗态度也表现强硬。伊朗多次扬言，如果因受到美国制裁而无法出口原油，将采取封锁霍尔木兹海峡的措施。霍尔木兹海峡是重要的石油运输通道，全球超过三分之一的原油运输经过霍尔木兹海峡。二季度以来，中东地区发生多次油轮及油田遇袭事件。5 月 12 日阿拉伯联合酋长国宣称，4 艘商船当天在阿拉伯联合酋长国附近海域“遭蓄意破坏”，沙特阿拉伯称被破坏的商船其中两艘是沙特阿拉伯油轮。5 月 14 日沙特阿拉伯能源部长法利赫说，该国一条主要石油管道的两座泵站遭武装无人机袭击，导致泵站起火。胡塞武装组织声称出动 7 架无人机对“沙特阿拉伯关键的石油设施进行打击”。6 月 13 日沙特阿拉伯两艘油轮在阿曼湾再度遭到袭击。9 月 14 日沙特阿拉伯内政部发表声明称，数架无人机袭击了沙特阿拉伯国家石油公司（沙特阿美）的两处石油设施并引发火灾。此次袭击分别发生在沙特阿拉伯东部城市达曼附近的布盖格工厂以及胡赖斯油田。此次事件导致沙特阿美削减约一半的总产量，减产幅度高达 570 万桶/日。胡塞武装组织声称为袭击事件负全部责任，但沙特阿拉伯与美方指责背后为伊朗所为。10 月 11 日伊朗国家石油公司旗下的油轮在沙特阿拉伯吉达港口附近发生爆炸起火，导致石油泄漏流入红海海域。美国持续加大对伊朗及委内瑞拉的制裁力度，美国与伊朗的紧张关系升级，中东地区原油供应中断风险上升。预计2020年地缘政治局势仍面临较大不确定性，中东伊朗、沙特阿拉伯、伊拉克仍是重点关注地区；同时利比亚、厄瓜多尔、委内瑞拉等产油国局势不稳，地缘局势对油市构成支撑。

3. 基金持仓

美国原油持仓：美国商品期货交易委员会（CFTC）数据显示，截至2019年12月17日当周，NYMEX轻质原油期货商业性多头持仓为73.17万手，较上年同期减少8.85万手，商业性空头持仓为127.36万手，较上年同期增加11.92万手，商业性净空持仓约为54.2万手，较上年同期增加20.77万手。非商业性多头持仓为61.21万手，较上年同期增加10.94万手，非商业性空头持仓为7.57万手，较上年同期减少11.74万手，非商业性净多持仓为53.64万手，较上年同期增加22.68万手。2019年1—4月，商业性多头头寸从82万手逐步减持至69万手左右，商业性空头头寸则从年初的110万手逐步增持至128.7万手的年内高位，4月下旬商业性净空头寸达到年内高点57万手左右；非商业性多头头寸自年初的50万手左右逐步增持至64.4万手的年内高点，非商业性空头头寸则从22万手逐步减仓至9.7万手，4月23日非商业性净多头寸触及年内高点54.7万手，美国WTI原油期价也创出年内高点66.6美元/桶。5—8月，商业性多头头寸处于69万手～76万手区间，商业性空头头寸则从128万手逐步减仓至108.7万手的年内低点，6月中旬商业性净空头寸触及年内低点35.8万手左右；非商业性多头头寸从64万手的高位逐步减持至50万手左右，非商业性空头头寸则从10万手逐步增仓至16万手左右，6月11日非商业性净多头寸降至年内低位35.2万手，高低点降幅接近20万手，降幅达35%，美国WTI原油期价也展开一轮回落调整走势。四季度，商业性多头头寸处于73万手～80万手区间，商业性空头头寸则从113万手逐步增仓至127万手左右；非商业性多头头寸从51万手逐步升至61万手，非商业性空头头寸则从18万手左右减至8万手下方，非商业性净多头寸也从35万手回升至53万手上方，增加约18万手，增幅超过50%，这带动美国WTI原油期货在年底出现一波震荡上涨行情。整体上，2019年上半年美国原油期价上涨至60美元/桶上方，美国生产商增加卖出套保头寸。而基金逐步高位减持多单获利了结，同时开始增持空单，二、三季度WTI原油期价展开调整走势；四季度，欧佩克扩大减产及贸易局势改善预期提振油市，基金在年底快速增仓，WTI原油期价也出现了一波震荡上涨行情。

布伦特原油持仓：据洲际交易所（ICE）公布的数据，截至2019年12月17日当周，布伦特原油期货商业性多头持仓为96.71万手，较上年同期增加15.83万手，较年内低点增加28万手左右；商业性空头持仓为161.67万手，较上年同期增加37.07万手，较年内低点增加35.84万手；商业性净空持仓为64.96万手，较上年同期增加21.24万手，较年内低点增加19.21万手。基金非商业性多头持仓为46.19万手，较上年同期增加20.15万手，较年内低点增加20.7万手；非商业性空头持仓为6.36万手，较上年同期减少4.49万手，较年内低点增加3.62万手；非商业性净多持仓为39.83万手，较上年同期增加24.64万手，较年内低点增加24万手。

二、结论与展望

展望2020年，全球经济增长延续放缓态势，但趋于阶段性企稳，IMF、OECD预计全球经济增速有望小幅回升 2.9%～3.4%左右；国内经济坚持稳字当头，着力于稳增长和稳就业，加强逆周期调降，货币政策呈现稳健偏适度灵活，保持流动性合理充裕、基建投资温和回升，预计经济增速在 5.7%～5.9%区间。全球主要央行重返宽松周期，但预计美联储降息步伐放缓，流动性将更多通过扩表进行补充；上半年中美贸易局势阶段性缓和，英国正式脱欧，有望提振市场风险情绪；下半年美国股市高位面临调整压力，全球贸易局势不明朗，美国总统及国会大选举行，市场不确性风险上升。

汇率方面：美国经济面临下滑风险，美元指数趋于冲高回落，预计处于 93～99 区间；受中美贸易局势阶段性缓和影响，人民币兑美元汇率趋于小幅升值，处于 6.5～7.1 区间波动。

原油供应端：欧佩克与非欧佩克产油国计划于 2020 年一季度减产 170 万桶/日，在其他成员国的减产执行率提高后，沙特阿拉伯将自愿再减产 40 万桶/日，欧佩克＋潜在减产规模在 210 万桶/日，但俄罗斯、伊拉克、尼日利亚减产执行率是主要不确定性变量因素。据三大机构月报预测，2020 年非欧佩克国家原油产量增幅在 210 万～234 万桶/日，美国原油产量预计将增加 100 万桶/日左右，巴西、中国原油产量也有望增长；非欧佩克产量增幅仍高于欧佩克潜在减产规模，欧佩克的减产执行率将较大程度影响全球原油供应增长幅度，同时 2020 年 3 月新减产协议到期后欧佩克＋采取的各种举措将是关注焦点。

需求端：受贸易局势缓和及全球经济缓中趋缓预期影响，三大机构预计 2020 年全球原油需求增量在 108 万～142 万桶/日，需求增幅较 2019 年小幅提升，对应需求增速为 1%～1.4%；但仍低于非欧佩克原油 210 万～234 万桶/日的产量增幅；若欧佩克＋减产力度不及预期或停止减产协议，原油供应过剩压力将显现。

地缘政治局势方面：美国加强制裁伊朗及委内瑞拉，美国与伊朗的紧张关系升级，中东地区原油供应中断风险上升，提升了原油风险溢价。预计 2020 年地缘政治局势仍面临较大不确定性，中东伊朗、沙特阿拉伯、伊拉克仍是重点关注地区；同时利比亚、厄瓜多尔、委内瑞拉等产油国局势不稳，地缘政治局势动荡将加剧油价波动。

基金持仓方面：2019 年基金净多单头寸呈现 N 形走势，一季度增持多单，二、三季度高位减仓，四季度重新增仓，原油期价也呈现冲高后调整震荡的行情。12 月受欧佩克扩大减产及贸易局势缓和预期影响，基金在 WTI 原油期货的净多持仓增至 50 万手上方，布伦特原油期货的净多持仓也增至 40 万手关口；预计基金净多持仓在 2020 年上半年趋于增长，下半年高位减仓。综上所述，预计一季度贸易局势缓和及欧佩克＋扩大减产规模会提振市场，原油期价趋于震荡冲高，二季度，受欧佩克＋减产协议不确定性及美国产量增加影响，原油期价趋于高位调整，三季度，由于夏季用油高峰及供应不确定增加，原油期价趋于回升，四季度，原油产量增加，美国政治风险上升，市场避险情绪升温，原油期价呈现回调，预计 2020 年原油价格将趋于前高后低的 M 形震荡趋势，整体波动中枢较 2019 年上抬，预计国际原油期价将有望处于 25～50 美元/桶区间。预计 WTI 原油期货价格处于 25 美元/桶～50 美元/桶区间波动，布伦特原油期货价格处于 28 美元/桶～58 美元/桶区间运行，上海原油期货价格处于 320 元/桶～450 元/桶区间运行。

第三节　PVC 市场行情分析

一、行情回顾

2019 年 PVC 市场整体供需矛盾不大，虽然宏观经济存在一定下行压力，下游需求较 2018 年表现略差，但 2019 年 PVC 上游企业检修时间增长以及长期停产企业增加，供应端增幅相对有限，2019 年整体供需面虽有一定压力，但仍处于相对平衡状态，行业运行较为健康。2019 年 PVC 运行波动幅度继续收窄，价格重心较去年略有下移，市场交投较为平稳。2019 年 PVC 市场行情主要可概括为以下五个阶段：

第一阶段，年初至 3 月下旬的区间震荡。一季度，由于受中美贸易战缓和、中东局势紧张和 OPEC 减产支撑等因素的影响，原油走出了一波上升行情，WTI 和布伦特持续性走高。原油向上对 PVC 市场起到了一定的支撑作用。但由于一季度是 PVC 下游需求淡季，且春节长假过后，氯碱企业库存大幅上升，因此 PVC 的生涯仅仅保持了平台整理格局，并未能随原油同步走高。

第二阶段为 3 月下旬到 5 月中旬，此阶段 PVC 价格震荡走高。受“3·21”响水特别重大爆炸事故的影响，全国范围内展开了化工安全生产大检查的相关工作，这也是导致市场担心 PVC 的供应大幅减少的不可忽视的一大原因。4 月底，内蒙古伊东集团东兴发生安全生产事故，造成 4 人死亡、36 人受伤。5 月初，陕西恒源发生烧伤事故，造成 20 人受伤，这直接导致榆林市安全生产委员会办公室分 5 组深入榆阳区、神木市、府谷县，开展电石行业安全生产大排查、大整治，对全市 13 家电石生产企业进行专项对标检查。此外，4 月份后，我国制造业等行业 16%的增值税率降至 13%，也在一定程度上提振了市场信心。供应减少、税率降低，因此在这一阶段 PVC 的价格强势走高。

第三阶段为 5 月中旬到 6 月上旬，这段时间，安全生产大检查告一段落，市场供应逐步恢复，且由于下游需求不振，PVC 的社会库存始终处于高位，市场低迷，投资者处于观望状态。价格持续回落。

第四阶段为 7 月中旬至 10 月底，此间 PVC 的价格继续震荡回落，价格从 6 965 元一路下跌到 6 260 元左右。基本面上，中美贸易摩擦有所升级，美国称将对中国 3 000 亿美元商品加征关税，使得全球贸易的忧虑情绪急剧上升，人民币兑美元汇率跌破“7”。市场信心遭受重挫，贸易商避险心态占据主导。终端需求并未有明显好转，交投市场观望气氛加重。为此，企业纷纷下调出厂价，市场成本支撑减弱，价格一路下跌。

第五阶段为 11 月至 12 月。此阶段呈现出快速反弹的格局。主要是因为安全生产检查再度开展，而北疆、华北等地区，不少大企业降负荷生产，导致供应明显减少。再加上天气寒冷，道路运输不畅，导致价格持续走高。

从历年的价格走势来看，2016 年和 2017 年 PVC 的价格在近年来是波动最大的，价格最高值也出现在这两个年份（最低值则在 2015 年）。而 2019 年国内 PVC 的价格波动区间与往年相比较为狭小，总体维持在历年来的中位区域运行，价格呈宽幅震荡格局。2019 年国际经济形势复杂，PVC 市场受到国际贸易极大的不确定性及国内外装置扩能幅度大幅提升等因素的影响，期货价格一直呈现区间震荡格局。进入 2020 年后，由于国内外仍有大量的PVC新增产能有投产计划，预计仍将对价格形成较大的压制。

二、宏观及基本面分析

2019年全球经济增速和贸易扩张均有所放缓，OECD综合领先指标显示，全球主要经济体大多维持震荡走低格局，经济下行压力比较明显，但中国是个例外，经济反而有小幅反弹的迹象。从全球主要经济体的制造业采购经理人指数来看，进入2019年下半年后，此前持续回落的PMI值止跌回升，但包括欧元区、日本、美国等发达经济体的PMI值仍在荣枯线下方，中国PMI则在荣枯线上徘徊。只有印度的PMI值相对来说好一点。2019年10月，国际货币基金组织（IMF）发布最新《世界经济展望》报告，继续下调2019年全球经济增速预测至3%，这是年内继4月后第二次下调全球经济增速预期。这些都显示全球经济下行压力仍然很大。

2019年中国宏观经济总体呈现弱企稳的特征，无论是需求侧的进出口数据表现、房地产投资持续高位运行和基础建设投资逐步回暖，还是供给侧增加提速、服务业的增长，面临全球不利经济形势和全球经济下行压力，我国稳定了出口和外资，实现了经济稳定增长。不过，在未来一段时期，我国宏观经济仍面临巨大冲击和挑战。2019年下行的趋势性力量和结构性力量将持续发力，导致2020年潜在GDP增速进一步回落。不过，2019年下行的很多周期性力量在2020年开始出现拐点性变化，中国经济还有着十大积极因素：一是制度红利将全面上扬，TFP（全要素生产率）增速将明显改善。二是各类杠杆率的稳定、应付债务增速的下降、高风险机构的有序处置、金融机构资本金的补足、监管短板的完善使金融风险趋于收敛，化解金融风险的攻坚战取得了阶段性胜利，金融环境将得到明显改善。三是企业库存周期触底反弹，为企业补库存提供了空间，2020年触底回升将是大概率事件。加快回补库存，将带来生产扩张效应。四是对贸易环境恶化的“恐慌期”已经过去，适应性调整基本到位，企业信心将明显回归。五是为应对外部冲击而启动的各类战略将有效提升相应部门的有效需求，特别是在关键技术、科技研发体系、国产替代、重要设备等方面启动的战略将产生很好的拉动效应。六是随着全球汽车周期的反转，中国汽车市场可能企稳。2020年全球汽车周期可能出现见底回升，汽车贸易和汽车销售增速回暖，将带动制造业改善。七是猪周期反转，猪肉供求常态化，猪肉价格的大幅度下降将为宏观政策提供空间，改善民众的消费预期。八是在基础设施投资持续改善、国有企业投资持续上升以及民营企业家预期的改善的作用下，民营投资将在2020年摆脱底部徘徊的困局。九是新一轮更加积极的财政政策和边际宽松的稳健货币政策将进一步发力。这与2020年全面建成小康社会带来的社会政策红利以及全球同步宽松带来的全球政策红利，一起决定了2020年的政策红利大于前几个年份。十是中国庞大的市场、多元化的出口路径、齐全的产业、雄厚的人力资源、开始普及的创新意识和创新竞争、强大的政府及其控制能力决定了中国经济的韧性和弹性将在2020年进一步强化。宏观经济下行将有所缓和。预计2020年实际GDP增速为5.9%，较2019年增速回落0.2个百分点。同时，由于GDP平减指数涨幅降至1.1%，2020年名义GDP增速为7%，较2019年回落0.6个百分点，下行幅度将较2019年明显收窄。

三、供应方面分析

1.2020 年聚氯乙烯产能继续增长

2019 年，国内预计投放的新产能为 207 万吨，但实际投产的约为 167 万吨，剩下的 40 万吨产能都将延期到 2020 年投产。也就是说 2020 年国内 PVC 的新增产能有望达到 360 万吨，是 2019 年的 2 倍多。不过我们仍需要关注的是，市场或许如 2019 年一样，会有不少新增产能延期到 2021 年投产，如此一来，我们就需要密切关注新增产能的投产情况。

2019 年，国内 PVC 产能继续明显上升，报 2 618 万吨，较 2018 年上升了 167 万吨，增幅为 6.81%，比 2018 年高了 1.03 个百分点（2018 年为 5.78%），显示 2019 年国内供应量较 2018 年有了明显的增长。进入 2020 年后，按照计划投产的装置表来看，国内 PVC 的产能将达到 2 978 万吨，增幅高达 13.75%，是 2019 年的 2 倍多，显示 2020 年国内 PVC 的供应仍将保持充足的状态。

2. 产量同比上升

2019 年 11 月份，国内 PVC 产量为 162.14 万吨，环比减少了 3.09 万吨，降幅为 1.87%，同比也下降了 0.36 万吨，降幅为 0.22%。2019 年 1—11 月份，国内 PVC 的产量报 1 763.06 万吨，较去年同期上升了 16.09 万吨，升幅为 0.92%。进入 12 月份后，一般情况下都不存在没有检修的生产装置，因此，12 月份的产量仍将在 11 月份的基础上有所增加，不过，考虑到 2019 年环保检查力度有所加大，当时专业机构预测 12 月份，国内 PVC 的产量或将达到 122 万吨，据此推算，2019 年全年的 PVC 产量可达到 1 885 万吨，较 2018 年的 1 833 万吨上升 52 万吨，增幅约为 2.84%。

从 PVC 产量分年走势中可以看出，2014 年和 2017 年的波动幅度相对较大，其余各年相对较平稳，而 2019 年各月份的产量一直保持在近几年来的高位水平。进入 2020 年后，由于已知的计划中新增装置增幅较大，预计产量将会在 2019 年的基础上还有所上升，产量仍将和 2019 年一样保持在历年高位区域。

进入 2020 年之后，由于仍将有较多的新增产能投产，预计产量仍会有一个较大幅度的上升。保守估算，如果按照开工率为 75%（近几年来的低位水平）来计算，则产量也将达到 2 233.5 万吨，产量增幅达 18.49%。由此可见 2020 年 PVC 供应仍将保持充足。

3. 开工率或前高后低

截至 2019 年 12 月 13 日，国内 PVC 企业平均开工率 78.06%，与上月 76.27%相比，上升了 1.79 个百分点。与去年同期的 81.68%相比，则低了 3.62 个百分点。进入 12 月份后，除了长期停止运行的装置外，已经没有新增的装置有检修计划，随着前期进行检修的装置逐渐复工，当时预计年前国内 PVC 装置开工率将有所回升。不过，进入 2020 年后，随着新增装置的投产，及年后长假所导致的累计库存的情况，预计届时装置开工率又将会有小幅度的下降。

2019 年 PVC 企业的开工率维持在近几年来的高位区域震荡，目前仅低于 2018 年。从近几年来 PVC 装置的平均开工率也可以看出，2015—2018 年，PVC 装置的开工率一直呈现正增长，但进入 2019 年后，受到新增装置投产的影响，开工率则有所回落。进入 2020 年后，随着新增产能的投产，预计 PVC 装置开工率或将继续小幅回落。

4. 进口数量明显增加

从2014年至2019年，PVC进口数量一直维持在一个较低的水平且波动幅度不大，相反，PVC出口数量波动幅度较大且水平要高于进口数量。总的来说，近两年来，我国PVC的进出口数量一直维持在一个较低的水平。进入2019年后，这个趋势也没有太大的改变。统计数据显示：2019年10月，我国共进口PVC 4.537 7万吨，环比增加了0.765 2万吨，增幅为20.28%，同比则减少了1.662 3万吨，降幅为26.81%。2019年1—10月，我国共进口PVC 54.69万吨，较去年同期下降了8.04万吨，降幅为12.82%。2019年10月出口PVC 3.79万吨，环比下降了0.27万吨，降幅为6.65%，较去年同期则上升了1.91万吨，升幅45.81%。2019年1—10月共出口PVC 45.23万吨，较去年同期减少了8.52万吨，降幅15.85%。从以上数据可以看出，10月，我国PVC进口量环比有所上升，出口量环比有所减小，显示国外PVC对国内市场的影响较大，且进出口量累计同比双双回落，显示国内PVC需求一般。

分年度来看，2019年PVC进口量与出口量都处于多年来的低位区域。进口量更是创出了近年来的最低水平，显示国内的产量完全可以满足国内的需求，对外依存度极低，不怎么需要进口。而出口量则与2018年基本持平，都处于历年来的低位区域。一方面显示出口方面也不乐观，另一方面显示国内产量处于维持自给自足的状态。进入2020后，由于国内仍有不少新增装置计划投产，国内自给自足应该还是可以满足的，但我国取消了执行多年的反倾销政策，且中东与美国的货物又具有一定的价格优势，后市一旦套利窗口打开，预计对国内的市场供应将形成一定的冲击，进口数量则可能会显著增加。

四、需求方面分析

1. 表观消费量增速放缓

2019年10月份，国内PVC表观消费量为165.95万吨，环比上升了2.35万吨，升幅1.44%%，同比也上升了2.61万吨，升幅1.60%。2019年1—10月份，我国PVC的表观消费量共计1 610.09万吨，较2018年上升了50.17万吨，升幅达3.22%。这表示我国PVC表观消费量的增速虽然有所放缓，但总体上仍然处于平稳增长之中。

数据显示，国内PVC的表观消费量一直呈现出一个区间震荡的格局，上下波动的幅度都不大，这表明国内的PVC需求相对平稳。我们看到，2019年下半年，PVC的月表观消费量都保持在160万吨上方，据此推算，2019年，PVC的表观消费量有望达到1 930.09万吨，较2018年增加39.69万吨，增幅2.1%。这个增幅较2017年与2018年的8.66%和6.13%都明显低了不少，这表明PVC表观消费量的增幅有逐步放缓的趋势。我们还发现，进入2019年后，PVC表观消费量加速回落的势头有所放缓。预计进入2020年后，PVC的表观消费量有望止跌回升。

2. PVC下游企业开工率升降不一

2019年12月份，PVC下游企业开工率升降不一。数据显示：截至12月17日，华北下游制品企业开工率环比下降了7个百分点，报65%，但与去年同期相比，仍然小幅上升了2个百分点。显示受天气的影响，华北下游企业开工率明显下降，但仍高于去年同期水平。而华南地区则恰好相反，下游企业开工率环比回升了1个百分点，报76%，但仍低于去年同期水平 7.5 个百分点，这显示 2019 年，华南地区的需求与往年相比有所减弱。

2019 年 PVC 下游企业的开工率勉强还算合格。尽管 9—11 月，华北地区的 PVC 下游企业受环保等因素的影响，开工率大幅回落，但回升的速度也较快。总体来看，PVC 下游企业开工率仍维持在历年来的中位区域运行，显示国内对 PVC 制品的需求仍然较为平稳。预计进入 2020 年后，PVC 的下游需求或将有所回升。

3. 房地产数据略微好转

2015 年我国国房景气指数达到低谷后，一年间急剧上升，而从 2016 年到 2019 年，我国国房景气指数一直比较平稳，几乎没有什么波动。2019 年 11 月我国国房景气指数环比小有回升，但仍不及去年同期水平。新屋开工、施工面积及销售环比、同比均有所上升，且超过去年同期水平，而竣工面积环比虽有所回升，但仍达不到去年即 2018 年同期水平。截至 2019 年 11 月，我国国房景气指数报 101.16，环比微涨了 0.02 个百分点，涨幅较 10 月份有所回落，同比则下降了 0.9 个百分点，降幅较 10 月份有所收窄。此外，数据还显示，截至 11 月份，国内新屋开工面积为 205 194.43 万平方米，环比增加 19 560.01 万平方米，增幅 10.54%，同比也增加了 16 299.9 万平方米，增幅 8.63%。施工面积报 874 813.93 万平方米，环比增加了 19 932.13 万平方米，增幅 2.33%，同比也上升了 69 927.92 万平方米，升幅 8.69%。房屋竣工面积为 63 846.49 万平方米，环比增加了 9 635.35 万平方米，增幅 17.77%，同比则下降了 3 009.25 万平方米，降幅 4.5%。商品房销售面积为 148 905.02 万平方米，环比上升了 15 654.05 万平方米，增幅 11.75%，同比也上升了 301.09 万平方米，升幅 0.2%。进入 2019 年 11 月份后，房地产开发总投资额及新屋开工和销售数据较上一年度明显增加。竣工面积虽仍不及去年同期水平，但环比也都有较为明显的增长。若后期这种增长势头仍能保持，预计 2020 年房地产形势较好，这可在一定程度上拉动 PVC 的需求。

4. PVC 制品出口平稳增长

2019 年 10 月份，国内 PVC 制品进口量为 2 755.65 吨，环比减少 877.29 吨，降幅为 24.15%，同比下降 939.02 吨，降幅为 25.42%。1—10 月份，我国共进口 PVC 制品 36 262.89 吨，同比减少 3 163.2 吨，降幅 8.02%。10 月份，我国共出口 PVC 制品 385 829.2 吨，环比增加 5 964.55 吨，增幅为 1.57%，同比则增加了 52 817.74 吨，增幅高达 15.86%。1—10 月，我国累计出口 PVC 制品 357 007 吨，同比增加了 52 467.83 吨，增幅达 17.23%。从以上数据可以看出，2019 年，我国 PVC 进口制品的降幅较大，但我国 PVC 制品的出口仍保持平稳较快增长。其中增速最大的是 PVC 铺地产品，增幅高达 18.75%，但 PVC 型材、单丝与墙饰的出口却明显减少（几项出口的权重不及 PVC 铺地制品，因而其减少不及 PVC 铺地产品的增加，总体还是增加的）。由于 PVC 铺地制品近几年在海外市场受到广泛欢迎，而且在出口制品中其占比也较大，预计 2020 年我国 PVC 制品的出口仍能保持稳定增长。

5. 社会库存持续低位

2019 年 12 月份，PVC 社会库存环比继续明显回落，但仍高于去年同期水平。数据显示：截至 12 月 20 日，PVC 总库存报 193 590 吨，较上月大幅减少了 106 437 吨，降幅高达 35.48%，同比则仍高出 4 480 吨，升幅 2.37%。分项细看，石化企业库存报 18 400

吨，环比上升 2 800 吨，升幅为 17.95%，同比则下降了 10 560 吨，降幅为 36.46%，华南仓库库存报 5 100 吨，环比减少了 6 100 吨，降幅为 54.46%，同比也下降了 8 050 吨，降幅为 61.22%，华东仓库库存报 40 800 吨，环比减少了 62 200 吨，降幅为 60.39%，同比也下降了 19 700 吨，降幅为 32.56%，华北贸易商报 13 500 吨，环比减少了 3 800 吨，降幅为 21.97%，同比也减少了 13 400 吨，降幅为 49.81%，华南贸易商报 26 800 吨，环比下降了 3 000 吨，降幅为 10.07%，同比则增加了 11 100 吨，增幅高达 70.70%，华北下游企业报 7 100 吨，环比下降了 1 300 吨，降幅为 15.48%，同比也减少了 3 900 吨，降幅为 35.45%，华南下游企业报 76 400 吨，环比下降了 31 800 吨，降幅为 29.39%，同比则增加了 43 500 吨，增幅为 132.22%。从以上数据可以看出，12 月份，PVC 的社会库存大幅回落，尤其是与去年同期相比，在产业链各环节中，除华南地区的贸易商与下游企业之外，其他各环节都有较大幅度的下滑，这表明市场去库存化有加速的迹象。此外，我们还看到，华南贸易商与下游企业的库存大幅增长，且其数值远远大于去年同期水平，这说明华南贸易商与下游企业有囤货的意愿，华南下游需求或因此而将有所好转。

从历年 PVC 库存变化的规律来看，自 2016 年有数据以来，PVC 的库存一般分为三个阶段：(1) 都在每年的 2 月份与 3 月份创出年内最高点。(2) 3 月份到 6 月份，PVC 库存量开始急剧减少。(3) 6 月份到 12 月份则维持区间震荡、重心下移的格局。这几年数据所呈现的规律是有原因可循的，主要是由于春节长假期间，生产企业累库，而从 4 月份开始，天气逐渐变暖，下游企业开工率回升，再加上从 4 月份开始，生产装置逐渐进入检修期，导致供应减少，库存加速消化。进入 2019 年后，我们发现，PVC 库存基本符合这个规律。与前两年一样，库存量在 3 月份创出了年内新高，4 月份开始明显回落，这波回落一直延续到年底仍没有停止的迹象。从 Wind 资讯数据可以看出，尽管 2019 年 PVC 的社会库存在大部分时间高于去年同期水平，但进入四季度后，PVC 社会库存的降幅明显加快，尤其是在 10—11 月间，库存快速回落。12 月，PVC 的社会库存已回到历年来的低位区域。2020 年 PVC 的社会库存规律仍将保持，即在春节长假后创出年内新高，然后将开始震荡回落。

五、上游原料价格分析

1. 电石价格重心有所下移

进入 2019 年，电石的价格总体呈现一个区间震荡、重心下移的格局。进入 2019 年 12 月份之后，虽然价格有所止跌，但仍处于区间下方。数据显示：截至 2019 年 12 月 20 日，华北电石价格报 2 860 元，环比上涨了 20 元，涨幅为 0.7%，同比则仍下跌了 340 元，跌幅为 10.63%。西北电石报 3 000 元，环比回升了 50 元，升幅为 1.69%，同比也上升了 75 元，升幅为 2.56%。这与我国环保检查等因素有着重大的关联，由于环保检查，企业只能选择降负生产，因而导致了电石价格重心下移的结果。考虑到环保不是短期就能解决的问题，预计进入 2020 年后，电石的价格仍将维持区间震荡、筑底反弹的格局。

2. EDC 价格震荡回落

经过 2018 年的强势反弹，进入 2019 年后，EDC 的价格呈现出震荡回落的格局。数据显示：截至 2019 年 12 月 20 日，CFR 远东的 EDC 价格 289 美元，较上月回落了 4 美元，降幅为 1.37%，较去年同期则下降了 116 美元，降幅为 28.64%；CFR 东南亚的价格走势与远东价格如出一辙，报 289 美元，较上月下降了 4 美元，降幅为 1.37%，较去年同期则下降了 111 美元，降幅为 27.75%。

3. VCM 价格重心上移

2019 年，亚洲 VCM 的价格走势出现分化，远东价格微跌，而东南亚价格微涨，但总体上延续了一个区间震荡的格局。截至 2019 年 12 月 20 日，远东 VCM 价格报 687 美元，较上月下跌了 4 美元，跌幅为 0.58%，与去年同期相比，则是下跌了 15 美元，跌幅为 2.14%。而东南亚 VCM 的走势略强，价格报 727 美元，环比与上月持平，同比则上升了 25 美元，涨幅为 3.56%。从 Wind 资讯数据可以看出，自 2018 年以来，VCM 的价格就一直维持在 700 美元一线上方震荡。进入 2020 年后，受原油及下游需求的影响，预计价格延续区间震荡、重心上移的可能性相对更大一些。

2019 年 10 月份，我国 VCM 进口量为 70 015.657 吨，环比减少了 19 413.57 吨，降幅为 21.71%，相比于去年同期水平，则仍高出 2 651.256 吨，升幅为 3.94%。2019 年 1—10 月份，我国共进口 VCM 768 190.842 吨，较去年同期上升了 102 299.178 吨，升幅为 15.36%。2019 年 10 月，我国进口 EDC 为 13 935.893 吨，环比减少了 10 842.35 吨，降幅为 43.76%，同比也下降了 24 379.68 吨，降幅高达 63.63%，2019 年 1—10 月份，我国共进口 EDC 153 208.543 吨，同比下降了 326 717.08 吨，降幅也高达 68.08%。自 2018 年以来，我国进口 EDC 持续减少，2019 年一季度还创出历史低位，目前仍然在低位徘徊。而对 VCM 的需求则基本保持平稳，2019 年 4 月还创出了历史高位，目前也于历史中高位区域徘徊。因此，在未来对 PVC 成本因素的计算中，VCM 应该占据更大的比重，而不是 EDC。

六、基差分析

从期现价差来看，我们选取 PVC 期货活跃合约与华东常州现货价格的价差来预测两者后市可能走势。从 Wind 资讯数据我们可以看到，自 2016 年下半年以来，PVC 的基差基本维持在−280～500 元区间波动，一旦超出上下轨，基差则会在极短的时间内回归到正常波动区间内，从而产生期现套利机会。进入 2019 年后，我们看到 PVC 的基差明显收敛，自年初的 270 元一路回落，随后即保持低位震荡。直至 2019 年 8 月，电石法的基差才回到 270 元上方，随即保持横盘震荡，进入 12 月份之后，受供应减少、现货价格坚挺的影响，期现价差快速扩大，已达到 555 元的高位区域，已经超出了正常波动范围的上轨，初步具备了套利操作的基础。有条件的投资者可在基差无力扩大的情况下介入反套操作，介入点位预计在 600～650 元，目标 200 元。

乙烯法 PVC 的基差走势与电石法 PVC 的走势基本一致。年初的 770 元成为一个小高峰，随后开始回落，至 6 月下旬达到低点 35 元后开始反弹，10 月中旬达到高点 805 元后保持区间震荡，目前处于 715 元的波动区位，这个区位相对于乙烯法 PVC 来说，也是处于正常波动区间的上轨位置，有条件的投资者可以密切关注基差的后续变动。若出现上涨无力的情况，同样可以少量介入反套头寸。总而言之，期现价差大幅扭曲，后市有望回归。

七、结论

进入2020年后，国际经济形势仍不容乐观，但国内似乎有止跌回稳的迹象，此外，从主要国家与地区的制造业PMI指标来看，中国的数据也要好于日、美、欧三方，显示国内制造业仍处于正增长状态。从产业链方面来看，根据新增产能数据可以看出，2020年国内仍有较多的PVC新产能将被投放，且产量依旧保持高位，显示市场供应充足。需求方面，房地产数据略有好转，由于新屋开工及施工面积均有较大幅度的提升趋势，预计2020年房地产对在一定程度上拉动PVC的需求有所帮助，且下游制品出口仍保持平稳增长，显示需求尚可。但是我们也注意到，2020年，国内停止了执行多年的反倾销政策，一旦进口套利窗口被打开，预计会有套利盘入场，对市场供应形成冲击。另外，愈加严格的环保检查也会对PVC市场造成一定的影响。2019年末PVC供应减少，即是因为环保检查导致部分PVC生产企业降负，其中还不乏大型企业，这就给市场留下了一部分悬念。且在春节长假过后，假期积累的库存能否快速被消化也是影响行情的一个重要因素。因此我们认为，2020年，对PVC的行情不必太过悲观，但也不宜过分乐观，预计将维持一个振荡偏强的格局。

第四节　股指期货市场行情分析

一、宏观面分析

1. 宏观经济分析

2019年是全球经济面临巨大下行压力的一年，由于贸易摩擦，经济不确定性增大，主要经济体制造业PMI陆续降至荣枯线。随着美联储的态度经历了由“鹰”到“鸽”的大幅转向，全球经济陷入下行的悲观情绪中，各国央行相继出台应对措施。全球降息的高潮在2019年下半年到来，包括中国、欧洲、美国在内的15家央行在7月份后采取降息操作，降息频度远远超过了上半年。2019年7月、9月和10月，美联储三次降息，联邦基金利率目标区间下调至1.5%～1.75%的水平。中国也在2019年11月调降1年期MLF利率，开启了降息通道。此外，欧洲央行9月重启量化宽松政策，日本政府12月推出大规模经济刺激计划。2019年是美国、欧洲、日本自2016年以后首次出台应对措施，这些陆续的降息行为使得美国3个月期国库券与10年期长期国债收益率倒挂现象消失，给市场提振信心，使得市场对经济衰退的担忧有所缓解（见图5-18）。回顾历史，2012年和2014年央行开启的两次降息周期以及2012年美联储重启扩表后，全球制造业PMI重新回到扩张区间，故在2019年全球央行相对宽松的政策背景下，全球经济有望在触底后迎来回升。

2. 中美贸易摩擦分析

2019年，对中美甚至是全球经济都有影响的大事件就是“中美贸易摩擦”。而持续了一年多的中美贸易谈判终于在2019年12月13日就第一阶段经贸协议达成一致。虽然在取消关税方面与市场的预期有所差距，但协议的达成避免了中美贸易摩擦进一步升级，也是化解动摇全球经济的贸易战的第一步。协议的落地对中国而言，不仅利好改革、开

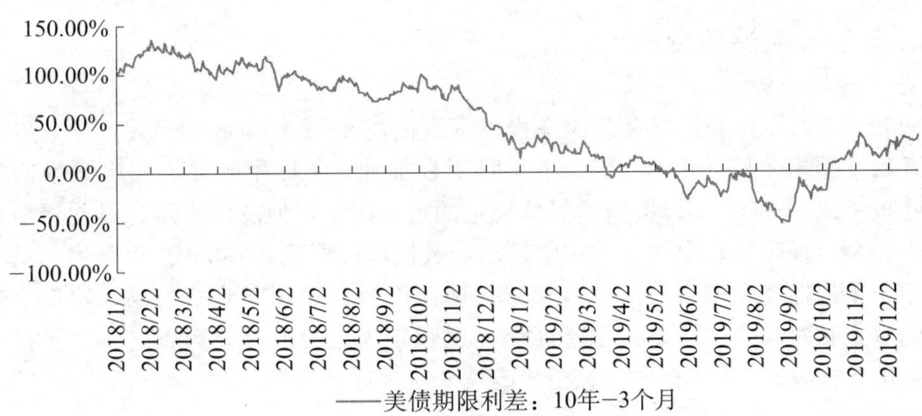

图 5－18　美债收益率倒挂

资料来源：Wind 资讯。

放的进程，并且对稳定资本市场、提升企业的预期也起到积极作用。此外，2020 年于美国而言是大选年，从美国相关调查以及历史数据来看，特朗普在 2020 年获得连任的概率依然较高。在面临美国经济下行、遭遇民主党弹劾、贸易摩擦四起等问题的背景下，与中国达成阶段性贸易协议对处于大选年的特朗普也是一大政绩，2020 年美国政府重心或许会更加侧重于维持国内经济增长和市场活力。

达成一致的第一阶段经贸协议虽然使得中美贸易摩擦出现了暂停及缓和的迹象，但美国并没有完全停止对华加征关税，同时对中国科技领域（制裁华为、海康等）、金融领域（中资银行调查）以及主权问题的施压也在持续。不过这纸协议对于经济增长下行、需求疲软的中国经济而言，争取了更多调整经济结构和实现经济转型的时间窗口。据 Wind 资讯数据，PMI 新出口订单指数自 2019 年 2 月份触底后，呈现回升的态势，2020 年出口增速将有望企稳温和回升（见图 5－19）。

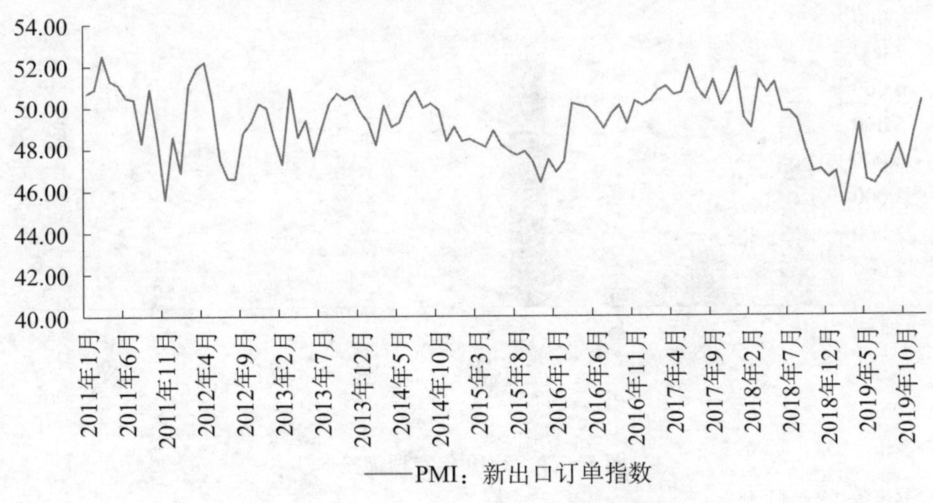

图 5－19　PMI 新出口订单指数逐步回升

资料来源：Wind 资讯。

二、基建及制造业分析

1. 基建领域分析

如图 5-20 所示，我国基础设施建设投资数据在 2012 年触底后迅速回升，2013 年 3 月后又开始了缓慢下降，直到 2018 年下降明显加速，9 月才触底，开启缓慢回升的趋势，基建投资成为 2019 年投资增速保持稳定的重要因素，但总体来看，其对经济增速的支撑还未完全显现出来。由图 5-21 中显示的数据可以看到，在 2019 年已发行的政府专项债券中，土地储备和棚户改造是占比最大的两部分，而用于收费公路、轨道交通等基建项目的资金相对较少，这是我国基建增速反弹较为乏力的重要因素之一，不过这也引起了中央的重视，在 2019 年出台了相关政策来应对这个问题。

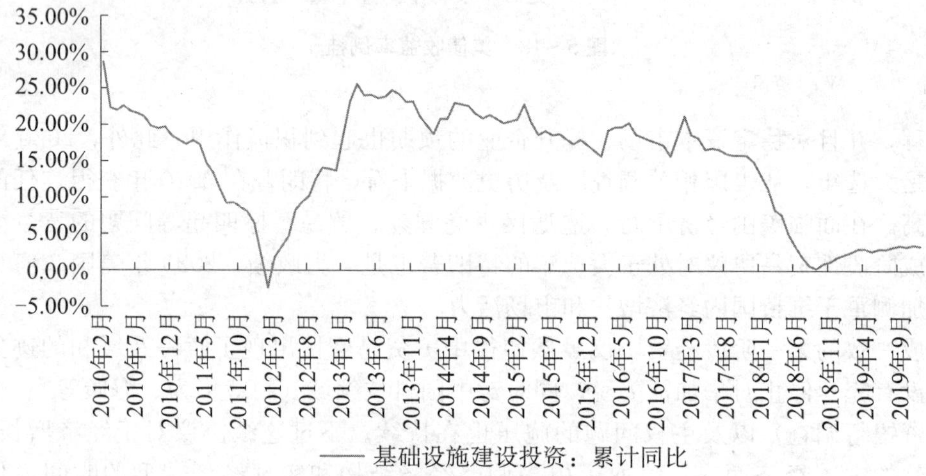

图 5-20　基建领域投资回升

资料来源：Wind 资讯。

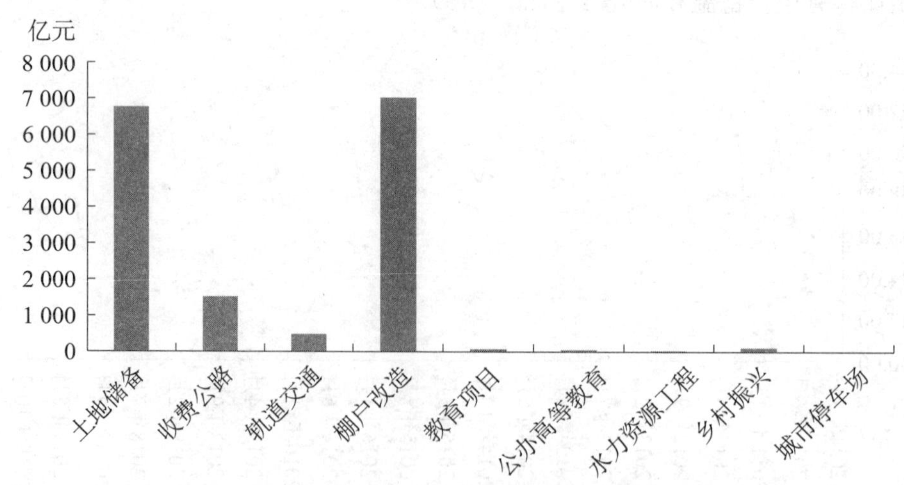

图 5-21　2019 年专项债投向

资料来源：Wind 资讯。

2019 年 6 月，中共中央办公厅、国务院办公厅印发《关于做好地方政府专项债券发行及项目配套融资工作的通知》，专项债融资得到进一步保障；此外，9 月份国务院会议

确定加快专项债发行使用措施，明确专项债的使用范围，相关政策的出台有望指引基建投资在2020年发挥更大的推动作用，改善基建增速反弹较为乏力的现象。首先，1万亿元专项债额度已提前下达，占2019年新增额度的47%，预计效果将在2020年上半年逐渐显现；其次，明确专项债资金不得用于土地储备和房地产领域，所释放的资金预计将投向铁路、公路、水利、通信网络、停车场等方面，财政政策的"提质"要求和"增效"导向也将愈加明显；最后，2019年11月出台的《关于加强固定资产投资项目资本金管理的通知》，对轨道交通（公路、铁路等）、城建等补短板基础设施项目来说，可适当下调资本金比例不超过5个百分点。

总的来说，在政策扶持、资金支持、需求进一步释放的情况下，基建投资补短板力度加大，2020年增速将有望回升，进而为转型过程提供稳增长的动能。

2. 地产行业分析

近几年高层对房地产领域的关注有增无减，尤其是自2017年两会中"房住不炒"成为热议话题后，类似的"因城施政""长效机制""稳地价、稳房价、稳预期"等与房地产调控举措有关的词汇热度也不减反增。在经历了从行政到土地再到金融等方面的相关调控手段陆续推出和实施后，地产市场逐步回归到较为平稳的发展阶段。但由于地产领域的整个链条牵扯到的产业、业务种类繁多，该领域的稳健发展对市场来说十分重要，因此2020年地产领域的调控主旋律依然以稳为主。

伴随着减税降费各项举措的实施，地方财政收入面临较大压力，因此在一定程度上使得地方财政对土地财政的倚赖程度有所回升。总的来说，2019年成交整体土地溢价率保持低位运行，四季度均在10%以下，而每月土地供应量呈现上行趋势，相对应的国有土地使用权出让收入增速逐步回升，这表明稳地价效果在逐渐显现。同时，土地出让收入增长见底领先地产投资，土地购置费则在随后回升，随着土地供给的逐步释放，地产投资将有望保持平稳增长。

除了上述的土地角度，金融领域相关政策也对地产行业在融资方面产生了影响。自2019年5月23日下发文件，要求对房地产信托、债券、贷款等融资渠道加强监管后，地产融资领域迎来新一轮融资收紧期，因此2019年房地产开发资金来源总体保持较低水平增长。虽然央行同年曾多次释放资金维持流动性，但对于地产开发来说占比较大的融资渠道——国内贷款，却呈现出增速放缓的态势；与此同时，由于信托资金受到监管限制，导致其投向房地产领域的资金在三季度出现下滑（见图5-22）。在管控资金流向地产领域的常态化监管背景下，地产融资可能导致2020年地产投资增长的不确定性加强，但由于2020年是防范和化解金融风险的最后一年，预计整体的管控思路会更加灵活变通，使得融资增速保持平稳增长，进而维持整个地产行业的稳健发展。

3. 消费方面分析

随着经济结构转型，我国经济由高增速向高质量发展，消费对我国经济增长的重要性不断增强，比例也越来越高，分析消费的组成和结构有利于判断经济增长的发展方向。社会消费品零售总额是计算GDP支出法项下最终消费的主要来源之一。由图5-23可知，社会消费品零售总额增长自2012年开始出现缓慢下行的趋势，到2019年下行放稳，但Wind资讯数据显示，2019年社会消费品零售总额增速依旧处于放缓趋势，2019年底达到最低水平，成为2003年以后新的最低位，对经济增长的贡献亦回落至60.1%，达到

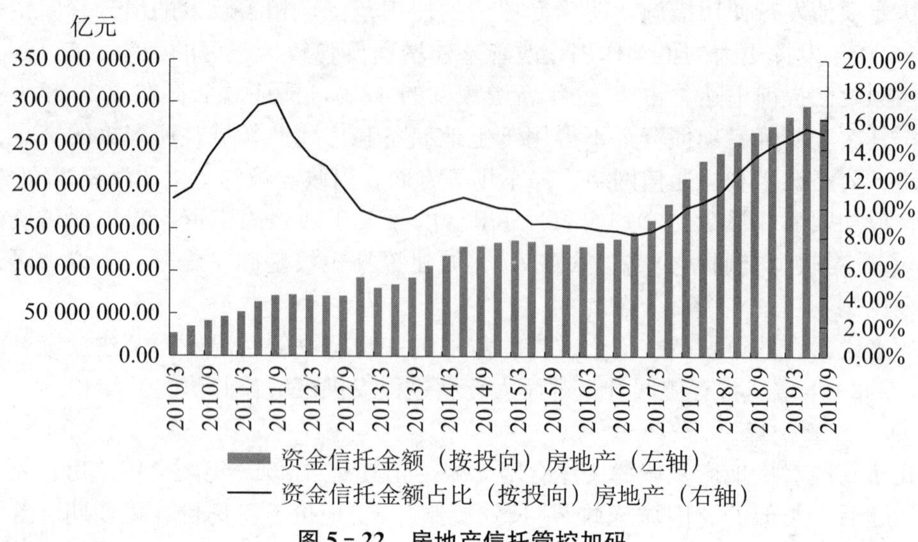

图 5-22　房地产信托管控加码

资料来源：Wind 资讯。

了 2015 年以来的最低值。虽然 2019 年的相关推动消费的政策力度明显增强，如个人所得税改革、促消费措施、消费品进口关税减让、家电下乡等措施，但居民杠杆率攀升、消费支出意愿下降的现象依旧未改变，政策对整体消费增长趋势的影响相对有限。

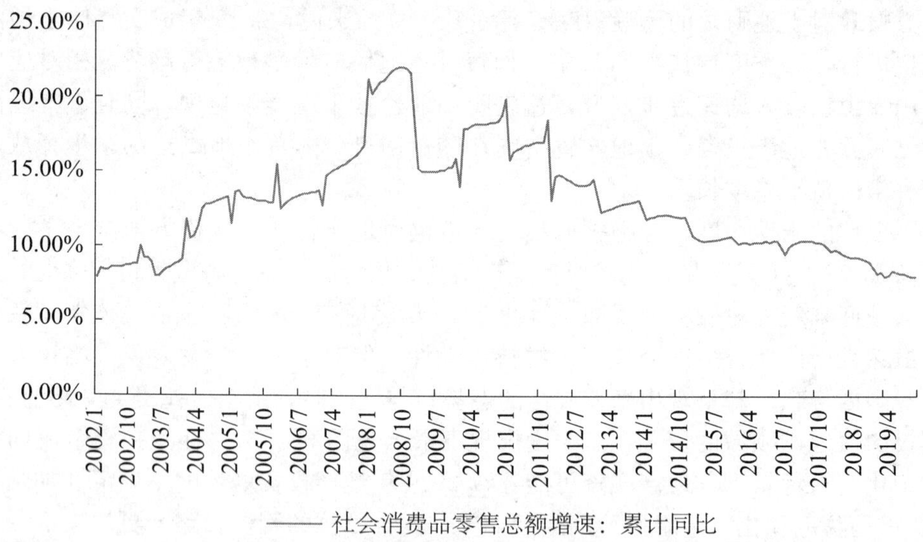

图 5-23　社会消费品零售总额增速

资料来源：Wind 资讯。

在住房消费方面，尽管 2019 年个人住房贷款增速放缓至开启快速上升前的水平，但居民部门杠杆率的脚步仍未出现相应的放缓，较 2018 年末上升 3.3 个百分点至 56.31%。由于房贷期限较长且不唯一，通常在 10～30 年不等，因此对于不同阶层的家庭来说负担程度不同，拿一般的工薪阶层来说，房贷是整个家庭成长期中一项重要的负债，而可支配收入增速继续放缓的情况，使得杠杆率攀升与促进消费在短期内成为较难解决的矛盾。

除杠杆率与消费之间的矛盾外，2019 年是“资管元年”，资管新规的配套政策纷纷

落地，使得信托、资管、货基规模出现不同程度的缩水，这些将推动权益类资产配置逐渐上升。但与此同时，银行理财子公司、大投行、第三方财富管理公司等专业财富管理机构也不断涌现，有望成为保证居民财富稳健增长以及未来新一轮推动消费增长的重要途径。

对于居民另一大消费——汽车行业而言，2019 年迎来了寒冬，尽管国家出台了多项促进汽车消费的政策，但仍然没能有力地推动汽车消费的上升。预计汽车消费在 2020 年会因为基数以及政策的影响而有所起色，但回升的幅度恐怕难以对社会消费品零售总额增速提供较强的支撑。除了居民杠杆率因素对此造成影响外，此前的刺激消费措施在一定程度上提前透支了居民对汽车的需求，如 2009 年购置税减免政策、2015 年第二轮购置税优惠政策、2016 年优惠政策延期至 2017 年底。此外，过去 10 年间不仅汽车消费快速发展，全国各省市的公共交通系统也在逐步完善，道路拥堵加剧逐渐对汽车消费的增长产生了负面影响；由图 5-24 可以发现，停车位数量与停车位需求之间的停车位缺口也在逐渐加大，这也是影响汽车消费的一大因素。以上因素都将在不同程度上抑制居民的购车需求。

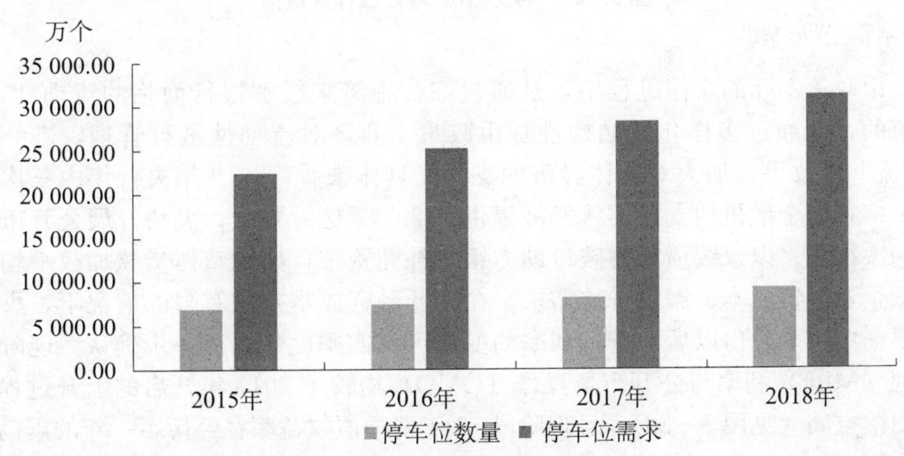

图 5-24 车位数量与需求悬殊

资料来源：瑞达期货。

4. 货币政策分析

2019 年全球经济增长放缓，外部不确定性增大，我国国内经济运行总体平稳，结构调整稳步推进，但由于长期和短期、内部和外部等因素变化带来的风险和调整明显增多，经济面临着下行的压力。为应对不确定性及下行压力，我国货币政策结合经济形势，适时预调微调，总体上依旧保持稳健宽松的基调。

由图 5-25 可以看到，社会融资规模增速在经历了自 2017 年末以来的下行周期后，存量增速一直处于平缓下滑趋势，2019 年社会融资存量增速较 2018 年整体有所加快，并保持在较为合理的水平内运行。不过在经济下行压力加大的背景下，银行惜贷、经济主体贷款意愿不强的现象突出，叠加表外业务管控以及债券违约事件频出，融资难度有增无减，这些因素的影响在一定程度上使得通常滞后社会融资拐点半年的名义 GDP 增速拐点并未在 2019 年到来。不过，随着逆周期调节力度的加码，经济阶段性的拐点还是有望显现。

在经济下行压力加大、宏观杠杆率仍处于高位的双重形势下，2019 年政府工作报告也首次提出广义货币 M2 和社会融资规模增速与国内生产总值名义增速相匹配，不再设定具体数值的货币增速目标。这符合我国处于高质量发展阶段的特征，还支持合理的经济增长，使得货币增长适应经济高质量发展，也可以保持宏观杠杆率基本稳定。

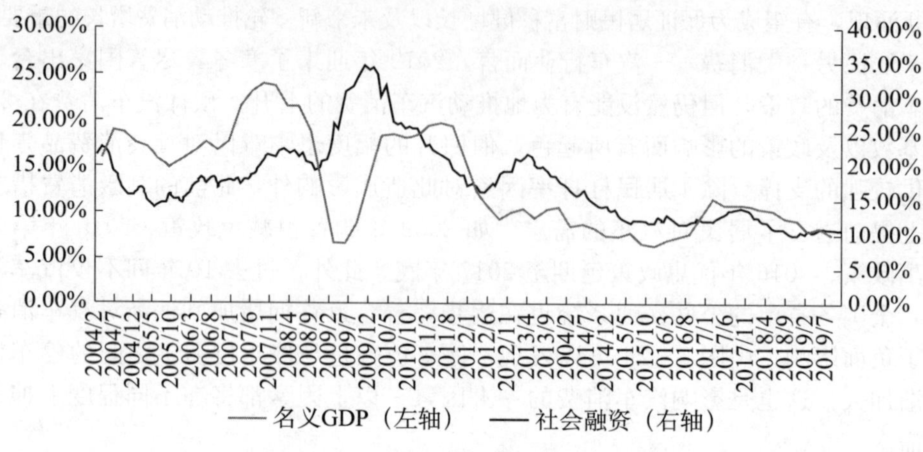

图 5-25 名义 GDP 与社融存量增速

资料来源：Wind 资讯。

在货币政策实际的操作过程中，是通过综合施策来缓解银行面临的流动性、资本、利率约束的，如通过多样化的结构性货币政策工具，对流动性进行管理，进一步提升“通渠引流”的效果，加大对实体经济的支撑。具体来看，2019 年央行年内三次下调存款准备金率，为金融机构支持实体经济提供了 2.7 万亿元资金，灵活开展公开市场和中期借贷利率操作、以永续债为突破口助力银行补充资本，推动整体贷款加权平均利率下行，降低企业融资成本、激发贷款需求。在降低融资成本效果有限的情况下，央行调整利率主要集中于 8 月份以后，贷款利率的变化可由四季度数据进一步确认。现阶段中期借贷便利（MLF）利率与公开市场操作（OMO）相较于 2017 年开启的上升过程，仍有一定的回落空间（见图 5-26），且现阶段 10 年期国债收益率在经历了一年的震荡后，仍处在半山腰上。

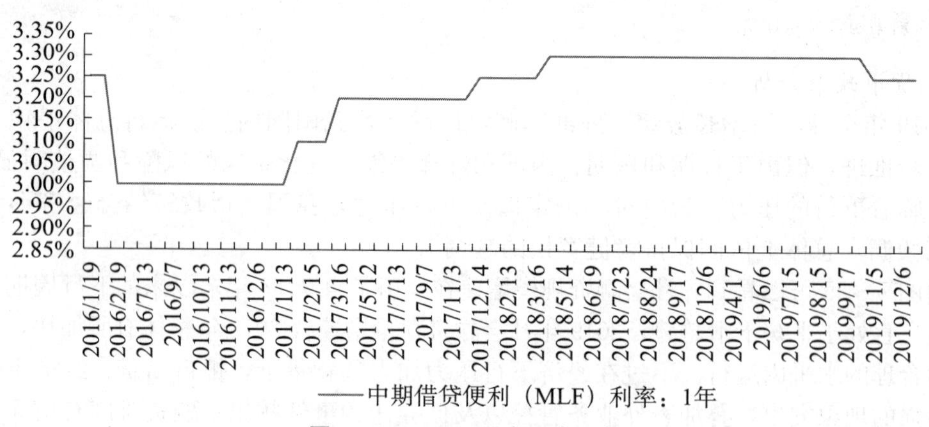

图 5-26 MLF 利率逐步回落

资料来源：Wind 资讯。

在通货膨胀方面，猪肉价格的大幅上涨导致 CPI 成为 2019 年的关注热点。由图 5-27 可以看到，2019 年 11 月 CPI 同比上涨至 4.5%，创下 2012 年 1 月份以来新高，其

中猪肉价格同比大涨110%，推动食品价格同比增长19.11%，成为通胀大幅上升的重要因素。另外，由图5-28，仔细观察核心CPI与CPI指标可以发现，通胀整体上还是保持一个向下的趋势，CPI中除食品外的其余分项衣着、生活用品、交通和通信、医疗保健等，下行的趋势依然明显，通胀维持在较低的水平。在多数CPI指标保持回落态势的背景下，央行在2019年底进一步调整货币工具利率，这说明在当前的经济形势下，非因需求端引起的猪肉价格的波动并不会对央行货币政策的实施形成制约。2020年随着猪肉供给增加以及基数原因，食品CPI预计将逐季回落，而伴随着需求端的缓慢回升，全年CPI预计会稳定在3%左右的水平。

综上，在"积极灵活、稳健适度"的货币政策基调下，2020年稳增长的需求较强，将会促使相对审慎的政策调整空间扩大。另外，随着利率传导机制的进一步完善以及LPR报价机制的逐步推广，2020年仍将保持量稳价降的格局。

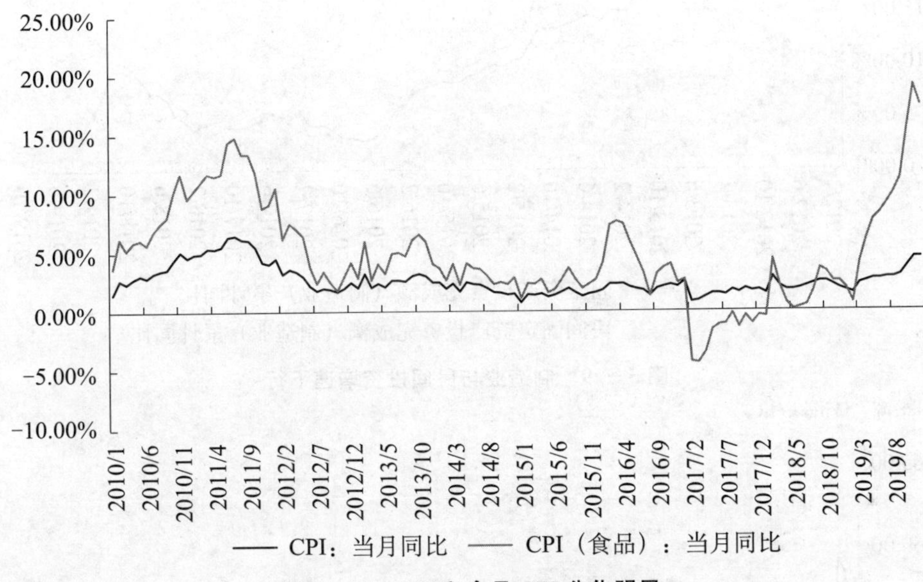

图5-27 CPI和食品CPI分化明显

资料来源：Wind资讯。

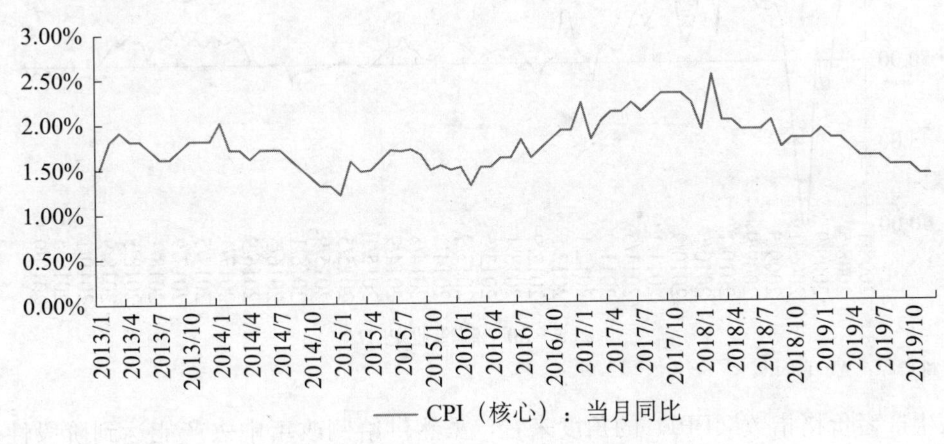

图5-28 CPI（核心）呈现下降趋势

资料来源：Wind资讯。

5. 制造业投资方面分析

制造业以及基建投资是影响固定投资增速的两大重要因素，2019 年制造业增速整体下滑，4 月份更是回落至历史低位，仅有 2.5%（见图 5 - 29）。由于民营制造业投资在制造业投资中占比达到 85%，因此民营投资的减少在很大程度上导致了制造业投资的下滑。除此之外，2019 年制造业 PMI 多数时候也维持在荣枯线（即 PMI 指数为 50）下方运行（见图 5 - 30），进一步说明了 2019 年制造业经济的总体形势在下降。

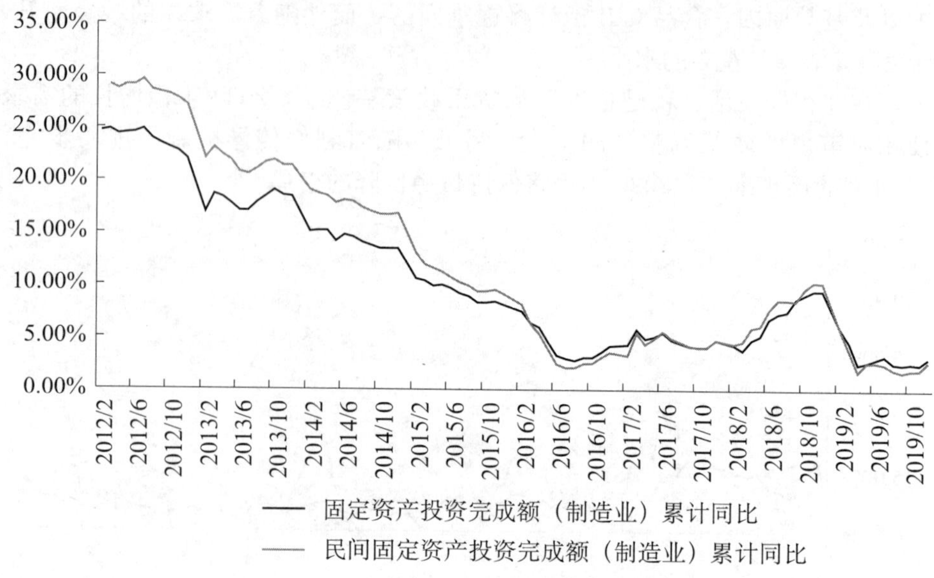

图 5 - 29 制造业与民间投资增速下行

资料来源：Wind 资讯。

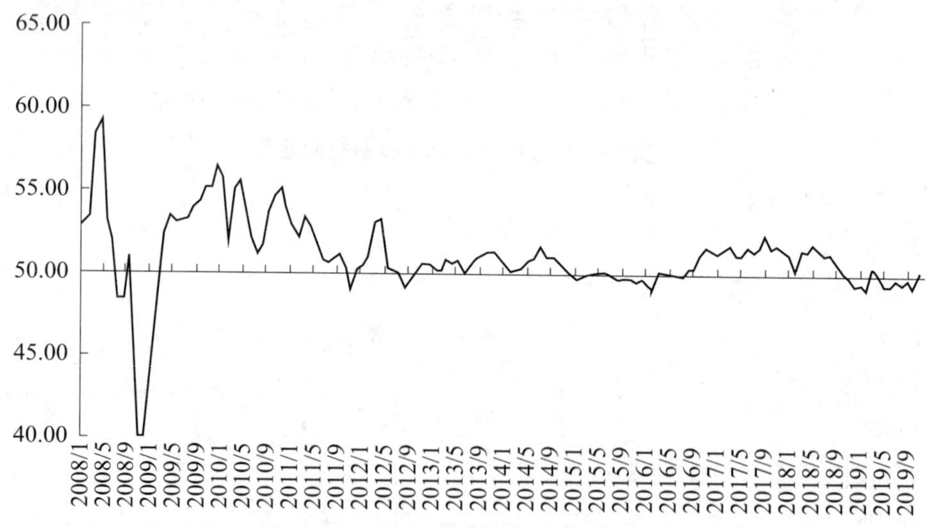

图 5 - 30 制造业 PMI

资料来源：Wind 资讯。

从生产者价格指数（PPI）的角度来看，虽然供给侧改革中去产能达到阶段性目标，且产能利用率持续保持高位，但由于经济增速下行，对外贸易及国内消费等需求端都表

现出低迷状态，使得2019年全年PPI同比下降0.3%，其增速持续下行并步入通缩区间（见图5-31），也在一定程度上对企业盈利水平造成了冲击。在盈利能力下滑和企业债券违约数量陡增的双重背景下，金融机构对民企经营前景的担忧加剧，融资贵、融资难问题更加突出，且解决难度提升。

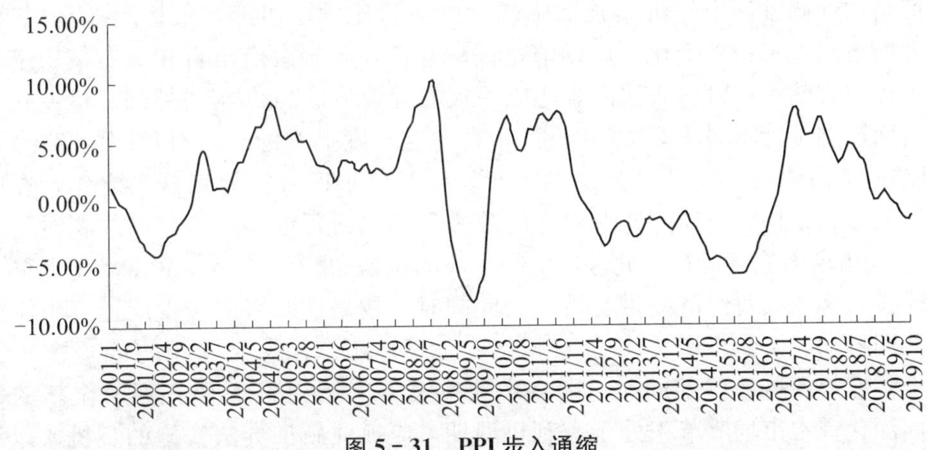

图5-31 PPI步入通缩

资料来源：Wind资讯。

不过近两年国家对民营企业关注度大幅提升，从2018年11月1日召开的民营企业座谈会到2019年12月《中共中央国务院关于营造更好发展环境支持民营企业改革发展的意见》，一系列改善民营经济的政策及意见相继出台，不仅对民营经济的地位及作用给予了充分的肯定，还给予了政策支持；与此同时，新一轮基建补短板、刺激消费、稳定出口、减税降费、降低融资成本等举措也落地实施，其最终目标在于补充市场需求，这些举措将有助于提高企业的生产积极性、提升企业的盈利能力，改善民企生存环境以及提振企业家信心，为推动新一轮库存周期到来、带动投资回暖补充动力。

值得注意的是，2019年投资增速已有回升迹象，这也与政策逐渐向现代化产业链、战略性新兴产业倾斜有关，而5G商用化、集成电路产业基金及战略性新兴产业发展基金、科创板的推出，更是有效地提升了企业融资能力与盈利预期，新经济投资的发力有望成为2020年制造业投资增长的助推器。

另外，一般来说制造业投资存在周期，在开始扩张的初期，当营收回暖速度快于库存增长时，企业必须充实其库存。从过去20年的数据来看，我国工业企业营收及利润增速见底先于库存增速，通常领先六个月到一年的时间。而整个工业企业营收及利润增速从上升到回落通常以四年为一个周期，自2016年开始的周期已接近四年，2020年有望作为新一轮周期的开始，并且三年半到四年的库存周期也有望结束。伴随着稳增长举措发力、民营企业营商环境改善以及结构性改革红利的释放，在经历了被动去库存后，2020年经济或有望迎来一轮全新的库存周期，带动制造业投资回暖，居民收入增加，进一步推动消费增长。

三、股指期货分析

A股在2019年的表现有些虎头蛇尾，整体来看，上半年的股市波动较大，下半年波动率明显下降，步入区间震荡行情，但这也是在经历了2015年牛市后涨幅最大的一年。放眼全球，A 股的表现并非最佳，但纵观国内金融市场，权益类资产在过去几年也创下了最好的表现，成为表现最优的国内资产。2020 年，A 股市场将借助经济回暖、稳健宽松的货币政策、资本市场改革提速等预期的推动，逐渐发展成为国内具备长期投资价值的重要资产。

2019 年对于中国经济而言，面临的风险挑战明显上升，特别是外部贸易问题升温和内部经济结构性调整，令经济增长面临较大的下行压力，但经济整体上还是保持稳健，在运行方面也出现了积极变化，新动能逐渐崛起。在各国政府出台相应对策稳定经济增长以及中美双方就第一阶段协议内容达成一致的背景下，2020 年的外部环境变化对国内经济的负面影响预计将弱于 2019 年，这将在一定程度上有助于出口预期的稳定。同时，2020 年作为全面建成小康社会的决胜之年，以及“十四五”规划开篇之年，在国内层面，稳增长、调结构、防风险、保稳定的政策基调仍将延续。政策导向的相对稳定也将有助于 A 股市场的稳健运行。此外，值得关注的是，2020 年或将是新老动能共同发力之年，基建投资将继续对经济提供支持，与此同时，战略性新兴产业发展速度也将进一步提升，共同推动经济稳步增长。

在经济有望保持稳健的同时，即将步入第三十个年头的 A 股正迎来全新的发展机遇，全面深化资本市场改革正处于有利机遇期，应抓住新证券法实施的契机，以深化注册制改革为重点，推动更多改革措施有效落地，加快释放制度红利，推动资本市场高质量发展。“深改 12 条”的推出使改革的路径愈加明确，注册制加速推广、质量改善、退市力度加大、基础制度的完善、并购周期重启以及引导中长期资金入市等助力资本市场快速成长的政策，将为市场带来更多的资金，并且随着投资者结构的优化，进一步推动市场资源的合理分配，牛短熊长的局面亦将发生改变，走势也将更加稳健。

A 股估值在 2019 年经历了一季度的修复后逐渐脱离 2018 年 10 月份的底部，并保持在相对合理的估值区间内运行。在经济企稳预期、企业业绩逐渐回暖、市场风险偏好改善、A 股估值仍处较低水平等情况下，A 股估值重心在 2020 年预计将继续呈现稳步抬升的过程。这样的抬升更多将是结构性的，动力将更多来源于中小创的发力。不管是从前三季度中小创业绩的反弹表现以及去年年报的较低基数看，还是从当前上证（大盘）与中证（中小盘）估值间的比值看，中小创及中证 500 指数的估值弹性将会大于上证 50 与沪深 300 指数，但同时股票投资者仍需留意注册制带来的中小盘个股出现优胜劣汰的情况。

技术层面上，将上证指数 K 线拉长可以发现，上证指数正处于一个大三角形的震荡区间内，而下半年压制在市场上方的 5 178～3 288 已逐渐被攻破，向上发展的空间或已逐渐被打开。从周线的 MACD 指标来看，在调整的三个季度里，始终保持在零轴上方运行，说明市场整体仍维持着较强的运行格局；目前指标在零轴上方再度形成金叉，新一轮阶段性的上升过程有望逐步开启。

策略上，建议投资者 2020 年偏多操作为主，预计上半年上证指数及各大指数或有望借助两会、年报、经济的利好推动，突破 2019 年一季度形成的阶段性高点。目前的市场格局较难形成一跃而上的牛市，更多将会是长牛缓慢攀登的过程。因此在突破前高后，市场或将保持高位休整，等待经济回暖进一步确认，其间可回调介入，静待下半年市场进一步的稳步上行。

股指期货以 IC 合约操作为主，指数回踩 5 130～5 030 介入多单，次选 IF 合约，同时亦可介入 IC 多单和空单进行套利操作。

股票层面可选择券商、战略性新兴产业（通信、生物、新能源、新材料、高端装备制造）、军工等进行布局，亦可介入创业板50、中证500ETF以及上述相关产业基金。

第五节 国债期货市场行情分析

一、传导途径分析

影响国债价格的传导途径主要有三条：一是利率传导途径，即“经济基本面—货币政策—资金面/金融监管—利率—国债价格”。经济基本面的好坏会影响货币政策的走向，也会影响市场对货币政策的预期以及国债投资价值的大小。二是供需传导途径，即“配置需求＋债券供给—国债价格”，国债的配置需求以及债券供给情况会影响国债的现券利率。三是预期传导途径，即“预期—国债价格”。国债的避险需求通常来自金融市场动荡以及政治事件，比如中美贸易摩擦。而预期会影响国债当前以及未来的配置需求，并直接影响国债的价格。

除此之外，汇率与利率关系密切，尤其是在我国当前人民币汇率破7的情况下，内外部均衡都需要兼顾，人民币汇率会掣肘货币政策的实施空间。同时2019年以来的中美贸易战也是影响国债期货价格的一个重要因素。

二、国债价格影响因素分析

1. 利率传导途径分析

利率传导途径在国债价格的形成当中起到决定性作用，决定国债价格的长期走势。以下将从利率传导途径中的各个关键节点进行分析。

（1）经济基本面分析。

2019年世界经济增速持续下滑，国际贸易与投资增长表现不佳，与此同时，主要经济体就业市场稳中向好、物价水平总体稳中有降，国际货币体系日益多元。

由于贸易壁垒以及制造业下滑等因素的影响，2019年全球经济增速放缓与下行的风险持续增加。据国际货币基金组织2019年10月发布的《世界经济展望》报告，下调2019年全球经济增速预期至3%，创2008年金融危机以来的最低水平。同时下调了美国、欧元区、中国、英国的经济增速预期，美国经济的预期增速从2.9%降至2.4%，欧盟从1.9%降至1.2%，中国从6.6%降至6.1%，英国从1.4%降至1.2%。OECD于2019年11月发布的《经济展望报告》称，预计今明两年全球经济增长率均为2.9%，为2008年金融危机以来的最低增速。其中，2019年预期与此前保持一致，2020年的增长预期与9月份预期相比下调0.1个百分点。在世界主要经济体中，OECD下调了对美国2019年经济增速的预期，下调1个百分点至2.3%，并预计2020年和2021年美国经济均增长2%。OECD认为只有在增速进一步下滑的情况下，美联储才可能继续降息。伴随着贸易的紧张局势，2019年全球贸易额增速已经放缓至2009年以来的最低水平，外国直接投资大幅下降，主要发达经济体增速持续下行，新兴经济体下行压力加大。贸易局势的任何进一步升级都将损害全球经济和投资，进而影响到就业和收入。而新兴经济体面临偿债高峰，存在较大的风险隐患。IMF与世界银行的预测都相对乐观，IMF预计

2020年全球经济增长将小幅改善，但预期增速为3.4%，仍然较低，不及2018年。

2019年我国经济景气持续下行，GDP增速降至1990年以来最低水平（见图5-32）。分季度看，2019年前三季度，中国GDP同比增长6.2%，增速比上年全年放缓0.4个百分点，其中一、二、三季度GDP同比增速分别为6.4%、6.2%、6.0%，经济下行压力逐季增大。2019年四季度GDP增速与三季度持平，同为6.0%，全年经济增速在6.1%的水平，符合6%～6.5%的预期目标。分产业看（见图5-33），第一产业增加值70 467亿元，较上年增长3.1%；第二产业增加值386 165亿元，较上年增长5.7%；第三产业增加值534 233亿元，较上年增长6.9%。

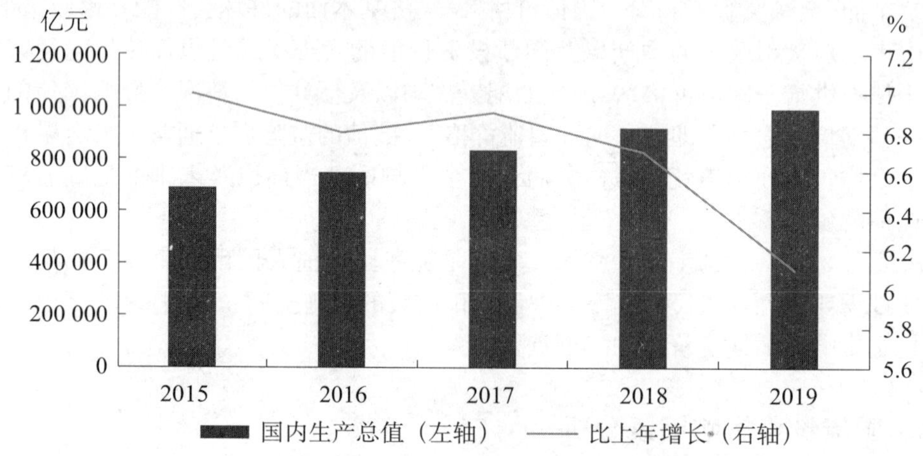

图5-32 2015—2019年国内生产总值及其增速

资料来源：Wind资讯。

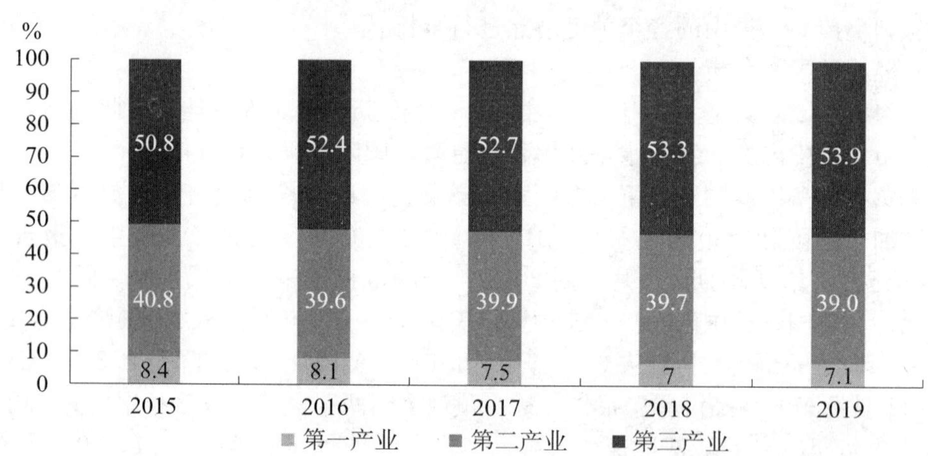

图5-33 2015—2019年三次产业增加值占国内生产总值比重

资料来源：Wind资讯。

驱动经济增长的"三驾马车"同步发力，消费仍然是中国经济增长的第一拉动力，从全年看，2019年全年社会消费品零售总额411 649亿元，比上年增长8.0%，对经济增长的贡献率保持在60%左右的水平（见图5-34）。投资方面，国家统计局数据显示（见图5-35），2019年11月份，全国固定资产投资（不含农户）533 718亿元，同比增长5.2%，增速与1—10月份持平。此外，12月份，国家发改委集中批复了一批基建项目，涉及资金超 2 700 亿元，较多集中在轨道交通、高铁、机场等领域。基建投资和房地产投资的小幅反弹，抵消了制造业投资的下滑，整体投资增速得以保持。净出口方面，受中美贸易战互加关税影响较大，2019 年各月份进口与出口以美元计多为负增长（见图 5-36），出口低于预期是因为对美出口降幅不断扩大成为出口的主要拖累，但对东盟等非美地区出口增速回升，有延续改善趋势。11 月，对美出口（－23%）较 10 月降幅扩大 6.8 个百分点，显示了第四批 9 月加征商品的拖累，同时原计划 12 月加征商品的抢出口效应不显著。但与此同时，对非美地区出口增速进一步回升至 4.5%，较 10 月上行 1.5 个百分点。其中，对东盟（18%）高位上行，对日本（－7.8%）、中国香港（－15.5%）低位企稳，对欧盟（－3.8%）、韩国（0.5%）则单月有所回落。2019 年下半年通胀上行的问题令人关注，受猪肉价格影响，从同比看，CPI 已创新高，12 月上涨 4.5%，涨幅与上月相同。2019 年全年，全国居民消费价格较上年上涨 2.9%。相关指数走势见图 5-37、图 5-38。

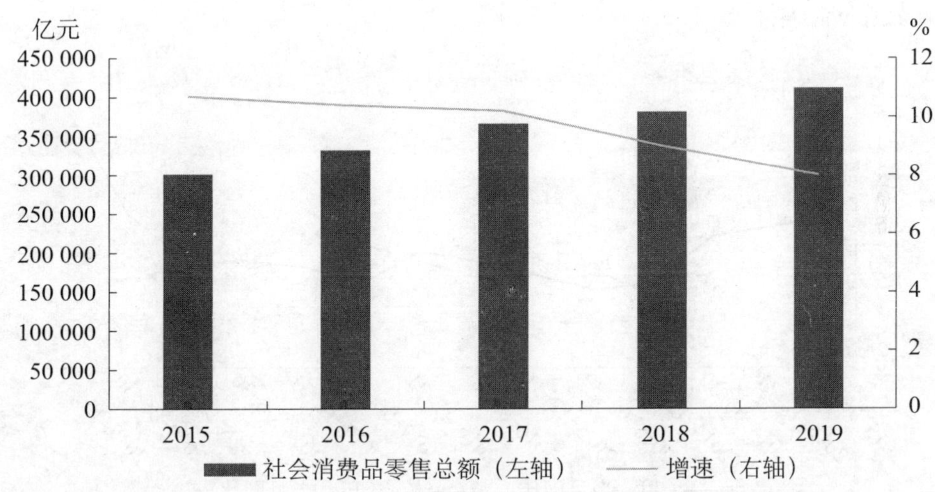

图 5-34　2015—2019 年社会消费品零售总额及其增速

资料来源：国家统计局。

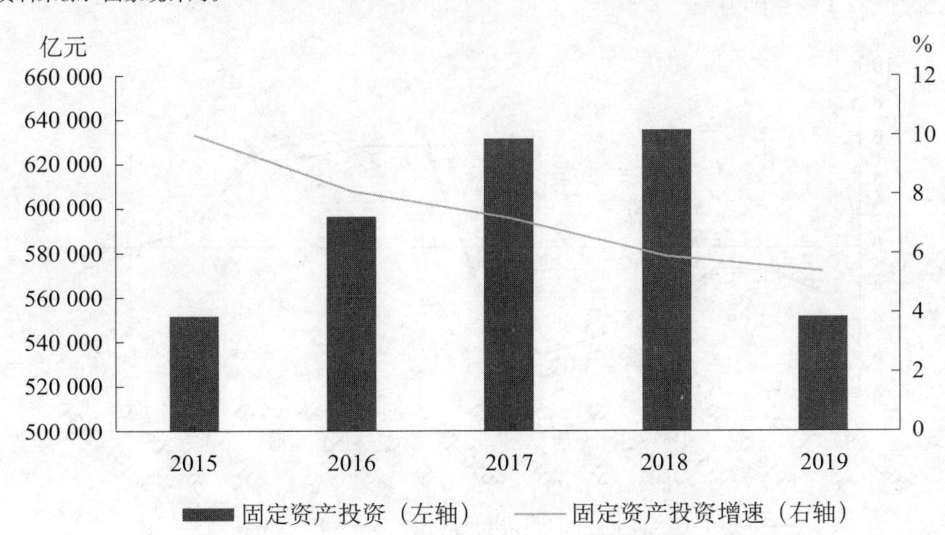

图 5-35　2015—2019 年固定资产投资增加值及其增速

资料来源：国家统计局。

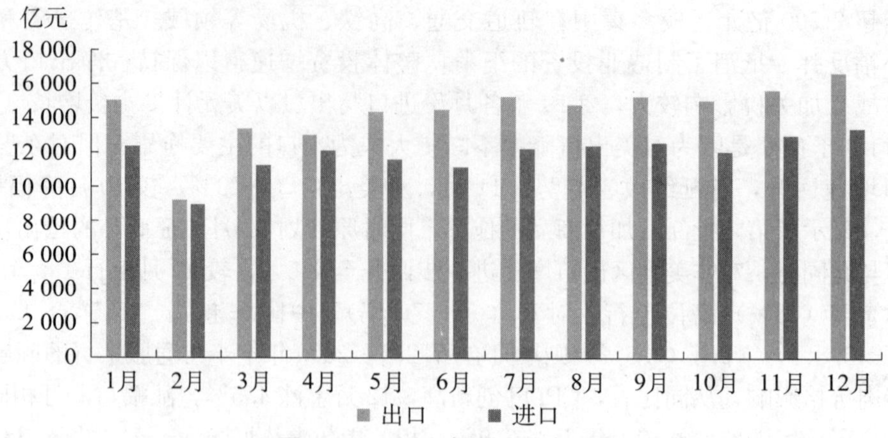

图 5-36 2019 年月度进出口值

资料来源：Wind 资讯。

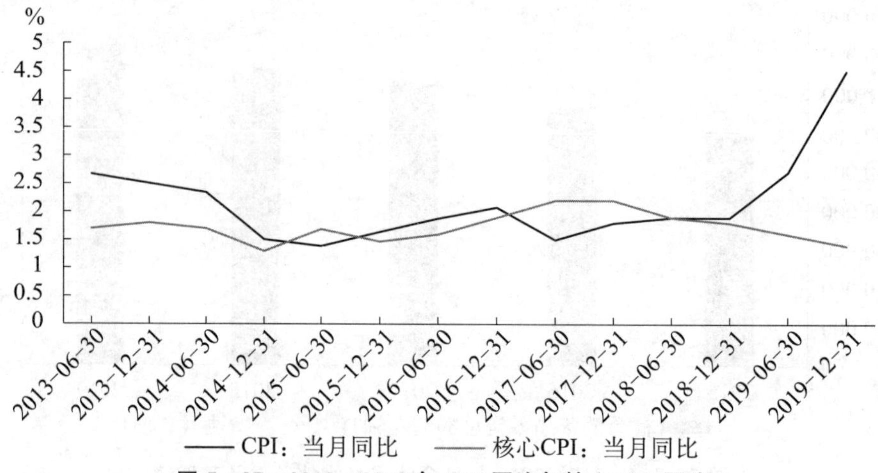

图 5-37 2013—2019 年 CPI 同比与核心 CPI 同比

资料来源：国家统计局。

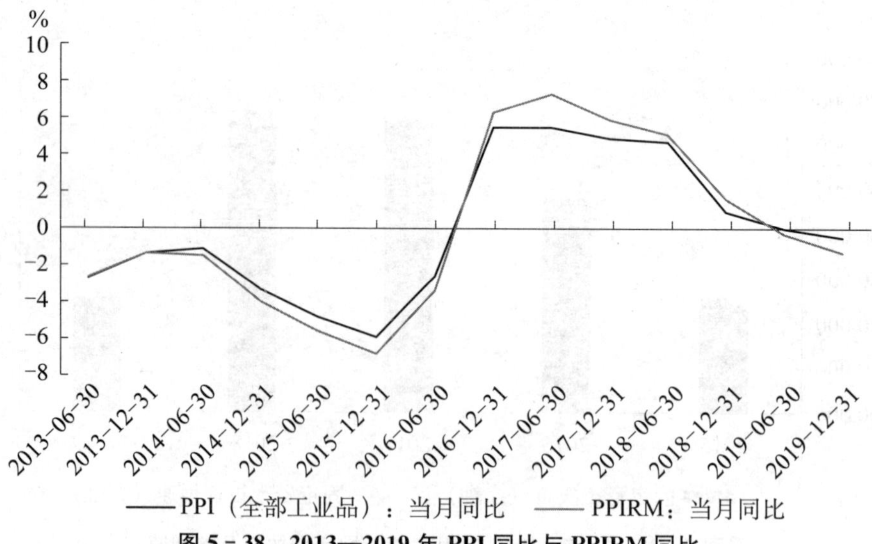

图 5-38 2013—2019 年 PPI 同比与 PPIRM 同比

资料来源：国家统计局。

2020年是“十三五”规划收官之年，要达到2020年国内生产总值和城乡居民人均收入比2010年翻一番的目标，2020年GDP同比至少要达到5.8%。为达成目标，2019年的中央经济工作会议已经指出，继续实施积极的财政政策，要大力提质增效，更加注重结构调整，巩固和拓展减税降费成效，同时促进房地产市场平稳健康发展，加大制造业中长期融资，发挥消费的基础作用和投资的关键作用。这意味着，2020年政府将会继续增大基础设施建设投资力度，而房地产投资将会持稳，消费有望在各项促进消费的措施下企稳回升。2020年的专项债额度已经提前发放1万亿元，国务院常务会议特别指出，不得用于土地储备、房地产、置换债务及可完全商业化运作的产业项目，结合降低项目资本金比例等政策，未来专项债投向基建的规模有望大幅提升。借着中美达成第一阶段协议的东风、国内推进更高水平对外开放以及特朗普2020年大选，贸易摩擦问题有望缓和，出口预计将较为乐观，但改善程度还依赖于国外经济前景。通胀方面，因为完整的猪周期通常要历时3～4年，本轮猪价上涨已经走完1年3个月，根据2年左右的上升周期及本轮周期能繁母猪和生猪存栏量过快下滑，可能要到2020年下半年才迎来价格向下拐点，通胀问题将是2020年政策制定时不能不考虑的一大问题。就PPI而言，2020年将会大概率摆脱通缩。目前有部分商品的库存已经处于历史低位，有望进入主动补库存阶段，价格有回升之势。12月OPEC＋达成减产协议，如果各方均能遵守减产协议中的约定，即便全球经济不景气，油价也有继续上涨的可能。

经济数据也显露出当前经济正在改善的迹象。PMI指标通常领先GDP几个月，11月官方制造业PMI指数以及财新制造业PMI数据上行，尤其是新订单指数与新出口订单指数上行明显，一改之前的下行势头（见图5-39），预示着2020年上半年经济有望企稳。从其他几个领先指标中也能看出端倪。从房地产来看，尽管房地产筹资渠道与筹资额度被限，但是商品房销售面积同比转正，新开工面积同比保持在相对高位（见图5-40），房地产开发资金并未下降（见图5-41）。这也显示出，房地产业韧性十足，房地产投资2020年也不太可能转差。制造业的投资主要依赖于利润好坏以及对市场前景的判断。货运量与用电量尚未有明显改善迹象（见图5-42），工业企业利润累计同比已经持续一年负增长，从前两次负增长看，持续时长在一年以内，而本次的持续时长已经有10个月

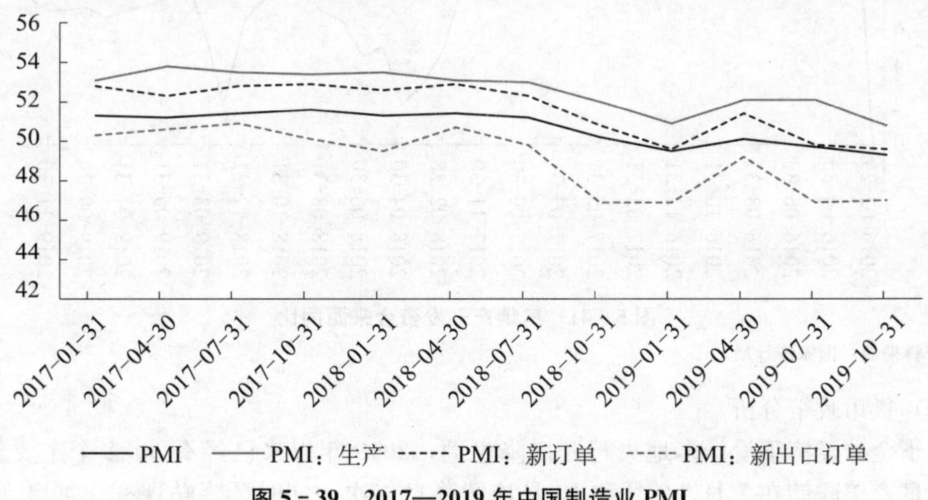

图5-39 2017—2019年中国制造业PMI

资料来源：国家统计局。

（见图 5－43）。11 月负值已经收窄，且当月利润同比已经转正，一旦利润改善，制造业投资将会上升。消费方面，乘用车的销量跌幅已经不断收窄（见图 5－44）。而人民币有效汇率走贬已经领先一年多时间（见图 5－45），预示着出口明年会转好。从变动更明显的克强指数来看，当前经济也有企稳迹象（见图 5－46、图 5－47）。

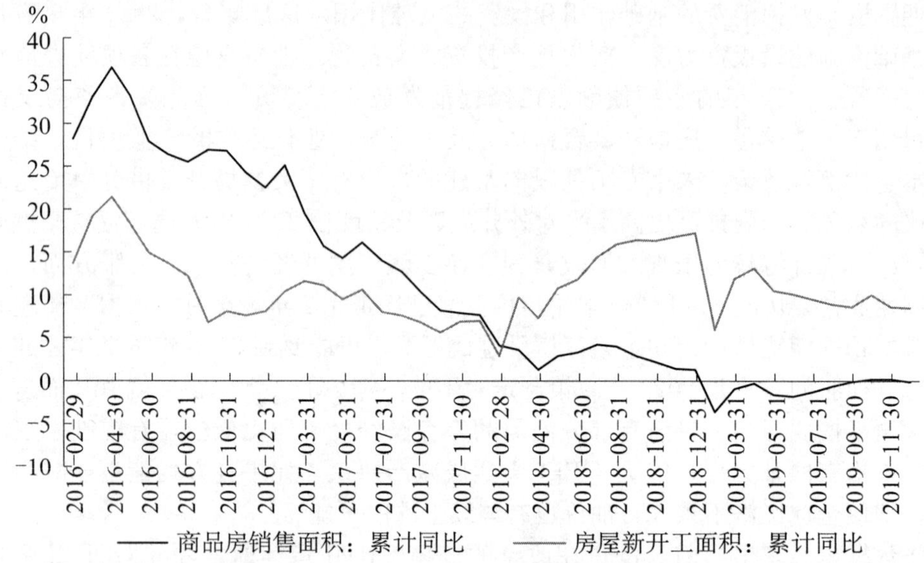

图 5－40　商品房销售与房屋新开工面积同比

资料来源：国家统计局。

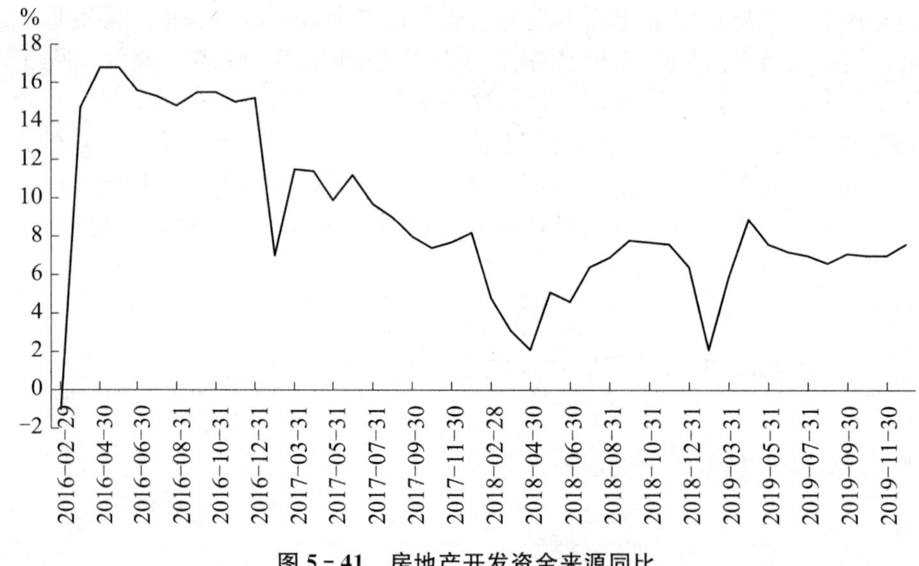

图 5－41　房地产开发资金来源同比

资料来源：国家统计局。

（2）货币政策分析。

由于全球经济下滑，多地央行开启降息潮，2019 年以来已经有 30 多个主要经济体宣布降息。美联储在 7 月、9 月和 10 月连续降息三次，同时调降贴现率、重启逆回购、购买短期美债，而欧洲央行重新推出定向长期再融资操作计划并再次降息，澳联储年内

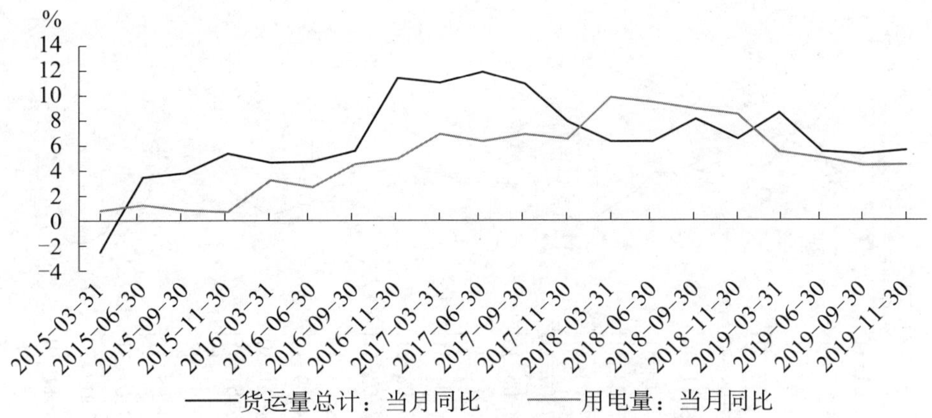

图 5-42　2015—2019 年货运量与用电量同比

资料来源：国家统计局。

图 5-43　工业企业利润总额累计同比

资料来源：国家统计局。

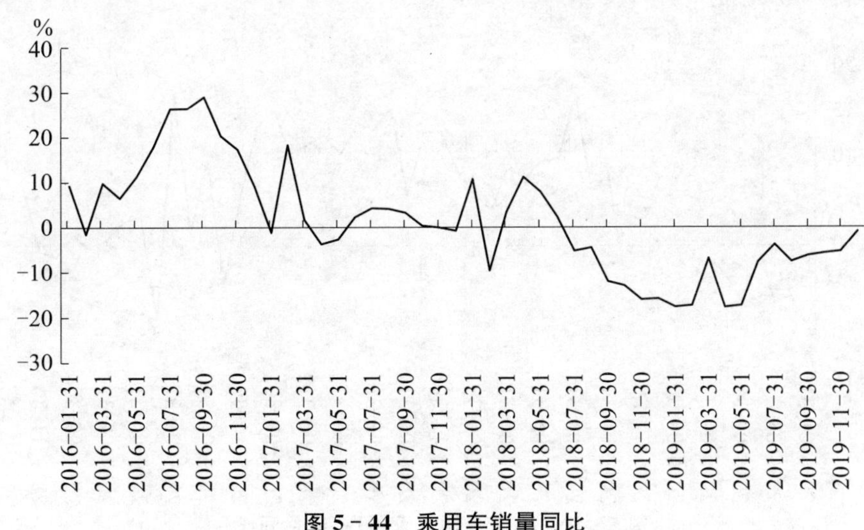

图 5-44　乘用车销量同比

资料来源：中国汽车工业协会。

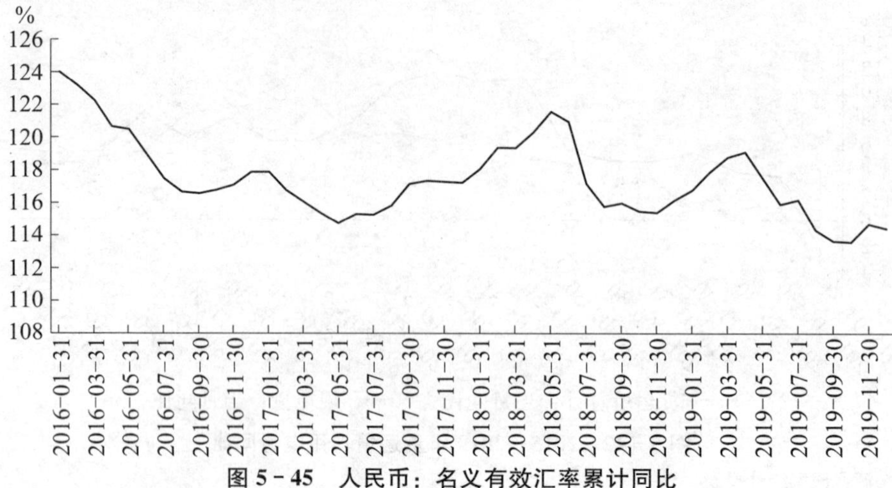

图 5-45 人民币：名义有效汇率累计同比

资料来源：国际清算银行。

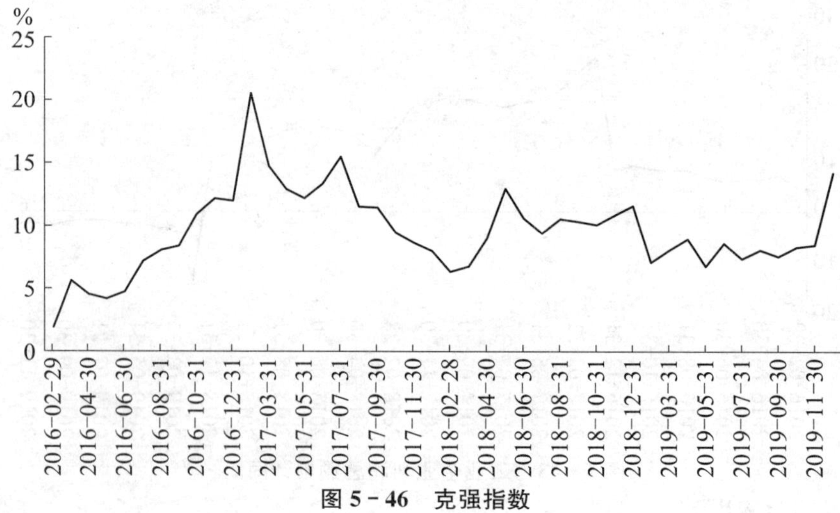

图 5-46 克强指数

资料来源：Wind 资讯。

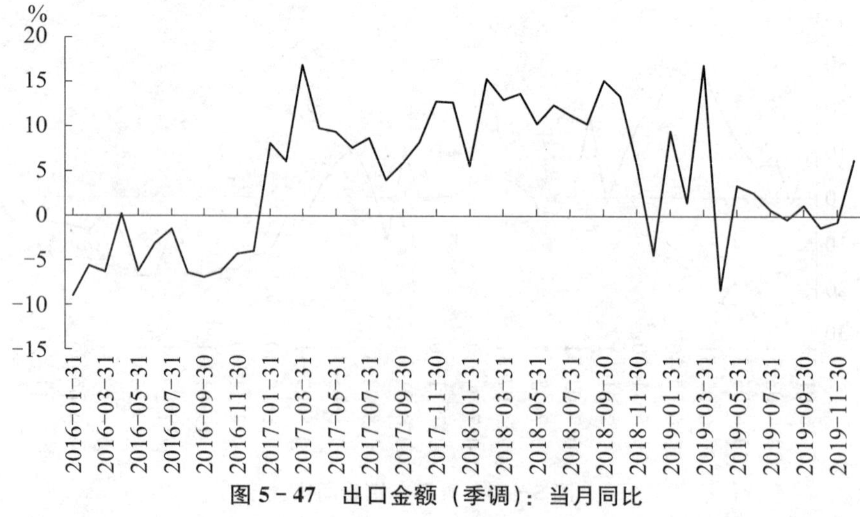

图 5-47 出口金额（季调）：当月同比

资料来源：海关总署。

连降三次息，很多发展中国家也加入了降息行列。日本央行与英国央行虽然维持现有货币政策不变，但均下调了本国的经济增长预期。我国国内也有降息操作，在货币政策宽松的大趋势下，货币环境则是松紧交替。一季度市场流动性较为充裕，央行在1月两次下调存款准备金率共100个基点，并首次开展TMLF操作向市场投放2 575亿元，操作利率3.15%，比MLF优惠15个基点，而且通过大规模逆回购，3月中上旬资金面延续宽松。一季度经济数据的超预期向好，以及宽松资金面导致市场杠杆率有所上升，令央行在4月的态度有所转变。4月、5月流动性有所收紧，从5月中下旬起，央行连续利用逆回购与MLF向市场投放资金，对冲巨量资金赎回压力，使得资金面平稳度过6月。7月中央政治局会议提到“货币政策要松紧适度，保持流动性合理充裕”，货币政策基调比4月时要宽松。9月4日国务院常务会议释放了降准与降息信号，9月6日央行如期降准，并采取了普遍降准与定向降准结合的方式，分三个月共向市场释放约9 000亿元资金，第一周内国债期货上行。9月中旬，央行并未如期降低MLF利率，下旬仅降低LPR利率5个基点，降准预期兑现而降息操作不及预期，态度比预期强硬，货币环境整体稳健偏紧。央行在三季度例会上表态，“稳健的货币政策要松紧适度，把好货币供给总闸门，不搞大水漫灌”，态度明显转变，使得10月货币市场资金利率维持在年内的相对高位。在资本市场利率全线走高之际，11月央行下调OMO利率以及LPR利率，资金面又由紧变松。12月下旬央行又通过大规模逆回购操作拉低货币市场利率，货币环境整体宽松。纵观全年，央行既有降准操作也有降息操作，降准操作在1月和9月各一次，降息主要集中在下半年，对象有逆回购、MLF与LPR，一年期存贷款利率并未调整（见表5-3、表5-4）。M1和M2同比见图5-48。

鉴于2020年上半年经济有望企稳、通胀压力较大以及中美贸易摩擦可能存在干扰，

表5-3　　2019年央行货币政策执行报告

2019年	一季度	二季度	三季度	四季度
松紧交替	松紧适度，强化逆周期调节	松紧适度，适时适度实行逆周期调节，把好货币供给总闸门	松紧适度，适时适度实行逆周期调节，把好货币供给总闸门	加强逆周期调节，防止通胀预期发散

资料来源：中国人民银行网站。

表5-4　　央行货币政策工具利率

货币政策工具	年初	年末	调整幅度	调整时间
逆回购操作				
7天期	2.55%	2.50%	−5bp	11月18日
14天期	2.70%	2.65%	−5bp	12月18日
中期借款便利（MLF）				
12M	3.30%	3.25%	−5bp	11月15日
定向中期借款便利（TMLF）				
12M	3.15%	3.15%		1月新设
贷款市场报价利率（LPR）				
1年	4.31%	4.15%	−16bp	8—11月
5年	4.85%	4.80%	−5bp	11月20日

资料来源：Wind资讯。

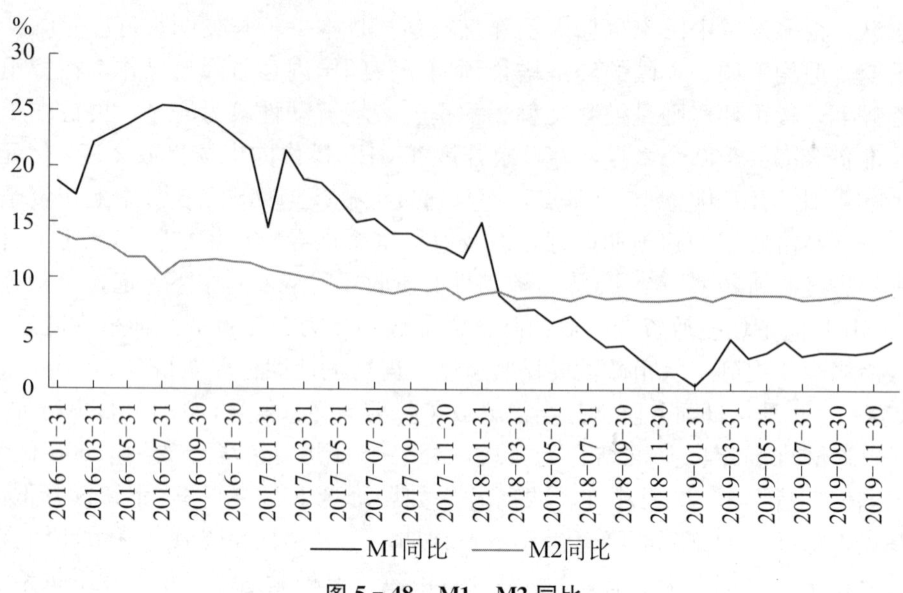

图 5-48 M1、M2 同比

资料来源：中国人民银行。

2020 年货币政策很可能会像 2019 年一样灵活变化，在整体宽松的基调下前紧后松，降准降息均可期。12 月中央经济工作会议表示下阶段稳健的货币政策要灵活适度，保持流动性合理充裕，货币信贷、社会融资规模增长同经济发展相适应，降低社会融资成本。要深化金融供给侧结构性改革，疏通货币政策传导机制，增加制造业中长期融资，更好地缓解民营和中小微企业融资难、融资贵问题。将“松紧适度”换成“灵活适度”，这也表明货币政策会更加注重灵活，不会一味紧或者一味松，要看实现稳增长和防风险平衡的需要。而将“广义货币 M2 和社会融资规模增速要与国内生产总值名义增速相匹配”的提法改成“货币信贷、社会融资规模增长同经济发展相适应”，也暗示货币政策将更加灵活、更着眼于全局。此外，存量参考贷款基准利率定价的浮动利率贷款将于 2020 年 3 月 1 日至 2020 年 8 月 31 日完成参考 LPR 定价。存量换锚有利于提升逆周期调控效果，但短期内对债市影响中性。截至 2019 年 11 月，企业与居民存量挂钩基准利率贷款共 95.5 万亿，转换任务艰巨，为不增加转换难度，在 2020 年 8 月之前，LPR 利率不太可能会变动，且受银行吸储成本的限制，降息操作空间不大。社会融资规模存量同比见图 5-49。

（3）资金面分析。

2019 年全年资金面宽松程度好于去年，降准降息等操作向市场注入了大量流动性。国债期货在 12 月下旬的上行，很大程度上是市场流动性宽松所致，由短期资金利率下行带动。2020 年元旦与春节较近，节日现金需求强烈，且专项债提前至 1 月发行，再叠加缴税因素，流动性压力较大，为熨平资金波动，央行有望继续向市场大幅投放资金。但短期内资金面充裕的情况不太可能延续，即便真有降准落地，一旦经济数据继续向好，资金面将没有继续宽松的必要。2020 年宏观调控政策坚持稳字当头，资金面预计不会有太大波动，央行公开市场操作思路将是削峰填谷。短期资金面的宽松与否将取决于央行的公开市场操作、缴税、发债、节假日等因素，需要对具体时点进行判断。

（4）金融监管分析。

自 2018 年 4 月资管新规下达至今，金融体系资金空转现象改善明显。2018 年金融监

图 5-49　社会融资规模存量同比

资料来源：中国人民银行。

管政策出台密集，2019 年的出台频率明显较低（见表 5-5），监管态度也有所缓和。2020 年底，资管新规过渡期将结束。从目前看，银行体系非标规模存量仍较大，预计银行在 2020 年底完成资管新规整改的可能性较低。而且随着通道规模压缩，非标资产回表给银行资本金补充带来了很大压力，对银行扩张信贷形成了约束。2019 年 12 月银保监会有关负责人表示，过渡期结束后，由于特殊原因而难以处置的存量资产，可由相关机构提出申请和承诺，经金融监管部门同意，采取适当安排，妥善处理。由于国内系统重要性银行评估实施在即，部分银行面临系统重要性附加资本要求。过渡期延迟，将有助于缓解某些银行的资本补充压力。中央经济工作会议表示坚决打好三大攻坚战，重点提到脱贫攻坚与污染防治，不再提金融风险，也没有提结构性去杠杆，而是认为我国金融体系总体健康，具备化解各类风险的能力，要保持宏观杠杆率基本稳定，这也预示着，2020 年金融监管政策将以查缺补漏、稳固成果为主。

表 5-5　2019 年出台的部分金融监管新规

1 月	《关于做好网贷机构分类处置和风险防范工作的意见》（“175 号文”）
10 月	《关于加强商业保理企业监督管理的通知》（“205 号文”）
12 月	《关于规范金融机构资产管理业务的指导意见》（银发〔2018〕106 号）

资料来源：经公开资料整理。

2. 供需传导途径分析

（1）政府债券供给分析。

2019 年全年国债发行量为 4.2 万亿元，比 2018 年多出 5 200 亿元，地方政府债发债规模为 4.36 万亿元，比 2018 年多出 2 000 亿元。关于 2020 年政府债券的供给量，我们可以借用中信建投的算法。据中信建投，政府债券供给预测主要采用“总发行量＝总偿还量＋净融资额”公式，由于地方政府专项债在政府性基金预算内，这一部分亦需要额外考虑。按照近四年四季度名义 GDP 占全年比重在 28%左右取值 28.2%来计算，2019

年的名义 GDP 规模为 97.18 万亿元。2020 年的实际 GDP 增速大概率会为 5.8%～6%，考虑到 2020 年 CPI 将会回落冲高后再回落，全年均值预计为 3%，PPI 同比将会上升至 2%左右，三季度 GDP 平减指数同比为 0.41%，预计 2020 年 GDP 平减指数为 2%。把名义 GDP 增速和 GDP 平减指数加总，初步预计 2020 年名义 GDP 增速目标为 7.9%。由此可以计算出，2020 年名义 GDP 将为 104.86 万亿元。中央经济工作会议提出，积极的财政政策要大力提质增效，更加注重结构调整，表明赤字率很可能与 2019 年持平，保持在 2.8%。赤字规模为名义 GDP 与赤字率的乘积，即 2.94 万亿元。由于近三年来地方赤字规模占比相对稳定，为 33%～35%，按照 34%的中值来计算，2020 年中央政府赤字规模为 1.94 万亿元，地方政府赤字规模为 1 万亿元。由于 2020 年国债偿还量为 2.43 万亿元，那么国债发行量将为 4.37 万亿元。2020 年地方债偿还量为 2.08 万亿元，新增专项债可能为 2 万亿～2.5 万亿元，因此预计 2020 年地方债供给规模为 5.1 万亿～5.6 万亿元。2013—2019 年债券发行量见图 5 - 50。

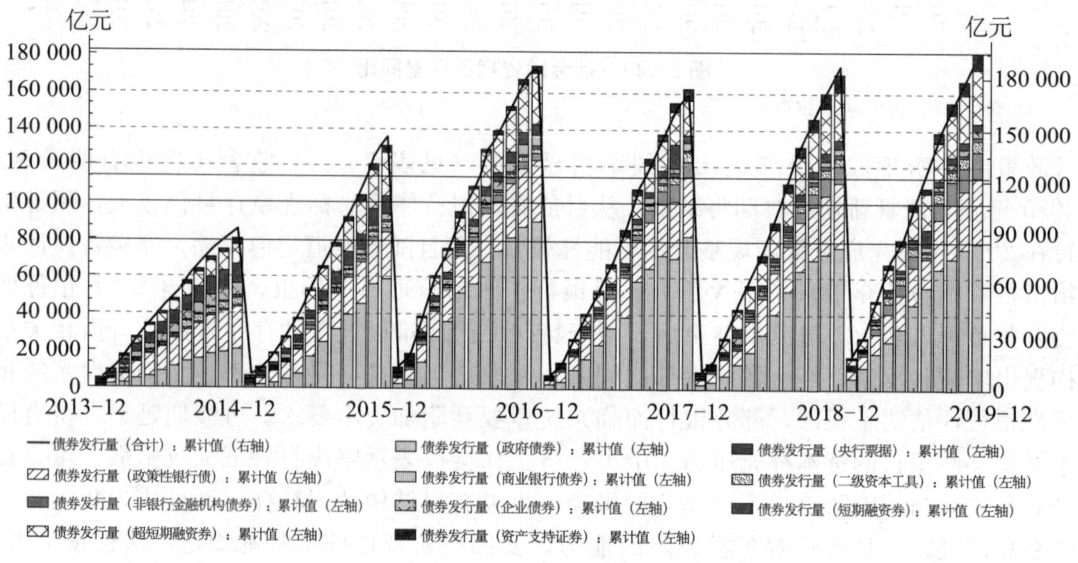

图 5 - 50　2013—2019 年债券发行量

资料来源：Wind 资讯。

（2）国债配置需求分析。

国债的配置需求主要来自投资和避险。2018 年以来，中美贸易摩擦频频成为市场热点，股市、汇市波动加大，产生了部分避险需求，债券刚性兑付也被打破，信用债频频违约，股市收益不佳，令国债配置需求增加。从配置价值来说，当前利率债与银行负债成本利差不断压缩，利率债收益率处在低位，国内机构配置利率债的性价比偏低。2019 年违约的信用债个数增加至 177 只，违约债券规模达 1 419.08 亿元（见表 5 - 6），符合在年初做出的信用债违约量增速下降预期。随着金融风险的下降以及经济企稳改善，信用债违约速度将继续下降。在“稳经济、宽信用”的预期下，城投债、地方债和信用债的价值有望继续上升，国债投资价值也相对下降。而且年末 A 股市场有突破迹象，将会分流一部分国债的配置需求。与此同时，境外机构的配置需求需要关注。随着中国债市对外开放力度加大，2019 年中国债券市场被纳入彭博巴克莱和摩根大通指数，市场预期将为国内债券市场带来超过3 000亿美元资金的流入。2019年4月以来，境外资金流入国债和政策性金融债的月度规模在400亿元左右。利率债是境外机构进入国内债市的主要配置标的（见图5-51），随着未来汇率因素扰动减小，2020年境外机构流入债市的资金有望明显上升，但因整体占比较小，对国债行情不会有很大的拉动作用。对于避险需求来说，在中美摩擦趋缓的情况下，国债的避险需求将会下降。

表5-6　　2014—2019年债券违约个数及金额

	违约个数（只）	违约金额（亿元）
2014年	6	13.4
2015年	25	115.19
2016年	56	393.77
2017年	34	312.49
2018年	125	1 209.61
2019年	177	1 419.08

资料来源：Wind资讯。

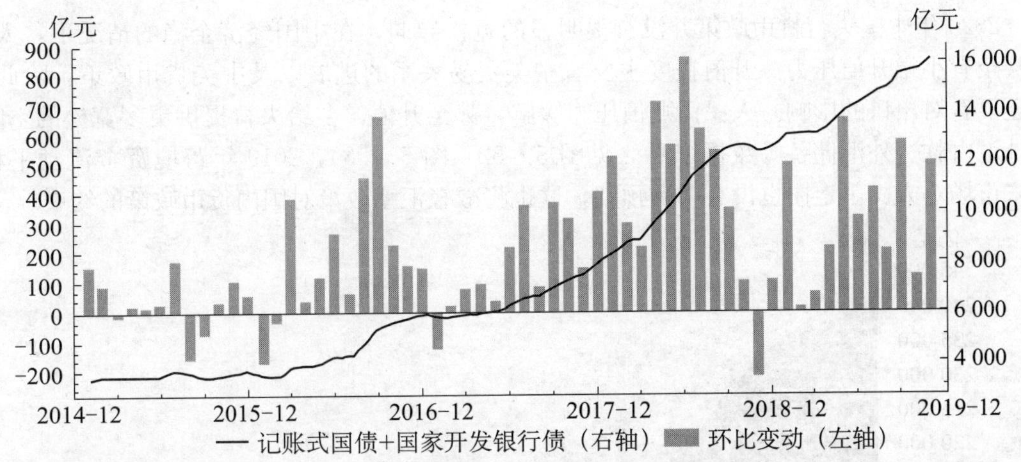

图5-51　境外机构的利率债托管量

资料来源：Wind资讯。

3. 预期传导途径分析

投资者预期包括对未来货币政策工具的预期、利率走向的预测、中美贸易关系的预期、资金面松紧以及国债价格强弱的预测等，会直接影响到国债的价格。投资者预期是基于当前以及历史信息做出的判断，当占主导地位的投资者或者市场整体预期较为一致时，国债价格基本会按照预期模式演变。当市场预期不一致时，国债价格要么有价无市，要么多空争夺激烈，陷入盘整行情。市场对2020年利率走势的预期差异较大，认为震荡的占据多数，也有少部分认为有下行空间。总的来说，国债不会是2020年最佳的配置资产。需要注意的是，预期跟市场情绪一样，容易多变，在出现一些新政策或者言论时，预期很容易会做出调整。

4. 汇率与利率分析

汇率对一国经济非常重要，可以直接影响该国商品在国际上的价格，也会影响跨境资金进出。近年来，央行对汇率的调控思路主要在于在内部均衡和外部均衡之间寻找一个平衡点。央行在三季度货币政策执行报告中表示，下一阶段的汇率政策思路为协调好本外币政策，处理好内部均衡和外部均衡之间的平衡，保持人民币汇率在合理均衡水平上的基本稳定。对于 2020 年，汇率问题将不会是制约货币政策的主要因素。主要有两个原因，一是美元指数有望区间震荡，二是中美关系转好，人民币贬值压力不大。

美元指数 2020 年有望继续在 95～99 区间震荡。2019 年 2 月以来，在贸易局势反复的避险需求以及美国经济基本面强于其他国家的背景下，美元指数延续强势。在 10 月份经历了大幅回调后，美指一直在 97.00～98.40 区间内波动。2020 年支撑美指的因素在于，美国经济数据在三次降息后有所回暖，美联储降息态度软化，降息步伐停滞。美指下行的潜在风险仍较大，若贸易局势转暖、脱欧等风险因素消除，欧元区、英国与日本的经济改善，货币政策将趋向于收紧，美元震荡将大大缓解人民币的贬值压力。

2019 年 8 月美元兑人民币汇率跌破 7，此后基本上在 7 以上运行。2019 年的人民币兑美元汇率走向除了与美元关联较大外，与中美贸易争端也有很大关联。5 月与 8 月汇率大幅走低，与中美贸易关系转差同时发生，10 月之后人民币升值也伴随着中美关系的向好。随着中美关系向好，市场对人民币的贬值预期大幅下降。

2020 年中国央行货币政策并没有很明显的宽松导向，在中国经济企稳的情况下，人民币甚至有小幅升值压力。升值程度主要看中美贸易关系的进展以及中美货币政策，除此之外还要看对出口的影响。人民币贬值压力缓解，甚至升值，会给央行提供更多宽松的空间。从外汇占款、外汇储备等数据来看（见图 5－52、图 5－53），2019 年跨境资金流动平稳，年末市场对人民币走向也没有明确预期，这也将减轻汇率政策对国内货币政策的约束。

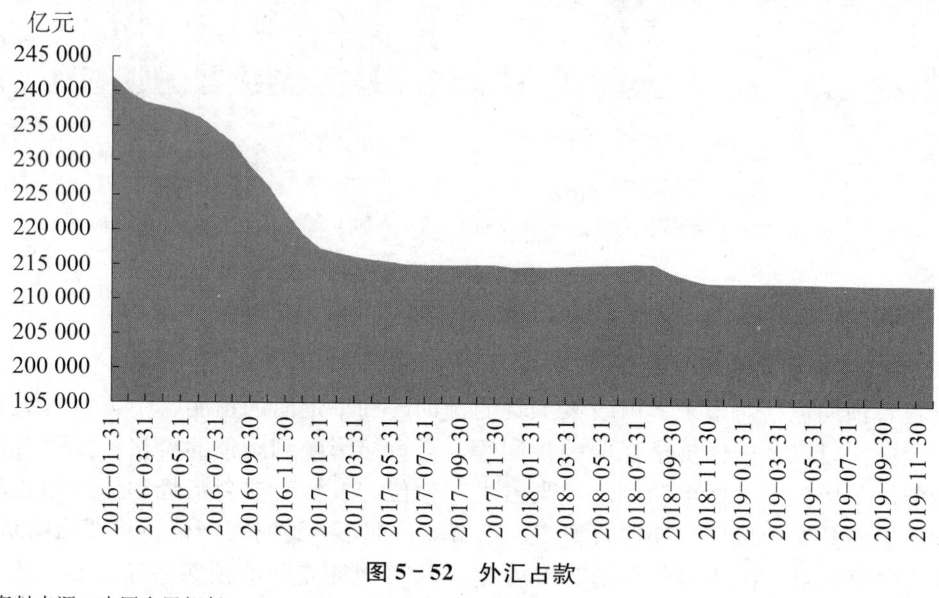

图 5－52 外汇占款

资料来源：中国人民银行。

5. 中美贸易战分析

2018 年上半年中美贸易战爆发，至年底美国对中国加征关税的商品价值已经达到 2 500 亿美元，而中国对美国加征关税的商品价值达到 1 100 亿美元。在 90 天停火协议之后，2019 年 5 月特朗普政府宣布对原 2 000 亿美元中国商品的关税从 10%提高至 25%，中国政府也同时宣布对原 600 亿美元美国商品加征 10%～25%不等的关税。6 月

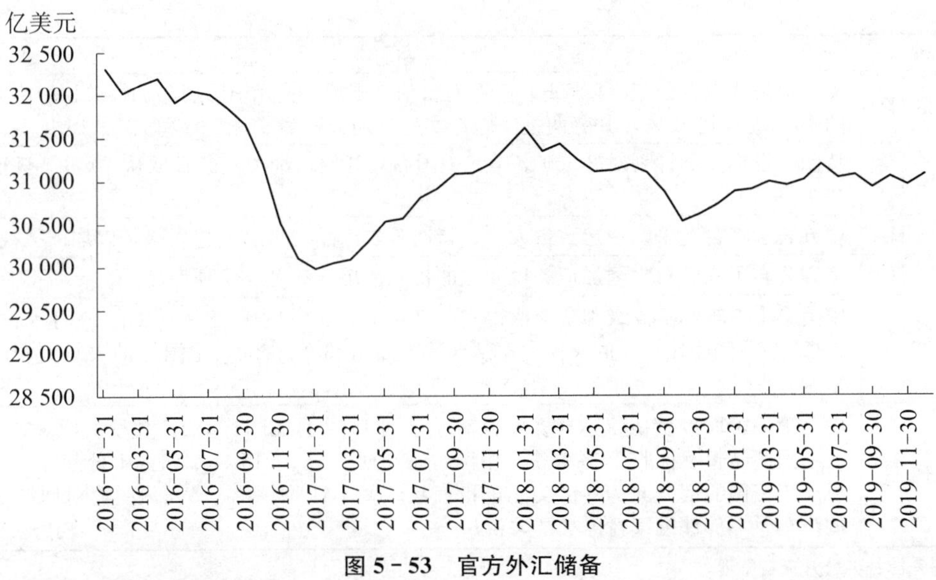

图 5-53　官方外汇储备

资料来源：中国人民银行。

日本大阪 G20 峰会后中美双方暂时休战，但 8 月美国再度表示对其余 3 000 亿美元中国商品分两次加征 10%的关税，分别为 9 月 1 日和 12 月 15 日，作为回应，中国宣布对 750 亿美元美国商品加征 5%、10%的关税。10 月美国宣布暂不对原 2 500 亿美元中国商品的加征关税从 25%提高至 30%。12 月中美达成第一阶段协议，中美双方均暂停原计划于 12 月 15 日实行的关税加征，中美经贸磋商取得重大进展（见表 5-7）。在贸易战的复杂博弈过程中，参与双方的强弱取决于其经济对关税措施的承受力，这具体反映在出口规模、贸易对经济的整体影响和净出口对增长的贡献等方面，美方显然更为强势。鉴于美国在第一阶段协议中并未承诺取消原先加征的关税，双方寻求合作的道路仍不会一帆风顺。但整体来说，中美双方正在朝着好的方向行进，2020 年贸易摩擦对市场的干扰将会弱于 2019 年，对国债而言更多的是利空。

表 5-7　2019 年中美贸易战

时间	事件
2 月 24 日	特朗普延长了 3 月 1 日的最后期限，把对 2 000 亿美元中国商品的关税无限期地维持在 10%。
5 月 5 日	特朗普在推特上说打算在 5 月 10 日将价值 2 000 亿美元中国商品的关税提高到 25%。
5 月 8 日	晚间特朗普政府正式宣布，从 5 月 10 日起，将对 2 000 亿美元的中国进口商品征收的关税从 10%提高到 25%。
5 月 13 日	晚间中国宣布对已加征关税的 600 亿美元从美国进口的部分商品加征 25%、20%或 10%关税，于 6 月 1 日生效。
6 月 29 日	日本大阪 G20 峰会上，中美双方同意，在平等和相互尊重的基础上重启经贸磋商，美方不再对中国商品加征关税。
8 月 15 日	美国宣布对价值 3 000 亿美元中国商品加征 10%关税，分两批实施，实施日期分别为 9 月 1 日和 12 月 15 日。
8 月 23 日	中国宣布对价值 750 亿美元美国商品加征 5%、10%关税，分两批实施，实施日期分别为 9 月 1 日和 12 月 15 日。

续前表

时间	事件
8月28日	美国贸易代表办公室（USTR）宣布对价值3 000亿美元中国商品加征关税税率由原定的10%提高到15%，并分两批实施，实施日期分别为9月1日和12月15日。
9月12日	特朗普发推文称计划对2 500亿美元中国商品开始增加关税的日期从10月1日推迟至10月15日。
9月13日	中方表示将自美采购一定数量大豆、猪肉等农产品，将对上述采购予以加征关税排除。
9月17日	美方公布了三份对中国加征关税商品的排除清单，涉及437项商品。
10月12日	中美第十三轮经贸高级别磋商取得实质性进展，美方明确表示，取消10月15日对华价值2 500亿美元产品的关税税率从25%提升至30%行动，中国将加大对美农产品的采购。
12月13日	中美第一阶段经贸协议达成。美方对原计划于12月15日起加征关税的原3 000亿美元中国商品暂不征收15%关税。中国对原计划于12月15日12时01分起加征关税的原产于美国的部分原750亿美元进口商品，暂不征收10%、5%关税，对原产于美国的汽车及零部件继续暂停加征关税。

资料来源：经公开资料整理。

三、国债期货投资分析

展望2020年，全球经济仍将在低增速中度过，回暖有限，国内经济已经显露企稳迹象。2020年是“十三五”规划收官之年，政府将会继续增大基础设施建设投资力度，而房地产投资将会持稳，消费有望在各项促进消费的措施下企稳回升，借着中美达成第一阶段协议的东风、国内推进更高水平对外开放以及特朗普2020年大选，贸易摩擦问题有望缓和，出口预计将较为乐观。2019年11月官方制造业PMI指数以及财新制造业PMI数据上行、工业企业利润同比转好，均是积极信号，指向2020年上半年经济有望企稳。货币政策很可能会像2019年一样灵活变化，在整体宽松的基调下前紧后松，降准降息均可期。但为了不增加存量贷款转LPR基准的难度，LPR利率不太可能过早变动，且受银行吸储成本的限制，降息操作空间不大。2020年宏观调控政策坚持稳字当头，资金面预计不会有太大波动，央行公开市场操作思路将是削峰填谷。短期资金面的宽松与否将取决于央行的公开市场操作、缴税、发债、节假日等因素，需要对具体时点进行判断。金融监管政策将以查缺补漏、稳固成果为主，监管态度会有所缓和。从债券供需来看，因债券到期量大增，预计2020年国债发行量将为4.37万亿元，2020年地方债供给规模为5.1万亿～5.6万亿元，高于2019年。由于股市向好，利率处在低位，利率债配置需求整体上不高，外资拉动作用也较为有限。市场认为2020年国债利率震荡的占多数，那也意味着利率债投资价值不高。随着中美关系转好，美元指数继续区间震荡的概率大，人民币在2020年的贬值压力不大，也为货币政策宽松提供了空间。中美双方正在朝着好的方向行进，2020年贸易摩擦对市场的干扰将会弱于2019年，对国债而言更多的是利空。综合来看，2020年10年期国债利率可能在3%～3.4%之间波动，与2019年类似，没有确定性方向。全年看，国债期货缺乏趋势性交易机会，只能把握短期波段机会。在10年期国债到期收益率升至3.4%附近时，做多国债期货，在3%附近时，做空国债期货。持仓量根据资金面做出微调，实时对行情进行评估，再决定是否继续做多或者转而做空，而跨品种和套利机会暂无。

本章小结

通过对国内期货与期权主要交易品种的详细分析，让学生在学习理论的基础上，能写出一份较完整的投资标的物分析报告。无论是做工业品还是农产品的期货与期权投资分析，宏观、中观、微观的数据分析都是非常重要的。对于农产品期货与期权，产量、库存、持仓量的变动方向是重点，这是一个研究员写投资分析报告要做的事情，越扎实越好。对于工业品期货与期权，需求量的变动方向最重要，这主要依赖于宏观经济数据与政策的分析。关于工业品供应端的调整，与需求端是一种互动关系，中长期供应端不决定价格趋势，在短期，若供应端的萎缩快于需求端的萎缩，会带来价格的反弹，若供应端的萎缩严重滞后于需求端的萎缩，价格下跌会很迅猛。

练习题

1. 收集一个投资标的物供求数据。
2. 组织团队写出一份自己选定标的物品种的期货或期权投资分析报告。

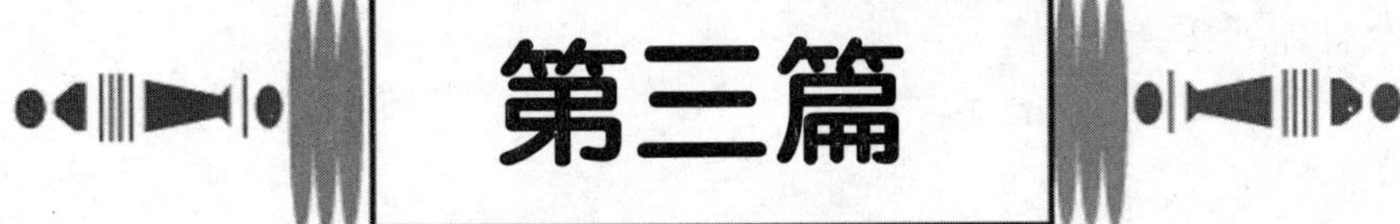

第三篇

案例篇

第6章 期货与期权案例分析

学习目标：

本章主要介绍了甲醇贸易企业套期保值案例分析、期权行权投资案例分析、期权保险案例分析、备兑开仓案例分析、可转换公司债券应用案例分析。通过对期货与期权交易案例进行分析，使学生进一步理解它们的基本概念，以及期货与期权市场的功能；结合案例进一步掌握期货与期权的定价原理和方法；理解期货与期权交易策略，掌握如何运用期货与期权进行套期保值、投机和价格发现。

第一节　甲醇贸易企业套期保值案例分析

2011 年 10 月 28 日，甲醇期货在郑商所上市交易，这意味着，甲醇期货市场将为甲醇现货市场提供价格发现机制，为产业链相关企业提供套期保值工具。

套期保值就是在期货市场买进或卖出与现货数量相等但交易方向相反的商品期货合约，在未来某一时间通过卖出或买进期货合约来补偿因现货市场价格不利变动所带来的实际损失。也就是说，套期保值是以规避现货价格风险为目的的期货交易行为。

一、套期保值的必要性

对于企业而言，甲醇价格上涨会导致其购入成本提高，侵蚀企业的利润，在不能通过提高产品销售价格完全将风险转嫁给下游客户的情况下，企业有必要通过期货市场的套期保值来规避买入价格上涨的风险。

二、套期保值的目的

在甲醇产业链中，甲醇贸易企业面临的主要风险点有：

（1）采购价格上涨；

（2）销售价格下跌；

（3）库存压力大，流动资金紧张。

具体来说，甲醇期货市场可以为第一个风险点提供买入套期保值，锁定贸易企业甲醇采购成本；可以为第二个风险点提供卖出套期保值服务，帮助贸易企业锁定销售利润；可以为第三个风险点提供库存管理，其主要目的是降低库存成本和资金占用。

三、套期保值的作用分析

（1）锁定甲醇采购成本。

（2）锁定甲醇销售利润。

就贸易企业而言，并不是所有的现货都需要进行套期保值，主要是对购销差额的风险敞口进行风险管理。针对风险敞口的不同，企业依据自身实际情况选择买入套保锁定甲醇采购成本，或者卖出套保锁定甲醇销售价格。

（3）库存管理。

主要是降低库存成本和资金占用。由于期货合约代表相应的实物量，企业增加库存可以采取买入对应的期货合约，资金占用仅为货值的10%。在资金紧张的情况下，抛出现货并在期货上买入，以期货虚拟库存替代真实库存，既达到拥有“库存”的目的，又可大量减少库存资金占用。

四、套期保值的优点和缺点

1. 优点

套期保值功能是期货市场产生和存在的重要原因。现货企业为了规避不可预测的风险，放弃超额利润，进入期货市场进行套期保值，追求稳定经营和稳定可控的利润率。在期货市场套保后，企业的利润率或许没有太大幅度的提高，但平稳的利润曲线不会给资金流带来压力，也方便安排贸易经营（见图6-1）。

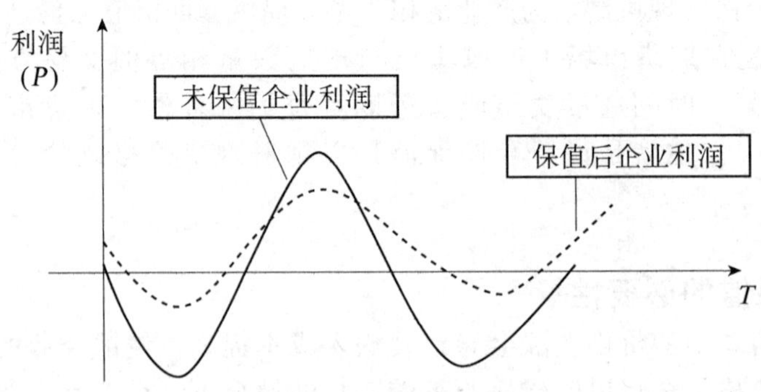

图6-1 套期保值利润曲线

资料来源：Wind资讯。

2. 缺点

套期保值面临基差波动风险与交割风险。所谓基差风险，是指保值工具与被保值商品之间价格波动不同步所带来的风险。基差（basis）即现货成交价格与交易所期货价格之间的差，其价差不是固定的。基差的波动给套期保值者带来了无法规避的风险，直接影响套期保值效果。甲醇是危险品，交割环节也存在一定的风险，包括交货的运输环节，如货物质量、交货时间、交割库、升贴水问题等。

五、套期保值前的制度安排

（一）成立决策机构

开展套期保值业务，首先必须成立一个直接对公司最高管理层负责的决策机构，并重点做好以下三方面的工作：

1. 明晰企业原料风险的来源

套期保值的目的是规避风险，那么企业首先必须对自身风险有一个清醒的认识，必须明确是价格风险还是库存管理需求。

2. 正视价格波动的机会风险

企业开展套期保值，除了要明晰原料风险来源以外，还需要正视价格波动的机会风险。在企业经营过程中，一方面要注重防范和控制风险，另一方面要把机会风险视为企业的特殊资源，通过对其进行管理为企业创造价值，促进经营目标的实现。

3. 明确企业自身的风险偏好

期货市场在发挥风险规避功能的同时也会存在着基差风险、交割风险等。在套期保值过程中，企业应该清醒地认识到，套期保值所面临的价格波动风险并不会小于投机的价格波动风险。所以，开展期货套期保值的企业，一定要根据自身的长期发展策略来确定套期保值过程中的风险偏好，而且这个风险偏好需要由企业最高管理层来确定。在风险控制过程中，企业可以根据不同业务特点统一确定风险偏好和风险承受度，即自己愿意承担哪些风险，不愿意承担哪些风险，明确承担风险的最低限度和不能超过的最高限度，并据此确定风险的预警线及采取的相应对策。

从以上几个方面可以看出，若企业欲开展期货套期保值业务，企业的最高管理层首先要对企业风险来源、套期保值原理和操作程序以及企业的风险承受能力有一个清醒而深刻的认识，并组成一个由最高决策层负责的机构来领导企业的套期保值工作，这个决策机构既可以由企业的一把手亲自负责，也可以由一把手授权建立一个风险控制小组来共同决策。

（二）成立一支专业的操作队伍

随着商品期货金融属性的增强，套期保值业务对市场分析以及操作人员的素质提出了更高的要求。套期保值操作人员不仅要具备专业的基础知识，还要有良好的心理素质和丰富的实践经验，这些既熟悉企业经营管理又具备专业期货知识的复合型人才已经成为影响企业套期保值成效的一个关键因素。在新的《期货交易管理条例》中，已经取消了对国有企业参与期货的交易品种和交易总量方面的限制，“灵活套保”已经成为未来企业开展套期保值、规避市场风险的重要策略。而这种“灵活套保”的策划和实施更是离不开一支专业的操作队伍。

（三）制定一套切实可行的风险管理制度

企业在开展套期保值过程中，其参与初衷往往是美好的，在开始的时候也容易取得一定的成效，但是企业能否真正做到有效开展套期保值并不是看一朝一夕的成败，而是要看长期效果。所以，企业在开展套期保值的过程中，从一开始就必须重视风险管理制度方面的建设，根据企业自身的经营模式和管理水平制定出一套切实可行的风险管理制度来保障企业套期保值的有效开展，保障企业套期保值基本原则的实现。风险管理制度的重要性就是要将企业最高管理层的风险管理意识和政策贯彻落实到每一个管理者和员工的头脑中，使企业的风险管理工作融入日常的市场营销和管理的实践。

从以上三个方面可以看出，企业开展套期保值业务，不仅是企业领导层需要具备成熟的风险控制理念，而且企业还需要建立严格的风险管理制度和一支既熟悉企业生产经营又拥有丰富的期货市场套期保值经验的复合型人才队伍。

（四）明确套保成功与否的标准

首先，健全套期保值会计核算制度。这主要是指遵循会计原则中的配比原则，将在现货市场已实现销售商品所对应的库存成本（或者是采购原料的采购支出）与在期货市场进行套期保值所产生的平仓盈利或者亏损相配比，调整并确定该商品的销售成本或者采购成本。

其次，建立套期保值效果评估机制。从期货和现货两个市场来综合评估套期保值效果，将期货市场上的损益与现货市场上的盈亏相对应，而不是只关注其中一个市场的盈亏。

只有进行科学的套期保值会计核算和正确的套期保值效果评估，以良好的心态来开展套期保值业务，才能真正达到企业开展套期保值的目的。

六、甲醇套期保值流程

（一）套期保值流程

图 6－2 为套期保值流程图。

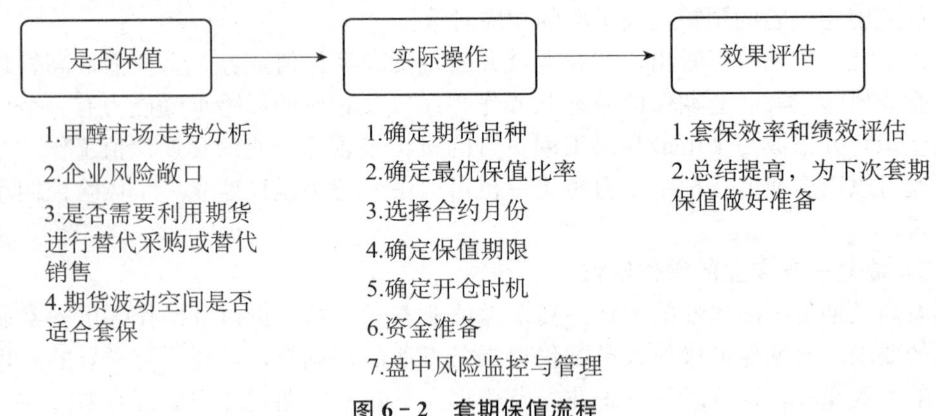

图 6－2　套期保值流程

（二）买入套期保值案例分析

2013 年 10 月 30 日，甲醇主力合约收盘价为 2 846 元/吨，甲醇华东现货报价为 3 300 元/吨，某企业 2 个月后需要采购甲醇，但预计未来 1～2 月时间内，甲醇价格易涨

难跌。鉴于该预判以及当时期现市场的现货升水格局，企业选择买入甲醇期货进行套期保值，数量假设为1 000吨（10手合约）（见表6-1）。

表6-1 买入套期保值案例

	现货市场	期货市场
2013年10月30日	3 300元/吨	2 846元/吨
2013年12月3日	3 665元/吨	3 269元/吨
价格涨幅	365元/吨	423元/吨
损益情况	成本增加36.5万元	平仓收益42.3万元
买入套期保值效果	完全弥补了采购成本的上升，且增益5.8万元	

（三）卖出套期保值案例分析

2014年12月3日，甲醇主力合约收盘价为2 775元/吨，甲醇华东地区现货报价为2 660元/吨。某甲醇贸易企业有1 000吨甲醇库存的风险敞口，当时现货市场持续贴水运行，且预期年内甲醇价格仍有下跌空间，因此，该企业选择了卖出套期保值，以锁定库存中甲醇的销售价格（见表6-2）。

表6-2 卖出套期保值案例

	现货市场	期货市场
2014年12月3日	2 660元/吨	2 775元/吨
2014年12月31日	1 950元/吨	2 050元/吨
价格跌幅	710元/吨	725元/吨
损益情况	损失71万元	平仓收益72.5万元
卖出套期保值效果	完全弥补了现货价格下跌的损失，且增益1.5万元	

第二节 期权行权投资案例分析

一、期权行权的含义

期权是交易双方关于未来买卖权利达成的合约。行权是指期权合约权利方要求义务方按照约定时间、价格和方式履行期权约定的义务，期权的义务方则必须在期权权利方行权时履行相应的义务。

假设你手中有一张上汽集团的标的物证券的认购期权——上汽集团购4月1300，行权日是4月23日，行权价格是13元。也就是说，到4月23日这一天，你有资格用13元/股的价格购买该股票5 000股。

如果到了这一天，该股票的市场价是15元，别人买5 000股要花75 000元，而你在这一天用65 000元就可以买到5 000股。假如当初你买入期权时期权权利金为1.2元，那么你一共花费了71 000元，共节省了4 000元。这当然合算了。如果你真的购买了股票，这个行为就叫行权。

但是如果到了这一天，该股票的市场价是12元，你当然不会用13元/股的价格买，那么你手里的这张认购期权就是废纸。你肯定选择放弃行权。需要指出的是，上海证券交易所推出的个股期权是欧式期权，意味着只能在规定日期，即期权到期日（合约到期月份的第四个星期三）以事先约定好的价格向期权义务方行权。

二、行权交收

1. 行权日期

投资者在面临期权行权时，有几个重要的日期需要弄清楚，包括合约最后交易日、到期日、行权日、交收日。

（1）合约最后交易日（T 日）。

合约最后交易日是指到期期权合约最后可以进行场内交易的时间。最后交易日设为每个合约到期月份的第四个星期三（遇法定节假日顺延）。

（2）合约到期日（T 日）。

合约到期日是指合约的存续期截止的日期，也是期权合约必须履行的最后日期。一般情况下，合约到期日就是最后交易日。

（3）合约行权日（T 日）。

合约行权日是指投资者可以进行行权申报的日期。上交所将合约行权日与最后交易日设置为同一天。

（4）合约交收日（T＋1 日）。

合约交收日是指中国结算公司将权利方行权后得来的标的物证券过户给投资者的日期，合约交收日为行权日的下一个交易日。投资者只有在合约交收日的下一个工作日（T＋2）才能卖出行权所得的标的物证券。

在初期方案中，上海证券交易所考虑到股指期货投资者套利套保的需要，将期权的行权日设置为合约到期月份的第三个星期五（T 日）。期权是 T＋1 日交割，下周二 T＋2 日才能交易卖出，导致时间跨度过长。由于周末是各类信息发布的集中期，为避免投资者承担不必要的风险，上海证券交易所将行权日定为合约到期月份的第四个星期三。这样，投资者可以在星期五卖出行权得来的股票。也就是说，投资者最快可以在期权到期月份第四个星期五将行权得来的股票卖掉。

2. 行权时间

期权到期行权日即最后交易日，期权行权指令提交时间为上午 9:30—11:30，下午 13:00—15:30。

相比于股票和期权交易时间，上交所为了使在最后时刻买入期权的投资者可以行权，将期权行权指令提交时间延长 30 分钟。投资者可以最晚在当天的 15:30 提交行权申报指令。在此期间，投资者如果想撤销之前提交的行权指令可以随时撤单，或重新申报。同时，投资者也可以重复累次提交行权委托。在行权日下午 15:30 后，投资者将无法撤销行权指令。

行权日买入的期权，投资者当日可以行权。

3. 行权指派

行权指派就是中国结算公司对所有期权权利方的有效行权进行申报，对义务方进行行权配对。为了保证公平性，交易所是按比例指派给期权义务方交付标的物证券或资金。被指派的投资者必须准备足额的标的物证券或资金，完成行权交收。

4. 行权交收方式

行权交收是指在行权交收日，中国结算公司将被指派义务方的标的物证券或资金划付给期权的权利方。

个股期权采用实物交割的方式，即在行权时，双方进行现金与标的物证券的交收。对于认购期权，权利方根据行权价将对应的资金交给义务方，义务方将对应的标的物证券交给权利方；对于认沽期权，权利方将股票交给义务方，义务方根据行权价将对应的资金交给权利方。

5. 关于自动行权

投资者担心可能在行权日当天未及时行权造成不必要的损失。一般来说，证券公司会提供关于自动行权的服务，帮助投资者对符合条件的实值期权自动行权。

三、投资者如何行权

1. 作为认购期权权利方的行权流程

第一步，认购期权权利方根据自己的判断决定是否行权，并在行权日下午 15:30 之前提交行权申报指令。

第二步，期权权利方需要准备足额的行权资金。权利方在提交行权指令时，必须准备好期权合约数×行权价格×该期权合约乘数的资金。例如上汽集团购 4 月 1300，行权价为 13 元/股，每份期权合约乘数为 5 000，投资者每提交一份期权合约行权指令，需要准备 1×5 000×13=65 000 元。如果投资者未能在提交行权申报指令的同时准备足额的资金，行权申报将作废。

第三步，行权日第二天，中国结算公司将股票过户给权利方。投资者最快只能在行权日第三天卖出股票，行权完成。

2. 作为认沽期权权利方的行权流程

第一步，认沽期权权利方根据自己的判断决定是否行权，并在行权日下午 15:30 之前提交行权申报指令。

第二步，投资者需要准备足额的标的物证券。认沽期权行权是投资者以行权价格卖出标的物证券的行为。投资者在提交行权指令时，必须同时准备行权合约数×该期权合约乘数的证券。例如上汽集团沽 4 月 1500，每份期权合约乘数为 5 000，投资者每提交一份期权合约行权指令，需要准备 5 000 股上汽集团的股票，投资者可以得到 5 000×15×1=75 000 元。投资者可以在行权日当天买入标的物证券用于行权。如果投资者未能在提交行权申报指令的同时准备足额的标的物证券，行权申报将作废。

第三步，行权日第二天，中国结算公司将资金划付给投资者。投资者最快只能在行权日第三天取出资金，同时行权完成。

3. 作为认购期权义务方的行权流程

第一步，认购期权义务方在行权日当天晚上知道被指派的结果。

第二步，投资者需要在第二天收盘前（T+1 日下午 15:00 前）准备足额的标的物证券。仍以上汽集团购 4 月 1300 为例，行权价为 13 元/股，每份期权合约乘数为 5 000，每份认购期权义务方将得到 1×13×5 000=65 000 元，同时账户中 5 000 股上汽集团的股票将过户给权利方。投资者可以在行权日当天买入股票用于行权。如果投资者未能准备足额的标的物证券，将构成违约。与认沽期权权利方准备标的物证券不同的是，投资者最晚可以将在行权日第二天收盘前购买的标的物证券用于准备行权。

第三步，T+1 日收盘后，当认购期权义务方被中国结算公司指派行权，中国结算公司将被指派数量的标的物证券过户给权利方，行权完成。

4. 作为认沽期权义务方的行权流程

第一步，认沽期权义务方在行权日收盘后知道被指派行权的结果。

第二步，需要在第二天收盘前（下午 15:00 前）准备足额的标的物资金。例如上汽集团沽 4 月 1500，行权价为 15 元/股，每份期权合约乘数为 5 000，每份认沽期权的义务方将准备 1×15×5 000=75 000 元用于行权，同时行权结束后义务方将得到 5 000 股上汽集团的股票。如果投资者未能准备足额的资金，将构成违约。

第三步，T+1 日收盘后，当认沽期权义务方被中国结算公司指派行权，中国结算公司将资金划付给权利方，义务方获得相应数量的标的物证券，行权完成。

四、行权需要注意的问题

1. 行权一定能拿到标的物证券吗？

期权权利方在提出行权后，根据行权指派的结果，义务方可能会违约。这时候权利方可能会出现无法获得足额标的物证券的情况。上海证券交易所会对违约的义务方进行处罚，并将罚金划付给未能得到证券的权利方作为补偿。

2. 实值期权行权一定赚钱吗？

投资者在最后交易日持有实值期权，进行行权申报时不一定能赚钱。投资者在 T 日申报行权指令，最快在 T+2 日才能卖出，这一期权价格波动的风险，投资者需要提前判断。若预测 T+2 日标的物证券价格高于行权价与手续费之和，投资者应该选择行权。反之，投资者可以选择不行权。例如，投资者行权一份上汽集团购 4 月 1500，最后交易日时，上汽集团收盘价为 15.2 元。如果投资者预计在 T+2 日，上汽集团股价将回落至 15 元以下，那么投资者可以放弃行权，在二级市场上直接购买上汽集团股票。

3. 完成行权交收后，能立即卖掉手中的股票吗？

不能，投资者在 T 日申报行权指令，最快在 T+2 日才能卖出，也就是完成行权交收后的下一个工作日。

第三节　期权保险案例分析

一、期权保险策略的含义

期权保险策略，又称保护性买入认沽（protective put）策略，是指投资者在已经拥有标的物证券或者买入标的物证券的同时，买入相应数量的认沽期权。

该策略的成本等于股票的购买成本加上认沽期权的权利金支出成本。由于在保护性买入认沽策略中，认沽期权为买入持仓，即权利仓，期权的权利仓只有权利，没有义务，因此，投资者在采用保护性买入认沽策略时，不需要缴纳现金保证金，也不会面临强行平仓风险。

直观地，我们先来举一个简单易懂的例子定性地看一下认沽期权的保护作用。

例如，王先生以每股12元的买入价买入了5 000股上汽集团股票，同时买入了一张上汽集团的认沽期权（行权价为12元/股，合约单位为5 000）：

如果到期日上汽集团的股票价格出现了上涨，则王先生直接抛售手中的股票即可，认沽期权到期失效。

而如果到期日上汽集团的股票价格出现了下跌，则王先生可以行使认沽期权所赋予的权利，仍然以每股12元的价格卖出手中的5 000股股票，从而避免了现货市场的损失。

从上面这个简单的例子中，我们发现认沽期权就好像为股票下跌这一事件上了一个“保险”。当股价上涨的时候，这一保险并不发生作用，而当股价下跌时，这份保险便起到了保护股价的功能。它与购买财产保险类似，投资者在认沽期权的有效期内可以放心地持有股票头寸，不必再担心一旦股票价格下跌，应该在什么时候将它出手了。对比现实生活中的保险，“保护性买入认沽”中认沽期权的行权价格，类似于保险中的“免赔额”；投资者购买认沽期权所付出的权利金，类似于保险中的“保费”；而认沽期权的到期时间，则类似于保险中的“保险期限”。

因此，保护性买入认沽策略也被称为“保险策略”。对投资者而言，买入了保护性认沽期权比只买入股票更具有“安全感”。

根据上海证券交易所目前的方案规则，保护性买入认沽策略属于一级投资者就可以使用的投资策略。从海外成熟市场经验看，保护性买入认沽策略是个人投资者应用最为广泛的期权交易策略之一。该策略风险较小，易于掌握，是期权投资入门策略，有助于投资者熟悉期权市场的基本特点，了解认沽期权的基本保险功能。

那么投资者在什么样的情形下可以使用保护性买入认沽策略？这一策略会给投资者带来什么样的收益或者损失？使用这一策略又需要注意什么呢？

二、实例与损益分析

1. 案例描述

李先生是一名有经验的但较为厌恶风险的投资者，他一直在分析上汽集团股票走势，并根据公司的季度报告和整体宏观经济因素，预期未来一个月内上汽集团股价会出现明显的上扬。基于他对上汽集团股票的这一判断，李先生希望能够买入5 000股上汽集团的股票，但又担心大盘在一个月内出现意外下跌，因此，李先生希望能够控制住股价下跌的风险。

基于李先生的投资需求，我们可以向其推荐刚才介绍的保护性买入认沽策略。具体操作如下：

假设目前上汽集团股票价格为每股13.90元，“上汽集团沽4月1400”期权合约的市场价格为0.15元/股，合约单位为5 000。李先生在买入5 000股上汽集团股票的同时，买入一份“上汽集团沽4月1400”认沽期权合约。

这里，读者可能会有几点小疑问：

(1) 为什么只买入一份认沽期权呢？

这是因为上汽集团的合约单位为5 000，保护性买入认沽策略中股票的数量一般和期权合约对应股票的数量是一致的。

（2）为什么买入4月份到期而不是其他到期月份的期权呢？

这是因为李先生希望控制上汽集团股票在一个月内的价格下跌风险，现在是4月初，而4月份到期的合约在4月的第四个星期三为行权日，因此我们选择4月认沽期权合约。

（3）为什么买入行权价为14元的认沽期权，而不是其他行权价的认沽期权呢？

这是因为，通常行权价选得越低，股价下跌时的亏损值越大，所保险的范围就越小（类似于保险中的免赔额。如果免赔额越低，那么保险的范围就越小）；但行权价如果选得太高，权利金将会很高，同时股价上涨收益的空间也会被压缩。因此，一般我们会选择轻度实值、平值或轻度虚值的认沽期权来保护手中的现货头寸。这一点我们将在下面通过具体的计算加以详细解释。

2. 保护性买入认沽策略损益的图表分析

下面，我们通过图表来直观地认识一下，到期日上汽集团股票出现不同价格时，李先生的股票和期权头寸的各自损益，以及该策略的总损益情况（见表6-3）。

表6-3　保护性买入认沽策略利润表

单位：元

到期日上汽集团股价	股票头寸的损益（成本是13.9元）	认沽期权头寸的损益（行权价是14元，权利金是0.15元）	总损益
8	=8−13.9=−5.9（下同）	=14−8−0.15=5.85（下同）	−0.05
9	−4.9	4.85	−0.05
10	−3.9	3.85	−0.05
11	−2.9	2.85	−0.05
12	−1.9	1.85	−0.05
13	−0.9	0.85	−0.05
14	0.1	−0.15（此时股价≥行权价，李先生将不行权，损失权利金，下同）	−0.05
14.05	0.15	−0.15	0
15	1.1	−0.15	0.95
16	2.1	−0.15	1.95

注：表中损益都是指每股损益，余同。

根据表6-3进行描点，我们可以得到该策略的损益如图6-3所示（为了简单起见，以下分析和计算均忽略了交易成本和期间会出现分红的情况）。

通过表6-3和图6-3可知，李先生通过保护性买入认沽策略，每股最大的亏损为0.05元，最大的盈利理论上是无限的，若不考虑交易成本，则该策略的盈亏平衡点（不赚也不赔的股票价格）为14.05元/股（即13.90元+0.15元），即如果股票价格高于14.05元，李先生的这一策略（股票和期权）就开始出现盈利，股价涨得越多，他的盈利也越多；如果股票价格低于14.05元，李先生的这一策略就开始出现亏损，但是并不是“股价跌得越多，损失就越大”，而是在股价跌破14元（即期权的行权价）以后，亏损就被锁定了，无论股价如何下跌，李先生通过这一策略，每股亏损仅为0.05元。

事实上，我们可以把上述实例一般化，最终得到以下结论：

在保护性买入认沽策略中，投资者的盈亏平衡点=购买股票时的价格+认沽期权的权利金（在上例中，盈亏平衡点为14.05元）；投资者的最大亏损额=认沽期权的行权价−（购买股票时的价格+认沽期权的权利金）（请注意，这一公式计算出来的结果将是

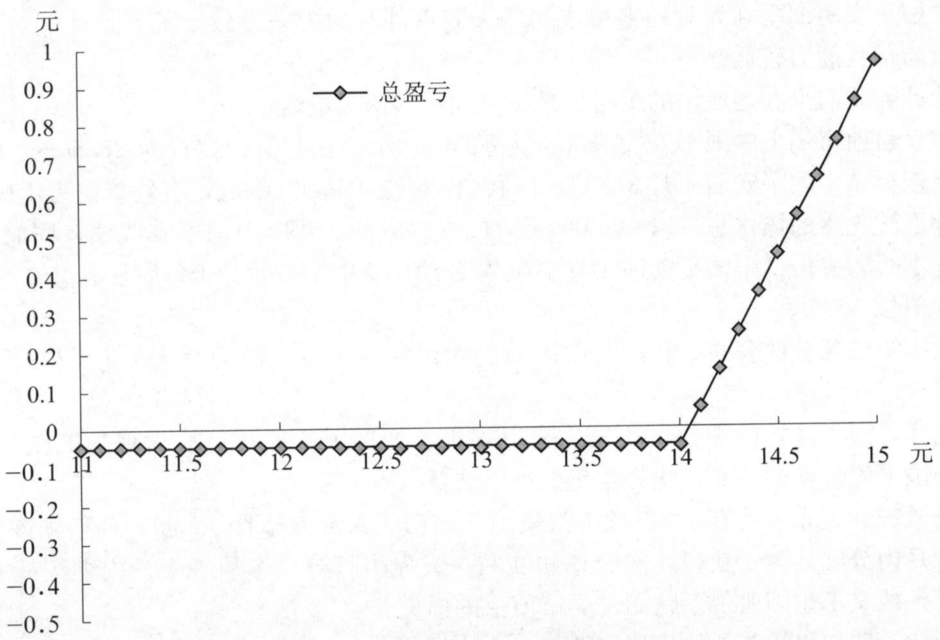

图 6-3 保护性买入认沽策略损益图

负数。在上例中，计算结果为－0.05 元，表明投资者的每股最大亏损数额为 0.05 元)。

三、保护性认沽的四种使用场景

投资者或许会问：在实战操作中，我们应该在哪些情景下使用保护性买入认沽策略呢？在这一部分中，我们将列举常见的四种使用场景。

场景一：王先生持有 10 000 份 180ETF，当初的买入价格为 1.910 元/份。由于王先生同时参与了融资融券业务，在融资业务上已经把 180ETF 作为可充抵保证金证券，因此该基金份额正被质押着而无法卖出，可是王先生担心在这个较短的质押期内，180ETF 的价格会出现下跌。

为此，我们便可推荐他使用保护性买入认沽策略。

假设目前市场上有一份行权价为 1.900 元/份的近月认沽期权“180ETF 沽 4 月 1900”，权利金大约为 0.037 元/份，合约单位为 10 000。

那么王先生的操作是：以 370 元的成本买入一份“180ETF 沽 4 月 1900”合约，其中 370 元等于每份权利金 0.037 元乘以合约单位 10 000。

根据第二部分的公式，我们便可推知王先生的最大亏损＝[行权价格（即 1.900 元)－ETF 买入成本（即 1.910 元)－认沽期权权利金（即 0.037 元)]×10 000＝－470 元，表明最大亏损额为 470 元。

盈亏平衡点＝ETF 买入成本（即 1.910 元)＋认沽期权权利金（即 0.037 元)＝1.947 元，即每份 1.947 元。

有了这样的操作，王先生就无须担心 180ETF 在质押期内可能出现的下跌。同时，如果 180ETF 价格上涨，王先生仍然可以获益。

场景二：沈先生长期十分看好中国平安股价，想买入 1 000 股做多中国平安，但他担心中国平安短期受到大盘的拖累或“黑天鹅事件”的影响导致股价下跌，他对这样的事件风险承受能力较低。

为此，我们推荐他使用的策略也是保护性买入认沽策略。

假设目前市场上中国平安股票现价为每股 39 元，有一份行权价为 37.50 元/股的近月认沽期权“中国平安沽 4 月 3750”，权利金大约为 0.590 元/股，合约单位为 1 000。

那么沈先生的操作是：以 39 000 元的成本买入 1 000 股中国平安股票，同时以 590 元的成本买入一份“中国平安沽 4 月 3750”合约，其中 590 元等于每股权利金 0.59 元乘以合约单位 1 000。

根据第二部分的公式，我们可以推知沈先生的最大亏损额为 2 090 元，盈亏平衡点为每股 39.59 元。

同样，有了这样的操作，沈先生就无须担心中国平安股价可能出现的下跌。同时，对于中国平安价格的上涨，沈先生仍然可以获益。

场景三：袁先生持有 5 000 股上汽集团（当初买入价为每股 14 元），他得知该公司将在一个月内分红。为了获得此次股息和红利，袁先生打算在今后一个月内继续持有该股票，可是他又不想因股价下跌而蒙受市值上的损失。

为此，我们仍推荐他使用保护性买入认沽策略。

假设目前市场上有一份行权价为 14 元/股的近月认沽期权“上汽集团沽 4 月 1400”，权利金大约为 0.35 元/股，合约单位为 5 000。

那么袁先生的操作是：以 1 750 元的成本买入一份“上汽集团沽 4 月 1400”合约，其中 1 750 元等于每股权利金 0.35 元乘以合约单位 5 000。

同样根据第二部分的公式，我们可以推知袁先生的最大亏损额为 1 750 元，盈亏平衡点为每股 14.35 元。

有了这样的操作，袁先生可以安心地持有股票以获得股息和红利。到了期权的到期日，如果股票价格低于 14 元，而且不管跌得多低，袁先生都可以选择行权，将股票以 14 元的固定价格（即期权的行权价）卖给期权的义务方。相反，如果到了期权的到期日，股票价格高于 14 元，那么袁先生在得到股息和红利的同时，还可以获得股票上涨的收益。而为获得这样的“保障”，袁先生付出的就是 1 750 元的期权权利金。

场景四：许先生当初以 1.480 元/份的价格买入了 10 000 份 50ETF，目前该 ETF 已经涨到了 1.550 元/份。这时，如果许先生以市价卖出该 ETF，那么若事后价格突破了 1.550 元，他会为此而感到后悔；可如果他选择不卖出该 ETF，那么若事后价格回落到 1.550 元以下，甚至跌破 1.480 元，他更会为此而后悔。许先生既希望锁定现有收益，同时又希望保留潜在收益。

面对许先生的这一投资需求，保护性买入认沽策略将是最合适的策略。

假设目前市场上有一份行权价为 1.550 元/份的近月认沽期权“50ETF 沽 4 月 1550”，权利金大约为 0.02 元/份，合约单位为 10 000。

那么许先生的操作是：以 200 元的成本买入一份“50ETF 沽 4 月 1550”合约，其中 200 元等于每份权利金 0.02 元乘以合约单位 10 000。

在买入了这份认沽期权后，如果 50ETF 跌破 1.550 元，不管跌得多低，许先生都可以以每份 1.550 元的价格卖出手中的 10 000 份 50ETF，扣除买入 ETF 的成本以及期权权利金的成本，我们便可推知他的收益至少为500元，即（1.550－1.480－0.02）×10 000。同时，如果50ETF继续上涨，许先生仍然可以享受ETF价格上涨的收益。因此，付出200元的成本所购买的这份认沽期权合约，满足了许先生既想保留上涨收益，又能控制下跌风险的愿望。

四、五个常见小问题

1. “保护性买入认沽”策略对什么样的投资者具有吸引力？

虽然任何持有股票的投资者都可以使用“保护性买入认沽”这一策略，但这一策略对两类投资者特别具有吸引力。第一类投资者是不想卖出股票的长期持有者，他们可以运用认沽期权的保护来限制短期内或因下跌而导致的亏损。第二类投资者是在买入股票时举棋不定、生怕自己错买的投资者，他们往往希望有某种“保险”，以防看错个股的走向。

2. 简单地直接买入股票与“保护性买入认沽”孰优孰劣？

这个问题没有肯定的答案，这就好比我们是否要为自己的财产买一份保险一样。这取决于投资者自身的风险偏好程度和对股票判断的自信程度。如果投资者对自己买入的股票十分有信心，风险偏好程度较高，那么他也可以选择不买认沽期权作为保护；可是对于风险承受能力较差的投资者，他们在买入股票或持有股票的同时，往往担心后市的下跌风险，那么采用保护性买入认沽策略将是一个很不错的选择。

3. 保护性买入认沽策略具有止损的功能，那么它与“止损订单”又有何区别呢？

止损订单是被动的止损方式，是价格依赖的。它的优点在于没有止损成本，但它的缺点在于若股价跳空止损价位后一直下跌，则投资者将因无法及时止损而蒙受损失，或者若股价触及止损价位后开始回升，则投资者将不得不以止损价位抛割手中的股票，反而失去回升反弹的收益。

买入认沽期权是一种主动的止损方式，是时间依赖的。它的优点在于投资者通过预先支付权利金，锁定股票在到期日的卖出价位，从而在到期日前可“高枕无忧”，但缺点在于它的止损功能随着认沽合约的到期而失效，同时它是一种有成本的止损方式，权利金便是它的止损成本。

4. 从损益图看，保护性买入认沽和买入认购期权类似，这两个策略是不是一回事呢？

答案是否定的。损益图的相似只是告诉我们这两个策略的潜在盈亏是相似的。但从头寸的角度来说，这两个策略显然具有实质的不同。

第一，认购期权的建仓成本只有权利金，而保护性买入认沽的建仓成本等于股票的购买价格加上认沽期权的权利金，相比之下，后者高出很多。

第二，保护性买入认沽的建仓者实际持有股票，因此享有股票分红派息收益权，而认购期权的建仓者在到期前未持有股票，所以若标的物股票在到期前发生除权除息，认购期权的持有者是无法得到标的物股票的分红收益的。

第三，认购期权的建仓者所持有的认购头寸是有到期日的，到期日行权之前不能获得股票头寸，而保护性买入认沽的建仓者则不必在到期日抛售所持有的股票。

5. 市场上有这么多认沽期权合约，我应该选择哪一种合约为股票提供保护呢？

（1）到期日的选择。

首先，这就像买保险的保险期，取决于投资者想要保护手中股票的时间段。比如一个月、三个月。

其次，通常而言，长期保险的保费一定会比短期保险的保费高，因此，对于相同行权价、不同月份的认沽期权，远月的一般比近月的贵。

因此，在实际操作过程中，比较常见的做法是：先买入近月的认沽期权为所持的股票提供保护，待合约到期时，再判断是否要买入下一个月的认沽期权。这一操作的优点在于：降低了保险的成本，灵活地根据标的物股票的价格走势做出判断。

（2）行权价的选择。

首先，深度虚值的认沽期权虽然成本很低，但它所提供的下跌保护范围很小。比如张先生以30元买入了股票ABC，同时买入了一份20元行权价的近月认沽期权，于是当到期日股价下跌至25元时，该认沽期权仍未能起到任何作用，只有当股价下跌突破20元时，认沽期权才会起到保护作用。

由此可见，深度虚值的认沽期权更像是一份“灾难保险”，当股价仅为小幅下跌时，它将提供不了什么保护。

其次，深度实值的认沽期权虽然保护的范围很大，但它的权利金太高，严重限制了投资者的潜在盈利。

比如，张先生以30元买入了股票ABC，同时买入了一份40元行权价的近月认沽期权（其权利金为12元），于是即使当到期日股价上涨至38元时，张先生也仍然面临着每股2元的亏损，只有当股价上涨突破42元时，张先生才会最终盈利。

由此可见，深度实值的认沽期权是一种过度保守的策略，其较高的权利金支出很大程度地抵消了股价的上涨收益。

因此，在实际操作中，投资者通常可以买入轻度虚值、平值或轻度实值的认沽期权对所持有的股票进行保护。这样，投资者可以在保护股票下跌风险和保留股票上涨收益之间达到一种平衡。

五、小结

保护性买入认沽是一种风险有限、潜在收益无限的保守型套保策略。它适合于希望持有股票，但风险承受能力较弱的投资者。它一方面防范了后市的下跌风险，另一方面保留了股价的上端收益。它以一定的成本（即权利金支出）在一定期限内起到了主动止损的作用。投资者在实际投资过程中，可根据自身对股价的判断、自信程度和风险偏好，选择是否买入认沽期权作为保护性对冲，以及如何合适地选择认沽期权合约的行权价和到期日，逐步学会巧用认沽期权穿越牛熊市。

第四节　备兑开仓原理、损益及实例分析

一、备兑开仓的含义

备兑开仓策略是指在拥有标的物证券的同时，卖出相应数量的认购期权。该策略使用百分之百的现券担保，不需额外缴纳现金保证金。

备兑开仓策略卖出了认购期权，即有义务按照合约约定的价格卖出股票。由于有相

应等份的现券作为担保，可以用于被行权时交付现券，因而称为“备兑”。

备兑开仓风险较小，易于理解掌握，是基本的期权投资入门策略，可以使投资者熟悉期权市场的基本特点，由易到难，逐步进入期权市场交易。备兑开仓属于一级投资者可以使用的投资策略，只要具备期权投资资格，就可以备兑开仓。从境外成熟市场经验看，备兑开仓也是应用最为广泛的期权交易策略之一。备兑开仓可以增强持股收益，降低持股成本，从而增强了股票的投资吸引力。

需要特别指出的是，备兑开仓策略并没有起到完全的套保作用，只是降低了投资者的盈亏平衡点，而没有完全规避股票下跌的风险。

二、备兑开仓原理

备兑开仓是指在中长期内购买（或拥有）股票，同时为了获取收入，定期卖出认购期权。这相当于持有股票来获取租金，具有降低持股成本的效果。

当投资者备兑卖出认购期权（一般来说是卖出虚值认购期权，即行权价格比当前股票价格高）后，如果标的物股票价格上升，并且股票价格达到或者超过行权价格，所卖出的认购期权将被执行，投资者的持仓标的物股票将被卖出。相比持仓成本，股票卖出取得了收益。

如果标的物股票价格下跌，则所卖出的认购期权将会变得毫无价值，因而一般不会被执行，那么投资者卖出期权所获得的权利金，间接降低了股票持仓成本。

三、备兑开仓实例及损益分析

1. 背景描述

王先生是一位大学教授，对上汽集团的股票有一定的研究。假设 3 月 31 日上午收盘时，上汽集团股票价格为 14 元。经过这段时间的观察和研究，他认为上汽集团股价在近期会有小幅上涨，但如果涨到 15 元，他就会卖出。于是，他决定进行备兑开仓，卖出上汽集团股票的认购期权，即他以 14 元的价格买入 5 000 股上汽集团的股票，同时以 0.81 元的价格卖出一份 4 月到期、行权价为 15 元（这一行权价等于王先生对这只股票的心理卖出价位）的认购期权，获得的权利金为 0.81×5 000=4 050 元。

这里，投资者可能会有几点小疑问：

(1) 为什么只卖出一份认购期权呢?

因为上汽集团的合约单位为 5 000，因此王先生买入 5 000 股上汽集团股票，只能备兑开仓一份期权合约（即卖出一份认购期权）。

(2) 为什么卖 4 月份到期而不是 5 月份到期的期权?

这是因为王先生只对这只股票的近期股价有一个相对明确的预期，而对于 1 个月以后的走势，则没有比较明确的预期或判断。同时相对来说，近月合约流动性更好，投资者更容易管理卖出期权的头寸，所以王先生选择卖出 4 月期权合约。

(3) 为什么卖行权价为 15 元的虚值认购期权，而不卖行权价为 14 元的平值认购期权，或者行权价为 13 元的实值认购期权呢?

备兑开仓策略一般适用于投资者对标的物证券价格的预期为小幅上涨或维持不变，因此选用备兑开仓策略时，不会卖出行权价格低于正股价格的期权，即不会卖出 13 元行权价格的实值期权。因为如果卖出这一期权，将会压缩投资者的收益空间，到期被行权的可能性也会更大。

至于是倾向于卖出 15 元行权价格的虚值期权，还是 14 元行权价格的平值期权，这主要取决于王先生对这只标的物证券的预期。

这些分析可以从后面的静态收益率和或有行权收益率这两个指标中非常直观地观察到。

2. 备兑开仓损益的图表分析

王先生的这个备兑开仓策略到期日的损益如图 6－4 所示（为简单起见，以下分析和计算均忽略了交易成本和期间分红派息的可能性）。

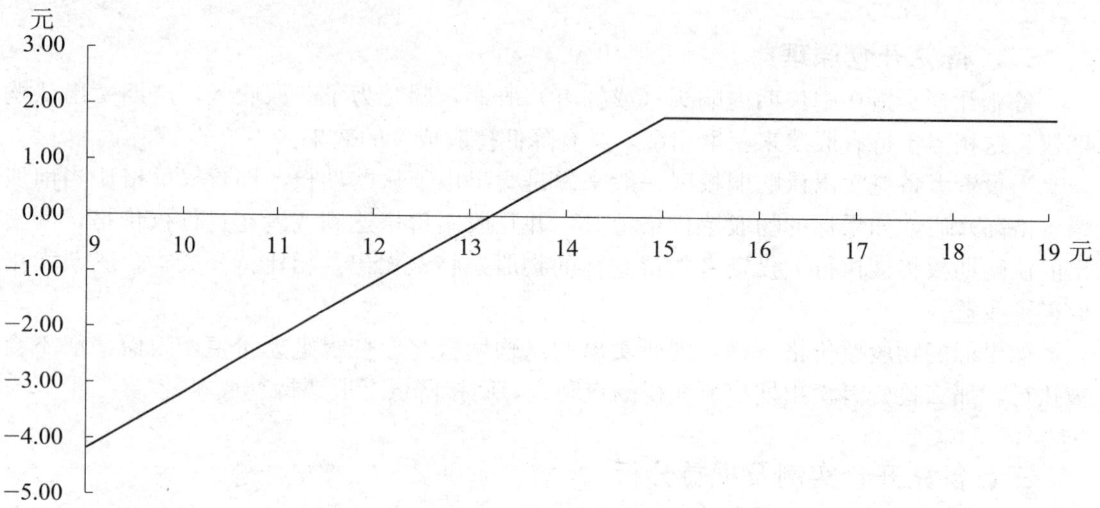

图 6－4　上汽集团股票备兑开仓到期日盈亏示意图

如果投资者对损益图不太熟悉，我们还可以通过表 6－4，了解在期权到期日上汽集团不同的股价情形下，该策略所对应的损益情况。

3. 到期日上汽集团股票不同股价所对应的情况分析

（1）股票价格上涨，到期日股价达到或者超过行权价格 15 元。

如图 6－4 或表 6－4 所示，当上汽集团股票价格达到或者超过 15 元（期权的行权价格）时，王先生均可以获得最大潜在利润，即 1.81 元。这是因为，如果在期权到期日上汽集团的股价高于 15 元的执行价格，认购期权将会处于实值状态，其持有者会行权，王先生作为认购期权的出售者，将会被指派行权，因此，王先生的股票会以 15 元的价格出售。结果他获得的利润是 1.81 元，这个利润是权利金 0.81 元加上股票所得 1 元计算出来的。请记住：无论股票价格涨得多高，如果备兑卖出的认购期权被指派，股票就会被按照行权价卖出。因此，股票所得为认购期权的行权价（即 15 元）和股票购买价（即 14 元）之间的差额。

表 6－4　　上汽集团股票备兑开仓到期损益计算　　单位：元

到期日上汽集团股价	备兑卖出认购期权的到期损益计算（以下计算均是每股股票对应的收益）		
	卖出认购期权损益	正股损益	损益合计
9	0.81	－5.00	－4.19
10	0.81	－4.00	－3.19
11	0.81	－3.00	－2.19

续前表

	备兑卖出认购期权的到期损益计算（以下计算均是每股股票对应的收益）		
12	0.81	−2.00	−1.19
13	0.81	−1.00	−0.19
14	0.81	0.00	0.81
15	0.81	1.00	1.81
16	−0.19	2.00	1.81
17	−1.19	3.00	1.81
18	−2.19	4.00	1.81
19	−3.19	5.00	1.81

（2）股票价格维持不变或者小幅上涨，但到期日股价尚未达到行权价 15 元。

在这种情况下，投资者获得卖出期权的权利金 0.81 元，同时股票价格小幅上涨，也给投资者带来了一定的账面收益。

由于股价尚未涨到 15 元，即期权的行权价，因此该期权到期时仍为虚值期权，到期日一般不会有人提出行权，投资者仍然持有股票，股票的账面盈利为 0～1 元，具体将取决于股价的实际涨幅。因此，在这种情况下，投资者的收益将为 0.81～1.81 元，具体将取决于股价的实际涨幅。

（3）股票价格走低，到期日股价低于 14 元的持仓成本。

在这种情况下，投资者仍将获得卖出期权的权利金 0.81 元。同时股票价格走低，给投资者带来了一定的账面损失。

由于到期日股价甚至低于持仓成本，所以肯定低于 15 元，即期权的行权价，因此该期权到期时仍为虚值期权，到期日一般不会有人提出行权，投资者仍然持有股票，股票的账面损失具体将取决于股价的实际跌幅。

当到期日股价跌至 13.19 元时，投资者一方面获得权利金 0.81 元，一方面在股票上损失 0.81 元，投资者不亏不赚，因此我们把 13.19 元称为该策略的盈亏平衡点。

当到期日股价跌至 13.19 元以下时，投资者一方面获得权利金 0.81 元，一方面在股票上损失超过 0.81 元，这时候投资者将出现亏损。亏损数额取决于股价的实际跌幅。

再次提醒投资者，以上计算均是以每股股票进行的，因此王先生的总损益均需要乘以合约单位。本例的合约单位为 5 000。

4. 备兑卖出 ETF 期权案例分析

再举另一个用 ETF 进行备兑开仓的例子。李先生对个股没有太多研究，但是他比较喜欢研究 50ETF。3 月 31 日，50ETF 价格在 1.46 元左右，他认为 50ETF 可能会小幅上涨，但涨幅不会很大，如果涨到 1.5 元左右，他愿意卖出。因此，基于这种判断，李先生决定买入 50ETF，并备兑卖出 50ETF 认购期权。具体操作上，他以每份 1.46 元的价格买入 10 000 份 50ETF，并以 0.035 元的价格卖出一份 4 月到期、行权价为 1.5 元的 50ETF 认购期权。

到期日，该策略的损益如图 6－5 和表 6－5 所示（为简单起见，以下分析和计算均忽略了交易成本和期间分红派息的可能性）。

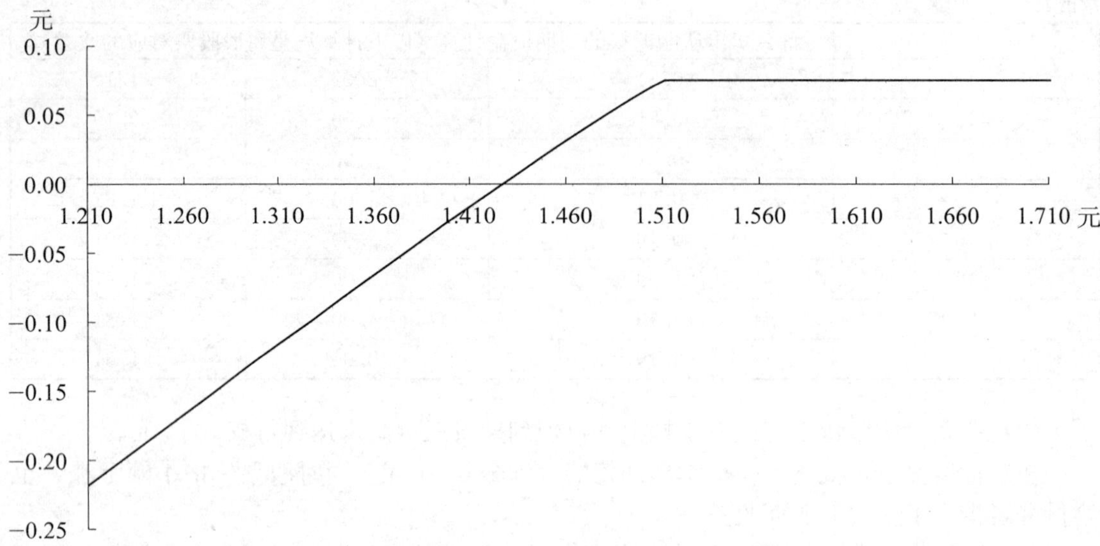

图 6-5 50ETF 备兑开仓到期日盈亏示意图

表 6-5 50ETF 备兑开仓到期损益计算 单位：元

	备兑卖出认购期权的到期损益计算		
到期日股价	卖出认购期权损益	正股损益	损益合计
1.210	0.035	−0.250	−0.215
1.260	0.035	−0.200	−0.165
1.310	0.035	−0.150	−0.115
1.360	0.035	−0.100	−0.065
1.410	0.035	−0.050	−0.015
1.460	0.035	0.000	0.035
1.510	0.025	0.050	0.075
1.560	−0.025	0.100	0.075
1.610	−0.075	0.150	0.075
1.660	−0.125	0.200	0.075
1.710	−0.175	0.250	0.075

到期日不同的 50ETF 价格所对应的该策略损益情况，分析思路与前面一样，此处不再赘述。

四、备兑开仓的盈亏平衡点分析

众所周知，盈亏平衡点是指投资者不亏不赚时的价格。以股票为例，如果不考虑交易成本，直接购买股票的盈亏平衡点就是购买时的股票价格。在备兑开仓策略中，盈亏平衡点等于购买股票的价格减去卖出认购期权所获得的权利金金额。与直接购买股票相比，备兑卖出认购期权的优势在于较低的盈亏平衡点。从某种意义上说，投资者备兑开仓相比直接购买股票，可以承受相对更大的股票价格走低风险（即更低的股价）。

在王先生的案例中，如果王先生只是以 14 元的价格买入 5 000 股股票，而没有进行备兑开仓策略的操作，那么盈亏平衡点就是 14 元。根据前面的分析，王先生进行备兑开仓操作后，其盈亏平衡点是13.19元，即购买上汽集团股票的价格14元减去所获得的认购期权权利金0.81元。如果在到期日股价低于13.19元，比如13元，投资者做备兑开仓策略是亏钱的，每股亏损为0.19元。

同样，在50ETF的例子里，其盈亏平衡点是1.425元（低于当时50ETF的购入价格1.46元），即购买50ETF的价格1.46元减去所获得的50ETF认购期权的权利金0.035元。如果在到期日ETF价格低于1.425元，比如为1.4元，投资者做备兑开仓策略是亏钱的，每份亏损为0.025元。

五、备兑开仓策略收益的基本指标

当投资者经过深思熟虑，决定使用备兑开仓策略时，可能会面临选择，即挑选什么样的股票、什么样的行权价、哪一个到期日的期权。毫无疑问，这些都必须基于投资者对标的物股票或ETF的理性预期，但是如何比较不同备兑开仓策略可能的收益，也是投资者非常关心的事。

备兑卖出认购期权有两个基准指标，可以帮助投资者进行对比分析，一个是静态收益率，另一个是或有行权收益率。

1. 静态收益率

所谓静态收益率，是指在期权到期日股票的价格没有发生变化，且卖出的认购期权没有被指派执行的情况下，备兑卖出认购期权的年化收益率。具体计算公式为：

$$\text{静态收益率}=\text{收入}/\text{净投资}\times\text{年化因素}$$

收入是指卖出认购期权所获得的权利金和收取的股利之和。在上汽集团的例子中，如果到期日股价仍然为14元，王先生的收入是0.81元（为了方便计算，此处暂不考虑手续费及期权存续期间的股票分红收益）。

净投资是股票价格减去权利金。上例中，王先生的净投资是13.19元，即股价14元减去0.81元权利金。因此，王先生备兑卖出认购期权的静态投资收益率是0.81/13.19=6.14%；因为3月31日卖出的认购期权离到期日（请记住：4月份期权的到期日为4月的第四个星期三，即4月23日）还有23天，因此年化收益率为6.14%×365/23=97.44%。

2. 或有行权收益率

第二个标准的基准指标是或有行权收益率。所谓或有行权收益率，是指假设到期日股价达到或者超过了卖出的认购期权的行权价，并且股票被指派以行权价卖出，备兑卖出认购期权的年化收益率。具体计算公式为：

$$\text{或有行权收益率}=\frac{\text{收入}+\text{股票所得}}{\text{净投资}}\times\text{年化因素}$$

在这种情况下，收入跟前述一样是0.81元，股票所得是行权价与股票购买价格之差，在本例中，股票所得为1元；净投资与静态回报一样都是13.19元，因此，王先生备兑卖出认购期权的或有行权收益率是1.81/13.19=13.72%。同样地，或有行权年化收益率为13.72%×365/23=217.73%。

静态和或有行权收益率的计算并不是对绝对收益的测量，它们只是一些客观的计算，能够帮助投资者在不同的备兑开仓策略之间进行比较。如果投资者对标的物股票或ETF价格变化、变化时间以及价格波动情况有了比较清楚的预期，再借助这些计算，投资者就可以对不同的备兑开仓策略进行对比分析，从而帮助其决策。

再次提醒投资者，此处列出静态和或有行权收益率，并不意味着投资者采用备兑开仓策略时，一定能够获得计算结果所得到的那么诱人的收益率。如前所述，如果股价并没有出现投资者原先预期的小幅上涨，而是出现下跌，甚至跌至盈亏平衡点以下，投资者也将面临亏损，虽然亏损幅度将小于直接购买股票的损失。

如果股价上涨，但不是投资者原先预期的小幅上涨，而是大幅上涨，那么投资者使用备兑开仓策略的收益将低于直接购买股票的收益，因为在这种情况下，备兑开仓策略的收益已经被锁定，但是如果直接购买股票，其收益却是不断提升的。

因此，投资者必须正确使用备兑开仓策略，了解备兑开仓的使用要点，同时也必须对备兑开仓的一些误区有一个清楚的认识。

六、备兑开仓六要诀

1. 投资者选取的股票是满意的标的物股票或 ETF

这主要是因为备兑卖出认购期权的投资和风险主要取决于标的物本身，因此，运用备兑卖出认购期权策略的前提是投资者愿意持有标的物，并且看好标的物走势，即投资者预期在卖出期权的到期日，标的物股票或 ETF 不会有大的下跌。

2. 选择波动适中的股票

最好选波动适中的股票作为备兑期权标的物。若股票波动大，虽然期权的价格会高一些，收取的期权权利金多，但波动大意味着风险较大：如果涨幅较高（超出行权价），卖出的认购期权会被行权，需按行权价卖出股票，不能享有股票更多上涨带来的收益；如果下跌，备兑策略仅提供了有限的保护（期权权利金），将仍有损失。若股票波动较小，则卖出认购期权的权利金收入也将较小。

3. 选择平值或轻度虚值的期权合约

深度实值的期权，到期时被行权的可能性大，期权的时间价值相对较小，备兑投资的收益也相对较小，而深度虚值期权的权利金则较小，因而最好选择平值或适度虚值的合约。在到期时间的选择上，由于近月合约的时间价值流逝最快，因而卖出近月合约的收益也相对较高。

期权合约的流动性也是需要考虑的因素。一般而言，近月的平值或适度虚值的合约流动性相对较好。

4. 在给定价位愿意出售股票或 ETF，做好被行权的心理准备

由于备兑开仓投资者是卖出认购期权，因此在到期日投资者具有卖出标的物的义务，投资者在做备兑开仓时就要意识到自己是愿意以行权价来卖出标的物的。如果投资者已经做好这种心理准备，那么当股票上涨，卖出的认购期权被指派时，投资者就不会感到焦虑。事实上，出售股票应该被视为正面的事件，因为这意味着已经获得的或有行权收益也就是最大收益。

5. 备兑卖出认购期权的收益率是投资者可以接受的

投资者要学会计算不同备兑开仓策略的静态收益率和或有行权收益率，然后比较资金成本或者说机会成本，当收益率被自己所接受或者认可的时候，则可考虑进行备兑开仓。

6. 要及时补券

当标的物股票分红送配等事件发生时，交易所会对相应的期权合约进行调整，合约单位会发生变化，备兑开仓后应留意相关公告，检查自己是否仍满足备兑条件，标的物证券不足的，及时补足，以免影响投资策略的实施。

例如，假设期权合约单位为1 000，标的物股票收盘价为10元，配股比例为0.2，配股价格为8元，则新的合约单位变为1 000×(10×1.2)/(10+8×0.2)≈1 034，这时，你卖出的每一份备兑合约需增加34股标的物股票，同时要及时进行补充备兑证券锁定指令。

除了上述六个要诀，我们还要提醒投资者在使用备兑开仓策略时注意考虑成本。备兑卖出认购期权涉及最初购买股票的佣金，卖出认购期权的佣金；或有行权的收益涉及期权行权和股票出售的成本。这些成本有可能会影响投资者的实际投资收益率。

七、备兑开仓的四个认识误区

第一，期权被行权是糟糕的事情。

一些投资者进行备兑开仓后，并不确定自己希望发生什么事情，一方面希望看到股票上升，另一方面又不希望股票涨得过高，因为害怕自己将被要求卖出股票。投资者担心不知道什么时候自己就会失去手里的股票。

从心理学的角度看，主动卖出手里的股票与被行权而“被迫”卖出手里的股票的体验不同。被动卖出尤其是股票上涨的时候卖出，很多投资者对此难以接受。

事实上，不管什么样的投资策略，总有一些策略会比你所采用的策略更好。“过早卖出”并不是备兑开仓所造成的，即使是经验老到的投资者，依然曾经卖出过让他们后悔的股票。卖出股票只是备兑卖出认购期权的一个方面，从正面的角度来看，这意味着这一策略达到了它最大的收益和利润。这是一件好事，从心理上接受这一点将帮助投资者更好地认识、运用这一策略。

第二，备兑开仓是一个好策略，因为大多数期权在到期时一文不值。

投资者不应该从这个角度去认识备兑开仓的优势。这实际上存在逻辑上的漏洞。如果大多数期权在到期时一文不值，那么卖出期权就存在超额收益。如果这样，那么就会有大量的投资者卖出期权，从而使得期权价格下降，直到超额收益不存在。

第三，备兑开仓是一个坏策略，因为投资者不得不在盈利时卖出，自己却在担负着损失。

这个认识也是不正确的。投资者选择在某一行权价卖出认购期权，说明投资者愿意在这一价位卖出股票，是一种锁定收益的方式。

与此同时，投资者必须意识到，备兑开仓不能防范股票下跌的风险，在股票下跌时备兑卖出认购期权所获得的权利金不能提供足够的保护。因此，投资者必须明确，当准备买入股票并进行备兑开仓时，进行股票基本面的分析，同时加强期权头寸管理。

第四，备兑开仓让投资者感觉无趣。

有些投资者认为，备兑开仓跟买入并持有的投资者相比，不需要过多关注持有仓位。在期权到期的时候，要么就是卖出的认购期权无价值过期，要么就是被行权卖出手中的股票。

实际上，备兑开仓还是很有技巧和乐趣的，比如选择哪一个行权价，存续期间如何合理管理已卖出的期权头寸，期权到期后如何进行善后行动，是新开仓还是分散开不同的行权价等，这都是需要投资者决策的，都依赖于投资者的经验和技巧。

八、小结

备兑开仓是一种较为保守的期权策略，一般在投资者预期标的物股票或 ETF 价格将维持不变或者小幅上涨时采用。由于备兑开仓是在持有股票或 ETF 的基础上卖出相应数量该标的物的认购期权，获得权利金收入，因此，备兑开仓也被认为是一种收入策略。

备兑开仓并不是完全的套保策略，只是会在一定程度上降低持有股票或 ETF 的盈亏平衡点。与此同时，如果在卖出的期权存续期内，标的物股票或 ETF 的实际走势与投资者进行备兑开仓时对该标的物的预期有较大出入，投资者应当积极、合理地管理已卖出的认购期权头寸。因此，备兑开仓后不能一成不变，要根据自己的投资策略和对后市的判断，对备兑开仓做适当调整，进行向上或向下转仓、买入合约平仓等相应操作，管理好备兑投资的头寸。

第五节　备兑开仓调整应用案例分析

在实际投资过程中，投资者进行备兑开仓后，整个市场、标的物证券行情都可能会发生变化，投资者的预期也会随之而变，在这种情况下，投资者需要对原有的、所卖出的认购期权仓位进行适当的调整。

当投资者预期发生不同的变化的时候，最常用的两种选择为：向上转仓，适用于标的物证券在所卖出认购期权存续期间内的涨幅超过原有预期的情形；向下转仓，适用于标的物证券在所卖出认购期权存续期间内的跌幅超过原有预期的情形。下面逐一解释这两种调整的具体步骤。

一、向上转仓

（一）适用情形

向上转仓的具体应用场景是：在备兑开仓后、期权到期日前，标的物证券价格上涨幅度超过原有预期，而且投资者也认为这种涨势将持续至期权到期日。在这种情况下，如果维持原有期权头寸不变，投资者将无法享受到标的物证券上涨的益处。在新的预期和判断下，投资者决定将原来卖出的认购期权进行平仓，同时重新卖出一个具有相同到期日但具有更高行权价的认购期权。向上转仓同时提升了盈利能力和盈亏平衡点。

（二）案例分析

下面，我们通过一个案例来进一步分析这种调整的具体操作。

1. 初始时的备兑开仓操作

张女士是一名工程师，平时比较关心上汽集团股票的走势，经过一段时间的观察，她认为上汽集团股票将会上涨，但涨幅不会很大，因此她在 3 月 27 日对上汽集团股票进行了备兑开仓。当时，上汽集团股价为 12.8 元，张女士认为如果涨到 14 元，她就愿意卖出，因此，她对上汽集团股票进行了备兑开仓，买入了 5 000 股股票，同时以 1 元/股的价格卖出了一张 6 月到期、行权价为 14 元的认购期权。

2. 市场和预期发生明显变化

过了几天，上汽集团股价受到提振，涨到了 14.1 元，这超出了张女士的预期。这时张女士对上汽集团的预期发生了变化，认为股价应该能涨到 16 元以上。这时 6 月到期、行权价为 14 元的认购期权涨到了 2 元，也间接地印证了张女士的这种预期。她觉得应该提升之前采取的备兑开仓策略的盈利潜力。

3. 决定进行调整：向上转仓

因此，张女士以 2 元/股的价格对原来卖出的 6 月到期、行权价为 14 元的认购期权进行了平仓。与此同时，以 1.1 元/股的价格卖出了 6 月到期、行权价为 16 元的认购期权，通过这种操作实现了向上转仓。

4. 调整对盈亏平衡点及最大盈利的影响

调整之后，张女士备兑开仓的盈亏平衡点及最大盈利潜力也有了相应的变化。

首先，盈亏平衡点变高。原先的备兑开仓盈亏平衡点是 11.8 元，即股票购买价格 12.8 元－卖出认购期权的权利金 1 元。调整后，备兑开仓盈亏平衡点变为 12.7 元，即股票购买价格 12.8 元－卖出认购期权的权利金 1.1 元＋对原有卖出认购期权平仓的净成本 1 元（即卖出开仓时收入权利金 1 元，但买入平仓时成本为 2 元）。

请注意，盈亏平衡点变高，表明对股票价格下行的保护能力变弱。

其次，股票卖出价格变高。调整后，股票卖出价格变成新的认购期权的行权价格，即 16 元。

最后，最大盈利增大。原先的备兑开仓最大盈利是 2.2 元，即权利金收入 1 元＋股票最大所得 1.2 元（即原行权价 14 元－股票购买成本 12.8 元）。投资者也可以直接用原来的行权价 14 元减去原来的盈亏平衡点 11.8 元，得出最大盈利数额。

调整后的备兑开仓的最大盈利为 3.3 元，即新权利金收入 1.1 元＋股票最大所得 3.2 元（即新行权价 16 元－股票购买成本 12.8 元）－对原有卖出认购期权平仓的净成本 1 元（即卖出开仓时收入权利金 1 元，但买入平仓时成本为 2 元）。

请注意，投资者对原有卖出的认购期权平仓时，出现了净亏损，数额为每股 1 元（即卖出开仓时收入权利金 1 元，但买入平仓时成本为 2 元）。因此，在计算新的盈亏平衡点和最大盈利时，都必须将这部分亏损考虑在内。

（三）调整前后备兑开仓的比较

基于上述分析，原来的备兑开仓和调整后的备兑开仓比较如表 6－6 所示。

表 6－6　向上转仓时调整前后备兑开仓的比较　单位：元

	原来的备兑开仓	新的备兑开仓	调整对投资者的意义
盈亏平衡点	11.8	12.7	表明对股价下行的保护能力变弱
卖出价格（行权价）	14	16	表明被指派行权从而卖出股票的股票价位提升
最大盈利潜力	2.2	3.3	表明最大盈利潜力提升
当到期日标的物证券价格上涨至 16 元时（正如张女士所预期的），策略的总收益	2.2	3.3	—

续前表

	原来的备兑开仓	新的备兑开仓	调整对投资者的意义
当到期日标的物证券价格为14元时，策略的总收益	2.2	1.3	—
当到期日标的物证券价格下跌至12元时，策略的总收益	0.2	−0.7	—

那么，当市场和预期发生股票上涨变化时，投资者到底是进行转仓还是不转呢？这个问题并没有一个客观的答案，新的调整虽然有了更高的最大盈利，但盈亏平衡点也变得更高了。张女士做出这样的调整是基于她对上汽集团正股走势的预期，在收益潜力扩大的同时，保护却变得相对更弱。如何在盈利潜力和风险之间进行平衡，需要投资者自己判断。

二、向下转仓

（一）适用情形

向下转仓的具体应用场景是：在备兑开仓后、期权到期日前，标的物证券价格下跌幅度超过原有预期，而且投资者也认为这种跌势将持续至期权到期日。在这种情况下，如果维持原有期权头寸不变，投资者可能出现较大的亏损，因此投资者将原来卖出的认购期权进行平仓后，重新卖出一个具有相同到期日但具有更低行权价的认购期权。向下转仓同时降低了盈利能力和盈亏平衡点。

（二）案例分析

下面，我们通过一个案例来进一步分析这种调整的具体操作。

1. 初始时的备兑开仓操作

王先生是一名销售经理，平时比较关心50ETF的走势。经过一段时间的观察，他认为50ETF将会下跌，但跌幅不会很大，因此，他在2月20日对50ETF进行了备兑开仓。当时王先生以1.53元的价格买入10 000份50ETF，并以0.07元/份的价格卖出6月到期、行权价为1.6元的认购期权。

2. 市场和预期发生明显变化

过了一段时间，市场发生了一些调整，到4月3日的时候，50ETF的价格为1.46元。王先生有点懊恼，因为这时这一策略非但没有出现收益，而且已经接近亏损。经过进一步的分析，他认为后期50ETF不太可能反弹，价格可能会在1.5元徘徊。与此同时，6月到期、行权价为1.6元的认购期权价格也出现了下降，目前仅为0.03元/份，也间接印证了王先生对50ETF走势的判断。王先生认为，基于他目前的最新判断，他应该对原有的备兑开仓进行适当调整。

3. 决定进行调整：向下转仓

因此，王先生决定以0.03元/份对行权价为1.6元的认购期权进行平仓，同时以0.06元/份的价格卖出行权价为1.5元的认购期权。这就完成了向下转仓的操作。

4. 调整对盈亏平衡点及最大盈利的影响

调整之后，王先生的备兑开仓的盈亏平衡点以及最大盈利潜力也有了相应的变化。

首先，盈亏平衡点降低。原先的盈亏平衡点是1.46元，即50ETF购买价格1.53元－卖出认购期权的权利金0.07元；调整后的盈亏平衡点变为1.43元，即50ETF购买价格 1.53 元－卖出认购期权的权利金 0.06 元－对原有卖出认购期权平仓的净收益 0.04 元（即卖出开仓时收入权利金 0.07 元，但买入平仓时成本为 0.03 元）。

请注意，盈亏平衡点降低意味着对价格下行时的保护能力得到提升。

其次，50ETF 或有行权价（当被指派行权时的 50ETF 卖出价，即行权价）降低。调整后，50ETF 或有行权价变为新的认购期权行权价，即 1.5 元。

最后，最大盈利降低。原先的备兑开仓最大盈利是 0.14 元，即权利金收入 0.07 元＋50ETF 最大所得 0.07 元（即原行权价 1.6 元－50ETF 购买成本 1.53 元），也可以直接用原来的行权价 1.6 元减去原来的盈亏平衡点 1.46 元。

调整后的备兑开仓的最大盈利为 0.07 元，即新权利金收入 0.06 元（50ETF 最大所得）－0.03 元（即新行权价 1.5 元－50ETF 购买成本 1.53 元）＋对原有卖出认购期权平仓的净收益 0.04 元（即卖出开仓时获利 0.07 元，但买入平仓时成本为 0.03 元）。

请注意，投资者对原有卖出的认购期权平仓时，出现了净收益，数额为每份 0.04 元（即卖出开仓时获利 0.07 元，但买入平仓时成本为 0.03 元）。因此，在计算新的盈亏平衡点和最大盈利时，都必须将这部分收益考虑在内。

（三）调整前后备兑开仓的比较

基于上述分析，原来的备兑开仓和调整后的备兑开仓比较如表 6－7 所示。

表 6－7　向下转仓时调整前后备兑开仓的比较　单位：元

	原来的备兑开仓	新的备兑开仓	调整对投资者的意义
盈亏平衡点	1.46	1.43	表明对 ETF 价格下行的保护能力变强
卖出价格（行权价）	1.6	1.5	表明被指派行权从而卖出 ETF 的 ETF 价位降低
最大盈利潜力	0.14	0.07	表明最大盈利潜力下降
如果到期日 ETF 每份为 1.4 元，策略的总收益	－0.06	－0.03	—
如果到期日 ETF 每份为 1.5 元（正如王先生所预期的），策略的总收益	0.04	0.07	—
如果到期日 ETF 每份为 1.60 元，策略的总收益	0.14	0.07	—

同样，当市场和预期发生 ETF 价格下跌变化时，投资者到底转仓还是不转仓呢？

王先生向下转仓后，通过降低盈利潜力的方式降低了盈亏平衡点，相比原来的持仓，对 ETF 的保护能力增强，但是却牺牲了可能的更大盈利。哪一种策略结果会更好，取决于 ETF 价格的实际变化，预测 ETF 价格是一种艺术而不是一种科学，只有时间才会告诉王先生是不是做出了正确的选择。因此，在这种情况下，是选择维持原有备兑开仓策略，还是进行向下转仓，甚至直接平仓，这完全由王先生根据自己的判断，在收益与风险之间取一个合适的平衡点，然后自行决定。

三、小结

通过以上对向上转仓和向下转仓的阐述，可以看出，投资者可以根据对市场预期的变化选择不同的应对措施，这也是期权的魅力所在，因为期权可以帮助投资者实现不同的预期。尽管前面我们简单分析了向上转仓和向下转仓的适用情形，但是在备兑开仓的调整过程中，投资者仍然需要重点注意以下几点：

首先，向上转仓和向下转仓都是基于投资者对未来的预期而做出的调整，会改变投资者的盈利潜力和盈亏平衡点。向上转仓可以提高潜在盈利，但是具有更高的盈亏平衡点，意味着对标的物证券下行的保护变弱。向下转仓虽然降低了盈亏平衡点，使得对标的物证券的保护加强，但是潜在盈利降低了。因此，不管是向上转仓，还是向下转仓，其实都是盈利与价格下跌保护之间的一种交换。如何取舍，将由投资者基于自己对市场和标的物证券价格的判断自己决定。

其次，投资者继续持有标的物证券的意愿是否强烈，也将对投资者是否采取转仓的决策产生一定的影响。如果标的物证券价格上涨超过预期，投资者又看好标的物证券而不愿意被行权从而失去标的物证券，那么就应该及时向上转仓或直接平仓，避免因为卖出的认购期权变为实值而受到指派卖出标的物证券。

最后，投资者在调整过程中，一定要注意考虑成本。不管是向上转仓还是向下转仓，都涉及先将原来的认购期权平仓，然后再卖出新的认购期权，这会使交易成本发生变化，投资者在实际操作过程中，要将这个因素考虑在内。

第六节　可转换公司债券应用案例分析

一、混合证券概述

混合证券是相对单一证券而言的。单一证券是指证券投资者获取的投资收益仅仅取决于单一市场因素的证券。一般地，拥有深度的交易市场、众多的市场参与者提供有效率的询价和报价的金融产品为单一证券。例如，3 年期美元固定利率债券、恒生指数期货、6 个月美元对日元的外汇远期。

混合证券则可以定义为将多种基本元素市场融于结构之中的证券。基本元素证券是指业绩表现由单一的回报变量得出的证券，其回报可能是利率、商品、权益或汇率，但仅为这些基本元素之一。混合证券是涉及两个或两个以上单一市场的证券，是不同单一证券的组合体。例如，5 年期双币种债券，面值为日元，固定利率的利息以美元支付；3 年期浮动利率债券，赎回的本金与标准普尔指数挂钩；可转换公司债券，利息以欧元支付，转换价格为美元。

19 世纪 50 年代出现的可转换公司债券就是早期的混合证券。发展到今天，混合证券之间的界限越来越模糊。通常，混合证券涉及四个单一市场：利率市场、商品市场、外汇市场和权益市场。将这些市场中的任意两个或多个进行组合，就可构造出一种混合证券。

1. 混合证券的类型

（1）利率/汇率混合证券。

利率与汇率混合的典型例子是双重货币债券。双重货币债券的最简单形式是一种固定利率债券，其利息的支付以一种货币计值，而本金的偿付以另一种货币计值。这种债券的本金偿还金额会随着两种货币汇率的波动而发生变化。

(2) 利率/权益混合证券。

利率/权益混合证券在证券的整体收益中结合了利率要素与权益要素。该类证券有计值货币，但偿还金额与某种权益（如股价指数）挂钩，证券到期时偿还金额会随所挂钩权益产品的价格波动而变化。

(3) 货币/商品混合证券。

在货币/商品混合证券中，混合证券的总收益是某一汇率上的基本收益和某一商品（如原油）价格上的基本收益的函数。持有这类证券的总收益既受商品价格波动的影响，又受汇率波动的影响。总收益函数中有两个自变量，如果设定其中一个，就可以画出总收益与另一个变量的二维关系图。在货币/商品证券中还可附加期权头寸，如在某一期权合约中规定当原油价格高于55美元/桶时，期权买方可按指定汇率购买日元。

2. 投资者选择混合证券的动机

(1) 定价的有效性。

一般地，单一证券市场具有高度的流动性，因此更有效率，但有些市场并不是每个投资者都有能力参与的，如外汇市场。此时选择混合证券产品，找到合适的发行人，可以满足投资者低成本、有效定价、获取混合证券相应收益的需要。例如，如果投资者希望承担固定利率债务且将偿还本金金额与标准普尔指数挂钩，就可以选择购买一款利率/权益混合证券。

(2) 监管或政策限制。

某些机构投资者受监管法规或内部政策的限制，可能在创造混合证券时受到阻碍，不能自主地合成混合证券。

(3) 市场准入。

由于市场监管等原因，并非所有投资者都能完全自主地进入全部基本元素市场，或在不同基本元素市场获得有效定价。投资混合证券是绕过市场准入壁垒和监管限制的一种方法。

(4) 市场专门知识。

有些市场对参与者有更高要求，如外汇市场、权益市场等要求更多的专业知识及交易技巧。投资者往往缺乏相关知识，此时混合证券是简单、可靠的选择之一。

(5) 与单一对手交易的愿望。

为实现相同的效果，投资者需在多个市场与不同交易对手进行交易，并同时关注多个市场，选择混合证券则有助于达成与单一对手交易的愿望。

3. 发行人选择混合证券的动机

(1) 利用套利交易降低成本。

发行人选择发行混合证券的最直接原因是利用不同市场间的套利机会降低成本。如发行混合证券，并将所有相关的风险暴露进行套期保值，使得净结果成为发行人所希望的某种货币形式的简单借款，同时降低成本。

(2) 为现实交易套期保值。

另一种情况是，混合证券发行前发行人已经在现实交易中形成某种风险敞口头寸，通过混合证券构建的头寸对冲已有的反向风险敞口，为现实交易套期保值。

二、可转换公司债券

（一）可转换公司债券的概念与特征

可转换公司债券是发行人依照法定程序发行，允许持有人在规定的期限内依据事先确定的条件，将债券转换为基准股票的公司债券，又称为可转债、转债。基准股票是指可转换公司债券可以转换的股票，一般是发行公司的普通股，也可以是其他公司（如发行公司的上市子公司）的普通股。

可转换公司债券的本质是介于债券和股票之间的一种混合型金融衍生工具，是公司债券和股票期权的结合。它兼具债券性、股票性和期权性三大特征。

（1）债券性。可转换公司债券具有公司债券的一般特征，如定期还本付息，剩余资产优先索取权，具有公司债券的面值、票面利率、偿还期限、发行价格等基本要素。

（2）股票性。投资者一旦在转换期间内将可转换公司债券转换为普通股股票或发行人按发行时的约定强制转股，投资者则从债权人转变为普通股股东，享有剩余财产分配权、对公司董事会的选举权、对公司经营管理的监督权和优先认股权。

（3）期权性。除非发行时另有约定，否则可转换公司债券的投资者在规定的期限内享有选择权，当发行公司经营业绩好、股价上涨时，可将手中的可转换公司债券转换为普通股，也可放弃转换权利。这种选择权本质上是一种自主决定是否买入股票的选择权，即股票期权。

（二）可转换公司债券的优点

从发行公司的角度看，可转换公司债券的优点有：

（1）可提供成本较低、长期稳定的资本供应。由于含有股票期权，发行公司可以较低的利率发行可转换公司债券。此外，可转换公司债券的利息税前支付，具有减税作用。总体上，可转换公司债券的融资成本与增发新股和配股较接近，低于银行贷款的成本。

（2）同等条件下为发行公司提供获取更多资本的机会。上市公司的直接融资方式主要有发行公司债券、配股和增发三种，我国对这三种方式有严格的限制条件，如配股和增发的间隔期要在12个月或一个会计年度以上。发行可转换公司债券则能在规避这些限制的同时实现通过转股来融通更多资本的目的。

（3）为发行公司提供股权和债权比例调节的工具，有助于优化资本结构。可转换公司债券转股后，降低了公司的财务杠杆比率和融资风险，减轻了经营压力，充实了公司资本，既实现了远期股权融资的目的，又可通过转换期的设置调整转换速度，避免股本快速扩张对利润的摊薄。

从投资者的角度看，可转换公司债券是一种低成本且安全有利的投资工具。当对发行公司的发展潜力不太清楚时，投资该公司的可转换公司债券可掌握投资先机，若公司成长迅速，通过转股可受益于公司发展，这在股市低迷或金融危机时尤为可贵。此外，我国证券市场上可转换公司债券的交易费用低于股票。如上海证券交易所转债交易的手续费为双向按0.000 1%收取，低于股票交易成本双向按0.004 87%收取。

从资本市场的角度看，可转换公司债券的出现完善了资本市场的品种结构，吸引了更多市场参与者，增加了金融市场的深度和广度，对金融市场的活跃和发展起到了积极作用。

(三) 可转换公司债券发行方案的设计

一般来说，可转换公司债券包含的基本要素有票面利率、转换期限、转换价格、转换比率及其调整、赎回条款和回售条款等。

1. 可转换公司债券票面利率的设计

我国可转债的面值为100元，最小交易单位为1 000元，称为一手，即10张可转换公司债券。票面利率是指可转债票面上的利率，体现了转债的债券性。票面利率为投资者提供了保底收益，并构成了公司的融资成本。票面利率的确定不仅与当时市场资金供求状况、市场利率水平、债券资信等级、发行人对未来收益的预测等因素有关，还与转换期限、转换溢价、是否强制转股、是否有赎回条款等转换条件有关。如果转换期限短、溢价水平高，设置了赎回条款、强制转股条款，投资者对票面利率的要求就会高一些。

我国规定，可转换公司债券的利率不超过同期银行存款的利率水平，但对票面利率的下限没有限制。考虑到可转债风险及投资者的接受程度，票面利率应不低于活期存款利率。在国际市场上，可转债的票面利率通常设定为同等风险条件下市场利率的2/3，有些发达国家的可转债票面利率比普通债券低20%。普通债券与可转债的利差，美国大体为2%～4%，欧洲约为2%，日本为1%～2%。根据上海证券交易所公布的资料，我国可转换公司债券的票面利率为0.5%～2.5%。

2. 可转换公司债券转换期限的设计

转换期限是指可转换公司债券可转换为股票的起始日至结束日的期间。通常有四种形式：①从发行日至到期日前某天；②从发行日至到期日；③从发行日后某天至到期日；④从发行日后某天至到期日前某天。如果不希望公司股权被过早稀释，可选择后两种形式确定转换期限。我国规定，上市公司发行的可转换公司债券，在发行结束6个月后，持有人可依据约定的条件随时转换股份。重点国有企业发行的可转换公司债券，在该企业改为股份有限公司且股票上市后，持有人可依据约定的条件随时转换股份。我国境内可转换公司债券的最短期限为3年，最长期限为5年，而成熟市场一般为7～15年，如台湾地区规定的最长期限为10年，日本为4～15年，欧洲为5～15年。

3. 可转换公司债券转换价格、转换比率及其调整的设计

转换价格是指可转换公司债券转换为股票时为每股股票支付的价格。转换比率是指在转换时每单位可转换公司债券可换成的股票数量。计算公式如下：

$$转换比率=\frac{单位可转换公司债券的面值}{转换价格}$$

转换比率与转换价格是在可转换公司债券发行时确定的，为防止转换立即进行，转换价格通常高于发行时基准股票的价格。转换价格超过股票市价的部分被称为转换溢价。转换溢价率的计算公式如下：

$$转换溢价率=\frac{转换价格-股票价格}{股票价格}$$

上市公司的转换溢价率通常大于零，反映了可转换公司债券中股票期权的价值。欧美公司转换溢价率一般为5%～20%，日本多在5%以下。我国规定，上市公司发行可转换公司债券的，以发行前1个月股票的平均价格为基准，上浮一定幅度作为转换价格。重点国有企业发行可转换公司债券的，以拟发行股票的价格为基准，折扣一定比例作为

转换价格。

转换价格一般不能随意更改，但若发行公司出现增发、配股或股票合并等重大影响股票价格的事项，就需在可转换公司债券发行条款中明确转换价格调整条款。转换价格调整条款中应规定在一定条件下如何进行转换价格调整，常见的主要有除权调整和特别向下调整。前者是在发行公司股本变动时的转换价格调整，后者是在股价表现不佳时，将转换价格下调一定比率，使之与股价相匹配以实现转股，增加债券吸引力。

4. 可转换公司债券赎回条款的设计

赎回是指发行公司按事先约定的价格买回未转股的可转换公司债券。赎回条款是对发行公司的一种保护性期权。市场利率下降时，通过赎回，发行公司可另发新债券融资；股价持续上涨时赎回，可促使投资者加速转股。根据规定，发行人每年可按约定条件行使一次赎回权。每年满足赎回条件时，发行人可赎回全部或部分未转股的可转换公司债券。若首次未赎回，当年不能再行使赎回权。

赎回条款包括赎回保护期、赎回期、赎回价格和赎回条件。

赎回保护期是指从发行日至首次赎回起始日的间隔，在该期间内，发行公司不可赎回可转债，赎回保护期越长，越有利于保护投资者。成熟市场的赎回保护期一般为 3～5 年。赎回期是赎回保护期后可执行赎回条款的期间，分为定期赎回和不定期赎回两种，前者在约定时间内执行赎回，后者则视股票市场价格决定赎回时间。赎回价格通常是事先确定的，距发行日时间越长，赎回价格越高，一般赎回价格高于债券面值 3%～6%。赎回条件决定了发行公司何时执行赎回权。按赎回条件的不同，赎回可分为硬赎回（无条件赎回）和软赎回（有条件赎回）。前者公司往往是在赎回期内按事先约定的价格赎回，目的是降低利息支付或减轻偿债压力。后者是当基准股票价格达到触发价并持续一段时间后行使赎回权。触发价通常是转股价的 130%～150%。

5. 可转换公司债券回售条款的设计

回售是指在一定条件下（尤其是在股价持续走低，转股可能性大大降低时），持券人要求发行公司按高于面值的价格买回可转换公司债券。这是为债券的顺利发行而设置的，是控制投资者风险、保护投资者利益的一种措施。

回售条款包括回售期、回售价格和回售条件等要素。

（1）回售期。

回售期是可执行回售条款的时间。无条件回售多为固定回售时间，设定在可转换公司债券存续期间的 1/2～2/3 处。有条件回售多为不固定回售时间，当股价满足回售条件时即可回售，欧美市场一般设在可转债期限的 1/3 处，10 年以上的可转债多在 3～5 年后为回售时间，且每年一次。

（2）回售价格。

回售价格是持券人将可转换公司债券出售给发行公司的价格，一般事先确定，价格略高于票面利率而低于市场利率。

（3）回售条件。

回售条件是指投资者可执行回售的条件。回售可分为无条件回售和有条件回售两种，前者是指对回售不做特别限制，后者是指若基准股票价格在一段时间内始终低于转换价格一定幅度，投资人可按事先约定的价格执行回售。

6. 强制性转股条款

可转换公司债券转股分为自愿转股和强制性转股。自愿转股是指持有人可在公司规定的转股期间选择任何时候转股。强制性转股条款是指发行人约定在一定条件下，要求可转换公司债券持有人按约定的价格将可转换公司债券转换为公司股票的条款。上市公司很少使用强制性转股条款，因为把转股限定在同一时间可能会对公司股价产生冲击，也会使投资者面临更大的风险。

(四) 可转换公司债券的转换程序

根据交易所的规定，发行可转换公司债券的公司在其股票上市时，其上市交易的可转换公司债券即可转换为该公司股票，转换的程序为：(1) 决策。投资者决定将自己账户上持有的可转换公司债券的全部或部分申请转换为公司的股票。(2) 申请转股。(3) 确认。证券交易所在接到报盘并确认其有效后，减记投资者的债券数额，同时加记投资者相应的持股份额。

(五) 可转换公司债券的风险及其控制

对于发行人而言，可转换公司债券融资存在两种风险：一是发行失败造成的损失；二是转换失败造成的损失。

对于投资者来说，由于股票市价的变化与可转换公司债券条款设计的差异，投资可转换公司债券往往伴随着高风险。其风险主要有：①利率风险。可转换公司债券的票面利率低于市场利率时，一旦转股失败，投资者将只能按票面利率获得较低收益。②交易风险。可转换公司债券蕴含着股票期权，当基准股票市价低于转换价格时，它表现出债券性质，此时债券的转让不易完成，投资者将承担收益降低的风险。当基准股票价格高于转换价格时，可转换公司债券的投资价值会增大，此时转换，投资者将损失转换价格与市价的价差收益。③转换风险。若市价远低于转换价格，转股比例将会较低，投资者就得承担票面较低的收益或较高的转换价格。

(六) 可转换公司债券的价值分析

1. 作为普通债券的内在价值——债券价值

当可转换公司债券基准股票的市价大幅度低于债券价值和转换价格时，可转换公司债券价值同公司普通债券价值趋于一致。此时，可转换公司债券的价值主要受资本市场上基准贴现率的影响，与转换股票的市价无关。

2. 转换成股票的内在价值——转换价值

当可转换公司债券基准股票的市场价格攀升，且大幅高于转股价格水平时，可转换公司债券持有人将债券按约定的转股价格转换成普通股，可转换公司债券价值将与普通股市场价格趋于一致。一种可转换公司债券的转换价值通常线性地与债券基准股票的每股市场价格相联系。

3. 作为混合证券的内在价值——市场价值

当可转换公司债券基准股票的市价与转股价格相近时，可转换公司债券的价值主要受基准股票的影响，同时该债券持有人在债券转换成普通股前有等候期权。可转换公司债券的市场价值将至少等于债券价值和转换价值的最大值。

三、我国企业发行可转换公司债券的实践

自 1843 年美国纽约 Erie Railway 公司发行第一只可转换公司债券起，可转债已有一

百多年的历史。我国可转债融资历史较短，在 20 世纪 90 年代以后随着股票市场的建立才开始出现，当时已在境内发行 A 股及 B 股的企业分别在境内外尝试发行可转换公司债券，同时，在境外发行 N 股、H 股的企业和在境外上市的中资企业也发行过可转换公司债券。我国可转债的发展可分为三个阶段。

第一阶段：可转债的初步探索期（1991—1996 年）。

20 世纪 90 年代，我国企业开始尝试运用可转债来解决融资问题。从 1991 年 8 月起，先后有琼能源、成都工益、深宝安、中纺机、深南玻等企业在境内外发行可转债。琼能源、成都工益两家公司是利用可转债发行新股，前者 3 000 万元中 30%转股成功，1993 年 6 月在深圳证券交易所上市；后者 1993 年 5 月实现转股，1994 年 1 月在上海证券交易所上市。中纺机、深南玻两家公司以定向私募方式在境外发行 B 股可转债，其中，中纺机转债大部分于 1998 年 12 月被执行回售，遭受了巨大的外汇损失；深南玻转债 70%实现转股，余额于 1998 年 8 月被投资者提前回售。深宝安可转换公司债券是第一只 A 股上市公司可转债，发行成功但转股失败。尽管上述公司可转债的发行、交易和转股情况因主客观因素的差异而各不相同，但它们发行可转债的尝试从不同的角度、以不同的方式为我国可转债的运作积累了经验教训，为可转债的大规模推广打下了基础。

第二阶段：可转债的尝试规范期（1997—2000 年）。

根据可转债试点的主体和时间的先后，这一阶段又可分成两个子阶段：

（1）重点国企试点，可转债呈现提前发行股票、必转而非可转特征。

1997 年 3 月 25 日国务院证券委员会发布了《可转换公司债券管理暂行办法》，同时国务院决定在 500 家重点国有未上市公司中进行可转债的试点工作，发行总规模暂定为 40 亿元。1998 年两家试点国有非上市公司可转债——南化转债和丝绸转债分别在上海、深圳证券交易所上市发行，1999 年 7 月重点国企茂名石化也发行了茂炼转债。这三家非上市公司可转换公司债券的上市表明我国可转债的规范发行正式拉开了序幕。

三只可转债在发行时机、发行条款上更加审慎、细致，并有创新。但由于是未上市公司发行可转债，其转股标的物股票是未来上市的股票，因此在某些方面显示出特殊的性质。例如，这三只可转债都设置了“到期无条件强制性转股条款”，是“必转”债券而非“可转”债券，与国际市场上标准的可转债赋予投资者转换的权利是不同的。三只转债只有“可转债”之名，实质却是一种未来的股权融资。此外，这三只可转债的转股价都是根据未来股票的发行价来估计，因此无法确定可转债的合理价位，可转债的价格会因公司盈利、股本结构、市盈率和上市时间等条件的变化而发生大幅波动，具有很大的不确定性和投机性。

（2）上市公司试点，可转债呈现转股过快的特征。

2000 年 2 月 25 日和 3 月 17 日虹桥机场、鞍钢新轧两家上市公司发行了两只规范化可转债，标志着我国在金融创新方面迈出了坚实的一步。试点期这些可转债的实践展示了可转债发展的希望，但这一阶段存在着非常特殊的现象，就是转股速度过快。鞍钢转债的发行时机处于股价从熊转牛的初期阶段，转股价的定位较低，伴随着股价的高涨，大部分投资者迅速将可转债转换成股票；在进入转股期最初的 11 天内有近 70%的可转债转换成股票，最终在半年多时间内鞍钢转债就基本完成转股。此外，股价表现较为沉寂的虹桥机场转债也在发行后一年多的时间内就实现近一半数量的转股。究其原因，一方面是在可转债交易中，经常出现价值低估、投资者套利；另一方面则反映出我国可转债市场仍然不健全，缺乏可转债投资群体，大部分投资者仍希望从股票投资中获利。

总体上，这一阶段的主要问题是可转换公司债券的转换价格制度不合理，但上述可转换公司债券的发行为其后可转债的发行与设计积累了宝贵的经验。

第三阶段：可转债的成熟发展期（2001 年至今）。

2001 年 4 月 26 日出台的《上市公司发行可转换公司债券实施办法》及《上市公司发行可转换公司债券申请文件》、《可转换公司债券募集说明书》和《可转换公司债券上市公告书》三个配套文件是上市公司 2002—2004 年可转债发行热潮的助推器，它们从政策上保证和强调了可转债合法的市场地位。自 2001 年开始，可转债市场上发行或准备发行可转债的上市公司数量迅速增加，可转债的发行规模也迅速扩大，我国资本市场出现了一场“可转债热”。从可转债的发行家数和发行数额来看，2002 年有 5 家上市公司发行了可转债，总发行额为 41.5 亿元；2003 年有 16 家上市公司发行了可转债，总发行额为 185.5 亿元；2004 年有 12 家上市公司发行了可转债，总发行额为 209.03 亿元。

我国可转债融资和上市公司再融资渠道的拓宽与完善有紧密的联系，这表明可转债的兴起与资本市场基本面的变化紧密相关。由于资本市场上投资者对上市公司增发、配股等“圈钱”行为的抵触情绪，加上行情的回落，可转债融资一度超越了增发新股和配股，成为上市公司再融资的首选方式，其中，2003 年可转债融资占再融资总额的 49.87%，2004 年可转债融资占再融资总额的 46.54%。我国部分可转换公司债券的发行情况见表 6-8。

表 6-8　国内已发行可转换公司债券一览表（2011 年 1 月 7 日—2016 年 3 月 18 日）

证券简称	发行规模（亿元）	发行日期	期限（年）	票面利率（%）
海运转债	7.2	2011/1/7	5	0.7/0.9/1.1/1.3/1.6
国投转债	34	2011/1/25	6	0.5/0.7/0.9/1.2/1.5/1.8
中鼎转债	3	2011/2/11	5	0.8/1.1/1.4/1.7/2
石化转债	230	2011/2/23	6	0.5/0.7/1/1.3/1.8/2
川投转债	21	2011/3/21	6	0.5/0.7/0.9/1.2/1.5/1.8
中海转债	39.5	2011/8/1	6	0.5/0.7/0.9/1.3/1.6/2
深机转债	20	2011/8/10	6	0.6/0.8/1/1.3/1.6/1.9
国电转债	55	2011/8/19	6	0.5/0.5/1/2/2/2
恒丰转债	4.5	2012/3/23	5	0.7/0.9/1.1/1.3/1.5
重工转债	80.5	2012/6/4	6	0.5/0.5/1/1/2/2
南山转债	60	2012/10/16	6	3.5/3.5/4/4/4/4
同仁转债	12.05	2012/12/4	5	0.5/0.7/1.3/1.7/2
泰尔转债	3.2	2013/1/9	5	0.6/0.9/1.2/1.6/2
民生转债	200	2013/3/15	6	0.6/0.6/0.6/1.5/1.5/1.5
华天转债	4.61	2013/8/12	6	0.5/0.7/0.9/1.1/1.3/1.5
东华转债	10	2013/8/19	6	0.5/0.8/1.1/1.5/1.5/2
隧道转债	26	2013/9/13	6	0.6/0.9/1.2/2/2/2
徐工转债	25	2013/11/15	6	0.8/1.3/1.7/2.3/2.5/2.5
平安转债	260	2013/11/22	6	0.8/1/1.2/1.8/2.2/2.6

续前表

证券简称	发行规模（亿元）	发行日期	期限（年）	票面利率（%）
深燃转债	16	2013/12/13	6	0.6/0.9/1.2/1.5/1.8/2
久立转债	4.87	2014/2/25	6	0.5/0.7/1/1.3/1.7/2.1
齐翔转债	12.4	2014/4/18	5	0.8/1.3/1.8/2.3/2.3
国金转债	25	2014/5/14	6	0.5/0.7/0.9/1.1/1.3/1.5
长青转债	6.32	2014/6/20	6	0.6/0.9/1.2/1.6/2/2.5
东方转债	40	2014/7/10	6	0.5/0.8/0.8/1.4/2/2
冠城转债	18	2014/7/18	6	1.2/1.8/2.5/3/3.5/4
通鼎转债	6	2014/8/15	6	0.8/1/1.3/1.6/2/2.5
吉视转债	17	2014/9/5	6	0.5/0.8/1.1/1.4/1.7/2
浙能转债	100	2014/10/13	6	0.5/0.7/1/2/2.5/2.5
洛钼转债	49	2014/12/2	6	0.5/0.7/0.9/1.2/1.8/2.4
格力转债	9.8	2014/12/15	5	0.6/0.8/1/1.5/2
歌尔转债	250	2014/12/16	6	0.5/0.7/1/1.6/1.6/1.6
电气转债	60	2015/2/2	6	0.2/0.5/1/1.5/1.5/1.6
航信转债	24	2015/6/12	6	0.2/0.5/1/1.5/1.5/1.6
蓝标转债	14	2015/12/18	6	0.5/0.7/1/1.5/1.8/2
三一转债	45	2016/1/4	6	0.2/0.5/1/1.5/1.6/2
国贸转债	28	2016/1/5	6	0.3/0.5/0.9/1.4/1.7/2
广汽转债	41.06	2016/1/22	6	0.2/0.5/1/1.5/1.5/1.6
九州转债	15	2016/1/29	6	0.2/0.4/0.6/0.8/1.6/2
顺昌转债	5.1	2016/2/23	6	0.5/0.7/1/1.6/1.6/1.6
汽模转债	4.2	2016/3/2	6	0.5/0.7/1/1.5/1.5/1.8
白云转债	35	2016/3/15	5	0.2/0.4/1/1.2/1.5
江南转债	7.6	2016/3/18	6	0.3/0.5/1/1.5/1.8/2

案例 6-1

宝安可转债转股失败

中国宝安集团股份有限公司1983年7月成立，1991年6月25日在深圳证券交易所上市，上市时已发展成为一家以房地产业为龙头、工业为基础、商业贸易为支柱的综合型股份制企业集团。1992年11月19日—12月31日，深宝安发行了总额5亿元、年利率3%、期限3年、初始转换价格25元的可转换公司债券，并于1993年2月10日在深圳证券交易所挂牌上市交易。这是我国第一张A股上市可转换公司债券，其发行条件如下：

发行数量：5亿元；

面值：5 000元，上市后原面值为5 000元的可转债可拆分为面值1元的可转债5 000张，每2 500元为1手，交易转换单位为手；

期限：3年（1992年12月1日—1995年12月1日）；

票面利率：3%（每年付息一次）；

转换价格：25元（发行时公司股价在21元左右）；

转换期：发行半年后（1993年6月1日之后）；

转换价格调整：1993年6月1日前若增加新股，则调整转换价格，按下式调整转换价格：

$$转换价格=\frac{(调整前价格-股息)\times 原股本+新股发行价\times 新增股本}{扩股后人民币普通股总股本}$$

赎回条款：到期前半年可以赎回，赎回价格为面值的103%。

1992年底公司发展急需资金，可选融资方案有三种：其一，发行股票，但会受到发行限额及政策制约；其二，发行债券，但会受到发行成本制约，当时国内金融市场上三年期银行储蓄存款利率为8.28%，三年期企业债券利率为9.94%，1992年发行的三年期国库券的票面利率为9.5%，且享有保值贴补；其三，发行可转换公司债券，这在当时属于全新的融资工具。考虑到1992年深圳股市处于牛市，投资者对可转换为股票的债券充满信心，由于投资者可接受程度高，可将筹资成本设计得低一些，若市场持续走强，转股后公司资产将因高溢价而改善，经综合权衡，公司决定采用第三种方案。从资金筹集的角度看，宝安可转换公司债券的发行取得了成功。通过给予投资者转股权（转股溢价率近20%），公司获得了只需支付3%利息的5亿元廉价资金。当时国际市场上可转换公司债券的票面利率通常为其普通公司债券利率的2/3，宝安可转换公司债券的票面利率比同期企业债券低近7个百分点。根据发行说明书，此次可转换公司债券所募集的资金主要用于房地产开发业和工业投资项目，支付购买武汉南湖机场及其附近工地270平方米土地款及平整土地费，开发兴建高中档商品住宅楼；购买上海浦东陆家嘴金融贸易区土地1.28万平方米，兴建综合高档宝安大厦；开发生产专用集成电路，建设生物工程基地等。

1995年底，宝安可转换公司债券到期，转股计划却遭遇失败。可转债到期时深宝安股价在2.8元左右，除权除息后的转换价格高达19.39元，可转债转换成股票的比例只占发行额的2.7%。为此，公司需在1996年1月到期日支付高达5亿元现金的本息。这笔意料之外的支付迫使公司放弃了许多有利的投资机会，并被迫对生产经营活动做出很大的调整，以应对还本付息的压力，由此影响了公司利润。好在公司如期完成了债券的还本付息，维护了企业声誉。

本案例中，宝安可转换公司债券成功发行的经验，其一是充分考虑了当时的市场状况，降低了筹资成本。由于适应了牛市投资者的投机心理，考虑到投资者对利率的高低、转换条件及保护条款等问题不敏感，设计的可转债票面利率较低。其二是转股溢价高。发行时转股溢价为19.05%，接近20%的上限。

宝安可转换公司债券转股失败的主要教训是产品设计缺陷。其一，对市场行情过于乐观，设计转换价格时没有考虑市场非正常、大幅度的波动。其二，转换价格调整条件的设计不合理，只考虑了1993年6月1日前增加新股要调整转换价格。事实上，1994年和1995年公司都有高比例送股，却不能调整转换价格，致使较高的转换价格一直保持到可转债到期，高送配除权除息后公司股价下降，拉开了市价与转换价格之差。其三，赎回条款的设计过于简单，没有设置赎回价格上限，也未规定基准股票价格达到或超过转换价格的涨幅限制，到期前半年若市价高涨，赎回条款将形同虚设，因为市价远高于转换价格，投资者会争先恐后地选择转股，且理论上获利不受限制。其四，没有设置回售条款。此外，发行时机选择不当（市场高涨宜直接增资配股）、外在市场条件发生变化、可转债融资期限偏短、资金投向房地产等长期项目也是转股失败的原因。

投资者将宝安可转换公司债券视为认股权证之类的工具，而不是债券，因而对利率的高低、转换条件及保护条款等问题并不敏感。宝安集团也是对市场A股股价上升以及1993年行使转换权深信不疑，才将募债资金用于中长期投资项目，结果由于转股比例太低，导致了偿还压力，并对公司经营产生了影响。

本章小结

通过对甲醇贸易企业套期保值案例、期权行权投资案例、期权保险案例、备兑开仓案例、可转换公司债券应用案例的详细分析，使学生在学习实务的基础上，能进一步应用所掌握的理论及搜集到的市场数据对投资标的物做出期货与期权的投资策略。

练习题

1. 结合期货与期权市场运行数据，组织团队制定一份自己选定标的物品种的期货或期权策略方案。

参考文献

[1] 李磊宁，高言，戴韡．固定收益证券［M］. 北京：机械工业出版社，2014.
[2] 林苍祥，郑振龙，等．金融工程理论与实务［M］. 北京：北京大学出版社，2012.
[3] Anthony Saunders，Marcia Millon Cornett. 金融风险管理［M］. 北京：人民邮电出版社，2012.
[4] 张亦春，郑振龙，林海．金融市场学［M］. 北京：高等教育出版社，2012.
[5] 张元萍．金融衍生工具教程［M］. 北京：首都经贸大学出版社，2011.
[6] 郑振龙，陈蓉．金融工程［M］. 2 版．北京：高等教育出版社，2009.
[7] 叶永刚．金融工程概论［M］. 2 版．武汉：武汉大学出版社，2009.
[8] John C. Hull，王勇．期权与期货市场基本原理［M］. 北京：机械工业出版社，2008.
[9] 陈晓经，杨艳军，王宗润．金融期货投资学［M］. 北京：清华大学出版社，2007.
[10] 谢百三．证券投资学［M］. 北京：清华大学出版社，2005.
[11] 刘玉操．国际金融实务［M］. 大连：东北财经大学出版社，2002.
[12] http://www.cmegroup.com/cn-s/.
[13] http://futures.hexun.com/2015-03-23/174289516.html.
[14] http://options.hexun.com/2015-07-27/177837124.html.
[15] http://futures.jrj.com.cn/2015/09/07070019762998.shtml.
[16] http://futures.xinhua08.com/a/20151207/1584993.shtml.
[17] http://www.zjfco.com/research/case/14166299.html.
[18] http://www.treasurer.org.cn/webinfosmains/index/show/30027.html.
[19] http://futures.cngold.org/qhzs/c3679239.html.
[20] http://www.chinaacc.com/new/287_290_201208/29su492117690.shtml.

附

习题及解析

一、单选题

1. 投资者拟买入1手IF1505合约，以3 453点申报买价，当时买方报价3 449.2点，卖方报价3 449.6点。如果前一成交价为3 449.4点，则该投资者的成交价是（　　）。

A. 3 449.2　　B. 3 453　　C. 3 449.4　　D. 3 449.6

试题解析： 主要考察限价指令的定义。限价指令是按照限定价格或更优价格成交的指令，在买进时必须以限价或限价以下价格成交；在卖出时必须以限价或限价以上价格成交。在该题中，投资者以3 453点申报买价，这意味着对手方卖方报价在3 453点或低于3 453点，则该投资者将会以卖方报价实现成交。题目中卖方报价为3 449.6，为此投资者实现成交的价位为3 449.6。

答案： D

2. 某基金公司10月20日持有股票组合9亿元，该基金选择利用沪深300股指期货来规避系统性风险。10月21日，该基金公司在2 450（沪深300指数为2 425）点时，卖出1 000份12月份股指期货合约，12月10日时，该股票组合下跌了10%，此时12月份合约结算价为2 210点，基差为－40。若该基金公司在此期间没有对该组合和股指期货进行调整，则到12月10日时，该基金公司的权益为（　　）。

A. 8.10亿元　　B. 8.28亿元　　C. 8.82亿元　　D. 8.85亿元

试题解析： 主要考察股指期货套保的计算。股票现货头寸的计算：股票组合下跌10%，因此股票组合市值为8.1亿元，期货头寸计算：(2 450－2 210)×30＝7 200万元＝0.72亿元，从而得到该基金公司投资组合价值为：8.1亿元＋0.72亿元＝8.82亿元。

答案： C

3. 当β系数大于1时，说明股票的波动或风险程度要（　　）指数衡量的整个市场。

A. 高于　　B. 低于　　C. 等于　　D. 不低于

试题解析：主要考察β的基础知识。主要内容如下：β作为衡量证券相对风险的指标，在资产管理的应用中有非常重要的地位。β大于1的证券意味着风险大于市场投资组合型的风险，收益也相对较高，被称为进攻型证券。

答案：A

4. A投资者买入平仓10手IF1602合约，B投资者卖出开仓10手IF1602合约，A、B作为对手成交后，市场上该合约的总持仓量将（　　）。

A. 增加10手　　B. 增加20手　　C. 减少10手　　D. 没有变化

试题解析：主要考察持仓量的基本概念以及买入（卖出）开平仓对持仓量的影响。A投资者买入平仓10手IF1602合约，那么持仓量将减少10手；但B卖出开仓则使持仓量增加10手，为此市场上该合约总的持仓量不发生变化。

答案：D

5. 某投资者在前一交易日持仓有沪深300指数某期货合约10手空单，上一个交易日该合约的结算价是2 500点。当日该投资者以2 510点卖出该合约5手空单，又以2 500点的价格买入平仓8手，当日结算价为2 505点，则当日盈亏是（　　）。（不考虑手续费。）

A. 亏损4 500元　　B. 盈利4 500元　　C. 亏损7 500元　　D. 盈利7 500元

试题解析：主要考察股指期货交易盈亏的计算。鉴于期货实行盯市结算制度，我们得知当日8手空单平仓，其盈利为0元；新卖出开仓5手空单的结算盈亏为7 500元；剩下未平仓的2手空单结算盈亏为－3 000元；最后得到该投资者的总盈亏为0＋7 500－3 000＝4 500元。

答案：B

6. 下列债券中，对利率变动最敏感的是（　　）。

债券	Ⅰ	Ⅱ	Ⅲ	Ⅳ
到期（年）	10	10	8	8
票面利率（%）	7	8	8	10

A. Ⅰ　　B. Ⅱ　　C. Ⅲ　　D. Ⅳ

试题解析：久期是度量债券价格对利率变动敏感性的指标。久期越大，债券价格对利率变动敏感性越强。

相同的到期期限，比较票面利率，票面利率小的久期较大。所以Ⅰ的久期大于Ⅱ，Ⅲ的久期大于Ⅳ。相同的票面利率，比较剩余到期期限，剩余到期期限长的久期较大。所以Ⅱ的久期大于Ⅲ。

结论：债券Ⅰ的久期最大，对利率变动最敏感，选A。

答案：A

8. 2014年2月27日，中金所5年期国债期货合约价格为92.640元，其可交割国债净价为101.281 2元，转换因子为1.087 7，则对应的基差为（　　）。

A. 0.516 7　　B. 8.641 2　　C. 7.899 2　　D. 0.005 8

试题解析：国债基差的计算公式为：国债基差＝债券现货价格－国债期货价格×转换因子。将相关数据代入公式可得到，国债基差＝101.281 2－92.640×1.087 7＝0.516 7。

其中，公式中债券价格是净价。

答案：A

9. 国债期货合约的基点价值约等于（　　）。

A. CTD券基点价值

B. CTD券基点价值/CTD券的转换因子

C. CTD券基点价值×CTD券的转换因子

D. 非CTD券的基点价值

试题解析：国债期货价格等于CTD券的价格除以转换因子，国债期货基点价值约等于CTD券基点价值除以转换因子。

答案：B

10. 某机构进行正回购交易200 000 000元，期限为7天，利率为3.0%，则交易到期时，该机构将（　　）。

A. 收到200 000 000元　　B. 付出200 000 000元

C. 收到200 115 068元　　D. 付出200 115 068元

试题解析：明确交易方向，机构进行正回购，借入资金，到期还本付息，付息金额为：200 000 000×3%×(7/365)=115 068元。

到期还本付息200 115 068元。

答案：D

12. 名义价值为400 000元的中期国债，剩余期限为4年，息票率为6%（按年付息），交易价格为106.81元，麦考利久期为3.55年。若市场利率为4.14%，其修正久期应为（　　）。

A. 3.41　　B. 3.35　　C. 3.69　　D. 3.76

试题解析：修正久期的计算公式：修正久期=麦考利久期/（1+市场利率）；将相关数据代入公式计算，修正久期=3.55/(1+4.14%)=3.41。

答案：A

13. 若国债期货合约TF1403的CTD券价格为101元，修正久期为6.8，转换因子为1.005，国债期货合约的基点价值为（　　）元。

A. 690.2　　B. 687.5　　C. 683.4　　D. 672.3

试题解析：基点价值的计算公式：国债期货基点价值=CTD券基点价值/转换因子，CTD券基点价值=CTD券价格×修正久期。将题干数据代入公式计算：国债期货基点价值=(CTD券价格×修正久期)/转换因子=(101×6.8)/1.005=683.4元。

答案：C

14. 当观测到国债基差高于设定的无套利区间时，投资者应采用的交易策略是（　　）。

A. 做多现货，做空期货　　B. 做空现货，做多期货

C. 做空现货，做空期货　　D. 做多现货，做多期货

试题解析：由于基差高于无套利区间是指现货价格相对期货价格较高，适宜做空基差套利，因此，卖出基差策略为：做空现货，做多期货。

答案：B

15. 假定当前期货价格为 98.5，根据基差法，以下四只国债中为最便宜可交割债券的是（　　）。

	现货价格	转换因子
债券 1	100.3	1.02
债券 2	101.85	1.03
债券 3	100.2	1.01
债券 4	103.4	1.04

A. 债券 1　　B. 债券 2　　C. 债券 3　　D. 债券 4

试题解析： 基差法寻找 CTD 的法则：基差最小的可交割债券为最便宜可交割债券。

国债基差的计算公式：国债基差＝国债现货价格－国债期货价格×转换因子。利用题干信息进行计算：

债券 1 的基差＝100.3－98.5×1.02＝－0.17；

债券 2 的基差＝101.85－98.5×1.03＝0.395；

债券 3 的基差＝100.2－98.5×1.01＝0.715；

债券 4 的基差＝103.4－98.5×1.04＝0.96。

经比较，债券 1 的基差最小，在四只债券中最便宜。

答案： A

16. 市场过去一段时间非常平静，投资者预期接下来也没有重大消息要发布，投资者最可能采取的期权交易策略为（　　）。

A. 卖出跨式期权组合　　B. 买入看涨期权

C. 买入看跌期权　　D. 买入跨式期权组合

试题解析： 买入看涨期权策略适合标的物资产价格上涨的情形，买入看跌期权策略适合标的物资产价格下跌的情形，买入跨式期权策略适合标的物资产价格大幅波动的情形，卖出跨式期权策略适合标的物资产价格小幅波动的情形。根据题干条件，标的物资产价格不会产生较大幅度波动，所以 A 选项正确。

答案： A

17. 某投资者预期一段时间内沪深 300 指数会维持窄幅震荡，于是构造飞鹰式组合如下：买入 IO1402－C－2200、IO1402－C－2350，卖出 IO1402－C－2250、IO1402－C－2300，支付净权利金 20.3，则到期时其最大获利为（　　）。

A. 20.3　　B. 29.7　　C. 79.7　　D. 120.3

试题解析： (1) 买两边行权价的期权、卖两个中间行权价的期权，称为多头飞鹰式价差期权，卖两边行权价的期权、买两个中间行权价的期权，称为空头飞鹰式价差期权。所以，该期权策略为多头飞鹰式价差期权策略。(2) 飞鹰式价差期权策略的最大盈利和亏损均有限。(3) 多头飞鹰式价差期权，标的物资产价格在中间两个期权的行权价之间时盈利最大且不随标的物资产价格增减而改变；标的物资产价格低于最低的行权价时亏损达到左侧最大值，标的物资产价格高于最高的行权价时亏损达到右侧最大值。(4) 根据以上分析，标的物资产价格范围为 $2\,250 \leqslant S < 2\,300$ 时盈利最大，且最大盈利不随标的物资产价格变化而改变。

当 $S=2\,250$ 时，只有行权价为 2 200 的期权有行权价值。即该交易者执行行权价为

2 200 的期权，不考虑权利金的行权损益＝－2 200＋2 250；放弃执行行权价为 2 350 的期权，损失权利金；卖出的两个期权获得权利金。权利金净损益为－20.3。

该策略的损益＝－2 200＋2 250－20.3＝29.7

答案：B

18. 在利用二叉树模型对某期权进行定价时，假设标的物资产价格上升系数为 1.1，下降系数为 0.9，假设无风险利率为 5%。该标的物资产价格上涨和下跌的风险中性概率分别为（　　）。

A. 0.75 和 0.25　　B. 0.25 和 0.75　　C. 0.5 和 0.5　　D. 1 和 0

试题解析：在二叉树模型中，上涨风险中性概率的计算公式为：

$$P=(1+r-d)/(u-d)=(1+5\%-0.9)/(1.1-0.9)=75\%$$

下跌风险中性概率的计算公式为：

$$1-P=1-75\%=25\%$$

答案：A

19. 行权价 2 300 点的平值看跌期权，其 γ 值是 0.005，δ 值是－0.5。假设标的物资产价格从 2 300 点涨到 2 310 点，新的 δ 值大约是（　　）。

A. －0.495　　B. －0.45　　C. －0.55　　D. －0.505

试题解析：δ 值随着标的物资产价格的变动而变动，γ 是用来衡量 δ 对标的物资产价格敏感度的一个参数，是 δ 变化相对于标的物资产价格变化的比率。该期权 δ 值的变化等于该期权的 γ 值与标的物资产价格变化的积。

答案：B

20. 与其他衍生品相比，期权的（　　）特点使其在风险管理、组合投资的某些方面具有明显优势。

A. 非线性损益结构　　B. 线性损益结构

C. 双向交易机制　　D. 无履约信用风险

试题解析：与其他衍生品相比，期权具有买卖双方的权利和义务不对等关系，据此可知，A. 期权具有非线性损益结构，为正确答案；B. 不正确；C. 双向交易机制并非期权的独特优势，不正确；D. 期权存在交割履约风险，所以也不正确。

答案：A

21. 股票期权做市商在交易过程中可能会遇到“大头针风险”(pin risk)，这里大头针风险是指（　　）。

A. 标的物股票价格在一段时间内波动较大产生的风险

B. 期权隐含波动率曲面模型误差产生的风险

C. 期权临近到期时标的物股票价格非常接近行权价格产生的风险

D. 其他市场参与者发生“乌龙指事件”而产生的风险

试题解析：所谓“大头针风险”是指在期权到期时标的物资产价格等于行权价格的可能性，出现该情况时，行权价格的微小变化将对期权的价值产生极大的影响。据此可知，C 为正确答案，A、B、D 均不属于“大头针风险”。

答案：C

22. 期权价格如下表所示，假设期权的合约乘数和期货的乘数一样，期货价格

为 103.6。

95C	10.00	95P	1.30
100C	6.40	100P	2.80
105C	3.80	105P	5.40
110C	1.90	110P	8.50

（“95C”和“95P”分别表示执行价为 95 的看涨期权和看跌期权。）

持有一个 105P 的空头头寸，利率为 0，如何了结头寸最经济？（　　）

A. 以当前价格 5.4 买入期权

B. 卖出期货同时买入 105C

C. 买入期货同时卖出 105C

D. 卖出期货同时买入 110P

试题解析：依据看涨-看跌平价关系 $C-P=S_0-K\times e^{-rT}$ 可知，当持有 105P 的空头头寸时，上述四个行权价组合中，B 选项满足条件，在该情况下，平价关系左边等于 －1.6，右边等于－1.4，左边小于右边，可采取卖期货同时买看涨期权的策略。

答案：B

23. 某交易者买入 10 份欧元期货合约，成交价格为 1.350 2（即 1 欧元＝1.350 2 美元），合约大小为 125 000 欧元。若期货价格跌至 1.340 0，交易者的浮动亏损为（　　）。(不计手续费等交易成本。)

A. 12 750 美元　　B. 12 750 欧元　　C. 22 500 欧元　　D. 22 500 美元

试题解析：(1) 交易者买入外汇期货合约，处于期货多头，当期货合约下跌时，交易者出现亏损；(2) 每手合约的亏损额＝每手合约亏损的点数×合约交易单位＝(1.340 0－1.350 2)×125 000＝－1 275 美元，即每手合约亏损 1 275 美元；(3) 由于交易者多头持仓 10 份，因此，总亏损＝每份合约的亏损×合约总持仓＝－1 275 美元×10＝－12 750 美元，即亏损 12 750 美元。

答案：A

24. 假设当前欧元兑美元的报价为 0.879 2—0.879 4，美元兑英镑的报价为 1.623 5—1.623 7，欧元兑英镑的报价为 1.437 1—1.43 75，那么对当前市场套汇交易描述正确的是（　　）。

A. 买入欧元兑美元和美元兑英镑，卖出欧元兑英镑套汇

B. 卖出欧元兑美元和英镑兑美元，买入欧元兑英镑套汇

C. 买入欧元兑美元和欧元兑英镑，卖出美元兑英镑套汇

D. 无套汇机会

试题解析：(1) 在国际外汇市场上，一般实行做市商报价制。报价的左边为买入价，右边为卖出价；(2) 根据欧元兑美元、美元兑英镑的关系，从买入价入手判断：1 欧元用买入价换成美元，再用美元卖出价换成英镑，即 1 EUR ＝ 1.137 4/1.623 5＝0.700 6 GBP，即 1 EUR ＝0.700 6 GBP；(3) 从卖出价判断：1 欧元用买入价换成美元，再用美元卖出价换成英镑，1 EUR ＝ 1.137 1/1.623 7＝0.700 3 GBP，即 1 EUR ＝0.700 3 GBP，因此欧元兑英镑的报价应为 0.700 3—0.700 6，大于欧元兑英镑 0.695 7—0.695 9 的报价；(4) 适宜的操作策略应为卖出欧元兑美元和英镑兑美元，买入欧元兑英镑套汇。

答案：B

25. 假设某外汇交易市场上欧元兑美元的报价为 1.161 0—1.161 5，美元兑瑞士法郎的报价为 1.410 0—1.412 0，则欧元兑瑞士法郎的报价为（　　）。

A. 1.537 0—1.540 0　　B. 1.637 0—1.640 0

C. 1.737 0—1.740 0　　D. 1.837 0—1.840 0

试题解析：（1）在国际外汇市场上，一般实行做市商报价制。报价的左边为买入价，右边为卖出价；（2）先从买入价来看，欧元先用买入价换成美元，美元再用买入价换成瑞士法郎，即 1 EUR=1.161 0×1.410 0=1.637 0 CHF；（3）再从卖出价来看，买入 1 欧元需要 1.161 5 美元，买入 1 美元需要 1.412 0 瑞士法郎，即 1 EUR=1.161 5×1.412 0=1.640 0 CHF；（4）因此，欧元兑瑞士法郎的报价为 1.637 0—1.640 0。

答案：B

26. 已知某投资者卖出一份 1 年期人民币无本金交割远期（NDF）合约，合约报价为 1 美元兑 6.115 5 元人民币，面值为 200 万元人民币。假设一年后人民币兑美元的即期汇率为 0.161 2，则投资者（　　）。

A. 亏损约 4 685 美元　　B. 亏损约 4 768 美元

C. 盈利约 4 637 美元　　D. 盈利约 4 752 美元

试题解析：（1）投资者卖出一份 1 年期人民币无本金交割远期（NDF）合约，合约价格为 1 美元兑 6.115 5 元人民币，面值为 200 万元人民币，则该合约价值为 2 000 000×(1÷6.115 5)≈327 037 美元（其中，1÷6.115 5≈0.163 518 92）；（2）一年后人民币兑美元的即期汇率为 0.161 2，则 200 万元人民币可兑换 2 000 000×0.161 2=322 400 美元；（3）投资者的损益为：327 037—322 400=4 637 美元，盈利 4 637 美元。

答案：C

27. A 国市场无风险利率为 1%，B 国市场无风险利率为 5%，那么根据利率平价理论，A 国货币对 B 国货币在一年之内将（　　）。

A. 贬值 4%　　B. 升值 4%　　C. 维持不变　　D. 升值 6%

试题解析：（1）利率平价理论认为两个国家利率的差额等于远期汇率与即期汇率之差；（2）投资者的外汇掉期交易促使低利率国家的货币现汇汇率下降，远期汇率上升；同理，高利率国家的货币现汇汇率上升，远期汇率下降；（3）由利率平价理论可得：A 国与 B 国利率的差额=5%—1%=4%。

答案：B

28. 已知美国某投资公司持有一份英国资产，3 月 1 日，该资产价值为 150 万英镑，英镑兑美元即期汇率为 1.89。为规避英镑贬值的风险，该公司（　　）9 月份的英镑兑美元期货合约，成交价为 1.91。180 天后该组合的收益率为 6%，此时英镑兑美元的即期汇率为 1.85，英镑兑美元期货合约报价为 1.87，该资产以美元计价的收益率为（　　）。

A. 买入，6.87%　　B. 买入，5.87%

C. 卖出，6.87%　　D. 卖出，5.87%

试题解析：（1）对于美国投资者而言，在直接标价法下，英镑的贬值表现为汇率下跌，因此该投资公司需卖出英镑/美元的期货合约，以期当现货汇率下跌时通过在期货市场上做空盈利对冲现货市场的亏损，从而达到为现货资产套期保值的目的；（2）期初，该投资公司价值 150 万英镑的现货资产以美元计价的金额为：$A0$=150 万×1.89=283.5

万美元；(3) 180天后，该资产的收益率为6%，该收益以美元计价则为$R1=150$万×6%×1.85=16.65万美元；(4) 最终该投资公司的资产以美元计价的收益率=期末资产组合以美元计价的总收益÷期初资产以美元计价的金额，即$R=R1/A0=16.65\div 283.5\times 100\%=5.87\%$；(5) 因此，该投资公司应卖出英镑兑美元期货合约，最终收益率为5.87%。

答案：D

29. 假定英镑和美元2年期的无风险利率（连续复利）分别是2%和3%，英镑兑美元的即期汇率是1.566 9，那么2年后到期的英镑/美元期货合约的理论价格为（　　）。

A. 1.588 5　　B. 1.566 9　　C. 1.598 6　　D. 1.558 5

试题解析：(1) 连续复利下期货合约理论价格的计算公式为$F=S_0\cdot e^{(r_d-r_f)\times T}=1.566\,9\times e^{(0.03-0.02)\times 2}=1.598\,6$，其中；$S_0$为即期汇率，$r_d$为本币的市场无风险利率，$r_f$为外币的市场无风险利率，$T$为合约期限；(2) 将题干中数据代入期货合约理论价格的计算公式得到，约为1.598 6。

答案：C

30. 某法国投资者持有日元股票组合多头，通过（　　）可以对冲外汇风险和日本股票市场的风险。

A. 买入欧元远期合约，卖出日经指数期货

B. 卖出欧元远期合约，卖出日经指数期货

C. 买入欧元远期合约，买入日经指数期货

D. 卖出欧元远期合约，买入日经指数期货

试题解析：(1) 该法国投资者持有日元股票组合，相当于持有日元资产多头；(2) 该投资者的汇率风险暴露为日元兑欧元汇率下跌，或者是欧元兑日元汇率上升，可考虑买入欧元/日元远期合约对冲所持日元资产多头的汇率风险；(3) 投资者持有日元股票组合，面临日本股票指数价格下跌的日元资产价格风险，可考虑利用日经指数期货空头对冲；(4) 因此，投资者应通过买入欧元/日元远期合约对冲日元股票组合的汇率风险，卖出日经指数期货合约对冲日本股票市场价格波动风险。

答案：A

31. 某位德国投资者持有一个价值为100万日元的组合，但市场上没有欧元/日元的远期合约，因此他选择了3个月到期的美元/欧元远期合约、3个月到期的日元/美元远期合约。他的对冲策略应该为（　　）。

A. 卖出日元/美元远期合约，卖出美元/欧元远期合约

B. 买入日元/美元远期合约，卖出美元/欧元远期合约

C. 卖出日元/美元远期合约，买入美元/欧元远期合约

D. 买入日元/美元远期合约，买入美元/欧元远期合约

试题解析：(1) 德国投资者计算盈亏的本币是欧元，当前持有日元的多头头寸，因此需要持有日元的远期合约空头头寸用以对冲；(2) 市场上没有欧元/日元的远期合约，因此需要用两组货币对的远期合约来复制出欧元/日元的远期合约；(3) 卖出日元买入美元的头寸+卖出美元买入欧元的头寸=卖出日元买入欧元的头寸，因此选A。

答案：A

32. 甲企业因融资需求发行了 1 000 万元的浮动利率债券，为规避利率波动的风险，其合理的举措为（　　）。

A. 买入对应数量的 IRS　　B. 卖出对应数量的 IRS

C. 买短期 IRS，卖长期 IRS　　D. 卖短期 IRS，买长期 IRS

试题解析：（1）融资者将来支付利息，因此是浮动利率的空头头寸，需要持有浮动利率的多头头寸用以对冲；（2）浮动利率的头寸和市场利率的头寸一致，因此可以用市场利率的多头头寸替代；（3）买入利率互换（IRS）具有市场利率的多头头寸，因此选 A。

答案：A

33. 某欧洲银行为了获得较低的融资利率，发行了 5 年期双货币票据，票据的初始本金和票息均以欧元计价，偿还本金则用美元计价。银行可以（　　）将票据中的风险完全对冲。

A. 建立一个美元/欧元的 5 年期的远期合约，以一定的远期汇率卖出

B. 建立一个欧元/美元的 5 年期的远期合约，以一定的远期汇率卖出

C. 建立一个美元/欧元的 5 年期的远期合约，以一定的远期汇率卖出；同时，建立一个欧元固定利率对美元 LIBOR 的利率互换合约，约定支付参考 LIBOR 的美元浮动利息，并获取欧元固定利息

D. 建立一个欧元/美元的 5 年期的远期合约，以一定的远期汇率卖出；同时，建立一个欧元固定利率对 EURIBOR 的利率互换合约，约定支付参考 EURIBOR 的欧元浮动利息，并获取欧元固定利息

试题解析：（1）该欧洲银行计算盈亏的本币是欧元，所发行的双货币票据暴露在两个风险源之下，即持有期间欧元利率的下跌（因为是固定利率债务的融资者）和到期时美元对欧元的上涨（因为用美元偿还本金）；（2）需要用欧元利率的空头头寸对冲持有期间欧元利率的下跌，因此卖出欧元利率的 IRS，即收到固定利率、支付浮动利率；（3）同时用 5 年后到期时美元的多头头寸对冲美元汇率上涨，即卖出欧元/美元的远期合约，因此选 D。

答案：D

34. 国内 B 公司从某银行香港分行买入 100 万美元的 1 年期 NDF（无本金交割远期）合约，价格为 6.710 0。假设到期日外管局中间价为 6.690 5，则该公司到期损益为（　　）美元。

A. －2 723.58　　B. －2 864.58　　C. －291 4.58　　D. －301 5.58

试题解析：（1）NDF 的报价方式是以美元作为外币、人民币作为本币，因此 100 万美元的多头头寸损益用人民币计价则为：(6.690 5－6.710 0)×1 000 000＝－19 500；（2）到期日损益用美元计价则为：－19 500/6.690 5＝－2 914.58。

答案：C

35. 国际隔夜指数互换（OIS）利率支付周期通常为年度支付，假定 1 年期 OIS 互换利率为 2.5%，2 年期 OIS 互换利率为 3.1%，则其中隐含的 1 年期和 2 年期无风险利率分别为（　　）。

A. 2.5%，6.0%　　B. 2.6%，5.3%　　C. 2.8%，5.9%　　D. 2.5%，6.4%

试题解析：（1）本题的无风险利率是指市场利率；（2）OIS 年度支付利息，因此 1

年期 OIS 的互换利率应该等于 1 年期市场利率，否则会出现套利机会，故 1 年期无风险利率为 2.5%；(3) 2 年期 OIS 未来有两次付息，因此可以看作 2 年期票面利率为 3.1% 的固定利率债券空头和 2 年期浮动利率债券多头的组合；(3) 根据无套利原理，浮动利率债券的价值和固定利率债券的价值相等，而浮动利率债券在发行当时的价值等于面值，因此可以列出无套利关系：$100=3.1/(1+2.5\%)+103.1/(1+x)$，其中 x 是 2 年期无风险利率（未经年化），解得 x 约为 6.4%，因此选 D；(4) 如果此题题干中明确问年化 2 年期无风险利率为多少，则没有正确答案。

答案： D

36. 某个收益增强型的股指联结票据中的收益计算公式是：收益＝面值＋面值×[1－(指数终值－指数初值)÷指数初值]。为了保证投资者的最大亏损仅限于全部本金，需要加入的期权结构是（　）。

A. 行权价为指数初值 2 倍的看涨期权多头

B. 行权价为指数初值 2 倍的看跌期权多头

C. 行权价为指数初值 3 倍的看涨期权多头

D. 行权价为指数初值 3 倍的看跌期权多头

试题解析： (1) 首先分析该票据对指数的风险暴露头寸，将原收益公式简化为：收益＝面值＋面值×(2－指数终值/指数初值)，因此票据是指数空头头寸，需要用指数多头头寸对冲，可以采用看涨期权多头；(2) 亏损全部本金也即收益为零，也即指数终值＝3×指数初值，因此选 C。

答案： C

37. 某证券公司发行了一款 5 年期 100%本金保护的股指联结票据，该票据由普通的零息债和欧式看涨期权组成，期权的标的物为深市创业板指数，行权价为 1 400。某投资者以 1 000 元的价格买入了该票据，参与率为 100%，买入时指数的点位是 1 400。在 5 年后产品到期时，如果指数涨到了 2 100，那么投资者将获得的收益及收回的资金分别是（　）。

A. 1 000 元，2 000 元　　B. 500 元，1 500 元

C. 700 元，1 700 元　　D. 1 100 元，2 100 元

试题解析： (1) 根据题意，该股指联结票据的总收益计算公式为：总收益＝面值×[1＋参与率×max(指数终值/指数初值，0)]；(2) 代入相关数值可计算总收益为 1 500 元，净收益为 500 元，即选 B。

答案： B

假定 2015 年 9 月 10 日，中金所 5 年期国债期货 TF1509 的交割结算价为 96.320 元。下列第 38～42 题均依照下表（百元净价报价）。对应的可交割券信息如下表所示。

	债券 A	债券 B	债券 C	债券 D
票面利率	3.1%	4.5%	4.4%	3.85%
发行期限	7 年	10 年	10 年	7 年
转换因子	1.003 7	1.057 4	1.055 7	1.033 3

38. 假定投资者使用债券 A 交割，该只债券上一次计息日为 2015 年 8 月 20 日（付

息频率为 1 年)，则应计利息为（ ）元。

A. 0.178 4　　B. 0.212 2　　C. 0.165 5　　D. 0.198 4

试题解析：计算持有期限：2015 年 8 月 20 日—2015 年 9 月 10 日，持有期应计利息天数为 21 天。

根据应计利息公式进行计算：应计利息＝(100×票面利率×持有期应计利息天数)/365＝(100×3.1%×21)/365＝0.178 4。(计算应计利息时应注意计息规则，按照实际日历天数计算，算头不算尾。一年按 365 天计算，闰年 2 月 29 日不计算利息。)

答案：A

39. 假定投资者使用债券 A 交割，对应的发票价格为（ ）元。

A. 96.676 4　　B. 96.854 8　　C. 96.874 4　　D. 96.320 0

试题解析：发票价格的计算公式为：发票价格＝期货交割价格×交割券转换因子＋应计利息；

将债券 A 的相关数据代入公式，发票价格＝96.32×1.003 7＋0.178 4＝96.854 8。

答案：B

40. 根据表中信息，假定 TF1509 交割时对应的债券价格分别为：债券 A 价格 98.32 元，债券 B 价格 98.45 元，债券 C 价格 99.22 元，债券 D 价格 98.40 元，则最便宜可交割债券为（ ）。

A. 债券 A　　B. 债券 B　　C. 债券 C　　D. 债券 D

试题解析：利用基差法判断最便宜可交割债券。在交割日，基差最小的债券为最便宜可交割债券（CTD）。

利用基差公式计算国债基差：国债基差＝债券现货价格－国债期货价格×转换因子。

债券 A 的基差＝98.32－96.32×1.003 7＝1.643 6；

债券 B 的基差＝98.45－96.32×1.057 4＝－3.398 8；

债券 C 的基差＝99.22－96.32×1.055 7＝－2.465 0；

债券 D 的基差＝98.40－96.32×1.033 3＝－1.127 5。

经比较，债券 B 的基差最小，在四只债券中最便宜。

答案：B

41. 假定最便宜可交割债券为债券 B，其价格为 98.50 元，则对应的国债期货基差为（ ）元。

A. 3.348 8　　B. －3.348 8　　C. 1.823 6　　D. －1.832 6

试题解析：国债基差的计算公式为：国债基差＝国债现货价格－国债期货价格×转换因子。

将相关数据代入公式，国债基差＝98.50－96.32×1.057 4＝－3.348 8。

答案：B

42. 根据题目信息，可以推断出国债期货合约 TF1509 最后交易日的收盘价格为（ ）元。

A. 96.320　　B. 96.855　　C. 96.670　　D. 不能确定

试题解析：中金所国债期货交割结算价为最后交易日全部交易价格，按照成交量的加权平均计算。题中给出了 5 年期国债期货 TF1509 的交割结算价为 96.32 元。但是根据题目信息不能确定收盘价格，收盘价格由市场买卖决定，通常是交易日最后一笔交易的成交价格。

答案： D

43. 201×年 5 月 29 日沪深 300 指数收于 2 115 点，当年沪深 300 指数走势平稳，市场无风险利率为 3%，预期全年分红率为 4%，当天 IF1X06、IF1X07、IF1X09 和 IF1X12 分别收于 2 099.4、2 087.4、2 089 和 2 098 点。

该日，股指期货的价格相对现货贴水最有可能解释为（　　）。

A. 市场对股市未来走势不看好，认为股市未来下跌的可能性较大

B. 预期利率下降，期货的市场定价低，造成贴水

C. 上市公司在 5—8 月集中分红，导致期货价格贴水

D. 期货市场多空结构不均衡，造成期货贴水

试题解析： 期货理论价格为 $F=(S-I)\cdot e^{(r-q)(T-t)}$。根据题目设置，市场无风险利率为 3%，预期全年分红率为 4%，则从理论价格计算角度来看，在题目无其他市场环境条件假设的情况下，我们可以判断：当前股指期货价格相对现货贴水最有可能的解释为，现货分红导致期货贴水概率较大。为此答案选择 C。

答案： C

44. 201×年 10 月 25 日盘中某时，沪深 300 指数的最新价格为 2 400 点，股指期货的一个合约还有 36 天到期，已知这段时间市场公认的资金成本是 5%，银行的存款利率是 2.5%，沪深 300 指数的年化分红率为 3.5%，所有上市公司均已于 8 月 31 日前兑现该年分红。（设一年有 360 天。）

请问该合约的理论价格应该为多少点？（　　）

A. 2 412　　B. 2 406　　C. 2 403.6　　D. 2 397.6

试题解析： 主要考察期货理论价格的计算。虽然可按期货理论价格公式计算，但我们要注意题目中设置的陷阱。鉴于所有上市公司均已经在 8 月 31 日前兑现红利，所以 201×年 10 月 25 日期货合约价格计算不考虑红利因素，同时注意期货理论价格中的 r 为资金成本，故可以得到该合约的理论价格为 2 412，答案选择 A。

答案： A

45. 10 月 28 日为一交易日，考虑到公司的资金成本、分红和交易成本等因素后，公司当日对沪深 300 股指期货最近月合约的正向套利（建立现货多头期货空头）边界是期货对现货升水 20 个点，反向套利（建立现货空头期货多头）边界是期货对现货贴水 5 个点。下列构成可实现的套利机会的时点是（　　）。

A. 该日 9 点 28 分，股指期货最新成交价 2 530 点，指数报价 2 505 点

B. 该日 11 点 20 分，股指期货最新成交价 2 510 点，指数报价 2 520 点

C. 该日下午 1 点 40 分，股指期货最新成交价 2 520 点，指数报价 2 510 点

D. 该日下午 3 点 10 分，股指期货报价 2 500 点，指数收盘 2 520 点

试题解析： 主要考察期现套利原理。根据题目我们可以得到：当期货对现货升水大于 20 个点时，投资者可以进行正向套利；当期货对现货贴水大于 5 个点时，投资者可以进行反向套利。根据此原理我们可以分析 A 选项：注意该题目有陷阱，9 点 28 分股票指数构成的现货头寸并不能参与实际交易，而且现在股指期货的开盘时间为 9:30。B 选项

则可进行反向套利。C选项不能实现期现套利机会。D选项可进行套利，但值得注意的是，下午3点10分，投资者不能实际达成交易结果。综上分析，我们可以得到，只有B选项可以实现套利交易。故本题答案选择B。

答案：B

46. 下列说法最有可能正确的是（　　）。

A. 对于大量持有沪深300成份股的机构来说，相比其他机构投资者，更具正向套利的优势

B. 对于大量持有沪深300成份股的机构来说，相比其他机构投资者，更具反向套利的优势

C. 正向套利受制于融券的成本

D. 反向套利相比正向套利更容易实施

试题解析：考察正/反向套利的原理。正向套利是建立现货多头和期货空头，反向套利是建立现货空头和期货多头。为此，对于A、B选项，之前拥有沪深300成份股则容易不受制于融券的高成本，从而易于进行现货空头操作实现反向套利。为此B答案正确。正向套利是买现货卖期货，为此现货头寸不需要融券，因此并不受制于融券成本。鉴于我国股票现货市场无做空机制而仅有融券机制，但是融券成本较高，因此投资者正向套利较反向套利更容易实施。故本题答案选择B。

答案：B

47. 下列四个因素中哪个因素最有可能造成无套利空间变窄？（　　）

A. 市场资金成本上升　　B. 现货的流动性下降

C. 期货的交易保证金要求提高　　D. 融券成本下降

试题解析：主要考察期现套利空间的计算。交易费用、资金成本和市场冲击成本会影响无套利区间上下界宽度。为此无套利空间变窄，则意味着资金成本下降，或手续费用下降，或市场冲击成本下降等。从A、B、C、D四个选项来看，A选项促使套利空间变大；B选项现货的流动性下降则意味着市场冲击成本加大，这促使套利空间变大；C选项保证金要求提高对套利空间无影响，只会影响套利资金的使用效率；D选项融券成本下降意味着反向套利的手续费用下降，这促使套利空间变窄。因此，本题答案选择D。

答案：D

二、多选题

1. 一般情况下，股指期货无法实现完全套保。其原因在于（　　）。

A. 投资者持有的股票组合价值金额与套保相对应的股指期货合约价值金额正好相等的概率很小

B. 当保值期和合约到期日不一致时，存在基差风险

C. 在实际操作中，两个市场变动的趋势虽然相同，但幅度并不完全一致

D. 投资者持有的股票组合涨跌幅与指数的波动幅度并不完全一致

试题解析：主要考察股指期货套保的不足之处。书中部分内容详细阐述了套保风险，涵盖这里的A、B、C、D选项。

答案：ABCD

2. 假设市场中原有110手未平仓股指期货9月份合约，紧接着市场交易出现如下变

化：在交易时，交易者甲买进开仓 20 手股指期货 9 月份合约的同时，交易者乙买进开仓 40 手股指期货 9 月份合约，交易者丙卖出平仓 60 手股指期货 9 月份合约，甲、乙、丙三人恰好相互成交。此刻该期货合约（　　）。

A. 持仓量为 110 手　　B. 持仓量增加 60 手

C. 成交量增加 120 手　　D. 成交量增加 60 手

试题解析：主要考察成交量和持仓量的基本概念。交易者甲买进开仓 20 手股指期货，则持仓量增加 20 手；交易者乙买进开仓 40 手股指期货，则持仓量增加 40 手；交易者丙卖出平仓 60 手，则持仓量减少 60 手，则市场总的持仓量变化为 0，因而持仓量没有发生变化，故 A、B 选项中 A 答案正确。从成交量角度来看，成交量是指某期货合约在当日交易期间所有成交合约的单边数量，因此，当甲、乙和丙互为对手方成交的情况下，成交量增加 60 手。因此，C、D 选项中 D 答案正确。综上所述，我们可以得到正确答案为 AD。

答案：AD

3. 目前已经上市的关于中国概念的股指期货包括（　　）。

A. 美国芝加哥期权交易所的沪深 300 指数期货

B. 美国纳斯达克交易所的上证 50 指数期货合约

C. 新加坡交易所的新华富时 A50 指数期货合约

D. 香港交易所的中华 120 指数期货合约

试题解析：主要考察已上市合约的基础知识。目前已上市的关于中国概念的股指期货包括新加坡交易所的新华富时 A50 指数期货合约和香港交易所的中华 120 指数期货合约。

答案：CD

4. 若要利用沪深 300 指数期货进行期现套利，现货头寸的构造方法包括（　　）。

A. 直接买卖沪深 300ETF

B. 利用不同的 ETF 进行组合，例如上证 50ETF、深证 100ETF、上证 180ETF 等

C. 直接买卖沪深 300 指数

D. 利用沪深 300 指数的成份股进行组合

试题解析：主要考察股指期货期现套利中现货头寸的构造。显然 A、B、D 选项可以用于构成现货头寸，C 选项不正确，主要是因为现实中不存在可直接用于交易的沪深 300 指数。故本题正确答案选择 ABD。

答案：ABD

5. 在股指期货期现套利中，无套利区间的上下界宽度主要由（　　）决定。

A. 交易费用　　B. 借贷成本

C. 期货价格　　D. 市场冲击成本

试题解析：考察期现套利原理。交易费用、资金成本和市场冲击成本会影响无套利区间的上下界宽度，期货价格并不会影响其宽度，但是会影响套利区间的上下界数值。

答案：ABD

6. 根据持有成本模型，国债期货定价的影响因素有（　　）。

A. 债券现货价格　　B. 转换因子　　C. 合约面值　　D. 回购利率

试题解析：国债期货持有成本定价模型：国债期货价格＝（国债现货价格＋资金占用成本－持有期收益）/转换因子；国债现货价格及其转换因子、持有期收益和资金占用成本决定了国债期货理论价格，但和合约面值无关。回购利率决定了资金占用成本，应为正确选项。

答案：ABD

7. 某套利投资者以 98 元卖出 10 手远月国债期货合约，同时以 96 元买入 10 手近月国债期货合约，当合约价差为（ ）时，该投资者将获利。（不计交易成本。）

A. 1 元 B. 1.5 元 C. 3 元 D. 2.5 元

试题解析：明确套利头寸组合，卖出的是高价合约，为卖出套利。套利头寸损益情形：卖出套利，价差扩大将亏损，价差缩小将盈利。明确套利头寸初始价差：98－96＝2。可以获利的价差水平为价差小于 2，平仓将获利。

答案：AB

8. 利用国债期货进行风险管理时，确定利率期货套期保值比率比较典型的方法有（ ）。

A. 修正久期法 B. 基点价值法 C. 二叉树法 D. 回归分析法

试题解析：明确国债期货套期保值比率的确定方法：修正久期和基点价值都是利率风险的衡量指标，可以用于确定套保比率；二叉树法为常见的数值计算方法，常用于期权定价；回归分析为常见的计量经济学方法。

答案：AB

9. 以下属于国债期货的利多因素的有（ ）。

A. 存款准备金率上调 B. 回购利率下行

C. 短期资金面紧张 D. CPI 数据低于预期

试题解析：明确国债期货定价的影响因素，国债期货价格和市场利率变动呈反向关系。存款准备金率上调、资金面紧张将导致市场利率上行，是国债期货价格的利空因素。回购利率下行、CPI 数据低于预期和市场利率下行，是国债期货价格的利多因素。

答案：BD

10. 某套利投资者以 98.3 元卖出近月国债期货合约 10 手，同时以 97.3 元买入远月国债期货合约 10 手。当价差为（ ）元时，该投资者将获利。（不计交易成本。）

A. 1.5 B. 0.8 C. 1 D. 0.3

试题解析：明确套利头寸组合，买入的是高价合约，为买入套利。套利头寸损益情形：买入套利，价差变大将盈利，价差缩小将亏损。明确套利头寸初始价差：98.3－97.3＝1。可以获利的价差水平为价差大于 1，平仓将获利。

答案：AC

11. 当所持国债期货即将进入交割月份时，套期保值者将选择展期。展期过程中应该考虑的要素有（ ）。

A. 合约 DV01 变化 B. 展期时点

C. 融资利率预期 D. 合约的流动性

试题解析：明确国债期货套期保值操作过程中合约展期需要考虑的影响因素：国债期货近月合约和远月合约的 DV01 不同，套期保值需要的合约数量不同；展期的具体时间不同，跨期价差的变动会影响展期成本；利率预期决定近远月合约价差；远月合约的流动性水平决定了展期的交易成本，流动性好的情况下可以降低展期成本。

答案： ABCD

12. 期权保证金的计算可以采用（　　）等方法。

A. SPAN 方法　　B. Delta 方法

C. 策略组合保证金模式　　D. 布莱克-斯科尔斯模型

试题解析： 期权保证金的计算方法有 SPAN 方法、Delta 中性方法和策略组合保证金模式；布莱克-斯科尔斯模型是期权的定价模型，不是保证金计算方法。因此，选项 ABC 正确。

答案： ABC

13. 为了从期权时间价值的损耗中获利，投资者可以采用的策略包括（　　）。

A. 买入宽跨式组合策略　　B. 买入飞鹰式组合策略

C. 买入备兑看涨期权策略　　D. 买入保护性看跌期权策略

试题解析： θ 的定义为：在其他条件不变时，期权价值随时间流逝耗损的速度。期权的 θ 值一般为负，故在投资组合中卖出期权，随着时间的流逝会获得时间价值。

买入宽跨式组合策略，指分别买入行权价不同的看涨（行权价较高）和看跌期权（行权价较低），组合 θ 为负，故 A 选项错误；

买入飞鹰式组合策略，指分别卖出（买进）两种不同行权价的期权，同时分别买进（卖出）较低与较高行权价的期权，组合 θ 在标的物资产价格处于两卖出期权行权价内，组合 θ 为正，故 B 选项正确；

买入备兑看涨期权策略，指持有现货并卖出看涨期权，组合 θ 为正，故 C 选项正确；

买入保护性看跌期权策略，指持有现货并买入看跌期权，组合 θ 为负，故 D 选项错误。

答案： BC

14. 在不考虑保证金的前提下，以下期权交易策略中，（　　）在期初时不需要现金投入。

A. 用看涨期权构造的牛市价差组合　　B. 用看涨期权构造的熊市价差组合

C. 用看跌期权构造的牛市价差组合　　D. 用看跌期权构造的熊市价差组合

试题解析：（1）牛市价差组合是买低卖高，即买进行权价低的看涨（或看跌）期权，卖出其他条件相同的行权价较高的看涨（或看跌）期权；熊市价差组合是买高卖低，即买进行权价高的看涨（或看跌）期权，卖出其他条件相同的行权价较低的看涨（或看跌）期权。

（2）对于看涨期权，行权价越高，期权的权利金越低；对于看跌期权，行权价越高，期权的权利金越高。

（3）买进行权价高的看涨期权，卖出其他条件相同的行权价较低的看涨期权，即用看涨期权构造的熊市价差组合，买进行权价低的看跌期权，卖出其他条件相同的行权价较高的看跌期权，买进期权的权利金低于卖出期权的权利金。

所以，BC 策略在期初时不需要现金投入。

答案： BC

15. 下列哪类期权具有路径依赖性？（　　）

A. 亚式期权　　B. 二元期权　　C. 美式期权　　D. 欧式期权

试题解析：所谓路径依赖期权，是以在期权合约的存续期内，依据标的物资产的价格波动，在指定任意时间内以规定的价格购买或销售标的物资产的权利，但没有必须购买或销售的义务。上述答案中，A 和 C 满足定义，B 和 D 只能在到期日行权，不具有路径依赖特征。

答案：AC

16. 对于以下货币所属国而言，国际外汇市场常用报价方式为直接标价法的有（　　）。

A. 日元　　B. 欧元　　C. 加元　　D. 英镑

试题解析：（1）直接标价法，即需要以多少单位的本国货币来购买一单位外国货币。在国际外汇市场上，日元、瑞士法郎、加元等绝大多数货币均采用直接标价法标价；（2）间接标价法是指需要以多少单位的外国货币来购买一单位的本国货币。在国际外汇市场上，欧元、英镑、澳元等均为间接标价法。

答案：AC

17. 国内某出口商 3 个月后将收到一笔美元货款，则可用的套期保值方式有（　　）。

A. 买进美元外汇远期合约　　B. 卖出美元外汇远期合约

C. 美元期货的多头套期保值　　D. 美元期货的空头套期保值

试题解析：（1）国内出口商 3 个月后将收到一笔美元货款，处于美元资产多头状态，会担心美元贬值导致 3 个月后收到的美元货款兑换成人民币的实际数额减少；（2）为对冲美元资产多头贬值风险，可考虑运用具有对冲功能的美元外汇远期或美元期货做空头操作；（3）因此，该国内出口商可用的套期保值方式有卖出美元外汇远期合约或卖出美元期货合约。

答案：BD

18. 假设当前在纽约市场欧元兑美元的报价是 1.298 5—1.298 8，那么当欧洲市场的报价为（　　）时，两个市场间存在套利机会。

A. 1.298 6—1.298 9　　B. 1.298 8—1.299 0

C. 1.298 3—1.298 4　　D. 1.298 9—1.299 1

试题解析：（1）两个市场存在套利机会，要么在纽约市场以买入价卖出欧元，同时在欧洲市场以卖出价买入欧元；要么在纽约市场以卖出价买入欧元，同时在欧洲市场以买入价卖出欧元；（2）欧洲市场欧元的卖出价和买入价应满足以下条件：ASKEUR＜BIDNY＝1.298 5 或者 BIDEUR＞ASKNY＝1.298 8，其中 ASKEUR 为欧洲市场的买入价，BIDNY 为纽约市场的卖出价；（3）因此，需要满足 ASK＜1.298 5 或 BID＞1.298 8。

答案：CD

19. 决定外汇期货合约理论价格的因素有（　　）。

A. 现货价格　　B. 货币所属国利率

C. 合约到期时间　　D. 合约大小

试题解析：外汇期货理论价格计算公式 $F=S_0\cdot e^{(r_d-r_f)(T-t)}$。从定价公式可以看出涉及的因素有现货价格（也就是即期汇率）、本币和外币的利率、合约到期时间 T，而与合约大小无关。

答案： ABC

20. 关于影响汇率变动的因素，下列说法正确的是（　　）。

A. 当差额是顺差时，外汇供给大于外汇需求，外币贬值，本币对外币升值

B. 本国短期利率上涨，资本将从利率较低的国家流向本国，本币升值

C. 本国短期利率下降，同时股票市场表现优异，吸引国外资金流入，本币升值

D. 本国储蓄大于投资，本币贬值

试题解析：（1）影响一个国家汇率波动的因素有很多，如国际收支状况、国与国之间的利率差异、货币供应量、股票市场行情等。（2）当一国国际收支为顺差时，表示外币流入本国的数量大于流出的数量，表现为外币供给大于需求，而由于外币在本国不能直接流通，需要兑换成本国货币，因此本币表现为需求大于供给，本币和外币的这一供求状况将导致本国拥有的外币贬值，而本币对该外币升值。（3）国与国之间的利率差是影响国际资本流动的重要因素，对短期资本流动更是如此，国际资本一般会从利率较低的国家流向利率较高的国家，以获得较高的利率收入。（4）当本国短期利率上涨时，将有更多的国际资本从国外流入本国，表现为本国的外币供给大于需求，当外币兑换成本币后，同时又表现为本币的需求大于供给，则本币升值。（5）本国股票市场表现优异，人们预期股票价格将不断上涨，则会促使更多的国际资本流入国内投资于股票市场，以获得股票价差收益，同样表现为本国的外币供给大于需求，当外币兑换成本币后，同时又表现为本币的需求大于供给，则本币升值。（6）当本国储蓄大于投资时，如果其他条件不变，则在本国表现为本币的供给大于需求，因此本币将会贬值。

答案： ABCD

21. 以下（　　）情况适合用外汇掉期来进行风险管理。

A. 持有期限为 3 年的欧元负债，为了对冲持有期欧元兑人民币汇率波动，采取相关的风险管理措施

B. 持有期限为 5 年的日元负债，为了对冲日元汇率波动，降低日元贷款成本，采取相关的风险管理措施

C. 某金融机构持有期限为 3 年的美元债券，为了对冲人民币持续升值对未来形成可能的汇兑损失影响，采取相关的风险管理措施

D. 某制造业公司在竞争某欧元项目，3 个月之后知道是否中标，为了对冲远期欧元汇率波动以及项目是否中标等不确定性因素，采取相关的风险管理措施

试题解析：（1）欧元负债的利息及本金支付需要以人民币换汇支付。因此，当人民币相对于欧元贬值时，会造成欧元负债成本升高，可以使用外汇掉期操作：借入欧元的同时签订外汇掉期合约，规定借入的欧元以即期汇率兑换成人民币，并在负债到期日以约定的某一汇率将人民币兑换成欧元，可以有效锁定汇率风险。（2）5 年期的日元负债和 3 年期的美元债券可使用类似的操作策略。（3）而某制造业公司在竞争某欧元项目，如果公司中标，3 个月后将会收到欧元，届时会面临持有欧元资产的汇率波动风险，因此可以考虑利用外汇期权进行套保，由于不必现在支付欧元，因此不需要做掉期。

答案： ABC

22. 投资者可以通过（　　）方式在远期合约到期前终止头寸。

A. 和原合约的交易对手再建立一份方向相反的合约

B. 和另外一个交易商建立一份方向相反的合约

C. 提前申请交割

D. 和原合约的交易对手约定以现金结算

试题解析：（1）远期合约是场外市场合约，不能像场内的期货合约一样进行平仓，并且如果没有给多空双方事前约定提前实物交割的选择权，一般就不能提前进行实物交割，但双方可以提前进行现金结算；（2）如果交易对手方不愿意提前进行现金结算，则可以建立相反方向的头寸，无论是和新的交易对手还是已有的交易对手。因此选 ABD。

答案： ABD

23. 关于各种类型的互换，下列说法正确的有（ ）。

A. 固定期限互换（CMS）是一种浮动利率等于某一固定期限互换利率的利率互换

B. 跨货币互换是货币互换的一种

C. 固定期限国债互换（CMT）是浮动利率为特定期限的政府债券收益的互换

D. 基差互换是浮动利率与浮动利率的利率互换

试题解析： 此题为各种金融产品的基本概念和定义。根据有关定义，货币互换一般是指本币固定利率和外币固定利率之间的交换；跨货币互换是指一种货币的固定利率和另外一种货币的浮动利率之间的交换，虽然具有货币互换的组成成分，但一般来说将其归为利率互换。因此 B 是错误的。

答案： ACD

24. 关于债务担保凭证组合对应的资产池中内部资产之间的相关性，下列说法正确的有（ ）。

A. 相关性越高，股权档的预期损失就越低，优先档的预期损失就越高

B. 相关性越高，股权档的预期损失就越高，优先档的预期损失就越低

C. 相关性越低，股权档的预期损失就越低，优先档的预期损失就越高

D. 相关性越低，股权档的预期损失就越高，优先档的预期损失就越低

试题解析： 债务担保凭证的优先档可以类比为投资者向资产池债务融资，并且嵌入了资产池价值的看跌期权空头，而股权档可以类比为投资者向资产池股权融资，也即资产池价值的看涨期权多头；（2）资产池的多个资产是不同风险源，因此在其他条件不变时，资产之间的相关性影响资产池价值的波动性，进而影响期权价值；（3）资产之间的相关性越大，资产池价值波动性越大，期权价值越大，股权档是一种多头，故收益越高，损失越低，优先档是一种空头，故收益越低，损失越高，因此选 A；（4）相关性越低，则相反，故选 D。

答案： AD

25. 逆向浮动利率票据由（ ）构成。

A. 利率互换空头　　B. 利率封顶期权　　C. 利率互换多头　　D. 固定利率债券

试题解析： 根据逆向浮动利率票据的定义，其票面利率由给定的固定利率减去市场浮动利率决定，但市场利率高于给定的固定利率时，票面利率为零，因此可以视为存在一个固定利率债券的构成成分。另外，市场利率越高则损失越多，因此存在一个利率空头的构成成分，也即利率互换的空头，故选 AD。最后，市场浮动利率上涨超过给定固定

利率，则票面利率锁定，因此存在一个利率的看涨期权对冲机制，也即利率封顶期权的多头，故选 B。

答案：ABD

26. 关于结构化产品风险评估中的久期分析，下列说法正确的是（ ）。

A. 久期（包括修正久期）常常被用来度量利率相关的证券或者现金组合的价值对利率的敏感性

B. 整个产品的久期只反映针对固定收益证券（固定利率或浮动利率）的久期

C. 久期分析无法反映风险之间的相关性

D. 如果结构化产品嵌入了期权，那么久期、凸性足以进行利率敏感性分析

试题解析：根据久期的定义，选项 A 是正确的；结构化产品由普通债券和嵌入的衍生金融工具组成，如果嵌入的衍生金融工具是以利率为标的物的期权，则影响结构化产品久期的成分既有普通债券的部分，也有利率期权的部分，因而 B 是错误的；根据定义，久期只是对利率这个单一风险因素的敏感性，风险之间的相关性并不通过久期的机制影响结构化产品的价值，因而 C 是正确的；久期和凸性实质上就是结构化产品价值对利率的一阶导数和二阶导数，但是价值对利率的更高阶导数无法用两者度量，即使嵌入了利率期权的成分，期权的 δ 只影响久期，γ 只影响凸性，因此 D 是错误的。

答案：AC

27. 关于结构化产品的设计，正确的理解有（ ）。

A. 结构化产品发行方的核心竞争力在于产品定价和对冲策略

B. 一般而言，产品发行方不会对市场的走势进行判断，而是通过多样化和精准化的对冲策略，实现市场中性

C. 结构化产品的定价包括两部分：线性部分定价和非线性部分定价

D. 在对冲操作中，γ 表示衍生品价格对标的物资产价格变化的一阶导数

试题解析：选项 A、B、C 的正确性比较直观；根据期权 γ 的定义，表示的是衍生品价格对资产价格的二阶导数，因此 D 是错误的。

答案：ABC

三、判断题

1. 股指期货持仓量是指期货交易者所持有的未平仓合约的单边数量。

试题解析：主要考察股指期货持仓量概念。持仓量指的是买入（或卖出）的头寸在未了结平仓前的总和。故该题目的说法正确。

答案：正确

2. 沪深 300 指数期货的每日结算价为当日标的物指数最后一小时的算术平均价。

试题解析：主要考察股指期货结算价规则。沪深 300 指数期货当日结算价为合约最后一小时成交价格按照成交量的加权平均价。但是在最后交易日沪深 300 指数期货的交割结算价为最后交易日沪深 300 指数最后两小时所有指数点算术平均价。因此本题说法错误。

答案：错误

3. 中证 500 指数包含了上证 50 与沪深 300 指数，其成份股中含有一些中小盘股票，因而中证 500 指数期货能更好地对冲中小盘股投资组合的风险。

试题解析：考察中证500指数成分信息。“中证500指数期货能更好地对冲中小盘股投资组合的风险”是没有问题的，但是中证500指数不包含上证50和沪深300指数。

答案：错误

4. 上证50指数成份股是根据总市值、成交金额对上证380指数的样本股进行综合排名，取前50位的大盘蓝筹股构成。

试题解析：主要考察上证50指数的基础知识。上证50指数是根据科学、客观的方法，挑选上海证券市场规模大、流动性好的最具代表性的50只股票组成样本股，以便综合反映上海证券市场最具市场影响力的一批龙头企业的整体状况。为此该题目的说法是错误的。

答案：错误

5. 企业债比国债的收益率更高，是因为企业债发行的规模较小，为了吸引投资者，需要提高收益率。

试题解析：明确影响债券定价的因素；企业债具有较高收益率的原因是其信用风险相对较高。

答案：错误

6. 可交割债券价格越低，越有可能成为最便宜可交割债券。

试题解析：投资者可以利用净基差和隐含回购利率（IRR）寻找最便宜可交割债券。不同可交割债券对应的转换因子不一样，可以使用转换因子调整后的基差判断最便宜可交割债券，并不是价格越低，越可能是最便宜可交割债券。

答案：错误

7. 中金所5年期国债期货合约最后交易日的连续竞价时间为9:10—9:14。

试题解析：根据中金所国债期货交易规则，国债期货集合竞价时间为9:10—9:15，其中9:10—9:14为指令申报时间，9:14—9:15为指令撮合时间。

答案：错误

8. 中金所5年期国债期货合约的交割方式为指数交割。

试题解析：根据中金所国债期货交割制度，国债期货交割方式为实物交割。

答案：错误

9. 波动率曲面是将波动率期限结构和波动率微笑结合在一起产生的结果，可用于对不同执行价格以及不同期限的期权进行定价。

试题解析：波动率曲面，又称隐含波动率曲面，是指标的物资产隐含波动率对应的不同行权价格和不同到期日之间的关系，可以用来为期权定价。题目描述正确。

答案：正确

10. 期权的Vega可以用期权和标的物资产对应的期货进行对冲。

试题解析：标的物资产对应的期货Vega等于0，即标的物资产的隐含波动率对期货价格没有影响，因此使用期货无法对期权的Vega进行对冲。题目描述错误。

答案：错误

11. 在其他条件都不变时，剩余期限越长，期权的γ和Vega值越大。

试题解析：期权剩余期限对γ的影响与期权的在值程度有关。期权剩余期限越长，平值期权的γ值越小；而实值期权和虚值期权的γ值会先增大后减小。期权剩余期限越长，期权的 Vega 值越大。综合以上结论，题目描述错误。

答案：错误

12. 根据期权平价关系，对于同样行权价和到期时间的期权，当标的物资产价格的变化幅度很小时，看涨期权价格应该与看跌期权价格变动的绝对值相等。

试题解析：期权价格的变化与其标的物资产价格的变化的比率用希腊字母 δ 来衡量，从数学上看是期权价值对标的物资产价格的偏导数，是期权价格与标的物资产价格关系曲线上的斜率，因此，当期权价格变化幅度很小时，看涨和看跌期权价格变动的值由 δ 值决定，所以题目描述错误。

答案：错误

13. 外汇期货的理论价格只与现货的预期收益率相关，与无风险利率无关。

试题解析：外汇期货理论价格计算公式；定价公式中外汇期货的理论价格既与现货的预期收益率相关，也与无风险利率相关。

答案：错误

14. 与无抛补利率平价套利相比，抛补利率平价套利的风险较大。

试题解析：无抛补利率平价中套利者的套利行为是有一定风险的，即期汇率、本币利率和外币利率是固定的，而到期时的汇率是不确定的，因此，此时的套利实际上是一种投机行为；抛补套利是一种完全消除市场风险的套利行为，并在当期进行外汇远期操作以锁定到期时的汇率风险。因此，与无抛补利率平价套利相比，抛补利率平价套利的风险较小。

答案：错误

15. 保持本国货币政策的独立性和资本的完全流动性，必须放弃固定汇率制。

试题解析：根据“不可能三角”理论，即三元悖论，“不可能三角”的三个顶点是三种政策选择：货币政策独立性、固定汇率制度和资本自由流动。货币政策独立性，即一国货币当局可以自由采用货币政策工具对国内经济进行干预，有助于国内经济平稳运行。固定汇率制可以在一定程度上防止外部市场对本国经济的冲击。资本自由流动有助于国际资源的有效配置。“不可能三角”意味着这三种政策不可能同时实现。一般来说，扩张性的货币政策导致本币购买力下降，紧缩性的货币政策导致本币购买力上升，在允许资本完全流动时，本币的汇率将迅速向购买力改变的方向修正，因此，固定汇率制将难以维持。保持本国货币政策的独立性和资本的完全流动性，必须放弃固定汇率制。

答案：正确

16. 在跨市套利中，交易者可以在两个市场间购买价格相对较高的合约，卖出价格相对较低的合约，一起在期货价格趋于正常时平仓，赚取低风险利润。

试题解析：同一个外汇期货合约有时会在不同的市场进行交易，并且表现为不同的价格，有时两者之间的价差会超出合理的水平，这就给投资者在不同的期货市场买卖外汇期货合约进行跨市套利提供了机会。当两个市场中的外汇期货合约间价差超过正常的水平，表现为一个外汇期货合约的价格远远高于另一个外汇期货合约的价格时，我们可以通过卖出价格偏高的合约、买入价格偏低的合约进行套利。等两合约的价差趋于合理水平时，再通过相反的交易将所持有的合约全部平仓，获得较低风险的套利利润。

答案：错误

17. 结构化产品的定价要反映产品中嵌入的各个组成部分的价值之间所具有的相关性。

试题解析： 结构化产品各个组成部分价值之间的相关性会影响到产品总价值，毫无疑问，在定价中需要反映这个影响。

答案： 正确

18. 可赎回债券中隐含期权在赋予债券发行者提前赎回债券权利的同时，也改变了久期和凸性等风险指标的特征。

试题解析： 可赎回债券中嵌入的衍生金融工具是以利率为标的物的期权，普通债券的久期和嵌入期权的 δ 组合成可赎回债券的久期，普通债券的凸性和嵌入期权的 γ 组合成可赎回债券的凸性。

答案： 正确

19. 金融危机以后，国际信用违约互换市场引入拍卖结算机制，其本质是实物结算。

试题解析： 在债券交易中，实物结算是指卖方向买方交付实物而买方支付现金，但是，在信用违约互换的拍卖结算机制中，买卖双方根据协议确定参考债务的市场价值，从而最终确定信用违约互换的回收价值，再以面值减去回收价值确定赔付金额，并以现金交割方式支付。

答案： 错误

20. 结构化产品中常常嵌入障碍期权，障碍期权通常比普通期权便宜，购买者可以使用其为某些特定的、具有类似性质的现金流保值。

试题解析： 无论是敲入还是敲出的障碍期权，相对于普通期权都有可能是无效期权，因此会损失一部分价值，所以更便宜；任何金融产品之所以被设计出来，其目的之一就是为特定的、具有某种性质的现金流进行保值。

答案： 正确

图书在版编目（CIP）数据

期货与期权：理论、实务、案例/邓小朱，周云洁主编．--2版．--北京：中国人民大学出版社，2021.1

“十三五”普通高等教育应用型规划教材．金融系列

ISBN 978-7-300-25312-1

Ⅰ.①期… Ⅱ.①邓… ②周… Ⅲ.①期货交易－高等学校－教材 ②期权交易－高等学校－教材 Ⅳ.①F830.9

中国版本图书馆CIP数据核字（2020）第155583号

“十三五”普通高等教育应用型规划教材·金融系列

期货与期权：理论、实务、案例（第二版）

主编　邓小朱　周云洁

Qihuo yu Qiquan：Lilun、Shiwu、Anli

出版发行	中国人民大学出版社		
社　址	北京中关村大街31号	邮政编码	100080
电　话	010－62511242（总编室）		010－62511770（质管部）
	010－82501766（邮购部）		010－62514148（门市部）
	010－62515195（发行公司）		010－62515275（盗版举报）
网　址	http：//www.crup.com.cn		
经　销	新华书店		
印　刷	北京密兴印刷有限公司	版　次	2017年3月第1版
规　格	185 mm×260 mm　16开本		2021年1月第2版
印　张	19	印　次	2021年1月第1次印刷
字　数	442 000	定　价	45.00元

教学支持说明

1．教辅资源获取方式

为秉承中国人民大学出版社对教材类产品一贯的教学支持，我们将向采纳本书作为教材的教师免费提供丰富的教辅资源。您可直接到中国人民大学出版社官网的教师服务中心注册下载——http://www.crup.com.cn/Teacher。

如遇到注册、搜索等技术问题，可咨询网页右下角在线 QQ 客服，周一到周五工作时间有专人负责处理。

注册成为我社教师会员后，您可长期根据您所属的课程类别申请纸质样书、电子样书和教辅资源，自行完成免费下载。您也可登录我社官网的 “教师服务中心”，我们经常举办赠送纸质样书、赠送电子样书、线上直播、资源下载、全国各专业培训及会议信息共享等网上教材进校园活动，期待您的积极参与！

2．赠送“经管之家”论坛币

经管之家（http://www.jg.com.cn）于 2003 年成立，致力于推动经济学科的进步，传播优秀教育资源，做最好的经管教育。目前已经发展成国内最大的经济、管理、金融、统计类在线教育平台，也是国内最活跃和最具影响力的经济类网站。

为了更好地服务于教学一线的任课教师，凡使用中国人民大学出版社经济分社教材的教师，注册成为我社教师会员后，可填写以下信息调查表，发送电子邮件或者邮寄或者传真给我们，我们将会向您赠送经管之家论坛币 200 个。

教师信息表
姓名：
学校：
论坛 ID：
教授课程：
使用教材：
论坛识别码：pinggu_com_1501511_8899768

3．高校教师可加入下述学科教师 QQ 交流群，获取更多教学服务

经济类教师交流群：一群：140105952（已满），或二群：809471792

财政金融教师交流群：一群：182073309（已满），或二群：766895628

国际贸易教师交流群：162921240

税收教师交流群：119667851

4．购书联系方式

网上书店咨询电话：010-82501766

邮购咨询电话：010-62515351

团购咨询电话：010-62513136

中国人民大学出版社经济分社

地址：北京市海淀区中关村大街甲 59 号文化大厦 1506 室　100872

电话：010 -62513572　010-62515803

传真：010 -62514775

E-mail：jjfs@crup.com.cn